SCHEMA THERAPY
for Children and Adolescents

子どもと思春期の人のための
スキーマ療法

| クライアントに変化をもたらす早期介入と回復へのアプローチ | 伊藤絵美
吉村由未　監訳 |

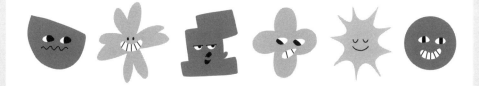

合同出版

Schematherapie mit Kindern und Jugendlichen

by Christof Loose, Peter Graaf, Gerhard Zarbock and Ruth A. Holt

© 2013 Programm PVU Psychologie Verlags Union
in the publishing group Beltz, Weinheim Basel
Translated from the updated English edition of the Work
published by Pavilion Publishing and Media Ltd. in 2020
Japanese translation rights arranged with Verlagsgruppe Beltz
through Japan UNI Agency, Inc., Tokyo

目　次

寄稿　ドイツ語版「子どもと思春期の人のためのスキーマ療法」刊行に寄せて
　　　　ジェフリー・E・ヤング 5
英語版　本書刊行にあたって　　デビッド・エドワーズ 7
はじめに 9
謝辞 11

第1章
子どもと思春期の心理学と心理療法 15

第2章
スキーマ療法とST-CAの主要な理論と概念 27

第3章
ケースの概念化と治療 53

第4章
乳児期から幼児期にかけてのスキーマ療法 69

第5章
就学前の子どもに対するスキーマ療法 97

第6章
小学生のためのスキーマ療法 117

第7章
思春期・青年期のスキーマ療法 143

第8章
ヤングアダルト（17〜23歳）に対するスキーマ療法 169

第9章
スキーマ療法の基本原則 203

第10章
スキーマ療法の開始 225

第11章
遊びと物語をベースとしたスキーマ療法 235

第12章
描画、人形、チェアワークを用いたスキーマ療法 247

第13章
スキーマ療法―インナーハウスとイメージの活用 283

第14章
ホームワーク、フラッシュカード、ダイアリー 303

第15章
スキーマ療法の観点から見た親と家族システム 315

第16章
親のスキーマとモードのアセスメント 351

第17章
保護者への介入 363

第18章
子どもと思春期のグループスキーマ療法 (GST-CA) 397

監訳者あとがき　伊藤絵美 433
監訳者あとがき　吉村由未 435

[寄稿] ドイツ語版 「子どもと思春期の人のための スキーマ療法」刊行に寄せて

　私は幼い頃から、他者に対して関心を抱いていました。人の悩みを聞いては、その人が考えていることを理解しようとしていたのです。高校生になってからは、心理学のテキストを集めたり、友人の性格診断テストの点数を記録したりしていました。そしてもちろん大学では、心理学を専攻することにしました。

　誰もが私のように、他者への関心が高いわけではないと思います。それでも幼少期から、自分を取り巻く環境の手がかりを得ながら生きていることに変わりはありません。これらの体験は「人生のテーマ」を形成し、幼少期以降、同じテーマがその人の中で繰り返されることになります。

　中核的な感情欲求が満たされないと、そのことが気質や生物学的特性と相まって、早期不適応的スキーマやコーピングモードが脳の生存システムに組み込まれます。そして、対人関係や心理的な脅威から私たちを「守る」役割を果たすようになります。介入しなければ、このようなパターンが繰り返され、多くの場合、苦痛と消耗を伴うことになるのです。

　私はスキーマ療法の開発にあたって、極めてパーソナルな治療アプローチの提供に心血を注いできました。それは、さまざまな伝統的治療技法を組み合わせて、クライアントの認知、体験、行動に働きかけようというものでした。

　これまで25年間にわたって、成人のさまざまな対象者に対するスキーマ療法の有効性を示すエビデンスが構築されてきており、着実に成果が上がっています。本書の出版によって、この秀でた治療法は、より若い世代のクライアントに対する、スキーマの形成過程への介入として活用できるようになるでしょう。

　子どもや思春期の人たちのスキーマ形成の起源は、セラピストと向き合う面接室でのやりとりから見出されていきます。それは、その子の欲求を満たし、成長に必要なケア、育成、構造、自律性、楽しさを家族が提供できるよう手助けするための、絶好の機会になると言えるでしょう。

　親の持つスキーマ、家族のパターン、子どもの反応との間に起こる相互作用を理解することは、早期介入と回復をもたらし、精神病理の形成を阻止することができます。

　そうした意味でも、本書を著し、スキーマ療法を子どもと思春期の人たちに普及させる道を切り拓いてくれた、私の友人であり研究仲間——クリストフ・ルース、ピーター・グラーフ、ゲルハルト・ザルボック、ルース・A・ホルトに感謝したいと思います。

　著者たちは素晴らしく明快な数々の事例を通して、子どもと思春期の人たちに対するスキーマ

療法を生き生きと伝えてくれています。本書のすべてのページに描かれた、スキーマ療法の実践者および教育者としての長年の優れた仕事ぶりから、著者たちの経験と真摯な姿勢を見ることができます。

　私はこの素晴らしい書籍を、子どもや思春期の人たち、およびその家族や親と関わるすべての専門家、特に子ども時代のトラウマやストレスの世代間パターンに介入しようとしている専門家に、強くお勧めします。本書は、クライアントとその家族に働きかける際のスキルを身につけ、長期にわたる成果を得ようとする専門家にとって、実に有益なものとなるでしょう。

ジェフリー・E・ヤング博士

国際スキーマ療法協会名誉会長
スキーマ療法協会理事長兼創設者
コロンビア大学精神医学教室兼任教員

英語版　本書刊行にあたって

　子どもや思春期の人を対象とするセラピストにとって、介入のための一連のアプローチや、特定の治療技法や表現メディアの多くが、非常に刺激的なものです。

　一方で多岐にわたる技法が、かえってセラピストを戸惑わせる場面もあります。さまざまなセラピーの「ブランド」は、そのベースとなる理論に応じて、何を推奨するかが異なってきます。セラピーの推奨する内容が競合するケースもあれば、その内容のすべてが正しかったり、間違ったりしている場合もあるでしょう。

　どのようなセラピーが効果を生むかは、幼少期や思春期にあるクライアント自身のパーソナリティ、クライアントを取り巻く家族の力動などによってケースバイケースです。その要因は多種多様で、単純に効果を論じることはできません。

　「今日の4時にオフィスで担当したケースには、どのようなアプローチが最適だったのか？」。こうした疑問に答えるには、統合的なアプローチに基づく必要があり、それがまさに本書のテーマでもあります。

　心理療法における統合の動きは、ここ30年ほどでかなり盛り上がっています。ノークロスとゴールドフリッド（Norcross & Goldfried, 2019, p.vii）は、『心理療法統合ハンドブック』第3版の序文で、心理療法の統合は今や「メンタルヘルスの専門領域における一つの大きな志向である」とし、統合的アプローチの有効性を示す研究によるエビデンスが増えていることに言及して、「統合は今や成熟の時期に入り、国際的なムーブメントとなっている」と述べています。

　試行錯誤の結果、スキーマ療法では独自のアプローチと技法にとどまらず、その他のアプローチと技法を統合するためのフレームワークを提供しています。とはいえ単なる折衷的な治療ではありません。セラピストのその日の気分で何でも使ってよい、ということではないのです。

　スキーマ療法で通常用いられる、大人にも若者にも適用できる技法はいくつもありますが、スキーマ療法の核心にあるアプローチは、「ケース概念化」です。ケース概念化が主に焦点を当てるのは、数十年にわたるアタッチメント理論の研究でおなじみの、乳幼児や子どもの欲求です。これらの欲求が適切に満たされないと、認知や感情に問題のあるパターンが生じます。我々はそのパターンを「早期不適応的スキーマ」と呼んでいます。

　もう一つの重要な視点は「多元性」です。すべての年齢層の人が、認識可能なスキーマモードのさまざまな状態を行き来します。この流れを理解することで重要な洞察が得られ、クライアントに変化を促すことができます。また、不適応的スキーマが、現在生じているストレッサーや、ストレッサーによって活性化されたコーピングモードによってどのように維持されたり悪化したりするのかは、アセスメントを行うことで概念化が可能です。その上で、好ましくないサイクルを断ち切るための適切な治療戦略を探ることができるのです。

本書は、若者との個別の対話、若者の親たちとの対話、若者の家族との対話、若者の治療グループでの対話などにおいて、さまざまなアプローチが可能であることを、スキーマ療法のモデルを用いて紹介しています。これらのアプローチは、ケース概念化と、重要であると認識された治療課題に基づいて、選択されたり組み合わされたりします。

　また、多様な治療的介入も数多く紹介しています。それはたとえば、認知的技法、行動的技法、感情的技法（イメージやチェアワークを用いた体験的技法）といったものです。さらには治療関係や家族関係に働きかける場面も見られます。我々は本書を通じて、セラピストがケース概念化に基づいてどのようにそれらのアプローチを組み合わせるのかを見ていくことになるでしょう。

　いくつかの章では、ケース概念化の基礎となる徹底的なアセスメントのプロセスについて解説しています。アセスメントの対象には子どもや思春期の人だけでなく、家族の中で重要とされるメンバーも含まれます。スキーマ療法のセラピストは、臨床面接に加えて、多世代ジェノグラムなどの伝統的なツール、スキーマやモードを同定するための特定の方法、親が子どもの欲求を満たす度合いを測るための方法を、組み合わせて用いることが多いようです。

　これらの方法は、子どもや思春期の人、すなわち「問題を抱えている人」として最初に紹介されてきた人に適用されますが、同時に、親たちについても同様の方法が用いられます。包括的な理解を得るためには、そうすることが大切なのです。

　本書が英語圏の読者のために出版されることを、心から歓迎します。
　本書は、さまざまな臨床上の問題を抱えた乳児期から青年期までの幅広い年齢層の人に対してスキーマ療法家が行う、アセスメント法、ケース概念化、介入の実施方法についての実践的な臨床例を豊富に示しており、刺激と洞察に満ちています。なんと深みのある一冊でしょうか。

◆参考文献◆

Norcross, J. C. & Goldfried, M. R. (Eds.). (2019). *Handbook of Psychotherapy Integration* (3rd ed.). New York: Oxford University Press.

デビッド・エドワーズ博士

国際スキーマ療法協会会長
認知行動療法アカデミー創設会員
ロードス大学名誉教授
ケープタウン大学名誉教授

はじめに

　本書の刊行は、編著者である私たちにとって喜ぶべきものであると同時に、ある種のリスクもまたはらんでいます。私たちは、ジェフリー・E・ヤングが構築し、アーノウド・アーンツが発展させ検証したスキーマ療法の概念を、子どもと思春期の心理療法の領域に落とし込みました。

　本書は、実践家が書いた実践家のための本です。率直に申し上げれば、私たちのアイディアや概念は未だ発展途上にあり、今もなおさまざまなアイディアや技法を取り入れ続けています。その意味では本書もまた、発展途上にあります。

　読者の皆様には、子どもと思春期の人たちのスキーマ療法を支え、そしてさらに発展させるために、ご自身の臨床実践に基づく建設的な批評とフィードバックをいただきたいと思います。同時に、臨床研究（例：コントロールされたケース研究、グループ研究、RCT）にもぜひ取り組んでいただきたいと思っています。

　ご支援いただいた方に感謝の気持ちをお伝えする前に、本書の執筆に至った経緯を簡単に振り返ります。

　ゲルハルト・ザルボックは経験豊富なスキーマ療法家であり、ハンブルクにある「子どもと思春期の行動療法」というプログラムを含むトレーニング機関の責任者でもあります。彼は以前から、子どもと思春期のスキーマ療法に関する本のアイディアを抱いていました。本の構想段階で作業の複雑さが明らかになり、子どものスキーマ療法に明るく、かつ長期的な経験を持つ共著者が必要だと考えました。

　ゲルハルトは、ケルンで子どもと思春期のスキーマ療法に特化したスーパービジョングループを率いるペトラ・バウマン＝フランケンベルガーに連絡を取りました。すると、このグループに所属する経験豊富な同僚で、子どものためのスキーマ療法に関するウェブサイトを自身で運営しているクリストフ・ルースが、本書の制作に力を注いでくれることになったのです。また、子ども、思春期、および親たちに対するスキーマとモードに基づく行動療法を展開するハインリッヒ・ベルバルクについて、数年にわたってドイツ全土でセミナーやワークショップを行ってきたハンブルクのピーター・グラーフも、本書の執筆に熱心に取り組んでくれることになりました。

　このようにして、非常に勤勉かつ野心的なトリオが形成されました。以下に示す章立てには、執筆者それぞれの仕事や専門分野、そして執筆に費やした時間が反映されており、各人の創造的な貢献度の高さが見出されることでしょう。

本書の構成

　この「はじめに」に続き、第1章から第3章までは、「子どもと思春期のスキーマ療法

(Schema Therapy with Children and Adolescents：ST-CA)」の概説です。

　これらの章では、主要理論、発達モデル、精神病理について概説した後、スキーマ療法のモデルについて概要を示し、モードの概念について解説し、年齢特有の問題に焦点を当て、ST-CAについての最初の洞察（ケース概念化、フェーズ、治療スタンス、中心的な特徴）を紹介しています。

　本書のその後の部分は第3章までをベースにしているので、まずはこれらの章から読み始めてください。なお本書においては、シンプルで読みやすいように、個別の事例やケーススタディを除いて、男性の代名詞を使用しています。

　第4章から第8章までは、年齢に特化した話題に焦点を当てています。

　第4章では、乳幼児を対象としたスキーマ療法を紹介しています。この分野に対するスキーマ療法の革新性は、発達心理学と、すでに確立されている治療法を考察する段階から現れています。その後の章（第5、6、7章）では、就学前、小学生、思春期・青年期をそれぞれ扱っています。これらの章では、各年齢層へのスキーマ療法の実践に焦点を当て、新たな視点やアイディアや方法を紹介しています。第8章（ヤングアダルトに対するスキーマ療法）では、移行期にある人たちに対する技法について、実践的で深い洞察が得られるでしょう。

　第9章と第10章では、ST-CAの方向性を定め、治療を開始するための重要なサポートを提示しています。特に第10章では、ST-CAの5つの重要な構成要素について詳述しています。

　第11章から第14章では、これらの構成要素を、子どもが親しみやすい創造的な媒体（例：指人形、絵画、チェアワーク、イメージ）を使って実践する方法を紹介しています。

　第15章から第17章は特に重要です。というのも、ST-CAの基盤となるペアレントワーク（他の章ではごく簡単に解説されています）に焦点を当てているからです。また、第15章では、子どもや思春期の人に対するスキーマ療法独自の強みを、他のセラピーと比較する形で提示し、スキーマ療法の技法とアプローチをどのように他のシステム的なアプローチと統合できるか、ということについて示しています。

　本書のドイツ語版には、スキーマ療法の技法に対する専門家の意見を定式化した章や、ST-CAの開発と普及の概要について述べた章がありました。しかし今回の英語版への改訂にあたっては、成人に対するグループスキーマ療法の成功を受けて、子どもと思春期を対象としたグループワークの章に置き換えました。

　該当する第18章では、「子どもと思春期のグループスキーマ療法（GST-CA）」の設定の仕方、グループの各段階、グループへの介入など、実践的な課題について、マリア・ガリムジャノワとエレナ・ロマノワの豊富な経験に基づいて解説しています。

謝 辞

　読者の皆様には、「国際スキーマ療法協会（International Society of Schema Therapy：ISST）」にまず注目していただきたいと思います。ISSTの現会長であるデビッド・エドワーズ氏には、このプロジェクトに多大なご協力をいただいており、本書に序文を寄せてくださいました。心より感謝いたします。

　ISSTの会員になると、スキーマ療法の研究と応用に関する最新の動向にアクセスでき、ST-CAのワーキンググループについての情報も得られます。より詳しい情報は以下のウェブサイトでご覧いただけます。

www.schematherapysociety.org

　また、ST-CAに興味のある方は、以下のウェブサイトで最新の動向を把握することができます。

www.schematherapy-for-children.de

　本書の出版にあたり、励ましとご協力をいただいた多くの方々に感謝いたします。

　何よりもまず、スキーマ療法の基礎となる概念を構築してくれたジェフリー・E・ヤング氏に感謝申し上げます。そして、スキーマ療法の概念と手続きを実証的に評価するためにたゆまぬ努力を続けるアーノウド・アーンツ氏にも、感謝を捧げます。

　スキーマ療法がエビデンスに基づくセラピーとして確固たる地位を築くために唯一必要なのは、広範にわたる実証研究です。ハインリッヒ・ベルバルク氏は、ドイツ語圏の多くのスキーマ療法研究所の所長を育て、スキーマ療法をドイツ語圏で最初に広めただけでなく、子どもと思春期の人のためのスキーマ療法を発展させるイニシアチブを取ったことでも知られています。私たちは彼のことを「子どもと思春期の人のためのスキーマ療法の父」と呼んでいますが、それは彼が指人形を使ってモードワークを行っているからというだけではありません！

　エッカード・ロイジャー氏もまた、どんなに感謝しても感謝しきれない人物です。私たちは、彼の著した見事に考え抜かれた教育的に優れた本と、ST-CAに対するサポートに感謝しています。

　私たちはまた、スキーマ療法、なかでも特にモードワークについて素晴らしい書籍を出版してくれたジッタ・ヤコブ氏にもお礼を申し上げます。ヤコブ氏の本は多くの読者に対し、モード

ワークの概念を明確かつ実践的に示してくれました。

ドイツ語圏でスキーマ療法に関する多くの出版物を発行してくれている、ベルツ社にも感謝いたします。ベルツ社は、私たちと同様にスキーマ療法へ献身的に取り組み、ドイツ、オーストリア、スイスで現在のような高い知名度を得る上で大いに助けてくれました。

また、ブルース・スティーブンス氏は、英語版を世に送り出すため、現在の出版社を探すのに非常に尽力してくれました。

出版社や著者に加えて、ガンター・グロエン氏（ハンブルク）やドロッティ・ヴェルベク氏（リューベック）という経験豊富で名の知られたチャイルドセラピストにも協力を仰ぎました。彼らの貴重で建設的なフィードバックは、ドイツ語版の完成に向けて大きな参考となりました。なお、現在の英語版原稿は、ドイツ語版から若干の変更が加わっています。英語版には、アタッチメント理論、エリスのABCモデル、その他の重要なモデルや概念についての情報が含まれています。

さらに、乳幼児の章をレビューし、調節障害のガイドラインに関する最新の情報を提供してくれたアネカトリン・ティエス氏（ハンブルク）にも感謝いたします。

ベルリンのウラ・エッカルト氏には、彼女が開発したスキーマ療法のファミリーボードに関する素晴らしいアドバイスをいただきました。

編集部と連絡を取り合い、ドイツ語版の出版に非常に建設的なサポートを提供してくれたシュラメイヤー氏、そしてこの大きなプロジェクトを引き受け、ST-CAを英語圏に広めてくれたダレン・リード氏にも感謝いたします。

また、ルーシー・ゴールドスタイン氏（ニューヨーク）とオーストラリアの児童思春期セラピスト＆トレーナーのエリン・バル氏に感謝します。お二人は、第9章から第14章までの改訂作業を手がけた際に、有益なフィードバックを提供してくれました。

さらに、ヴィベーケ・ヴァラム氏、アストリッド・フォン・ロジェウスキー＝ウィルソン氏、ドロシー・アンナ・カール氏、フリッツ・レネー氏、パメラ・フィッツジェラルド氏からは、それぞれ、本書の翻訳の初期段階において助力を得て、英語版の制作に大いに貢献してくれました。

そして、私たちの雇い主である各研究所にも心から感謝を申し上げたいと思います。

クリストフ、ピーター、ゲルハルトの3人は、ルース・A・ホルト氏（キャンベラ臨床法医

心理学研究所スキーマ療法部門主任＆トレーナー、オーストラリア）にも深く感謝しています。彼女は、本書の各章を読み直し、改訂し、英語版の最終版の仕上げを行ってくれました。彼女の徹底的な調査と明確さへのこだわりは、本書を英語圏の読者に届けるために欠かせないものでした。一連の翻訳作業の間の真摯な姿勢に感謝しています。

　最後になりましたが、本書の作成にあたり、パソコンの前に座ってばかりで姿を見せずにいる私たちを気遣ってくれた家族には、特別な愛情を込めて感謝します。

　読者の皆様には、本書の世界にどっぷりと浸かっていただきたいと思います。本書が一人でも多くの「仲間」に刺激を与えられることを願っています。お褒めの言葉、ご批判を含めて、忌憚のないご意見をどうぞお寄せください。

クリストフ・ルース

ピーター・グラーフ

ゲルハルト・ザルボック

ルース・A・ホルト

第**1**章

子どもと思春期の 心理学と心理療法

クリストフ・ルース、ゲルハルト・ザルボック、
ピーター・グラーフ、ルース・A・ホルト

1.1 はじめに

「子どもと思春期の人のためのスキーマ療法 (ST-CA)」は、スキーマ療法のツールと技法を子どもと思春期の心理療法の領域に落とし込んだ、パワフルなアプローチです。

　子どもと思春期の人たちを対象とするセラピストは、乳幼児、子ども、若者、そして親や養育者の生活における複雑な感情を深く理解しようと力を尽くしています。

　一方、スキーマ療法は、問題のある感情や行動や対人関係の表面下にあるものに焦点を当て、個人や家族システムが自身を、そして自身が抱える問題を、より明確に理解できるようになることを目指しています。

　セラピストは、この2つを組み合わせることで、若者や家族に影響を与えている問題の深層を明らかにし、効果のある治療的介入のデザイン・実行に向けた強固な基盤を得ることができます。

　本章では、子どもと思春期の人のためのスキーマ療法の歴史的背景を探索します。子どもや大人の感情や行動を理解しようとするとき、私たちは常に巨人の肩の上に乗っているようなもので、関連する主要な理論や概念を把握しておくことが大切になります。改めてここで、心理学と心理療法の歴史を振り返ってみましょう。

1.2 人間の精神を探る

　まず私たちが最初に訪れるのは、20世紀初頭のウィーンです。一人の神経学者が、人間の精神の発達に関する理論を広め始めており、それは後に絶大な影響力を持つことになります。彼の名前はジークムント・フロイト。彼はそのときすでに「精神分析」という用語を使い始めていました。

　フロイトは、人生のすべては緊張と快楽で構築されていると考えていました。特に人生の最初の5年間は、無意識の世界が主体ではあるものの、決定的に重要な期間だと強調しています。この期間は子ども時代の成長に対してだけでなく、大人になったときのパーソナリティの形成に対しても非常に重要な時期だというのです。今日、無意識に埋め込まれた幼少期のシステムと記憶は、スキーマ療法を含む多くの心理学的、そして心理療法的なアプローチにとって欠かせないものとなっています。

　フロイトの最もよく知られた、そして最も重要な考えは、人間の心には複数の側面があるというものです。

彼の「パーソナリティ理論」（Freud, 1923）によると、人間の精神は、イド、自我、超自我という3つの構成要素（システム）から成っています。イドは本能的な部分で、性欲や攻撃欲を含み、フロイトが「快楽原則」（快楽を求め、苦痛を避ける）と呼んだものに従っています。

　一方、超自我は批判的な羅針盤であり、両親やその他の養育者から教えられた社会の規範や価値観が組み込まれています。超自我は4歳頃に発達し、「道徳原則」（社会的に受け入れられる、責任ある行動を取る）に従います。

　自我はこの2つを媒介して、イドの欲求と超自我の制約のバランスを取ります。意思決定を行う部分であり、「現実原則」に基づいて理性的に行動します。そして、社会的なルールや感情的なルールを考慮に入れて、自分がどのように考え、感じ、行動するかを決定しているのです。

　フロイトの業績の多くは、時代の流れによって取って代わられましたが、彼は心理療法の発展における中心人物であり、その中核となる考え方は今も受け継がれています。たとえば、心は同時に矛盾した視点を持つことができること、幼少期の体験が大人のパーソナリティの形成にとって重要であること、初期の記憶が現在の行動に無意識的に重要な影響を与えていること、といった彼の中心的な理論は、ST-CAのような現代的なアプローチにもはっきりと見出すことができます。

1.3 古典的条件づけ

　次にサンクトペテルブルクに移動してみましょう。そこでは生理学者のイワン・パブロフが学習プロセスの研究を行うことで、現代の行動療法の創始者となりました。

　パブロフは、生理的反応（感情的反応を含む）がどのように特定の刺激や状況と結びつくかを解明しました。飼い犬が唾液を出し始めるのは、餌を与えられたときではなく、餌を持ってきた人の足音を聞いたときだ——この機序に対する気づきが、パブロフのブレイクスルーになったのです。パブロフはさらに研究を進め、餌を期待することと、ベルやメトロノームなどの音を組み合わせることで、「条件反応」を作り出しました。こうして、「古典的（パブロフ的）条件づけ」と呼ばれる理論が誕生したのです。

　その後、南アフリカ生まれの心理学者ジョセフ・ウォルピは、不安を引き起こす出来事（クモなど）とそれに拮抗する反応（リラックスなど）の組み合わせによって、不安を軽減できることを示しました。彼が開発した「系統的脱感作」と呼ばれる技法は、恐怖を感じる状況を階層化し、リラックスした状態を誘導しながら、段階的に不安を表出させていく手法です。系統的脱感作は、多くの単一恐怖症に有効な治療法であることが明らかになりました。

　その後、イギリスのA・B・レヴェイとイレーヌ・マーティンが、古典的条件づけを発展させた「評価的条件づけ」を開発し、条件刺激に対する人の反応は、その刺激と正（または負）の無条件刺激との組み合わせによって変えられることを示しました。

第1章　子どもと思春期の心理学と心理療法　17

条件づけや広範にわたる連合学習の領域は、それ自体が魅力的です。しかし、ST-CAにとってのそれらの中核的価値は、行動や感情が刺激間の連合によって生み出されうること、そして経験や態度が互いに強化し合うことの発見にあるでしょう。

1.4 行動主義と社会的学習理論

もう一つの強力な学習理論は、アメリカのジョン・ワトソンが開発したものです。

「行動主義」は、観察可能な刺激と反応としての行動のみを対象としており、人間の行動に対する環境要因の重要な役割を強調しています。ワトソンの信条は、すべての行動は、それがどんなに複雑であっても、「刺激と反応」に還元できるというものでした。その後さらに発展して、B・F・スキナーは、行動に対する罰と報酬によって学習が行われる「オペラント条件づけ」を提唱しました。オペラント条件づけでは、人は、特定の行動とその後の結果を関連づけるようになります。

エドワード・ソーンダイクの「効果の法則」（快い結果を伴う行動は、不快な結果を伴う行動よりも繰り返される可能性が高い）を発展させ、スキナーは、行動を理解して修正する最良の方法を、行動の先行刺激と後続するものの観察にあると主張しました。彼は、特定の行動に対する報酬や罰の提供により、人がどれくらい予測可能な方法で反応するようになるかを研究しました。

主要な学習理論を網羅するとしたら、アルバート・バンデューラの「社会的学習理論」にも触れなければなりません。バンデューラは、古典的条件づけとオペラント条件づけに概ね同意しつつ、行動主義者が無視していた認知的な要素にも着眼しました。この視点は、行動的アプローチをより人間的なものにするにあたって大きな役割を果たしました。

バンデューラはまた、子どもの行動を理解するための重要な要素として、「行動は、いわゆる観察学習によって獲得される」ということを提唱しました。子どもたちは、親、教師、友人などの影響力のあるモデルと一緒にいるとき、その人たちを観察するだけで行動を符号化（良いことも悪いことも）し、後にその行動を模倣します。子どもは最終的に、行動のモデルになった人に同一化し、観察したその人の行動、価値観、態度、信念を広範にわたって取り入れることになります。

1.5 アタッチメント理論

次に訪れるのはロンドンです。ここでは、児童心理学とスキーマ療法の両方に多大な影響を与えることになった理論が構築されました。「アタッチメント理論」は、ジョン・ボウルビィと、

その後に現れたメアリー・エインズワースの先駆的な研究によって生まれました。

　ボウルビィは、1930年代に精神科医として児童相談所に勤務し、情緒障害児の治療にあたっていました。困難を伴う仕事を続けるなかで、彼は母親と子どもの関係の重要性を、社会的、認知的、そして特に感情的な観点から観察し、研究していきます。このことが彼の、母子の早期離別とその後の不適応行動の関連性についての基本的な考えを形成しました。

　ボウルビィの研究結果は、アタッチメントに関する有力な行動理論とは相反するものでした。行動理論では、子どもが母親にアタッチメントを持つようになるのは、条件づけの学習過程（たとえば、食べ物の提供など）によるものだとしていたからです。

　しかしボウルビィは、アタッチメントを「人間同士の永続的な心理的つながり」と定義しました。アタッチメントは進化の過程として理解できるとし、乳児は生存のために養育者との接近を求める普遍的な欲求を持っていると主張したのです。乳児は泣いたり笑ったりすることで養育反応を促しており、養育者がストレスを感じたり脅威を感じたりすると、乳児の安全性も損なわれることになります。

　メアリー・エインズワースは、アメリカの発達心理学者で、ボウルビィと一緒に仕事をした後に、彼から独立して研究を行いました。彼女は、アタッチメントに関わるストレスに遭遇したときの子どもの反応を誘発することで、アタッチメント行動の個人差を観察する、「ストレンジ・シチュエーション法」の開発でよく知られています。

　エインズワースはアタッチメントのタイプを分類し、情動を調整するやり方や、アタッチメントに対する脅威を認識したときの反応の仕方が、タイプによって異なることを示しました。また、安全なアタッチメントに対するニーズが満たされないと、子どもにどのような問題が起きうるか、ということも提示しました。

　ボウルビィとエインズワースは共に、「アタッチメントとは、時間と空間を超えて人と人とを結びつける深く永続的な情緒的絆であり、安全なアタッチメントを築くための重要な要因は、食べ物ではなく、養育的なケア、愛情に満ちた温かさ、情緒的な応答性である」と主張しました。

1.6 心理社会的発達理論

　エリク・エリクソンは、ドイツ系アメリカ人の発達心理学者、精神分析学者であり、人間の心理的発達に関する理論を提唱したことで知られています。彼は、他の多くの発達心理学者と同様に、パーソナリティは一連の定義された段階に沿って決まった順序で発達し、各段階はその前の段階の上に構築されると主張しました。

　エリクソンは心理社会的発達の段階について、誕生から18歳までに5つの段階を、その後の成人期に3つの段階を定義しました。すべての人間は、それぞれの段階において、特徴的な心理社会的危機を経験しますが、その危機において個人の心理的ニーズは社会のニーズと対立して

います。それぞれの危機の結果が次の危機に影響を与えており、各段階を無事に終えることが健全なパーソナリティを形成し、基本的な徳を獲得する上で重要になります。表1.1は、これらの段階とそれに関連する徳を表しています。

表1.1　エリク・エリクソンによる心理社会的発達の段階（1950）

段階	心理社会的危機	基本的な徳	年齢
1	信頼と不信	希望	0〜1½歳
2	自律性と羞恥心	意思	1½〜3歳
3	自主性と罪悪感	目的	3〜5歳
4	勤勉性と劣等感	有能感	5〜12歳
5	アイデンティティと役割の混乱	忠誠	12〜18歳
6	親密性と孤独	愛	18〜40歳
7	生殖性と停滞	世話	40〜65歳
8	自我の統合と絶望	知恵	65歳〜

　子どもや思春期の治療に携わる実践家は、通常、そのケースにおいて提示される問題に加えて、最初の5つの危機に関連する問題のうち、少なくとも1つに直面します。また、大人のクライアントやクライアントの親と接していても、彼らが抱える典型的な子ども時代の危機に直面することがあります。こうした大人たちは、自らの子ども時代の未解決の危機を追体験しているのかもしれません（例：自分自身の子育てのアプローチを通して）。

　ロバート・ハヴィガーストの発達課題モデルは、不適応行動や精神病理学の起源について、さらなる洞察を与えてくれます。このモデルでは、発達課題は生涯を通じて段階的に起こるもので、人はある段階の課題を達成することによって、次の段階へ進んでいくものとされています。
　課題には規範的なもの（毎日の衛生習慣を身につけることや、親元を離れて学校に通うことなどの必然的な課題）もあれば、非規範的なもの（家族の死に適応するための非典型的な課題）もあります。課題が成功すれば、誇りや満足感、承認を得ることができますが、失敗すると不幸になるなどの問題が発生します。これは生物心理社会的モデルであり、各段階の発達課題は、個人の生物学的特性（遺伝や身体的状態）と心理学的特性（個人の価値観や目標）、さらには所属する社会や文化に影響されます。

1.7 認知行動療法

　人間の行動を変えるために学習原理を応用した行動療法の第一世代、そしてエリクソンとハヴィガーストの発達段階と発達課題を念頭に置きつつ、次の大きなマイルストーンに移動しましょう。それは古典的な「認知行動療法（CBT）」です。CBTの先駆者はアルバート・エリスとアーロン・ベックです。

　まず、エリス（1957）のABCモデルから始めましょう。このモデルの基本的な考え方は、外的または内的な出来事（A：活性化する出来事）は、それ自体が個人の感情、認知、身体、行動の反応を引き起こすわけではなく、むしろ、これらの出来事をどのように認知的に処理し、評価するか（B：信念）が、結果（C：結果）を生み出すというものです。

　ABCモデルは、ABCDEモデル（Ellis & Dryden, 1987）とも呼ばれています。Dは信念の論駁を表し、Eは（新しい）効果、つまり不合理な信念が合理的なものになったときの代替的な結果を意味します。ABCモデルの中核となる治療的な考え方は、クライアントは、結果を変えるために必ずしも環境（A）を変える必要はなく、出来事の処理（B→D）を認識して変えるだけで、元の反応（C）が新しい反応（E）になるというものです。このモデルを子どもに適用する例は、第9章で紹介しています。

　アーロン・ベックは、認知療法と認知行動療法（CBT）の生みの親として広く知られています。ペンシルベニア大学での彼の先駆的な研究は、今日のうつ病、不安症、その他多くのメンタルヘルスの問題において、臨床治療の中心となるアプローチにつながりました。

　ベックはまた、マーティン・セリグマン（ポジティブ心理学の開発者）、マービン・スマッカー（スキーマ療法の中核である「イメージの書き換え」の開発者）、マーク・ウィリアムズ（「マインドフルネスに基づく認知療法」の開発者）、ジェフリー・E・ヤング（スキーマ療法の創始者）など、後に大きな影響力を持つことになる多くの心理学者を支援し、影響を与えました。

　ベックのアプローチは、たとえばポール・スタラード（2018）によって、若い人たちのための年齢に応じたツールにも適応されてきましたが、本書もその伝統を引き継いでいます。CBTの予備知識なしに本書のST-CAに出合った人には、ベックの生み出した最も影響力のある理論をさらに学ぶことをお勧めします。

1.8 気質とパーソナリティ

　発達課題や精神的な課題に対処する能力は、個々の子どもの気質に左右される部分がありま

す。最もよく知られている気質の説明の一つは、アレクサンダー・トーマス、ステラ・チェスらが1956年に開始した、ニューヨークにおける幼児の縦断的研究に基づいて述べたものです。彼らは、9つの気質的次元（Thomas et al., 1963）と、それに続く3つの子どもの気質の型（Thomas & Chess, 1977）を導き出しました。これらの次元と型を表1.2に示します。

表1.2 子どもの気質的次元と気質の型

気質的次元（Thomas et al., 1963）	気質の型（Thomas & Chess, 1977）
・活動のレベル ・規則性／リズム ・最初の反応（接近または回避） ・適応性 ・反応の強さ ・気分 ・気の散りやすさ ・注意力と持続性 ・感受性	・扱いやすい子ども ・扱いにくい子ども ・慣れるのに時間がかかる子ども

トーマスとチェスは、乳児期の早い段階から、「扱いやすい」「扱いにくい」「慣れるのに時間がかかる」といった気質の子どもを見分けることができると主張しました。扱いにくい気難しい子どもは、見慣れない刺激や不規則な生活に否定的な反応を示す傾向があります。泣くことが多く、食事や睡眠においても規則的で予測しやすいリズムを取ることが困難です。

慣れるのに時間がかかる子どもたちは、一般的に活動レベルが低く、新しい状況や男性を避ける傾向がありますが、扱いにくい子どもたちに比べれば否定的な反応は顕著ではありません。扱いやすい子どもは、一般的に幸せで、日常生活を容易に確立し、大きな問題もなく新しい経験に適応します。

さらに最近では、メアリー・ロスバートとジョン・ベイツ（Rothbart & Bates, 2006）が気質を理解するためのアプローチをレビューし、気質には接近（積極性、外向性、刺激を求める、好奇心）と抑制（消極性、内気、不安、苛立ち）の2つの主要な次元があるという点で一般的な合意があると結論づけました。

これは、ジェフリー・アラン・グレイによるパーソナリティの生物心理社会的理論（Gray, 1970）と関連しています。この理論では、行動抑制システム（罰に対する感受性、回避する動機）と行動活性化システム（報酬に対する感受性、接近する動機）の2つのシステムが個人の環境との相互作用を支配すると提唱しています。

1.9 「ビッグファイブ」理論

　前述した気質的要因は、パーソナリティの「ビッグファイブ」モデル（Tupes & Christal, 1961）と明確に関連しています。このモデルは、アーネスト・トップスとレイモンド・クリスタルによって1961年に提唱され、1980年代以降に影響力を持つようになり、その後多くの研究者によって発展してきました。

　このモデルではパーソナリティの特性を5つの領域に分類しており、これらの領域はすべてのパーソナリティの背景にある基本的な構造を表していると考えられています。5つの領域とは、「経験への開放性」「誠実性」「外向性」「協調性」「神経症傾向」です。パーソナリティ因子

表1.3　パーソナリティの「ビッグファイブ」因子と典型的な特性

パーソナリティ因子	特性
1. 経験への開放性	・開放的な子どもたちは、強い探究心を持ち、しばしば、新しい体験を強く求めます。また、バラエティに富んだものへのニーズが高く、単調な刺激には耐えられません。 ・開放性のスコアが低い子どもは、感情が鈍く、変化が苦手で、慣れ親しんだものを好み、好奇心が乏しいことがあります。
2. 誠実性 （秩序、忍耐力）	・誠実性のレベルの高い子どもは、権威や規則に従う傾向がありますが、それは罰を恐れているためではありません。 ・この因子の得点が低い子どもは、自分を無能だと感じ、ずさんで、衝動的で、達成欲求が低い傾向があります。 ・この因子が、親の承認した基準や規則を内面化した結果ではなく、主に遺伝的なものであるかどうかは議論の余地があります。
3. 外向性 （対内向性）	・外向的な子どもは、外に向かって行動し、社交的で、しばしば新しい刺激を求め、目を光らせています。 ・内向的な子どもは、どちらかというと社交的ではなく、内向きで、自分の感情や考えで頭がいっぱいです。
4. 協調性 （信頼、誠実さ、 従順さ）	・協調性のある子どもは、社会的な対立を解決することができ、攻撃的な行動を取ることはありません。対立よりも他者に共感することを容易としています。 ・この因子の得点が低い子どもは、イライラしたり、一匹狼であったり、攻撃的な傾向や自己中心的な行動を示すという特徴があります。
5. 神経症傾向 （感情の安定性と 不安定性）	・情緒が安定している子どもは、「動揺しない」、つまり、すぐに落ち着くことができ、しばしば機嫌が良く、幸せな気分を保てています。 ・情緒不安定な子どもは、自分が嫌だと感じる刺激にすぐ反応し、興奮しやすく、落ち着くのに時間がかかります。

第1章　子どもと思春期の心理学と心理療法　　23

が発生する年齢は現在研究中ですが、人間以外の霊長類にも見られることから（Weiss et al., 2006）、少なくともこれらの因子につながる兆候は、発達の比較的早い段階でも観察されうると考えられます。

1.10 環境リスク要因とストレスのトランザクショナルモデル

　気質やパーソナリティの特徴を考えるとき、私たちは個人の神経生物学的な基盤と、生まれつき持っている精神病理的な傾向や精神的安定性を検討します。しかし、どのような子どもも、リスクのない真空状態の中に一人で存在しているわけではないことに留意しなくてはなりません。社会経済的地位の低さ、機能不全の家族関係、性的・身体的虐待、親の死など、精神疾患の発症に関連する社会環境的なリスク要因は数多くあります。

　逆に、保護要因は発達を助け、リスク要因の影響を軽減します。保護要因として最もよく知られているのは、質の高いアタッチメント関係を少なくとも1つ持っていることと、高い一般知能を持っていることですが、レジリエンスや身体的魅力も保護要因とみなされます。個人がこれらの要因をいくつか持っていれば、ネガティブな環境の影響が軽減される可能性があります。

　神経生物学的因子が環境因子や学習理論とどのように相互作用するかは、複雑な問題です。この問題に答える一つの方法として、1966年にリチャード・ラザルスが提唱した「ストレスと対処のトランザクショナルモデル」があります。このモデルでは、ストレスは個人と環境との間の取引の産物であるとしています。

　個人には、特定の方法で環境を経験し、それに応じた反応をするような一連の気質があります。この反応は、生まれながらの気質と養育の間の継続的な相互作用の中で、自分の置かれた環境にさらなる影響を与えます。

　子どもと環境の相互作用を理解する別の方法として、環境全体を子どもの基本的な心理的欲求の充足または挫折を表象するものとして考えることもできます。このような考え方は、次章で説明するように、スキーマ療法の基礎となるものです。

◆参考文献◆

Ellis, A. (1957). Rational psychotherapy and individual psychology. *Journal of Individual Psychology*, **13**, 38-44.

Ellis, A. & Dryden, W. (1987). *The Practice of Rational-Emotive Therapy (RET)*. New York: Springer Publishing Co.

Erikson, E. H. (1950). *Childhood and society*. New York: Norton.

Freud, S. (1923). *The ego and the id*. SE, 19: 1-66.

Gray, J. A. (1970). The psychophysiological basis of introversion-extraversion. Behav. Res. Ther. **8**, 249-266.

Lazarus, R. S. (1991). *Emotion and Adaption*. New York: Oxford University Press.

Rothbart, M. K. & Bates, J. E. (2006). Temperament. *Handbook of Child Psychology*.

Stallard, P. (2018). *Think Good, Feel Good: A Cognitive Behavioural Therapy Workbook for Children and Young People*. Wiley-Blackwell.

Thomas, A. & Chess, S. (1977). *Temperament and Development*. New York: Brunner & Mazel.

Thomas, A., Chess, S., Birch, H. G. & Korn, S. (1963). *Behavioral Individuality in Early Childhood*. New York: University Press.

Tupes, E. C. & Christal, R. E. (1961). Recurrent Personality Factors Based on Trait Ratings. Technical Report ASD-TR-61-97, Lackland Air Force Base, TX: Personnel Laboratory, Air Force Systems Command.

Weiss, A., King, J. E. & Perkins, L. (2006). Personality and subjective well-being in orangutan. *Journal of Personality and Social Psychology*, **90**, 501-511.

第2章

スキーマ療法と
ST-CAの
主要な理論と概念

クリストフ・ルース、ゲルハルト・ザルボック、
ピーター・グラーフ、ルース・A・ホルト

2.1 はじめに

スキーマ療法のモデルと関連する臨床的アプローチは、前章で述べたすべての理論や療法の視点をある程度取り入れていますが、特に重要なのは以下に示す4つの側面です。

1. 基本的欲求

スキーマ療法では、心理的な欲求は、人間が自己を体験する際の基礎であり、人間の行動の原動力であると考えます。養育が足りなかったり、虐待やトラウマがあったり、制約が欠けていたりすることで、欲求が慢性的に満たされないと、精神的・感情的な幸福を損なうリスク要因が強まってしまいます。

2. スキーマ

スキーマ（「早期不適応的スキーマ」とも呼ばれる）とは「人が生活体験を理解するために広範に組織化されたある種の原理」（Young et al., 2003）のことであり、思考、感情、記憶、身体感覚などから構成されています。幼少期に最も重要な感情要求が満たされないとスキーマが形成されます。スキーマは、その人の過去の体験を表すものであり、未来を予測するものにもなります。また、自己や対人関係に対する捉え方を表すものでもあり、それらはすべて幼少期の環境に基づいて形成されています。

3. コーピングスタイル

人はそれぞれ、スキーマに適応するための個別の反応を発達させます。スキーマによって生じる強い感情的苦痛を、その反応によって和らげようとするのです。発達精神病理学の視点からは、コーピングスタイルは何らかの障害や疾病の前兆となる可能性があります。

4. スキーマモード

スキーマモードは、「誰もが体験する、瞬間瞬間の感情状態とコーピング反応のことで、それは適応的な場合もあれば不適応的な場合もある」（Young et al., 2003）と定義されています。スキーマモードには有用なものとそうでないものがあり、有用でないスキーマモードは、スキーマやコーピングスタイルの活性化によって引き起こされます。また、スキーマモードは長期にわたる特性ではなく、瞬間的な状態を表すものです。

2.2 基本的欲求

　基本的な心理的欲求が満たされないことによる有害なフラストレーションが、精神病理学的な症状を引き起こす——これが、スキーマ療法のモデルが提唱するものです。クラウス・グレイウェ（Grawe, 2017）をはじめとするさまざまな研究者が、進化に基づいた中核的な心理的欲求を想定しています。

　彼らの研究は、欲求のさまざまなレベルや様相を理解するのに役立つ、よりわかりやすいモデル（表2.1）を示してくれました。なお、栄養、睡眠、安全といった身体的欲求はここには含まれていませんが、私たちはそれらの重要性を認識しており、その欠如が重大な影響を与えることは間違いありません。

表2.1　クラウス・グレイウェ（2017）が定義した主な心理的欲求

1. アタッチメント	愛情に満ちた人間関係を持つこと、そして支え合うコミュニティに属していること
2. 自律性	他人の影響を受けずに独立していること 自己信頼感、自己効力感、自分の環境をコントロールする能力を持っていること
3. 自尊心	自分を認め、大切にすることができること、そして自らを尊重できること
4. 遊び、喜び、幸せ、刺激	自発的であること、自分を表現する自由があり、喜びを得られること

　グレイウェはまた、人間の普遍的な欲求として「一貫性」を挙げています。これは、個人が環境をコントロールするためには、その環境を理解したり予測したりできなければならないという意味であり、構造と方向性に対する欲求と捉えることもできます。

　ここで重要なのは、境界、構造、ルールを体験したいという人間の基本的な欲求です。人間は、自らのパーソナリティ、記憶、体験の中に何らかのルールや一貫性を見出そうとします。これは、各人が重視する環境についても同様で、家族、仲間、国家といった重要な社会構造への帰属（あるいは不帰属）を定義するための明確なルールを求めていると言えます。

　基本的欲求が慢性的に満たされず、一貫性を得られないと、特定の非機能的なスキーマやコーピングのパターンが形成されることになります。図2.1は、基本的欲求に関する私たちのモデルを示したものです。

　上から下に通る自律性の軸は、子どもの健全な発達にとって中心的なものです。何らかのリス

図2.1 基本的欲求のフラストレーションモデル

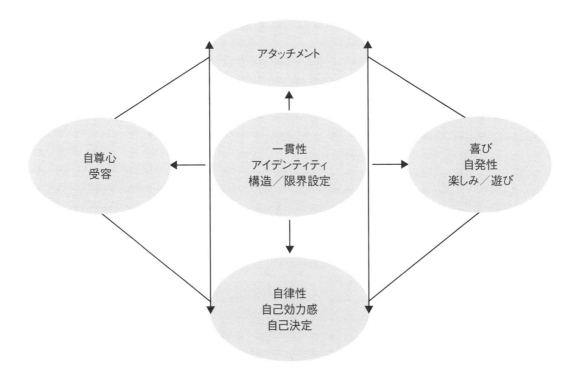

ク要因や発達課題があるなかで基本的欲求を満たそうとしても、それがうまくいかず、かえって欲求が満たされない状況に陥ってしまうことがあります。そうなると、不安、悲しみ、怒り、恥などの感情が生じます。これらの感情が強く、長く体験されると、負の感情に決まったやり方で対処する傾向が自動的に形成されることになるでしょう。

2.3 スキーマ

　前述した通り、早期不適応的スキーマ（ここでは単純に「スキーマ」と記載）は、「人が生活体験を理解するために広範に組織化されたある種の原理」（Young et al., 2003）のことです。スキーマは、その人の記憶、認知、感情、身体感覚から成るシステムとして理解できます。
　スキーマ療法では、スキーマは自滅的なパターンであり、人生の困難を克服したり自らの可能性を伸ばしたりするのを妨げる行動を引き起こすもの、と考えます。自己永続的であり、人は一貫性を求める中で自分のスキーマを裏付けるような状況や他者に引き寄せられます。

ヤングらは、スキーマを「特性」という意味で永続的なものと定義しています。

ある気質を有する人から見て、親密であったり重要だと考える相手との間に有害な体験が繰り返されることで、その体験の表象として形成されるところに、スキーマの特性があります。こうした表象には、否定的な自己属性（「私は無力で、弱く、無防備だ」など）や、他者に対する否定的な解釈（「人は信頼できず、威圧的で、私を脅かす」など）が含まれます。非機能的なスキーマの多くは幼少期に形成されるため、スキーマ療法では「早期不適応的スキーマ」と称しています。それらのスキーマは生涯にわたって永続し、その人にとって慣れ親しんだ思考法となり、歪曲されたレンズを通して出来事を解釈するようになります。

また、スキーマの中には休眠状態のものもあり、その場合は関連する出来事や状況に活性化されることで、初めて気づくことができます。

スキーマは、無条件スキーマと条件スキーマに区別されます。

無条件スキーマは、中核スキーマとも呼ばれますが（Roediger et al., 2018）、幼少期の最も早い時期の体験と関連しており、その体験から学んだことが凝縮されています。たとえば、「情緒的剥奪スキーマ」は、重要他者が物理的に存在しているにもかかわらず、養育、共感、保護といったごく普通の感情欲求が満たされない場合に形成されます。「見捨てられスキーマ」は、重要他者との肯定的な関係の喪失（例：親の死亡）や感情的な存在の不安定さによって形成されます。

対照的に、条件スキーマは、無条件スキーマの苦痛に何とか対処しようとするために形成されます。たとえば、アタッチメント対象となる人物を失うリスクを冒すのではなく、その人物のそばにいようとして、「服従スキーマ（過度に他者に服従する）」が形成されるかもしれません。表2.2は、これらのスキーマの一覧です（表中の行と行との間に直接的な関係はありません）。

どのスキーマが中核的でどのスキーマが条件的か、ということについては今のところ見解が分かれていることに留意してください。たとえば、「罰スキーマ」には、一次的な側面（「私は罰せられて当然だ」）もありますが、自己批判的な行動という観点からは二次的であるとも言えます。スキーマの捉え方については、ローディガーら（Roediger et al., 2018, p.32）を参照してください。

いずれにせよ、スキーマは、基本的欲求が満たされたり満たされなかったりすることを表すモデルです。臨床場面において、クライアントのスキーマを理解しようとするときは、「どの欲求が満たされなかったことで、このスキーマが形成されたのか？」と問いかけることが有用です。そしてクライアントの有するスキーマがどんなに非機能的であっても、スキーマは欲求を満たすための戦略として形成されたものであることを忘れないようにするとよいでしょう。

表2.2　無条件スキーマと条件スキーマ
（Young et al., 2003; Roediger et al., 2018）

無条件（中核）スキーマ	条件スキーマ
・見捨てられ／不安定	・服従
・欠陥／恥	・厳密な基準／過度の批判
・社会的孤立／疎外	・自己犠牲
・情緒的剥奪	・評価と承認の希求
・不信／虐待	・感情抑制
・依存／無能	
・損害への脆弱性	
・巻き込まれ／未発達の自己	
・失敗	
・自制と自律の欠如	
・否定／悲観	
・罰	
・権利要求／尊大	

2.4 コーピングスタイル

　スキーマを形成させるような有害な体験に対処するため、「コーピングスタイル」と呼ばれる不健全な反応（1つかそれ以上）がその後に続くことで、しばしばその影響を受けることになります。

　コーピングスタイルは、モデリング、気質的要因、オペラント条件づけの相互作用の結果として形成されます。スキーマ療法では、進化論的な「闘争－逃走－麻痺」反応に相当する3つのコーピングスタイルを想定しています。

■**過剰補償**：スキーマと正反対の行動、少なくともスキーマとはできる限り異なる行動を取ることを言います。過剰補償のコーピングスタイルは、人を受動的な被害者から能動的な加害者へと変化させる可能性があり、人は、元のスキーマが爆発するのを抑制するために、恥や不安などの苦痛を伴う感情とあえて正面から闘おうとします。

■**回避**：スキーマの活性化を妨げたり、阻止したり、遅らせたりするような行動のことです。これには、状況から文字通り「逃げる」ことや、他の方法でスキーマを回避することが含まれま

す。感情的な苦痛を切り離して麻痺したり、気晴らしや物質乱用など、より積極的な回避戦略を取ったりすることもあります。

■服従：スキーマがあたかも真実であるかのように振る舞い、状況に屈服する行動のことです。その結果、スキーマに由来する感情や身体反応が押し寄せてきます。多くの場合、反応制止または制御不能な動揺を伴います。「不動状態」の場合もあれば、より積極的かつ自発的にスキーマに服従する場合もあります。

　以下に示す4つの表（表2.3から表2.6）は、スキーマとコーピングスタイルのそれぞれの概要を示しています。これらの表には、両親や重要他者による一連の行動パターン、それに伴う子どもや思春期の人の認知、そして3つのコーピングスタイルに基づく典型的な反応が記載されています。

2.5 スキーマモード

　同時に複数のスキーマが活性化されうるという事実もそうですが、そもそもスキーマとコーピング反応の数の多さが、セラピストとクライアントに困難をもたらします。セラピストがクライアントのスキーマを理解したり評価したりすることは重要ですが、治療においては、モードモデルがよりシンプルな言葉を提供してくれます。

　非機能的なモードは、「特性」ではなく、スキーマの活性化と不適応的なコーピングの結果として生じる「状態」であると考えられます。スキーマとコーピング反応を「原子」、モードを「分子」というふうにイメージしてみてもよいでしょう。異なるスキーマとコーピング反応が組み合わさって、新たなモードが生み出されることがあるかもしれません。その新たなモードは、元の構成要素の特徴を持っていたり持っていなかったりするでしょう。表2.7は、ST-CAで用いられるモードの概要を示したもので、2.7項で詳細に検討します。

　ヤングらは、非機能的なモードを「解離した状態」と捉えています。「スキーマモードは、特定のスキーマが活性化されている状態が、他のモードからどれだけ切り離されているか、あるいは切り離されていないか、という程度によって特徴づけられる。したがって、非機能的なスキーマモードは、『自己』の他の側面から切り離された『自己』の一部である」（Young et al., 2003, p.40）。

　ヤングらは、モードを「解離の連続体」として理解でき、実際にそのように体験されるものであるとしています。連続体には、比較的健康的なものから、解離性パーソナリティ障害に見られるような深刻で病的なスプリッティングまでが含まれています。

　モードモデルの要素は、日常生活を送るなかで現れます。解離という概念も、日常的な意味で

第2章　スキーマ療法とST-CAの主要な理論と概念　33

表2.3 スキーマ1～5 (Young et al., 2003) 親の行動の例、子どもと思春期の人の認知の例、服従、回避、過剰補償のコーピング戦略を用いた典型的な反応の例

スキーマ	親の特性	子ども・思春期の人の認知	服従	回避	過剰補償
1. 見捨てられ／不安定	不安定なつながり、一貫性のないケアとサポート、頻繁な変更、実際に取り残される、または取り残されているという感覚。	私はしばしば、放置されていると感じたり、孤独だと感じる。本当の友人や安定した関係の人が私の人生にはいない。	安定していない、あるいは適切でない友人を求める(例：若すぎる、年が上すぎる)。	親密な関係を拒絶し、真剣さを求められる関係から逃れる。	友人に対する要求基準が高く、関係が近すぎたり、非常に激しかったりする。
2. 不信／虐待	感情的、身体的、または性的な虐待。	近づきすぎると危険。私は搾取されたり、侮辱されたりしないように注意しなければならない。	不適切に親密で、搾取的または虐待的な友人関係を求める。	搾取されたり、虐待されたりするかもしれない状況を、恐怖心をもって回避する。	自分が支配したり、搾取したり、恥をかかせたりできそうな友人を選ぶ。
3. 情緒的剥奪	ネグレクト、感情的な冷たさ、拒絶反応。	私はよく貧乏くじを引く。誰も私を支えてくれない、理解してくれない。他の人が私の気持ちを受け入れてくれない。	感情的に距離を置いている友人がいる、自分の欲求を満たすことを要求しない、拒絶されても我慢する。	感情的・社会的な引きこもり、空想にふける。	感情的に要求の多い行動、予測不可能な人間関係のパターン、他人の欲求を無視する。
4. 欠陥／恥	他人の前で屈辱感を与える、子どもの境界線を無視する、子どもの欲求を小さくみなす。	自分は欠陥品で悪い人間だと感じ、愛されないと思う。過ちが多すぎて、劣等感を感じる。	恥ずかしさを自分に感じさせる友人関係を持つ、スケープゴートにされることを受け入れる。	内向的で緊張した行動を取り、自分の感情や意見を隠している。	過度の自己顕示欲や、他人に対して厳しい批判・貶めを行う。
5. 社会的孤立／疎外	社会的に孤立した家族。移民や少数民族、その他の社会的排除(社会経済的階級など)が原因であることが多い。	私は人と違う、私の家族も違う、私は馴染めない、誰も私を理解してくれない。	排除を受け入れる、一匹狼であることを受け入れる。	友人関係やグループ活動を避けている。	無差別に人間関係を求め、みんなの友達になりたがる。抵抗することなく、過度に適応的な行動を取る。

表2.4 スキーマ6〜9（Young et al., 2003）親の行動の例、子どもと思春期の人の認知の例、服従、回避、過剰補償のコーピング戦略を用いた典型的な反応の例

スキーマ	親の特性	子ども・思春期の人の認知	服従	回避	過剰補償
6. 依存／無能	子どもの体験をコントロールしようとする、慎重すぎる親。親が不安症やトラウマを持っている可能性がある。	自分は弱くて無力で、親や先生がいないと何もできないし、決断するのは本当に難しい。	他の子どもたちとの交流や宿題など、自分の興味のあることについて親に面倒を見てもらう。	挑戦や重要な仕事を避け、責任を他の人に譲る。	自信過剰で無謀なことをしたり、「力のある」友達を探したり、必要なときに助けやサポートを求めなかったりする。
7. 損害への脆弱性	病気や事故に対して、高度な管理と大げさな注意をする用心深い親。	どこにいても気をつけなければならない、世界は危険だ、何をするにも非常に危険だ。	ネガティブなニュースや怖いニュースに悩まされる。健康や安全に関する問題に過敏に反応し、常に携帯電話などの連絡手段を持っている。	"カウチポテト"のように、危険な状況を避けて行動する。恐れている状況を避けるために、怒りや反抗を用いることがある。	自意識過剰な振る舞い、刺激を求めること、不注意や無責任な行動を取り、時には事故を起こしたり、危害を加えることもある。
8. 巻き込まれ／未発達の自己	子どもが親に依存するようになる（親化、パートナー補償など）。子どもが悪いことをすると、親の反応は説教じみた聖人ぶったものになるため、子どもは罪悪感を抱くようになる。	私は両親を必要とし、両親は私を必要としている。私は両親に自分の人生についてすべてを話し、両親が望むことをすべて実行する義務がある。	機能不全に陥った友人関係を捨てることに躊躇し、親を過度にサポートし、「似非大人」のカウンセラーとなる、自分自身の欲求を否定してしまう。	親の近くや親しい友人関係を避けて、たとえば海外に行ったり、社会的に孤立した生活を送ったりしている。	過度に自己充足的で、自分自身を孤立させ、他人の欲求に反応せず、人間関係において表面的な態度を取り続ける。
9. 失敗	発達課題に対処するためのサポートや励ましが不十分、子どもの能力を低く評価する、失敗を愚かさと表現する。	私は学校やスポーツで失敗するのが怖い、自分はバカだと思うことが多い、他の人は自分よりずっと優れている。	自分のレベルよりも低い課題やタスクを選択する、つまらない仕事を延期する、刺激がないことをストイックに受け入れる。	面白そうな活動や、難しそうだがやりがいのある活動を避け、新しいことや難しいことに挑戦しようとしない。	完璧を求めすぎて、難しい課題を選択してしまう。

第2章　スキーマ療法とST-CAの主要な理論と概念　35

表2.5　スキーマ10〜13（Young et al., 2003）親の行動の例、子どもと思春期の人の認知の例、服従、回避、過剰補償のコーピング戦略を用いた典型的な反応の例

スキーマ	親の特性	子ども・思春期の人の認知	服従	回避	過剰補償
10. 権利要求／尊大	甘やかし、構造や制限を設けない。子どもは王子様やお姫様のように扱われ、すべての欲求が即座に満たされる。	私は新しいことを学ぶ必要がない。宿題は「バカな人」のためのもの、みんなが守るルールは自分には適用されない。	自分を省みない。他人の欲求を察知しない、あるいは意識的に無視する。自分のルールがあると主張する。自分の成功を自慢する。自分の意志を他人に押し付けたがる、知ったかぶり。	平均的な成功しか収められないような状況や、自分が一番になれない状況を避ける。	他者の欲求に注目し、他の誰かが宿題を完成させる手伝いをする。
11. 自制と自律の欠如	快楽主義で気まぐれな行動を取る、規律のない親。	私は退屈な仕事をこなすことができない。自分が楽にできることだけを探す。	ルールや約束を破り、要求されたパフォーマンスには無頓着。	葛藤や挑戦、社会的義務や責任を避ける。	規律や要求を重視し、自虐的になるほどの極端な野心を持ち、高度または強迫的な自制心を持つ。
12. 服従	権威主義的な教育スタイルの親。子どもが従順であれば、愛情をかけられ世話をしてもらえる。	私が何を感じ、何を考えるかは重要ではない、他の人は私よりもよく知っている、物事がどのように行われるべきか、彼らが決めるべきである。	より自己主張の強い支配的な友人を選ぶ。従属、恩着せがましい行動、先回りした服従。	対立が発生しそうな状況を避ける（例：校庭のような明確なルールがない非構造的な状況）。	権威への反抗。社会構造におけるいかなる規制にも反応する。
13. 自己犠牲	親はケアやサポートを必要としており、子どもを親化させがちで、子どもの欲求に気づかない。	私がいなければ、すべてが崩壊してしまう。私がすべてのことをしなければ、何もうまくいかない。	責任の重い地位に就こうとするが、搾取される傾向があり、自分の欲求が満たされることを許さない。	ギブアンドテイクが重要でない、非個人的な状況を好む（例：ジムなどの高度に構造化された社会的状況）。	義務からの過度の離脱、利己主義。

表2.6 スキーマ14〜18（Young et al., 2003）親の行動の例、子どもと思春期の人の認知の例、服従、回避、過剰補償のコーピング戦略を用いた典型的な反応の例

スキーマ	親の特性	子ども・思春期の人の認知	服従	回避	過剰補償
14. 評価と承認の希求	学校の成績、社会的適応、社会的概念に基づく認識と受容。	自分がいかに優れているかを他人に見せなければならない。そうしないと落ち着かないし、満足できない。	自分の活動や成果を他人に印象づけようとしたり、成果主義的な状況や継続的なフィードバックのある人間関係を求めたりする。	親密な人間関係は避けているが、ひそかに賞賛や評価を求めている。	注目を浴びることを嫌い、裏方に徹する。
15. 否定／悲観	親は白黒思考で過度に心配性であり、あらゆる状況を潜在的な災害とみなす傾向がある。	私の幸せは一時的なもので、何か悪いことが必ず起こり、事態は想像以上に悪くなる。	否定的な内容に焦点を当て、それを記憶し、物事は常にうまくいかないという証拠とする。	気を紛らわす。不快な考えや経験から逃避する。	誇張された楽観主義、不愉快な事実の否定。
16. 感情抑制	感情的にクールで合理的な両親は、自発性や愚かな行動を軽視する。	いかなる感情も表に出すことは許されない、合理的でない、子どもっぽい、ぐずぐずした振る舞いは許されない。	常に真面目であろうとし、過度にコントロールされた態度を取る。	感情を引き起こすような状況を避け、感情について話すことを避ける。	自分を注目の的にする（道化師のように）が、認識されているというよりは笑われている。
17. 厳密な基準／過度の批判	成功するためには努力しなければならず、成功していない人は怠けていたに違いないと考える。	私が愛されるためには、何かを達成するしかない。	高い目標を持ち、常にプレッシャーを感じる。完璧主義で、学習や達成に多くの時間を割いている。	パフォーマンスに関連する状況を避け、先延ばしにし、評価や査定を回避する。競争に参加しない。	パフォーマンステストを批判したり、パフォーマンス基準を意図的に無視したり、パフォーマンスに焦点を当てた場面で意図的に不注意な行動を取ったりする。
18. 罰	権威主義的な教育、間違いを犯すと厳しい態度で接する、親は子どもや他人に対して権力を維持する。	もし私が間違いを犯したら、罰を受けるのは当然だ。	不完全さを理由に自分を罰する、ミスをした自分や他人を厳しく扱う。	失敗や罰を受けることを恐れて、社会的に引きこもる。	過剰に甘やかすが、時折過剰な罰を与える傾向がある。

表2.7 スキーマモードの概要

チャイルドモード	非機能的ペアレントモード	有能モード	非機能的コーピングモード
・脆弱なチャイルド ・怒れる／激怒するチャイルド ・衝動的なチャイルド ・非自律的なチャイルド ・甘やかされた／自己中心的なチャイルド ・幸せなチャイルド	・懲罰的な親 ・要求的な親	・利口で賢いチャイルド ・ケアする親 ・よき保護者	・過剰補償* ・回避* ・服従*

＊それぞれに関連するモードのグループが含まれる

は、「重要じゃない」とか「楽しくない」と感じたときの心的内容を脇に置く方法として理解することができます。たとえば日中の短時間の白日夢などは、解離の一種だと言えるでしょう。

しかし治療の場で臨床的に扱うべき解離は、トラウマ状況の最中やその後に体験されます。このような解離は、「シャットダウン」「体験からの切り離し」と表現されることがよくあります。したがって、トラウマによる解離は、心の傷つき、不安、苦痛といった耐えがたい感情に対処するための自動的な生存メカニズムであると考えられます。解離の際には、行動、感情、身体反応、認知などの機能要素が、通常の意識の流れから切り離されて、それらがひとまとまりに、あるいはバラバラに体験されることになります。

モード（スキーマも同様）は、他者のモードと相互作用し、それが有害になる場合もあれば、癒しにつながる場合もあります。この相互作用が、さらに相互に影響を与え合うことになります。つまり「受信者」に与えられた影響が何らかの反応を引き起こし、その反応が今度は「送信者」の反応に影響するのです。

たとえば、食卓でそわそわして落ち着かない子どもに対し、父親が怒って、激しい反応を示すとします。鋭い叱責は、子どもの側の怒りモードを活性化させ、今度はそれが父親の反応をさらに激しく引き起こします。このように、本来であれば比較的容易に対応できるはずの些細なことでも、モード同士の衝突によって事態がエスカレートしてしまうことがあります。

2.6 若い人たちへのモードモデルの適用

「子どもと思春期の人のためのスキーマ療法（ST-CA）」では、主にモードモデルを活用しま

す。モードモデルのほうがシンプルな言葉で、治療的汎用性が高いからです。スキーマという概念は子どもにとっては抽象的すぎることが多く、治療ではモードに焦点を当てるほうが、よりわかりやすく取り組むことができるでしょう。小学校低学年の子どもでも、自分の行動や体験をモードの言葉を使って説明することができます。

　学ぶべきことは一つだけで、「モードとは状態であり、永遠に続くものではない」ということです。この新たな用語を理解することで、不適応的な行動への飛びつきを速やかに軽減できるようになります。子どもが自らの状態にラベルを貼ることができれば、それを言語的に制御する可能性が出てきます。「名前をつければ変えられる」のです。

　子どもにセラピーをする際には、その子の発達年齢にとって正常な範囲内にある行動を、不適応であると決めつけないよう注意することが不可欠です。たとえば、頑固で強迫的な行動は、3歳の子どもにはよく見られることです。一方、行動障害の前兆は子どもの頃に驚くほど早く現れることがあり、コーピングモードの概念は発達の早い段階で潜在的な問題を発見するのに役立ちます。

　多くの子どもたちは、自らのモードをモニターしてラベルを貼ることで、目に見えずよくわからない「それ」を承認する（強化する）か、もしくは承認しない（無力化する）かという認識可能なものに変えられることに、大きな誇りを感じているようです。

　ハリー・ポッターのように、呪文を使ってモードを無力化するというアイディアも有効です。「モードマジック」ゲームは子どもにも効果的で、子どもや思春期の人が自らのモードを正確に把握し、上手に取り扱う方法を理解できれば、セラピストにとっても大変望ましい状態になります。

　クライアントの視点はもっぱらモードにあるべきですが、セラピストにとって有用なのは、クライアントのどのスキーマがどのモードを活性化させているのかを念頭に置くことです。この点に留意してください。とはいえ、セラピーの効果を最大化する最終的な目標は、どの中核的欲求が満たされていないのかを理解することに変わりはありません。

　大人のスキーマ療法におけるモードワークでは、セラピストは「ヘルシーアダルトモード」を強化し、不適応的なモードを無力化することを目指します。子どもや思春期の人とのワークでは、「ヘルシーアダルトモード」を「利口で賢いチャイルドモード」に置き換えます（特に小さい子どもの場合は、「利口で賢いサリー」とか「利口で賢いサム」と、固有名詞で呼ぶ場合が多いです）。見ての通り、このモードは「モードチーム」のキャプテンです。

　モードはまた、自己を価値下げする取り込み（他者から無意識に取り入れた、役に立たない態度やマインドセット）の内的な力動を探るための治療的な手段にもなります。取り込みは、他の方法ではアクセスすることが難しく、治療的に扱うこともほとんど不可能に近いぐらい困難です。このような取り込みの起源は、非機能的な親や重要他者であることが多く、その人たちによる継続的な批判が内在化され、子どもの中の批判的な「内的な声」となります。子どもや思春期

第2章　スキーマ療法とST-CAの主要な理論と概念　39

の人に治療をすることの大きな利点の一つは、大人と比べて、この取り込まれた「内的な声」を変容させることが容易であるということです。

しかし、子どもが今現在、親から虐待を受けている場合は、かえって事態が困難になります。したがって、子どもにとって健全な環境を作り、治療的な変化を可能にするためには、セラピストが子どもの安全と福祉の擁護者として行動し、必要に応じて子どもを適切なサービスにつなげ、虐待する大人（たち）との接触制限のため、適切な介入を提言することが必要になるケースがあります。より広く言えば、子どもと思春期の人たちの治療を行う際には、彼らに対する環境からの影響を継続的に評価していくことが重要になるのです。

モードモデルでは、ほとんどの子どもが理解できるレベルまで物事をシンプルにすることができます。とはいえ、治療は子どもの発達段階に応じて協同的なやり方で進める必要があります。そうすることが子どもの「利口で賢いチャイルドモード」を安定的に強化し、子どもの欲求を満たし、進歩を確実にしてくれるのです。なお、他者をこの協同作業に含める場合は、常に子ども自身の自律的な対処努力を尊重し、必要な分に限ってその人からの支援を受けることが重要です。

ここで再度強調しておかなければならないことは、モードモデルがST-CAの中心である一方で、18のスキーマもまた、ST-CAの治療的理解と介入に役立つ重要なものであるということです。

子どものクライアントは、かつての否定的な経験のレンズを通して現実を認識しています。スキーマが活性化されると、トラウマとなった過去が再び現在の経験となり、クライアントの自動的で非機能的なコーピング反応が引き起こされます。これにより、新しい解決策の開発が妨げられ、トラウマが永続してしまうのです。その結果、これまでと違う今日を過ごすことが不可能になります。

しかし、もしその子が、以前のトラウマ体験に対する脆弱性を軽減するような新しい方法で対応することができれば、かつて唯一の利用可能な選択肢であった「緊急の解決策」は、もはや必要ではなくなります。端的に言えば、これがST-CAの目標です。私たちは、新しい可能性を開き、過去の加害者の力を弱めること、そして、年齢を重ね、「より賢く」なった子どもたちが行動を起こし、支援を求め、最終的に欲求を満たすための新たな選択肢を見つけられるようになることを目指しています。

2.7 モードグループ：概論と特徴

以下の表（表2.8〜表2.13）は、ST-CAで使用されるモードを説明するもので、ヤングら（Young et al., 2003）、ロベステルら（Lobbestael et al., 2007）、アーンツ＆ヤコブ（Arntz & Jacob, 2012）、ローディガーら（Roediger et al., 2018）から引用しています。

ただしこれらの表は、私たちが子どもや思春期の人たちと仕事をした経験によって補完されたり、再編成されたりしています。モードは4つのグループに分類されます。その4つとは、「チャイルドモード」「非機能的ペアレントモード」「有能モード」「非機能的コーピングモード」です。私たちが子どもや思春期の人にセラピーをする際には、各モードについて、クライアントの年齢に適した名前をつけるようにしています。表にはそのような名前のアイディアも追加されています。

2.7.1　チャイルドモード

「チャイルドモード」（表2.8参照）とは、その子どもが養育や指導を受けるのに先立って、生まれながらにして内的に有している感情や行動の表現のことを言います。すべての子どもが時に、傷ついたり、怒ったり、衝動的になったりします。また時に、規律を守れなかったり、わがままを言ったり、あるいは（欲求が満たされたときには一時的かもしれませんが）幸せを感じたりします。これらのモードは強烈な感情そのもので、通常「一次感情」と呼ばれます。

すぐに興奮しがちな幼稚園児や小学生をイメージしてみてください。彼らは辛抱できないし、楽しませることを要求するし、妥協することを嫌うため、一緒に過ごすのは難しいかもしれません。何かあるとものすごく怒ったりしますが、一方ですぐに大変陽気になったりもします。

しかしながら、自らの欲求が慢性的に満たされないことを体験した子どもにおいて、チャイルドモードはより激しくなり、中核的なスキーマに関連する感情と記憶を保持するようになります。唯一の例外は「幸せなチャイルドモード」です。これは欲求がその場で満たされたときに生じるモードです。

表2.8では、日常生活において生じる典型的なチャイルドモードについて、その特徴や見分け方を提示しています。なお、ここで「怒れるチャイルドモード」と「激怒するチャイルドモード」を一つにまとめたのは、どちらも本質は怒りであり、怒りの程度が異なるだけだからです。斜体の語は、子どもと共に使える、よりシンプルで遊び心のある名前の提案です。

これらのモードは、子どもや思春期を対象としたセラピストとしての、私たちの経験を反映しています。科学的な調査研究をダイレクトに反映した結果ではなく、リストは「実践家によって実践家のために」作られたものです。したがって、このリストはすべてを網羅したものではなく、現在進行形で進化しつつあるものだと捉えてください。

「幸せなチャイルドモード」は、「満たされたチャイルドモード」と呼ばれることがあります。これは、所属感、安心感、安全感があり、基本的な欲求がすべて満たされていると生じるモードで、このモードが「満たされているという事実」をさらに強化します。「幸せなチャイルドモード」は、健全な発達の一部を成し、生涯にわたってその人のリソースとなります。

たとえば、「幸せな親モード」（子育てにおいて、幸福感、リラックス、楽しさを感じることができるモード。第4章参照）は、「幸せなチャイルドモード」の究極の表現型です。

表2.8　モードのリスト：チャイルドモード
（斜体はクライアントと共に使用する特定の名前）

チャイルドモード
脆弱なチャイルドモード：*「小さなジェーン、悲しいエマ、孤独な少年、傷ついた部分」* 孤独で、孤立していて、悲しみにさらされ、虐待されていて、不適切に扱われているチャイルド 怯えて、助けてもらえず、途方に暮れて、頼りなく、無価値で、依存しているチャイルド 混乱し、不安で、要求に圧倒されているチャイルド
怒れるチャイルドモード、激怒するチャイルドモード：*「怒っているピート、激怒したサリー、火山」* 基本的な欲求が満たされず、フラストレーションを感じているチャイルド 限度を超えた不適切な欲求が暴発しているチャイルド 大声を出したり、暴れたり、物を壊したりして、自分や他人を傷つけるチャイルド 注：「怒れるチャイルドモード」が、不正（あるいは欲求が承認されるかどうか）に反応しているのに対し、「激怒するチャイルドモード」には、同様の反応を示しながらも、物理的なダメージを与えたいという側面が加わっています。
衝動的チャイルドモード：*「衝動的なホセ、不注意なジェーン、私が第一」* 自分自身の満足のために、他者への影響や悪い結果を考慮せずに、衝動的で無反省な行動を取るチャイルド
非自律的チャイルドモード：*「飽きっぽい人、怠け者のジャック、何もしたくないジュリー」* 日課や退屈な作業ができず、難しい作業や要求には挑戦しないチャイルド すぐにあきらめ、消極的で、粘り強く取り組めないチャイルド
甘やかされたチャイルドモード、自己中心的なチャイルドモード：*「王子、王女、皇帝」* 「非自律的チャイルドモード」や「衝動的チャイルドモード」とは異なり、自分の望みのすべてが叶うことに慣れているチャイルド 他人が期待通りにしてくれないと、要求し、失望するチャイルド
幸せなチャイルドモード：*「ハッピーチャイルド、ハッピーサリー、ハッピーサム」* 愛され、価値があり、人とつながっており、安心できると感じているチャイルド 基本的な欲求が満たされているので、自発的で、社交的で、遊びに満足し、活発で、抵抗力があり、陽気で、楽しくて、よく笑うチャイルド

2.7.2　非機能的ペアレントモード

　「非機能的ペアレントモード」（表2.9参照）には、「懲罰的ペアレントモード」と「要求的ペアレントモード」の2種類があります。

　「懲罰的ペアレントモード」は、過度に批判的で懲罰的な声やセルフトークが特徴的で、典型的には、批判的な他者や虐待的な他者（多くの場合は親）を取り込んだものです。このモードは子どものアイデンティティを攻撃し、子どもをけなし、自己価値を貶めます。時に、子どもの生存権までをも脅かす場合があります。

　「要求的ペアレントモード」は、容赦のない高い基準を特徴とし、達成志向や感情的な要求が多い点で、「懲罰的ペアレントモード」と区別できます。このモードは、「ただ良いだけでは不十分だ」というメッセージを与え、子どもが改善のために継続的に努力することに対して、かえって役に立たない期待を押し付けます。これはたとえば、学校での成績を上げること、スポーツで成功すること、あるいはただ単に「より良くなる」といったことに当てはまります。

　文化によっては、ジェンダーに対する否定的なステレオタイプが、このモードの役割を果たすことがあります。こうしたモードによって、たとえば女の子は、自分が男の子に比べて権利が少なく価値が低いと感じるようになるかもしれません。

　感情的な反応を求める「要求的ペアレントモード」では、きょうだいや他人、そして親を世話することについて、年齢不相応な期待を子どもにかけてしまうことがあります。そうすることで、その子どもが子どもらしくある余地がなくなり、代わりに、自発性や正常な発達を犠牲にして、世話役、看護役、教育役の立場を強いることになります。

　学校の教師やスポーツのコーチといった重要他者や同級生との体験からも、これらのモードが形成されることがあるため、「ペアレントモード」という名前は誤解を招く恐れがあります。人によってはこれらのモードを「ペアレント／ピアモード」「内的批判モード」と呼ぶ場合もあります（Farrell & Shaw, 2018）。

　議論が続いていますが、私たちはローディガーら（Roediger et al., 2018）の主張に従い、内在化された「要求的ペアレントモード」や「懲罰的ペアレントモード」が内向きにも外向きにもなりうる、という考え方を取ることにします。つまり子どもは、自分自身に対してだけでなく、他者に対しても批判したり罰したりしたくなる衝動を体験する、ということです。

　同様に、ベルバルクとケンプケンステッフェン（Berbalk & Kempkensteffen, 2000）は、「非機能的ペアレントモード」が内向き（自分自身に向けたもの）か、外向き（他者に向けたもの）かで区別する、という考えを紹介しています。たとえば、境界性パーソナリティ障害を持つ成人の場合、「懲罰的ペアレントモード」が外向きとなり、他者（たとえばセラピスト）を批判していたかと思えば、それが突然反転して内向きとなり、自分自身を批判して自傷行為や自己嫌悪に

至るということがあります。

「ペアレントモード」と「脆弱なチャイルドモード」は、互いに引き金を引き合うことがあります。たとえば思春期は、通常の発達課題が、権威を帯びた内的・外的な「声」との対立を引き起こす時期です。思春期の子どもがより自律的になろうとすると、「懲罰的ペアレントモード」および「要求的ペアレントモード」によるルール（学校の規律なども含まれる）と内的に対立することになります。すると、「ペアレントモード」が「脆弱なチャイルドモード」を攻撃します。

しかし、「脆弱なチャイルドモード」が必要としているのは、アタッチメント、自律性、自己価値であり、それらは言い換えると、愛情、サポート、賞賛ということになります。幼い年齢の子どもの場合、「ヘルシーモード」や「有能モード」がまだ十分には発達していません。つまり子どもは、基本的に自己調整が不安定なのです。複数の「声」（親、学校、同級生、進路への期待）が、競合する要求や曖昧な要求をすることで、「脆弱なチャイルドモード」が活性化され、次に内在化された「要求的ペアレントモード」が引き起こされ、後に思春期においてその子どもに強い緊張感を与えます。

そのような強い緊張感に対処するために、今度は「非機能的コーピングモード」が活性化します。それが回避型のコーピングモードであれば、社会的孤立、内気、場合によってはゲームや物質乱用などの回避や引きこもりのパターンが現れます。過剰補償型のコーピングモードであれば、攻撃的または反社会的な行動、仲間へのいじめ、倫理的・経済的・政治的・宗教的な問題に

表2.9　モードのリスト：ペアレント／ピアモード
（斜体はクライアントと共に使用する特定の名前）

非機能的ペアレント（あるいはピア、または内的批判）モード
内向き：懲罰的ペアレントモード：*「罰する人、行儀の悪い子」*
子どもを罰したり貶めたりする親や仲間の声が内在化されたもの。辛辣で、自らを卑下し、冷淡で、非難するような口調：「私は価値がない」
内向き：要求的ペアレントモード：*「批評家、強引なパム、ブートキャンプのボブ」*
プレッシャーを与えたり、過度に極端な基準を求めたりする親や仲間の声が内在化されたもの。十分だと感じられず、リラックスできない。自分よりも他者のほうがより重要で、よりよい存在に見える
外向き：懲罰的ペアレントモード：*「罰する人、批判する人、ターミネーター、いじめる人」*
クラス、クラブ、コミュニティ、社会の存続のために、暴力に頼ったり、他人を暴力に駆り立てたりする。他人を非難し、倫理的に断罪する
外向き：要求的ペアレントモード：*「批判者、押し付け者、宣教師、ボス」*
誰に対しても重い責任を求めるが、その人たちの権利は認めない。「すべきこと」「してはならないこと」の長いリストを持ち、「賢者」「道徳者」として振る舞うが、一人になると自分の決めたルールにも従わない。他者に対して冷酷で、他人の欠点につけこんで優越感に浸る

対して非常に過激な態度を取るといった状態がよく見られます。

2.7.3　有能モード

　これまで私たちは、生来的な「チャイルドモード」と内在化された「非機能的ペアレントモード」について検討してきました。この2つのモードを媒介するのが「有能モード（Competent mode）」（表2.10参照）です。「有能モード」は、「非機能的ペアレントモード」による緊張を緩和し、年齢相応の方法で「チャイルドモード」をサポートするために必要なモードです。

　子どもに「内なるモードのチーム」があると想定すると、そのチームのキャプテンは、先述した「利口で賢いチャイルドモード」だと言えるでしょう。このモードは、外側のステージ（すなわち行動レベル）で起こることをコントロールする「ボス」のような存在です。生来のものではなく、むしろ、養育者からの適切なケアと指導を必要とし、それが内在化されることで「チャイルドの欲求を満たす代弁者」となっていきます。

　子どもが苦痛を感じて「脆弱なチャイルドモード」に移行した場合や、「チャイルドモード」と「非機能的ペアレントモード」が衝突した場合（例：「怒れるチャイルドモード」が不満のはけ口を求めているのに、「要求的ペアレントモード」が「お前に怒る権利などない」と押さえ付ける）、その子どもには「ケアする親モード」のような「有能モード」が内在化されることが必要となります。

　内在化された「ケアする親モード」が焦点を当てるのは、安心感と役に立つアドバイスです。このモードでは、親や家族といったロールモデルだけでなく、教育者、教師、コーチなど子どもをケアする責任を有する他の大人たちもモデルとなって形成されます。「ケアする親モード」は「有能モード」であり、「非機能的ペアレントモード」とは全く異なることに注意してください。

　「ケアする親モード」は、子どもを保護したり励ましたりする役割を果たします。セラピーでは、内なる「助けてくれる人」「ヒーロー」を、イメージを通じて外在化するよう誘導することがしばしば役に立ちます。同様に、「よき保護者モード」は、自律性、保護、友情、サポートをもたらす「想像上の保護者」を出現させたり、必要に応じて「外部」からの支援を受けることを手助けしたりします。クライアントとクライアントが置かれた状況にとって適切であれば、「よき保護者モード」には、宗教やスピリチュアルに関する感情を含めることができます。

2.7.4　非機能的コーピングモード

　「非機能的コーピングモード」とは、苦痛に対する反応であり、時間をかけて強化されたり精緻化されたりするものです。このモードは、「過剰補償モード」「回避モード」「服従モード」に分類されます。

　私たちの経験では、2歳の子どもでも「非機能的コーピングモード」の前兆を示すことがあり

第2章　スキーマ療法とST-CAの主要な理論と概念　45

表2.10 モードのリスト：有能モード
（斜体はクライアントと共に使用する特定の名前）

子どもの「有能モード」
利口で賢いチャイルドモード：「*利口で賢いサリー、賢明な子、クールなシータ、賢いジョン*」
自己効力感や自己統制感を体験するチャイルド。自己観察、フラストレーション耐性、言葉による自己観察、ルールや規範、価値を、年齢相応に受け入れる能力を持っている
ケアする親モード：「*ケアする人、内なるヘルパー、安全な人*」
よき親のように、自分の面倒を見るチャイルド。しかし、子どもはまだこれを自己調整として経験しておらず、明らかに「内的な保護者」によって、自らをコントロールし、快適さを実現している。アタッチメント対象となる人物が目の前にいなくても、親の記憶を保っている
よき保護者モード：「*ネットワークの構築者、スーパーマン、自信に満ちたキム*」
助けやサポートを必要とするとき、「助けてくれる人」につながることができるチャイルド。自分を保護し、付き添い、慰め、守ってくれる想像上の「サポーター」を通じて、子どもは自律性を獲得する

ます。気質的に落ち着いており、心理社会的な相互作用がうまくいっている子どもの場合、「非機能的コーピングモード」は早々に健全なモード（「利口で賢いチャイルドモード」）に転換し、この健全なモードのほうが習慣化され、子どもはそちらにアクセスできるようになります。

　しかし、子どもを取り巻く心理社会的な相互作用が非常に複雑で、自身では扱いきれないような場合、その子どもは自らの苦痛に対する何らかの反応を作り出すようになります。たとえば、本能的な退避であったり（逃走）、苦痛の源を攻撃したり（闘争）、自らの体験に圧倒されたり（麻痺）といった反応が見られます。

　コーピングモードは、比較的些細なフラストレーションが引き金となり、それが知らず知らずのうちに親によって強化されることがあります。そして多くの場合、コーピングモードは見過ごされたり、真剣に扱われなかったりします。どうしてそうなるのでしょうか？

　最初に登場するのは「脆弱なチャイルドモード」です。理想を言えば、親（あるいは養育者）がこのモードに気づき、チャイルドモードを承認したり支援したりできるとよいでしょう。しかしそれができなかった場合、子どもの中では、「脆弱なチャイルドモード」の傷ついた感情を守るために、「怒りながら権利を主張する」とか「警戒しながら引きこもる」といったコーピングモードに急速に移行します。

　もし親が、その子にどのように対応したらよいのかわからない場合、または子どもの反応を大目に見すぎてしまう場合、あるいは子どもの急速で扱いづらい気分変化を軽視してしまう場合、その子のコーピングモードへの移行を助長してしまいます。子ども自身は、一次感情（例：傷ついたと感じること）からコーピングモード（例：攻撃的になる、回避する）への移行を認識しておらず、自分の行動は正当であり、自らの安全を守るものであると感じています。

その子がどのコーピングモードを選択するかについては、多くの要因の影響を受けます。具体的には、気質、体質、そのときの身体的状態（例：疲労）、親のモデリング、自律神経系に由来する生理的方向性（ここにはさらに、内在化もしくは外在化しやすいかといった生来の反応傾向が結びつく）などです。

コーピングモードは、子どもが意識することなく自動的に選択され、発達の過程において次第に定着していきます。この定着の過程において重要なのは、子どもが安全を感じられる方法で、親や重要他者を無力化したりかわしたりするために効果的だと示された行動を繰り返す、ということです。その結果、「脆弱なチャイルドモード」が守られるのです。

●過剰補償モード

「過剰補償モード」（表2.11参照）を使う子どもの特徴は、規範やルールへの挑戦です。たとえば、「いじめ・攻撃モード」は子どもにとって強力なモードで、このモードにある子どもは、強迫的に放火や窃盗をするなど、反社会的な行動を示すことがあります。反抗挑発症（反抗挑戦性障害）といった障害に悩む子どもたちは、多くの場合、この「過剰補償モード」にあります。

ここで重要なのは、子どもや思春期の人が「過剰補償モード」を用いているのか、あるいは「衝動的・非自律的チャイルドモード」を用いているのかを区別することです。

「過剰補償モード」による行動の背景には、チャイルドモードの一次感情（例：脅かされた感じ、不安、フラストレーション）があると私たちは仮定しています。「過剰補償モード」は、子どもの自尊感情や安全感を安定させます。一方で、子どもの行動の動機づけが、単に「ルールを守りたくない」「衝動的に動きたい」ということであれば、それは「衝動的・非自律的チャイルドモード」であると捉えるようにしています。

●回避モード

「回避モード」（表2.12参照）にある子どもは、苦痛や困惑や不安を引き起こす状況から、積極的あるいは消極的に退却するという行動を取ります。

たとえば、社会的に引きこもる子ども（「壁の花」）や、自己鎮静のために過剰に食べたりビデオゲームで遊んだりする子どもがそれに該当します。セラピストは、「脆弱なチャイルドモード」の感情を守るために「非機能的コーピングモード」が形成されることを知っているので、「回避モード」についても、その背景にある「脆弱なチャイルドモード」に気づきを向けようとします。「脆弱なチャイルドモード」は、子どもの生活歴や現在の状況を通じて、どの欲求が満たされていないか、どんな不安があるか、自分に対する評価が低いのではないか、といったことから見つけることができます。これらの脅威や苦痛を同定して名前をつけることが、治療における変化の出発点となることが多くあります。

「脆弱なチャイルドモード」と「回避モード」を区別する上で有用な原則が一つあります。それは子どもの取った行動における「感情温度」を測定することです。「回避モード」は「クール」

表2.11　モードのリスト：過剰補償モード
（斜体はクライアントと共に使用する特定の名前）

非機能的コーピングモード：過剰補償
反抗・挑戦モード：「*操り屋、反抗的なダニエル、きかん坊、ドクターノー*」 頑固で反抗的な態度を示し、自分を喜ばせるよう他人に圧力をかけるために冷淡な態度を取る（「私をいい気分にさせろ。さもなければあなたは不快になるだろう」）
支配者モード：「*ボス、ターミネーター、支配者、大統領*」 常に自分で判断を下し、親や仲間を支配しようとする。頑固に振る舞い、快楽を求め、良心が痛むことなく、自分の強さや力を誇示する
完璧主義モード：「*ミスター・パーフェクト、潔癖症、心配パンツさん*」 認識された、あるいは現実に目の前にある危険（例：批判される、ミスをする、危害を受ける、高レベルに到達できない）から自分を守ろうとし、強烈なプレッシャーを自らに課す
過剰コントロールモード：「*ミスター・コントロール、警察官*」 ミスの有無にかかわらず、とにかくすべてをチェックしようとする。あらゆることに責任を負いながら、仕事が多すぎて面倒だと文句を言う
自己誇大化モード：「*ナルシスト、王様、最高のボブ、最高のベラ、チーフ*」 自分には特別な権利があると考え、他人は自分より劣っているかのように振る舞う。他者と競い合い、自分は素晴らしいと考え、自己中心性を強烈に示し、他者にほとんど共感せず、賞賛を得るために自慢したり自分を誇示したりする
作家（演技屋）モード：「*ドラマの女王、ナンパ師、俳優のサム*」 他者による注目や受容を求め、大げさな感情表現で他者と交流する。そのメッセージはどちらかと言えば表層的で芝居がかっている（思春期の場合、それはセクシュアルで誘惑的な行動であるかもしれない）
脅しモード：「*侮辱する人、いじめっ子、ハンニバル*」 他の子どもたちを怖がらせる。このような子どもは、時に自分のために、時に退屈しのぎのために、他の子どもたちを従属させ、利用しようとする。サディスティックな特徴を持つ場合もある
だましモード：「*詐欺師、だまし屋、ペテン師、チェスマン*」 他人に対し陰謀を企てたり、復讐を計画したり、他人をゲームの駒として利用したり、嘘をついたり、自分をよく見せようとしたりする
いじめ・攻撃モード：「*乱暴者、いじめっ子、執行人*」 他者を嘲笑したり、辱めたり、脅かしたりする。言語的な攻撃もあれば、身体的な攻撃もある。子ども自身が過去に体験したものと同様の痛みを他者に与えたいと思う
略奪モード：「*殺人者、迫害者、プレデター*」 他者を破壊したり、傷つけたり、場合によっては殺すことを目的とする。サイコパスや反社会性を強烈に有する人が持つモード

表2.12　モードのリスト：回避モード
（斜体はクライアントと共に使用する特定の名前）

非機能的コーピングモード：回避
遮断・防衛モード：「クールな人、ミスター・スポック、ドクタークール、シャットダウン、*壁*」 感情を追いやって苦痛から自分を切り離す。感情が消去されたようにも見え、そうした子どもは誰とも付き合わず、支援の申し出も拒否する。思考は高度に合理的だが、行動はロボットのようである。内的な空虚感と強烈な退屈感がある
解離・防衛モード：「*現実離れしたサム、空想家、注意散漫なプロテクター*」 精神的に気が散っており、夢見がちであったり催眠状態のようであったりする。誰かの手を借りずに「戻ってくる」ことができない。「戻ってくる」ためには、誰かが大きな声をかけたり、エネルギーを活性化させたりする必要がある。苦痛の度合いは低いように見える
不平・防衛モード：「*クレーマー、非難する人、カウチポテト、不機嫌なパンツ*」 身体的な問題、対人関係の問題、学校や家庭や世の中の不平等について頻繁に訴える。抑うつ的に振る舞い、すぐに機嫌を損ねる（「何をやっても自分が責められる！」）。自分の過ちを受け入れることを回避するために、他者の過ちを積極的に探す
怒り・防衛モード：「*イライラステイシー、皮肉なトム、黙って*」 怒りを示すことで他者との間に距離を取る。本当は自らの問題や困難に対処するべきなのに、相手や他者、外的な状況のせいにして非難する。その怒りは「本物」ではなく、（プレッシャーや疎外感を回避するための方便として）計画されたかのように見える
自己鎮静または自己刺激モード：「*ロールプレイヤー（マルチプレイヤー）、甘いもの好き、テレビトム*」 表面的ではあるが、心を落ち着かせたり刺激したりするために効果のある行為に取り組むことで、感情のスイッチを消す。例：アディクション行動。ビデオゲーム。過食。テレビを観続ける（思春期の場合、薬物乱用、ポルノへの耽溺、ギャンブル、高リスクのスポーツなども含まれる）。奇妙な行動や不快な行動を取ることで自らを孤立させ、社会的なつながりから自らを締め出す
多動・防衛モード：「*働きバチ、社交的なジャンキー、目立ちたがり屋、ヘリコプター、ミスターどこでも*」 周囲の環境ばかりに注意を向けることで、自らのネガティブな感情を回避する。一見アイディアに満ちているようだが、それらのアイディアを他者に示すことはない。必死に刺激を求め、焦っているようにも見える。楽しそうな様子も見られるが、すぐにイライラしてしまう

で距離がありますが、「脆弱なチャイルドモード」は「ホット」で、苦痛を覚えている状態を容易に表現することができます。

●服従モード

　「服従モード」（「服従スキーマ」や「自己犠牲スキーマ」とも言える、表2.13参照）（訳注：「服従モード〈Surrender mode〉」は定義上、「スキーマに対する服従」であり、他者への服従ではない。著者らはスキーマに対する服従と、他者に対する服従スキーマ〈Subjugation schema〉を混同している

第2章　スキーマ療法とST-CAの主要な理論と概念　49

ようである。このような混同はスキーマ療法のテキストに時折見られるので、注意されたい）は、親や家族システム、あるいは仲間グループから支配されていると感じたり、それらによる脅威を感じたりしている子どもに見られるモードです。

このモードはしばしば、心身症（例：胃痛、胸のむかつき、嘔吐）や、抑うつの初期症状（例：悲哀感、情緒不安定、睡眠障害、達成感の低下）として表現されます。場合によっては、急性の自殺念慮や自殺企図に至ることもあります。

表2.13は、子どもと思春期の人に共通してよく見られる2つの服従モードを示しています。ここで重要なのは、あるコーピングモードがどれくらい非機能的であるかを理解するには、そのモードの強度に対する次元的な評価が有用だ、ということです。

コーピングモードの強度が低次元である場合、それは必ずしも非機能的であるとは言えませんが、強度の次元が高くなるにしたがって、そのモードはより非機能的になります。服従モードの場合、アドバイスを受け入れる能力、フラストレーション耐性、ギブアンドテイクを許容する能力、自分自身を適応的に統合する能力に展開していけば、それはむしろ健全であると言えます（Roediger et al., 2018）。クライアントによっては、「健全な服従」が治療目標になることさえあるかもしれません。

セラピーの目標は、コーピングモードの適応的な要素を、「利口で賢いチャイルドモード」に接続・統合し、それらを適切かつ柔軟に活用できるようになることです。

表2.13　モードのリスト：服従モード
（斜体はクライアントと共に使用する特定の名前）

非機能的コーピングモード：服従
従順・服従モード：「*喜ばせ屋、イエスマン*」 受動的、服従的、従順、屈辱的で、嘲笑されても抵抗しない。相手に降伏し、躊躇なく隷属する
機嫌取りモード：「*ごますり、召使、追随者*」 「コスト」が高くても積極的に相手に一体化する。グループの一員になるために社会的な接点を探し、受け入れてもらうためにグループ内の支配的な人と不適切なやり方でつながろうとする

◆参考文献◆

Arntz, A. & Jacob, G. (2012). *Schema Therapy in Practice: An Introductory Guide to the Schema Mode Approach*. John Wiley & Sons.

Berbalk, H. & Kempkensteffen, J. (2000). Die Bedeutung des "Momentanen personalen Gesamtzustandes" für die Arbeit in der Depressionstherapie. Psychotherapeuten Forum: Praxis und Wissenschaft, 3.

Farrell, J. M. & Shaw, I. A. (2018). *Experiencing Schema Therapy from the Inside Out: A Self-Practice/Self-Reflection Workbook for Therapists*. New York: Guilford.

Grawe, K. (2017). *Neuropsychotherapy: How the Neurosciences Inform Effective Psychotherapy*. London: Routledge.

Lobbestael, J., Vreeswijk, M. F. van & Arntz, A. (2007). Shedding light on schema modes: A clarification of the mode concept and its current research status. *Netherlands Journal of Psychology*, **63**, 76-85.

Roediger, E., Stevens, B. A. & Brockman, R. (2018). *Contextual Schema Therapy. An Integrative Approach to Personality Disorder, Emotional Dysregulation & Interpersonal Functioning*. Oakland, CA: Context Press.

Young, J. E., Klosko, J. S. & Weishaar, M. E. (2003). *Schema Therapy: A Practitioner's Guide*. New York: Guilford Press.

第3章

ケースの
概念化と治療

クリストフ・ルース、ゲルハルト・ザルボック、
ピーター・グラーフ、ルース・A・ホルト

3.1 はじめに

　子どもと思春期の人のためのスキーマ療法（ST-CA）における子どもや青年に対するモードワークは、第12章で詳しく説明する5つのステップで構成されています。これらのステップは、直線的な方法で完了する必要はなく、実際には、セラピー中に繰り返し、詳しく説明することができます。

　しかしそれはST-CAの大まかな枠組みを提供するものであり、セラピストはその枠組みの中で、個々のクライアントに合わせた治療計画を立てることができます。

ステップ1：現在のモードを同定する
ステップ2：脆弱な／孤独な／虐待を受けているチャイルドにアクセスする
ステップ3：各モードの持つ機能を明らかにする（対話の中で）
ステップ4：適応的なモードを強化し、非機能的なモードを弱める
ステップ5：治療の成果を日常生活に般化する

3.2 主要な介入

　ST-CAには4つの主な介入戦略があり、大人のスキーマ療法と同等のものですが、子どもの発達上の欲求に基づいていくつかの調整がなされています。これらは、本書の年齢別の章（第4章～第8章）で詳しく説明されています。

1. 治療的再養育法に基づく治療関係

　ST-CAにおける主要な介入とは、特別な種類の治療関係によって、ある種の環境を生み出すことであり、これが「治療的再養育法」に当たります。ヤングらはこれを、大人のスキーマ療法において「治療関係における適切な境界線の中で、クライアントが必要としながらも子ども時代に親から得られなかったものを提供する技法」と定義しています（Young et al., 2003, p.177）。

　ST-CAでは、治療関係の中で子どもの欲求を満たすだけでなく、治療関係の外部における子どもへの養育にも影響を与える必要があります。アセスメントや治療の際、スキーマ療法のセラピストは次のように問いかけます。

　「このクライアントの場合、どのような種類の再養育が必要か？」

　これが、子どもへのアプローチや親への治療的介入の指針となり、親が子どもの欲求をより効果的に満たし始めるためのサポートになります。もちろん、親の中にはこのような変化を起こす能力を持たない人もいますが、これについては第13章でさらに検討します。

2. 認知的技法

　就学前の子どもには、認知的介入を行い、モードを認識してラベル付けする方法を学んでもらうことができます。学齢期の子どもに対しては、モードの活性化と、思考、感情、行動との関連性を理解できるように支援します。また、認知的手法を用いて、モードに疑問を投げかけ、影響を評価することで、代替となる行動戦略や認知を開発することも重要です。

　治療が進むにつれて、体験的技法から得た新たな学習を定着させるために、認知的な戦略が再度用いられます。ST-CAでは、認知療法のすべての伝統的なアプローチを、年齢に応じた方法で用いることができます。

3. 体験的技法

　体験的技法は、クライアントが自分の感情欲求に気づき、その欲求を適切に表現できるように支援するもので、ST-CAの中心となる技法です。第11章から第14章では、遊びやその他の体験的技法がどのように役立つのか、多くの方法を紹介しています。

　しかし、最も重要な体験的技法は、モードの対話（チェアワーク）とイメージワークの2つです。チェアワークでは、健全なモードを強化するために、モード間で互いに「話し」、外在化し、理解し合い、修正を図ることができます。チェアワークは、親や他の人と協力して、より適応的な反応を構築するのにも非常に役立ちます。

　イメージワークでは、スキーマの評価や治療を行う際に、子どもたちの素晴らしい想像力を活用し、健全なコーピングを強化することができます。「イメージの書き換え」は、発達早期におけるトラウマ体験を治療するための集中的な方法です。この方法では、不適応的スキーマの原因となった困難な出来事を体験し、再構成するためのスペースを提供します。イメージを使うことで、セラピストは子どもの欲求を満たし、加害者と向き合い、苦しい出来事の評価の仕方を変え、修正感情体験を提供することができます。これは、スキーマや非機能的なモードを解消するための強力な方法です。

4. 行動的技法

　行動的技法は、主にST-CAと大人のスキーマ療法の最終段階に見られ、それまでの認知的そして体験的なワークの上に構築されます。このタイミングでは、クライアントの行動パターンを打破する能力を高めることができます。しかし、有害な行動を中断させるため、あるいは、特に低年齢の子どもで、行動的要素が強いと考えられる場合には、行動的スキル（例：スキルトレーニング）を早期に導入する場合もあります（第4章参照）。

　また、スキーマ療法は、行動的介入を実施する際の問題を概念化する方法を提供し、行動的アプローチを用いる際に、親が「ヘルシーアダルトモード」にとどまれるかどうかを理解することができます。ソーシャルスキルトレーニングや行動活性化など、認知行動療法のあらゆる行動的技法を用いることができますが、ヘルシーなモードが育まれていくのに伴って、修正可能な対人

関係のパターンの構築に焦点を当てることもあります。

3.3 スキーマ、欲求、モードの関係

スキーマとは、満たされない欲求に関連したネガティブな体験を繰り返すことで形成される、一貫した体験パターンや信念のことで、部分的に類似した刺激を受けることで容易に引き起こされるものと定義できます。

一方、モードは、包括的な「ある時点での優勢な状態」と定義することができます（Young et al., 2003）。この優勢な状態は、さまざまな要素で構成されています。活性化されたスキーマによる一次感情が存在しますが、モードに関連した二次感情によって部分的に上書きされることがあります（たとえば、不安や悲しみを特徴とする「見捨てられスキーマ」に対し、「過剰補償モード」によって怒りが上書きされることがあります）。

モードは、内向きまたは外向きの注意の舵取りや、身体的感覚、生理的活性化パターン、矛盾を減らし感情的な対処を助けるためにデザインされたその他の行動によって、さらに構築されます。また、モードとは、内面的または外面的な課題に対する答えとしての、瞬間的な「世界との向き合い方」と定義することもできます。

一般的に、スキーマ療法では、過去の満たされない感情欲求に根ざした不適応的なスキーマやモードが、今ここでどのように活性化されているかに焦点を当てます。この問いは、心理的な障害や症状を理解する上で中心となるものです。スキーマ療法の診断上の主要な質問は次の通りです。

■現在、あるいは過去において、どの基本的欲求が妨げられていたり満たされていなかったりするか？
■どのスキーマが活性化されているか？
■どのコーピングスタイルがどのモードにつながっているか？

表3.1は、スキーマ、領域、満たされていない基本的欲求、関連するモードの関係を示しています。「領域」という用語は、似た種類の基本的欲求が満たされないことから生じるスキーマのグループを表しています。個別のスキーマは、それぞれの領域をより正確に識別することができます。

表3.1 スキーマ、領域、欲求、モード
(Grawe, 2017; Roediger et al., 2018; Young et al., 2003による)

	スキーマ	領域	満たされて いない欲求	モード
1	見捨てられ／不安定	断絶と拒絶	アタッチメント	脆弱な・怒れるチャイルド
2	不信／虐待			
3	情緒的剥奪			
4	欠陥／恥			
5	社会的孤立／疎外			
6	依存／無能	自律と行動の 損傷	自律性／ 自己効力感	脆弱な・怒れるチャイルド
7	損害への脆弱性			
8	巻き込まれ／未発達の自己			
9	失敗			
10	権利要求／尊大	制約の欠如	アイデンティティ／ 構造／限界設定	非自律的チャイルド
11	自制と自律の欠如			
12	服従	他者への 追従	自尊心と受容と自律 性／自己決定	服従 （内なる要求的なペアレント が背景）
13	自己犠牲			
14	評価と承認の希求			
15	否定／悲観	過剰警戒と 抑制	喜びと自発性と遊び ／楽しみ	過剰補償／回避 （内なる懲罰的なペアレント が背景）
16	感情抑制			
17	厳密な基準／過度の批判			
18	罰			

3.4 スキーマ療法の視点による 一次感情と二次感情

　スキーマ療法では、コーピングモードの二次感情の背後にある一次感情を明らかにすることが重要です。二次（あるいは社会的）感情には、恥、罪悪感、プライド、羨望／嫉妬、賞賛、感謝、軽蔑などがあります。一次（または基本的）感情は、怒り、悲しみ、不安、嫌悪、驚き、幸福感です（Greenberg, 2006）。これらの予知的な一次感情は、チャイルドモードの中にあります。表3.2に一次感情と二次感情を示します。

　クライアントは、治療の中で、次のような質問によって一次感情を探ることができます。
　「この状況では、罪悪感や復讐の衝動の前に、どのような感情や情動が最初に来たのでしょうか？　復讐したいという衝動の前に、どのような気持ちや感情が先にあったのでしょう？」
　一次感情と二次感情を区別するもう一つの問いとして、次のようなものもあります。

第3章　ケースの概念化と治療　　57

表3.2 一次感情と二次感情 (Greenberg, 2006)

一次感情（基本的感情）	二次感情（社会的感情）
・怒り ・悲しみ ・不安 ・嫌悪 ・驚き ・幸福感	・恥 ・罪悪感 ・プライド ・羨望／嫉妬 ・賞賛 ・感謝 ・軽蔑

「生まれたときから二次感情があったのでしょうか？」

　スキーマ療法の目標は、認識されていない感情に気づき、新たな考え方や対応を身につけること、そして、より健全な対処法とセルフケアの方法を見つけることです。

3.5 ケースの概念化と心理教育

　スキーマ療法では、スキーマとモードに関するケースの概念化と心理教育が重要な役割を果たします。子どもや青年は自然な感情発達や認知的発達のプロセスにいるため、理論的なモデルを理解して保持する能力には限界があります。そこでこのモードモデルについて、大きな人形の中に小さな人形を配置する形で人間の全体像を表現したところ、好ましい結果が得られました（インナーチームを参照、Schulz von Thun, 1998）。さらにここでは、クライアントのスキーマを「傷」として表現し、人形の体に赤いくさびを加えます（図3.1参照）。

　ST-CAでは、エリスのABCモデル（またはSORCKモデル——www.pavpub.com/resource-374CoCr参照）を用いて、スキーマのモードモデルを概念化しています。ここでいう活性化するイベントとは、クライアントの傷（スキーマ）を開くきっかけを指します。その傷は、次に起動される「脆弱なチャイルドモード」を表す、小さな図形の横に記されています。

　この後、他のモードが次々と登場し、特定の不適応的なコーピングモードが前面に出て、子どもの問題行動を指示します。「利口で賢いチャイルドモード」は「脆弱なチャイルドモード」をなだめ、他のチャイルドモードをサポートするために存在しますが、必要に応じた解決策を見つけるには支援が必要です。方法としてまずは、「セルフ・コンパッション」（「脆弱なチャイルドモード」に対して）、次に「自己主張」（「怒れるチャイルドモード」に対して）を行います。「懲罰的ペアレントモード」（または「要求的ペアレントモード」）は、「利口で賢いチャイルドモード」が新たな適応行動を見つけて使用するのを助けるために、力を失わなければなりません。

　内側のステージで行われているプロセスを視覚化することで、「モード・ブラック・ボックス」

図3.1 ケースの概念化を絵で表現したもの。Schulz von Thun（1998）から引用

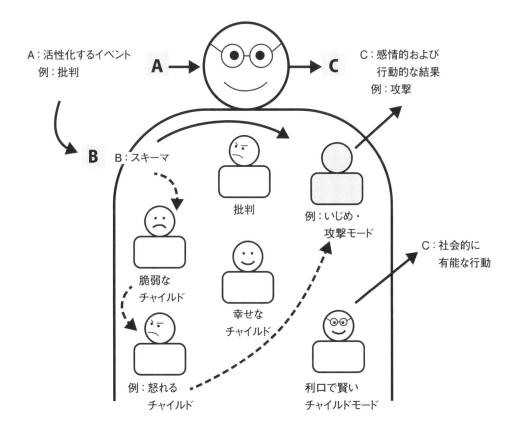

に光を当てることができ、若いクライアントは自分の内側で起こっていることをよりよく理解し、協力体制を築くことができます。このプロセスは、第4章から第8章で、実践的なデモンストレーションや事例を用いて詳細に検討されます。より一般的な説明については、第12章、またはオンライン資料を参照してください（Loose & Graaf, 2016による関連するコングレスポスター、およびLoose, 2018によるケーススタディがあります）（訳注：後者はオンライン資料として当該のファイルを見つけることができなかったため、章末の参考文献リスト〈Loose, 2018〉を参照）。

3.6 子どもや青年へのスキーマ療法をいつ行うか

　ST-CAの適応と禁忌は、大まかに言って、成人のスキーマ療法と同じです。スキーマ療法が適応か否かを判断する上で重要な点は、欲求へのフラストレーションが要因となっているかどう

か、また、スキーマ療法の中心的な部分である、感情に焦点を当てた技法と集中的な治療関係がクライアントに有益であるかどうかです。

アセスメントを開始するにあたり、両親から子どもの生い立ちや気質、解決した発達課題や現在進行中の発達課題などを聴取します。年長の子どもや青年の場合、本人には、両親のこと、症状、問題点などを聞きます。目的は、クライアントと関わりのある他者の関係性のスタイルを把握することです。可能であれば、評価の過程に教師や就学前教育者を含めることも有用です。

評価が完了した時点で、素因、促進因子、維持因子、問題領域に関する初期仮説を立てることができます。基本的欲求に対する慢性的なフラストレーションが明らかになった場合、ST-CAは非常に有用であり、適応となります。時に、摂食障害、依存症、精神病などの障害に対して、ST-CAによる治療を開始する前には、クライアントを安定させるために何らかの危機介入が必要になることがあります。

スキーマ療法は、子どもや青年が次のような状態にある場合、特に有益でしょう。

■認知行動療法（CBT）の方法やテクニックに取り組む意欲がない。
■治療のためのホームワークを完了できない。
■自己管理戦略を適応または適用することができない。
■問題行動に関連する感情や認知を避けている。
■自制心に問題がある、あるいは厳密な（融通のきかない）行動や態度に執着している。
■問題行動を自我親和的に経験している（「これが自分のやり方だ」）。
■目標を正確に定義することができない、または変化が可能であるという信念がない。
■パーソナリティ障害の特徴に圧倒されている。
■問題に効果的に取り組むためのリソースが不足している。
■治療上の信頼関係を築くことが困難である。

子どものセラピーでは、関わり合いの欠如や感情の回避などの状態がよく起こることを考えると、スキーマ志向のアプローチは、注意欠如・多動症（ADHD）や強迫症（OCD）など、子どもや青年の幅広い症状に適用することができます。

3.7 親やその他の養育者のためのスキーマコーチング

ST-CAや若者に対する介入においては、一般的にセラピーをシステミックセラピーとして考え、アプローチすることが有用です。どうしてかと言うと、子どもや青年を理解するには、彼ら

が生活する環境や集団の文脈を考慮することが最も効果的だからです。

ラザルスのトランザクションの考え方は、人Aから発せられた行動が人Bからの応答行動を誘発し、それが人Aからの新しい応答行動を誘発するというものです。このような個人やグループ間の相互の変化、強化、エスカレーションは、その影響が複数かつ複雑であることから、単なる相互作用ではなく、トランザクションと呼ぶことに意味があります。また、トランザクションという概念は、これらのプロセスのスパイラル的な性質を強調するものでもあります。

家族関係のスパイラルに加えて、親同士の対立、家庭内暴力の目撃、両親の別居や離婚など、特定の家族トラウマがあり、その結果、子どもの罪悪感や羞恥心が増大することがあります。このような状況では、スキーマ的な傾向が確立されたり、すでに根付いているスキーマ的な傾向がさらに深まったりする恐れがあります。

一般的に、スキーマ療法のセラピストは、スキーマコーチングやスキーマ療法の枠組みの中での体系的なアプローチを用いて、不適応的なスキーマの形成に対する親の理解を助けることができます。また、それぞれの発達課題に対して、成功する対処法や協同調節法がどのようなものかを親に教えることも可能です。

さらに、システミックな視点を用いて、家族システムにおける機能不全の境界線（たとえば、厳しすぎたりおおざっぱすぎたりする家族のルール）や、親自身の非機能的な行動が、どのように不適応的なスキーマの形成に寄与しているかを分析することもできます。その他、ポジティブ心理学に基づいて、保護因子やリソース、自己効力感などのポジティブなスキーマを高めるために、親と協力することもできます。詳しくは、第15章から第17章を参照してください。

3.8 親や年齢に合わせた目標と戦略

このセクションでは、エリクソンの発達モデルに概説されている、子どもと青年の5つの発達段階に、スキーマ療法がどのように対応しているかを見ていきます。

■生まれてから3歳までの乳幼児期
■4歳から6歳までの未就学児期
■就学前から思春期前まで：6歳から10歳
■11歳から16歳までの思春期
■17歳から23歳までの思春期後期と成人期前期

ここでは、それぞれの段階における、ST-CAの重点分野の概要を説明します。もちろん、セラピーで使用する具体的な目標や戦略は、個々の若者の発達段階によって異なります。その後、第4章〜第8章の5つの章で各段階についてより深く掘り下げていきます。

第3章　ケースの概念化と治療　61

3.8.1　生まれてから3歳までの乳幼児期

　この段階では、スキーマ療法は主に親のスキーマの活性化に光を当てるのに役立ちます。親のスキーマが活性化されると、親子の相互作用の中でスキーマが誘発されます。生まれたばかりの赤ちゃんのスキーマの種は、初期の親子の相互作用で観察することができます。親子のやりとりは、赤ちゃんの基本的な欲求を満たしたり、欲求不満にさせたり、あるいは劇的に傷つけたりして、幼少期におけるスキーマの形成の基礎を築きます。

　生まれてから3歳までは、気質といった遺伝的な要因が重要な役割を果たします。この時期のスキーマ療法では、気質的な要因、出生前や周産期の困難な状況、発達過程の補償や脱補償などの相互作用をより詳細に検討する機会が得られます。

　乳幼児に接していると、親はモードの強い活性化を経験することがあります。たとえば、内向きまたは外向きの「要求的ペアレントモード」や「懲罰的ペアレントモード」がよく見られます。その一方で、親が圧倒されているような場合には、親自身が自らの「脆弱なチャイルドモード」に回帰する感覚を覚えることもあります。
　また、「怒れるチャイルドモード」や「激怒するチャイルドモード」といったモードもあります。子どもが長く泣き続けていると、親は疎外感を感じ、距離を置いてしまい、「遮断・防衛モード」のようになることで、ミラーリングができなくなってしまうことがあります。さらには、親が過剰に反応し、子どもやパートナーに対して攻撃的な感情や行動を取ることもあり、赤ちゃんに向かって怒鳴ったり、パートナーと激しい喧嘩をしたりします。

3.8.2　4歳から6歳までの未就学児期

　この段階では、感情と認知の発達、言語の習得をはじめ、家族システムや保育園・幼稚園のシステムへより意識的に組み込まれることで、スキーマの形成が促されるかもしれません（または、生後3年間で基本的な欲求が満たされなかった場合、既存のスキーマが深まるかもしれません）。この時期において、両親やその他の重要な養育者の影響はより明確です。それにはたとえば、食事や衛生、社会的行動といった分野における文化的規範を子どもに教えることが含まれます。

　微細運動、書字運動、感覚運動の発達と達成は、自己価値、自己効力感、自己理解を築くための重要な手段となります。しかし、これらのプロセスは、子どもにとって最初の、あるいはさらなる不適応的な体験を生み出し、「情緒的剥奪スキーマ」「見捨てられスキーマ」「欠陥／恥スキーマ」「不信スキーマ」「社会的孤立スキーマ」などの不適応的スキーマの形成を助長する可能性があります。

この段階では親と子が心の欲求を満たしながら、親元を離れて保育園・幼稚園に通う、友達を作って仲間と仲良くする、学校の規則に従うなど、発達上の課題に対処できるように支援することが重要です。

3.8.3　就学前から思春期前まで：6歳から10歳

この発達段階では、学校、スポーツ、レジャーなど、さまざまな集団の中での社会的状況への対応が中心となります。また、学業面でも、達成度やパフォーマンスの低下、運動能力や感覚の不足、障害などに関連する問題が発生し、不適応的なスキーマを形成したり、さらに強化したりすることがあります。

子どもが高い知的能力を持っている場合、別のスキーマのリスクが存在します。学校環境が十分に興味を持てる経験を提供していない状況では、不適応的な学習・作業態度が身につく可能性があり（例：成績不振）、それが「社会的孤立スキーマ」「服従スキーマ」「自己犠牲スキーマ」「権利要求／尊大スキーマ」「自制と自律の欠如スキーマ」といったスキーマにつながる可能性があります。

「ヘルシーアダルトモード」の形成の前兆として、この年齢では「利口で賢いチャイルドモード」のような有能なモードがよりはっきりとし、フラストレーション耐性と衝動の制御のスキル、共感性が高まります。これらのスキルが発達すれば、子どもは感情の制御や社会的な関係の形成において適切に発達し、行動は内在化したルールや価値観によって管理されるようになります。

3.8.4　11歳から16歳までの思春期

この時期の中心的な発達課題は、自律性とアイデンティティに関するものです。思春期の子どもたちは、自分の身体の変化や、性欲や性別役割のアイデンティティを自己概念に統合することに直面します。この段階では、自分の生まれ育った家族との関係や、仲間集団の重要性がより意識的に評価され、変化していきます。そして家族からの離脱が始まります。

家族システムに問題がある場合は、家族とピアグループの間で価値観や規範の大規模な対立が発生する可能性があります。密着した家族には、自律性の発達の阻害、ピアグループの重要性の誤解など、子どもの正常な発達を妨げる恐れもあります。逆に、ピアグループには非機能的な対処法を助長したり、「引き起こし」たりすることがあり、時に問題となります。

アイデンティティの面では、若者は自分の志向、価値観、適性を判断し、何を優先するかといった方向性を形成します。「社会的孤立スキーマ」は、仲間集団での否定的な経験によって形成されることがあります。性的・身体的虐待は、どの年齢でもそうであるように、「不信／虐待スキーマ」や「服従スキーマ」の形成につながる可能性があります。

こうしたトラウマになりうる出来事やフラストレーションに対するコーピング反応は、「いじめ・攻撃モード」のような過剰補償モード、「従順・服従モード」のような服従モード、あるいは「完璧主義的過剰コントロールモード」のような受動的な過剰補償モードにつながる恐れもあります。

3.8.5　17歳から23歳までの思春期後期と成人期前期

　若者は次第に大人の役割を担うようになります（たとえば、親密な関係やセクシュアリティの探求、アルコールや薬物への対応、キャリアの構築など）。このような新しい挑戦は、ストレスを覚え、圧倒される経験ともなり、情緒不安定な状態をもたらすことがあります。その理由の一つとして、同時期に、親からの自立と分離の追求に直面していることが挙げられます。

　スキーマ療法は、こうした思春期や若年の成人が直面する問題を解決するのに役立つアプローチを提供します。さらに、境界性パーソナリティ障害の治療の概念は、この年齢層の問題領域にある程度の重なりを持つため、参考になります。
　境界性パーソナリティ障害のクライアントには、感情状態の変化（「モードフリッピング」と呼ばれます）が頻繁に見られ、空虚感や支離滅裂で不安定なアイデンティティも確認されます。こうした特徴が、境界性パーソナリティ障害と思春期および青年期後半の発達的葛藤との間で、部分的に重なっている箇所なのです。

　不適応的なスキーマの形成は、通常、この時点で完了します。この年齢層の治療では、スキーマモデルに加えて、モードモデルの使用による理解が効果的です。
　セラピーにおいて、コーピングモードは、「脆弱なチャイルドモード」と「怒れるチャイルドモード」や、「懲罰的ペアレントモード」と「要求的ペアレントモード」と同じように、著しい混乱を招く場合があります。これらのモードは、思春期や若年の成人の強い（興奮状態の）エネルギーを理解するのに役立ちます。また、セラピーでは、ピアグループの規範を内在化したり、恥の感情が強く現れたりすることで、新しいモードが形成されることがよくあります。

　親の影響による「懲罰的ペアレントモード」と「要求的ペアレントモード」に加えて、仲間内の暴君や独裁者などのような非機能的な仲間関係に起因するモードがあります。このモードでは、事実上の、あるいは少なくとも認識された要求（ピアグループの規範や行動ルール）が内在化され、自分自身やチャイルドモードに対して暴君的な振る舞いが向けられるようになります。

3.9 治療の概要

　このセクションでは、後続の章を理解するための基礎となるよう、スキーマ療法の中心的な特徴と段階をまとめます。私たちは、スキーマとモードがST-CAの基本であることを強調してきました。クライアントに対してスキーマ・モードモデルが定式化されると、次のような実践や介入が行われます。

ａ．セラピストは、セラピーが重要他者、システム、状況に影響を与え、以前は満たされていなかったクライアントの中核的な感情欲求が、セラピー環境の内外を問わず、日常生活においてより効果的に満たされるようになることを目指します。

ｂ．セラピーの中で、セラピストは治療的再養育法を行い、クライアントの基本的な欲求を満たそうとします。セラピストは、欲求を満たすための相互作用としてセラピーを計画します。そうすることで、自己価値や自己効力感が高まり、親の肯定的な側面が新たに内在化されるため、モチベーションが向上し、症状を緩和する第一歩となります。

ｃ．基本的欲求の充足が不適応的なスキーマやモードの活性化によって妨げられている場合、セラピストとクライアントは一緒になって、問題の根底に隠れた欲求を探していきます。隠れた欲求が発見されれば、それを満たすためのより適応的な可能性が開けてきます。これらの欲求を満たすためには、家族システムに新たな境界線やルールが必要になるかもしれません。

ｄ．問題の表出に関して、主に障害特有の行動の悪循環が含まれている場合（たとえば強迫症や学校恐怖症のように）、ST-CAはその初期段階でこの側面に焦点を当てます。このような障害の具体的な症状は、コーピングモードや、強化された、あるいは発達上不適切なチャイルドモードとして理解されることがあります。

3.10 治療のフェーズ

　治療の第一段階では、通常、クライアントの強み、資源、成果に焦点を当てながら、前向きでオープンな関係を構築していきます。これに続いて（学齢期以上のクライアントの場合）、心理教育と事例概念化の段階に入ります。
　この段階は、これまでにクライアントとその家族の間で交わされていたやりとりが、不可解でフラストレーションの溜まる行動だったことを理解する最初の機会となります。欲求モデルが説明され、出来事やきっかけが特定され、コーピングモードが明確にされ、スキーマの一部として

図3.2 時間経過によるスキーマ療法のフェーズの変化

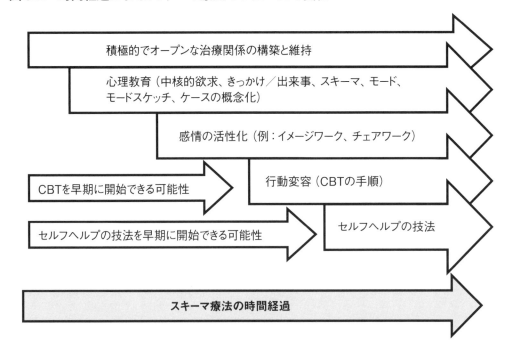

の信念が特定されます。その後、モードモデルがケース概念化として展開され、年齢に合った言葉で提示されます。

　セラピストは、フラストレーションにおける欲求、場面における誤った考え、重要な感情、理解可能なコーピングなどを洞察することができます。問題の各側面を特定し、ラベル付けすることができますが、これは初めての経験となることが多いでしょう。

　セラピーの中核的な段階では、不適応的なスキーマやモードに対処して挑戦するために、体験的な技法を用いてクライアントを感情的に巻き込むことを目指します。これには、モードワーク（例：指人形、モードカード、チェアワーク）や、非機能的な行動パターンの根源を理解し、発達段階に応じた方法で挑戦するためのイメージが含まれます。

　しばしば、ロールプレイ、エクスポージャー、問題解決などの古典的なCBTの手順を適用して、クライアントや家族がセラピーセッションで学んだことを現実の世界で実践できるようにする必要があります。通常のCBTと同様に、スキーマやモードの形成から生じる新しい行動は、ホームワークを通して実践されます。この段階では、ST-CAは古典的な児童・青年期のCBTに似ていますが、行動課題はスキーマやモードの理解から生じるため、行動的・認知的介入に感情的・体験的な側面が加わります。

　セラピーの最終段階では、セラピストは、クライアントとその家族がセラピストのセッションや介入から自立できるように、セルフヘルプのテクニックを実践します。この段階では、再発防

止が重要な役割を果たします。また、中核的な欲求を満たし、クライアントの有能なモードを強化・定着させるための一般的なサポートも行います。

3.11 まとめ

　スキーマ療法は、包括的なシステムの枠組みの中で、発達的な理解、関係性への焦点、モード分析、感情に焦点を当てた介入を、従来の認知的および行動的な介入と統合して行います。その目的は、クライアントが発達過程で学習・経験したことの理解にあります。介入においては、家族、教育、その他の仲間やサブカルチャーなどの、さまざまな背景を考慮します。

　スキーマ療法では、発達の内側と外側の両方の力学の影響に光を当てることができます。また、問題行動を理解し軽減する上で非常に重要と考えられる、CBTで用いられる症状志向の分析と介入を統合しています。

　スキーマ療法は、障害や症状を、十分に解決されていない内面的な葛藤の観点から見るものです。これは、状況的、個人的、結果的な変数に焦点を当てた、障害や症状の古典的な行動分析を補完するものとも言えます。「内面的な葛藤」の視点は、トリガーと強化因子による行動の環境制御の視点と同様に、包括的なスキーマとモードを誘導する行動療法のアプローチに統合することができます。

　コーピング反応またはモードは、（内面または外面の）刺激によって引き起こされます。通常、そのような刺激は、不適応的なスキーマを引き起こす力を持っており、それは古典的に条件づけられた感情反応、それに続く生理的反応、認知、記憶（スキーマ）として解釈することができます。

　スキーマ療法では問題行動を、過剰補償モードや回避モードの一部として、あるいは年齢にふさわしくない幼さの「非自律的チャイルドモード」や「脆弱なチャイルドモード」を維持するものとして捉えることで、新たな視点を提供しています。これにより、クライアントの複雑な感情の機微を深く理解し、提示されている問題の発達的なダイナミズムをより豊かに理解することができます。これらのテーマは、本書の中で、実例を挙げながら詳しく説明していきます。

第3章　ケースの概念化と治療　67

◆参考文献◆

Grawe, K. (2017). *Neuropsychotherapy: How the Neurosciences Inform Effective Psychotherapy.* London: Routledge.

Greenberg, L. (2006). Emotion-focused therapy: A synopsis. *Journal of Contemporary Psychotherapy,* **36** (2), 87-93. doi:http://dx.doi.org/10.1007/s10879-006-9011-3

Loose, C. (2018). Schema therapeutic outpatient treatment of a 15-year-old boy with hypochondria against the background of a car accident caused paraplegia early in childhood. Amsterdam: ISST-Conference.

Loose, C. & Graaf, P. (2016). Pictorial Representation of Early Maladaptive Schema and Modes – for Young and Old. Poster. Stockholm: 46th Annual EABCT Congress CBT.

Roediger, E., Stevens, B. A. & Brockman, R. (2018). Contextual Schema Therapy. An Integrative Approach to Personality Disorder, Emotional Dysregulation & Interpersonal Functioning. Oakland, CA: Context Press.

Schulz von Thun, F. (1998). *Miteinander reden 3 – Das innere Team und situationsgerechte Kommunikation.* Hamburg: Rowohlt.

Young, J. E., Klosko, J. S. & Weishaar, M. E. (2003). *Schema Therapy: A Practitioner's Guide.* New York: Guilford Press.

第4章

乳児期から
幼児期にかけての
スキーマ療法

カタリナ・アーマー、ソフィー・クルーガー、
ゲルハルト・ザルボック、ルース・A・ホルト

予備的考察

　ここで紹介するモデルは、乳幼児の調節障害（過度の泣き、睡眠障害、摂食障害）に焦点を当てています。ここでは「調節障害（regulatory disorders）」という名称を用い、その下位分類に属する障害の定義の変遷について紹介します。

　「調節障害」という用語は、ワーキンググループ「Zero To Three」（ZTT-DC:0-5, 2016）による、国際的に認められた「乳児期および幼児期の精神保健および発達障害の診断分類（Diagnostic Classification of Mental Health and Developmental Disorders of Infancy and Early Childhood）（DC:0-5）」において、「睡眠・摂食・泣きの障害」と改称されており、子どもの臨床的な障害に関連したものです。

　臨床的には、乳児とその主なアタッチメント対象あるいは養育者（通常は母親）との間の相互作用に焦点を当てています。本章で紹介するアプローチは、ミュンヘンのマックスプランク精神医学研究所でメクティルド・パプセックが行った、乳幼児の睡眠調節障害の研究から得られた行動療法の概念を、スキーマ療法の観点に取り入れたものです。また、スキーマ療法のアプローチを構築する上で、精神力動的なアプローチも参考にしました。

　私たちは、親と乳幼児のスキーマ療法において、新しい領域に踏み込んでいます。そのため、ここで紹介した概念は決して完全なものではなく、今後さらに詳細に検討していく必要があります。そして、ここで紹介したアプローチと方法を洗練させるために、乳幼児に対するスキーマ療法の介入の経過やその効果に関する実証的な知見が必要です。

4.1 スキーマ療法の観点から見た、若い家族の段階別の発達課題、相互作用、葛藤、モード

事例

　マーケティング・マネージャーである39歳のキムは、2番目の子ども（生後9カ月の男の子）が6カ月前から30分おきに目を覚ますようになったため、相談に訪れました。男の子は母乳を与えているときしか眠らず、日中静かにさせるには母乳を与える以外に方法がありませんでした。キムは疲れ切ってしまい、息子を「憎む」ようになっていました。

　アセスメントの際、キムは、最初の子どものときには体重が増えなかったため、4カ月か

らは粉ミルクで栄養を補う必要があったことを話してくれました。母乳だけで育てることができず、自分は悪い母親だと感じていたのです。そのため、2人目のときは、母乳の出を良くするために子どもが要求するたびに母乳を与えることにし、今回は「すべてを正しく行いたい」と考えていました。

　キムの母親は、「母乳が出ない原因は仕事と育児のストレスだ」と、彼女に対してかなり批判的でした。キム自身は、働くことが子どもたちに悪影響を与えているのかどうかよくわかりませんでした。

　子どもの誕生は、親にとって大きな変化です。妊娠中は、新しい家族が増える喜びと同時に、自律した状態を失うことへの恐れを感じるなど、さまざまな感情が交錯します。また、親としての責任に対する不安や心配も出てきます。私は子どもを養うことができるだろうか？　守ってあげられるだろうか？　自分の新しい役割にどう対処すればいいのか？　さらには夫婦関係の変化も、多くの親にとって課題となります。

　新しく親になるという現実は、出産前に想像していた理想的な光景とは一致しないことも多いものです。子どもの世話、疲弊をもたらす睡眠と授乳のリズム、泣いている時間、自身の中核的感情欲求との葛藤（たとえば、自律性の喪失：「自分のための時間がない」「私が必要としている生活の在り方はどうなってしまうのか？」）などにより、親は圧倒され、永続的に疲弊してしまうことがあります。

　このような状況は、親の中で、これらの葛藤に関連する幼少期の体験や感情（スキーマ）を無意識のうちに活性化させてしまいます。その結果、親の幼少期の苦痛や見捨てられた感情、あるいは怒りと、目の前で認識されている自分の子どもの欲求とを、混同してしまうのです。親のスキーマが活性化されると、乳児や、乳児からの発話やコミュニケーション表現は、スキーマの活性化というレンズを通して認識されるようになっていきます。

4.1.1　親と子の発達課題

　出産後の数週間で、親はさまざまな形の適応を求められます。それらには、出産後の母親の生理的変化、親としての自分の能力に自信を持つこと、職業的なアイデンティティの一時的な喪失、親の役割への成長、二者から三者への関係性の変化などが含まれます（さらなる詳細についてはStern, 1995を参照）。

　アイデンティティや関係性の変化に加えて、親は子どもの生得的な身体的欲求と感情的欲求である、絆、自律性、自尊心、喜び（自発性、楽しみ、遊び）とのバランスを取り始める必要があります。また、子どもは生まれてから最初の2年間で大きな変化を遂げます。具体的には、食事と消化の習得、睡眠と覚醒のサイクルの調整、情動行動の調整、注意集中、絆と探索の欲求や依存と自律の欲求のバランスを取ること、などです。

第4章　乳児期から幼児期にかけてのスキーマ療法　71

4.1.2 対処と相互作用

　発達課題やそれに伴う困難に対処する子どもの能力は、両親の協同調節の助けがあって初めて育まれるものです。しかしそこでは、子ども側と親側の、そして状況的な要因が協同調節に影響を与えます。そのため、親と子それぞれの脆弱性や性格、あるいは限界などがここに持ち込まれた場合、進行中の子どもの発達に影響を及ぼすことになります。

　これらの要因は、発達課題にだけでなく、親子関係の質にも影響を与えます。その具体的な要因としては、親のパーソナリティ、スキーマとコーピング戦略、現在抱えているストレスなどが挙げられます。

　また、乳児は、適応や自己調整につながる生得的な要因（気性、興奮のレベルの正常値と「最大値」、自己調整能力）を通じて、親子の対話に影響を及ぼします。気質の「難しい」子どもは、すぐに激しく興奮してしまい、落ち着かせるのがとても大変です。「難しい」子どもに規則的な睡眠のリズムを身につけさせようとすると、親は苦痛を感じ、スキーマやモードが活性化するような困難に直面します。医学的な問題（身体的な障害など）やトラウマ的な介入（特殊な栄養が必要な場合など）は、このプロセスをさらに困難なものにします。

　こうした乳児期には、親子関係の不一致から困難が生じます。子どもの欲求が適切に認識されなかったり、誤って解釈されたり、親が十分に繊細な反応を示さなかったりすることで、子どもと親の双方が苦痛を伴う感情的な反応をし合ってしまいます。

　したがって、調節障害の発症は、「発達課題を乗り越える際の親と子の協同調節の失敗」とみなすことができます。調節障害は、過度の泣き、栄養摂取の拒否、入眠や睡眠維持の問題など、極度の苛立ちを伴う症状として出現します。

4.1.3 「コミュニケーションの失敗」はどこから来るのか？　関係性やコミュニケーションの障害を説明するスキーマ療法のアプローチ

　スキーマ療法のアプローチでは、関係性やコミュニケーションの問題を次のように理解しています。赤ちゃんが欲求を表現することによって、親の非機能的なスキーマやモード（親の満たされていない欲求や幼少期の体験と関連している）が活性化し、子どもに対する親の「健全な」反応が阻害されます。その結果、子どもの泣き声や欲求が、親の生育歴によって引き起こされる「神経症的な」問題の活性化と内的に混ざり合ってしまうのです。

　パプセック（2008）によると、それによって、ほとんどの親が持っている直感的な親としての能力が不明瞭になり、親は子どものサインを自分の不適応的なスキーマに基づいて解釈し、多くの場合、あまり繊細ではない形で反応します。その結果、親は負担を感じ、混乱し、疲れ果

て、自暴自棄になってしまいます。

　たとえば、子どもが何時間も泣き続けていると、母親は「私が何をしても、この子は決して幸せになれない」と思うかもしれません。母親の活性化したモードによっては、たとえば、子どもを怒鳴りつけたり、子どもを揺さぶったりするなど、攻撃的になることもあります（母親の「怒れるチャイルドモード」、あるいは「いじめ・攻撃コーピングモード」）。また、無気力になることもあれば（「遮断・防衛モード」）、気を紛らわすために極端な過食に走ることもあります（「遮断・自己鎮静モード」）。

　一方で母親は、子どものサインを自分に対して向けられた反応だと勘違いし、「社会的孤立」（「子どもが泣いているのは寂しいからだ」）などの自らのスキーマに振り回されてしまうこともあります。この場合、母親の「脆弱なチャイルドモード」が活性化し、乳児を過度に刺激する形で対処してしまい、子どもの泣きを悪化させてしまいます。活性化された母親のスキーマは、赤ちゃんの行動を理解するための枠組みとなり、母親の感情や欲求が乳児に投影され、赤ちゃんのイライラの本当の原因が隠されてしまうのです。

　その結果、母親は、子どものサインを正しく、子どもの立場になって読み取ることが難しくなります。このときの母親の「ヘルシーアダルトモード」は「オフ」になって機能していません。このような理由から、スキーマ療法では、子どもが活性化させている不適応的なスキーマやモードを母親が意識できるようになることで、母親と子どもの欲求を切り離すことに重点を置いています。

　スキーマ療法は、母親と赤ちゃんの両方の欲求をバランスよく満たすことに焦点を当てます。セラピストは、母親の助けにならないスキーマやモードの背後にある、傷ついた、あるいは満たされていない欲求を常に「見て」います。治療の中心となる質問は、「あなたは何を必要としていますか？」であり、この質問はスキーマを弱め、モードを減少させます。この欲求志向に基づく仮説は、投影同一視やフライバーグの「赤ちゃん部屋のおばけ」などの精神力動的概念と類似しています（Barth, 2004; Fraiberg et al., 1975）。

　以下に、乳児によって活性化される親の典型的なモードを挙げます。個々のケース概念化には、その他のモードも関連している場合があります。

■ヘルシーアダルト／ケアし導く（Caring and Guidance）モード
■幸せな親（Happy Parent）モード（このモードは、小さな子どもとうまく関わることができたときに親が感じる調和を表現するものです。たとえば、喜びのサイクル〈最初の6カ月間で母親と赤ちゃんの間に約3万回の喜びの相互反応がある、Krause, 2006〉など）
■脆弱なチャイルドモード（または傷ついた、あるいは孤立したチャイルド）
■怒れるチャイルドモード
■懲罰的または要求的ペアレントモード（自分に向けて、あるいは他者に向けて）
■遮断・防衛モード（コーピングモード）

■遮断・自己鎮静／自己刺激モード（コーピングモード）
■攻撃モード（いじめ・攻撃コーピングモード）
■（完璧主義的）過剰補償モード（コーピングモード）

●さまざまなアダルトモードおよびペアレントモード

▷ ヘルシーアダルト／ケアし導くモード

　「ヘルシーアダルトモード」は、先見性、欲求不満耐性、共感性、そして欲求を先送りする能力を特徴とします。乳幼児のケアでは、ケアする側に献身性があり、適切に「自己犠牲」できることが特に重要です。

　適切な自己犠牲と「自己犠牲スキーマ」の違いは、親が自分の欲求を先延ばしにすることを選択し、適切なときにその欲求を満たすための手助けを受け入れることができるかどうかです。親が「自己犠牲スキーマ」で行動しているときは、自分には選択の余地がないと感じ、助けがあっても受け入れることができません。「ヘルシーアダルトモード」にあると、パートナーや祖父母、友人など、他者からの助けを受け入れることができ、時間的余裕が生まれ、養育者は活力を取り戻すことができます。このモードは、健全なアタッチメントと養育能力を反映しています。

▷ 幸せな親モード

　私たちは、「ヘルシーアダルトモード」に加えて、「幸せな親モード」を提案します。このモードは、特に乳児との肯定的な相互作用の際に顕著に現れます。微笑確認サイクルは、養育者と乳児がお互いに肯定し合っている一例です。このモードでは、幸福感、子どもへの愛情、お互いの視線、そして子どもとのつながりがしっかりと感じられます。

▷ 懲罰的または要求的ペアレントモード

　これまでの経験から、乳幼児の養育による両親の睡眠不足やストレスは、両親の間にイライラした雰囲気をもたらし、「懲罰的ペアレントモード」あるいは「要求的ペアレントモード」を活性化させることがわかっています。これらのペアレントモードは、多くの場合、幼少期の要求的または懲罰的な他者、特に親や権力者を内在化させることがその起源となります。

　「懲罰的ペアレントモード」の基礎となる「罰スキーマ」は、自分の過ちや他人の過ちは厳しく罰せられるべきだという自動的な思い込みです。このモードの特徴は、ミスに焦点を当てた厳しい批判と、怠慢への罰です。また、「要求的ペアレントモード」は、「厳密な基準スキーマ」、完璧主義、達成への固執を特徴としています。

　懲罰モードが内向している場合、それは自己非難、自己不信、自己否定として表現されます。要求モードが内向している場合、内面の落ち着きのなさ、容赦ない高い期待、ミスの追及などに

つながります。自分が「良い母親」であるかどうかに疑問を持ち、他の母親を「私よりも優れている」と信じている母親は、自己卑下に陥りやすく、子どものことを心配しすぎて、自己犠牲的になったり、うつになってしまったりします。言い換えれば、自分自身が、自分に対する要求的な親になってしまうのです。

このモードが外向する場合、子どもの世話をする他の人たちが、子どもに対して犯したとされるミスや不器用さについて厳しく批判され、高いレベルのプレッシャーにさらされることになります。その結果、パートナーとの間に対立が生じ、子どもは周囲の言い争いや緊張のただ中に置かれるようになるのです。

●さまざまなチャイルドモード

乳児の示すサインは、親の内的なチャイルドモードを活性化させることもあります。

▷ 怒れるチャイルドモード

乳児の世話をすることで個人の欲求（睡眠、静寂、自由な時間や孤独）が絶えず満たされず、他の家族にもプレッシャーがかかり、恒常的にストレスを感じている場合、乳児の泣き声が親の「怒れるチャイルドモード」や「激怒するチャイルドモード」を活性化することがあります。
理想的な親は、「ヘルシーアダルトモード」に立ち戻り、「怒れるチャイルドモード」に対処することができますが、レジリエンスやリソースが不足している場合は、「怒れるチャイルドモード」の反応に対して恥や罪悪感を抱いてしまいます。極端な場合には、乳幼児に対する身体的・精神的虐待が起こる可能性があります（「いじめ・攻撃コーピングモード」など）。

▷ 脆弱なチャイルドモード

赤ちゃんの非常に膨大な欲求や保護への要求に直面すると、母親や父親の「脆弱なチャイルドモード」が活性化します。そして、「情緒的剥奪」や「見捨てられ」、「社会的孤立」といったスキーマが引き起こされます。
これらのスキーマが活性化されると、親はケアや養育が不足していると感じたり、自分の生育歴に端を発するトラウマ的な感情を再体験したりします。そのとき、子どもは「親の過去を体現する存在」として機能します。親は自分の子どもに、親である自分自身が幼い頃に感じていた気持ちをそのまま表現することになるのです（Barth, 2004）。

●さまざまなコーピングモード

恐怖、怒り、恥など、スキーマの活性化に関連する感情は大変な苦痛を伴うため、通常、親はコーピングモードを引き起こします。

第4章　乳児期から幼児期にかけてのスキーマ療法　75

▷ 回避

　回避（「見捨てられ」や「孤立」といった感情が活性化されることの回避）が生じることによって、母親は年長の乳幼児を年齢に不相応な方法で世話してしまいます。

　たとえば、乳児が眠りにつくまで母乳を与えたり、分離を避けて遅くまで連れ回したりすることで、母親自身の親密さやケアの欲求を満たそうとします。しかし、子どもの発達課題（一人寝）をサポートするためには、子どもを寝かしつけるほうが適切なのです。

　回避のもう一つの形（「不信／虐待」または「欠陥」スキーマの活性化に起因）は、母親が子どもと目を合わせるのを避け、関心を持たず機械的に世話をすることです。母親は子どもと一緒に遊ぶこともなく、ほとんど反応も返事もせず、ミラーリングもしないので、子どもは刺激不足になります。これにより、不安定なアタッチメントが形成される危険性があります。主な養育者との不安定な結びつきの結果、（乳児の気質にもよりますが）感情表現の量を減らしたり、養育者の注意を引こうと過度に感情のこもった表情を見せたりするようになります。

▷ 過剰補償

　親の「脆弱なチャイルドモード」が活性化すると（「私は誰かに翻弄されている、私は無力で見捨てられている」）、「完璧主義的過剰コントロールモード」による過剰補償が生じます。過剰補償は、「子どもに何かが起こるのではないか」という不安が高まることで発動します（たとえば、乳幼児突然死症候群）。不安に駆られた親は、医学的な指標が全くないにもかかわらず、子どもを非常に注意深く見守るようになります。

　「不信／虐待スキーマ」を持つ親は、子どもの行動を理解できないことから生じる脅威の活性化に対して、過剰補償を示します。子どもの出しているサインが理解できない場合、彼らはそれを子どもが何らかの形で脅迫しているのだと解釈してしまいます。たとえば、赤ちゃんの泣き声は、親にとっては敵意に満ちたものとして受け取られます。親は、乳児の欲求のサインをコントロールしようとしたり、関係を支配しようとしたりします。

　また、子どもを刺激しすぎたり、子どもが自己調整しようとするのを無視したりする傾向があります。もし、子どもが（親の）過剰な刺激から身を守るために自分の中に引きこもってしまった場合、親はこの引きこもりを拒絶として解釈してしまいます。

▷ 遮断・防衛モード

　「遮断・防衛モード」は、産後うつで生じるもう一つの非機能的なコーピングモードです。無感覚や無思考、関わりの断絶、あるいは「自分自身を感じられない」「赤ちゃんとつながることができない」といった形で現れます。

表4.1　モードの活性化による親の行動

親のモード活性化	親に見られる行動
最初は怒れる、もしくは激怒するチャイルド、その後、いじめ・攻撃のコーピングモード	大声で怒鳴ったり、叱ったりするなど、乳児に対する怒りの反応、極端な場合は身体的虐待
最初は脆弱なチャイルド、その後、回避のコーピングモード	乳児が眠っている間に授乳や抱っこをする。乳児と目を合わせない。機械的に体を洗ったり、おむつを替えたり、服を着せたりする。遊びの接触が少ない
完璧主義的な過剰補償のコーピングモード	夜中に何度も確認するなど、乳児を過敏に監視する（乳児の睡眠を妨げる）
遮断・防衛のコーピングモード	乳児に対する無感覚、無思考、不十分な反応

▷ いじめ・攻撃モード

「いじめ・攻撃モード」の活性化では、親が子どもに対して怒りや憎しみを抱くという特徴があります。このモードにおける子どもは親にとって、まるで「際限なく欲張りなブラックホール」のように感じられます。子どもの要求は非常に挑戦的で、耐えられず、正当化できないものとみなされます。このような親は、通常、乳児に対して暴力的な空想を抱いており、極端な場合には、実際に虐待につながる可能性があります。表4.1は、コーピングモードが活性化したときに見られる行動をまとめたものです。

事例

今回の事例研究から、親の欲求と子どもの欲求の複雑な相互作用が明らかになりました。キムは自分が失敗した、ダメな母親であるかのように感じていました（スキーマ：「欠陥／恥スキーマ」と内向の「罰スキーマ」）。第二子出産後、彼女は自分の直感的な育児能力が損なわれたように感じ、さまざまな母乳育児アドバイザーやインターネット上の集会に相談するようになりました（過剰補償としての「完璧主義的過剰コントロールモード」）。

息子の泣き声は、キムの「脆弱なチャイルドモード」（「私がいないと彼はとても寂しい思いをする」）を活性化し、キム自身が「見捨てられスキーマ」を持っていることも明らかになりました。彼女は子どもの頃、呼吸器系の病気で1カ月間入院したことがありますが、当時は親が子どもに付き添うのが当たり前ではなかったため、独りで入院しました。キムは、母親が駐車場に向かって歩いていくのをよく見ていたこと、そして自分がどれほど孤独で見捨てられたと感じていたかを思い出していました。

子どもの頃に抱いた親密さへの欲求が、「毎晩の分離を堪えるように、息子に強いることはできない」という今の思いに現れているのです。キムは、息子に対する行動を通して、自分の子ども時代の欲求に応えているのでした。

4.2 父親の役割に対する スキーマ療法のアプローチ

　子どもが生まれると、父親も役割の移行に伴い少なからぬ課題に直面し、ある種のモードが活性化されることになります。父親が直面する欲求の葛藤は、幼少期や人生の中での欲求不満の体験を想起する引き金となり、次のような形で現れます。

　乳児の誕生によって父親が直面する新たな課題、それは、これまでの自主性や自由の大部分を失わなければならないということです。このような葛藤は、特に父親が、乳幼児の世話の大部分を夫婦で行うという現代の父親の役割を想定している場合に生じます。父親の本能的な願いは、良い父親であり協力的なパートナーでありたいということですが、その一方で、父親は自主性という欲求の満たされなさに直面します。

　ここで、さまざまなモードが活性化する可能性が生じます。「脆弱なチャイルドモード」あるいは「衝動的チャイルドモード」は、「お前のせいで俺の人生は台無しだ」というような、子どもに向けられた攻撃的な思考として表現されるかもしれません。その結果、罪悪感（「懲罰的ペアレントモード」:「よくそんなことを考えられるな！　お前はひどい父親だ」）が生じます。典型的な過剰補償は、たとえば、父親が毎晩子どもと過度に刺激的なゲームや活動をして、子どもの睡眠や静寂への欲求を無視するような場合に見られます。このようなパターンは、睡眠障害や過度の泣きの原因となり、赤ちゃんのこうした反応が、父親の欠乏感を強めてしまいます。

　父親が「情緒的剥奪スキーマ」や「見捨てられスキーマ」を持っている場合、それまでパートナーの女性が彼の世話に専念することで癒されていたものが、乳児に女性の愛情が移ることで、不安定になることがあります。父親の欲求と赤ちゃんの欲求の間に競争が生まれ、三角関係（二者関係から三者関係に広がること）が継続的な苦悩をもたらすようになるのです。夫はより頻繁に、より激しく、より長い時間にわたって「脆弱なチャイルドモード」に陥るようになります。これにより、母親が「うちには子どもが2人いる」と表現するような状況が生じます。

　その他の反応としては、パートナーとの喧嘩が増えることも考えられます（欲求不満による「激怒するチャイルドモード」の活性化）。父親は、家族から離れることを空想するようになり（「衝動的チャイルドモード」）、また実際にそうするかもしれません。スキーマの活性化による苦痛に対処するための他の戦略としては、仕事に逃避したり（遮断・防衛の回避モード）、友人と過ごす時間を増やしたり（積極的な遮断・自己鎮静または積極的な回避）、飲食の量を増やす（消極的な遮断・自己鎮静）などがあります。このような状況は、子どもがより「難しい」気質

を持っている場合に悪化します。

　理想的には、乳幼児と親の相互作用が十分にうまくいっていれば、親は大部分の時間を「ヘルシーアダルトモード」で過ごすことができます。このモードにおいては、両親は乳幼児のケアに適度な自己犠牲と献身を示し、子育ての役割をうまく果たしています。

　欲求がバランスよく満たされているときに楽しめるモードが「幸せな親モード」で、ここでは子どもの幸せが中心となり、ポジティブな関係性の相互作用がふんだんに見られます。このモードでは、親がポジティブな関わりのきっかけを作ることで、子どもはそれに笑顔で応え、充足感を示すようになります。

　父親と母親が、「私はもう十分やったから、今度はあなたが少しやって」といったように、お互いに時折「脆弱なチャイルドモード」になる余地を設けられれば、慰め、支え合うことができ、平等に育児に参加して負担を軽減し合えます。これによって夫婦関係と乳児の世話は、よりうまくいくことでしょう。

4.3 調節障害に対するスキーマ療法のアセスメント、心理教育、治療

　スキーマ療法の適用と介入は、調節障害の症状と密接に関連しています。ここでは常に、親子の欲求や要求に焦点を当てた個別の適用が出発点になります。

　乳幼児のために専門家の助けを求める親は、多くの場合、絶望的かつ多大なストレスを抱えて疲弊しています。そのため、子どもの欲求を把握して満たすことに加えて、親が安心できる選択肢を提供することが重要な初期目標となります。

　アセスメント、心理教育、心理療法は、両親の話を聴くことと併せて、おとなしくさせる、寝かしつける、遊ぶといった典型的な場面での親子の相互作用を観察することから始まります（Papousek, 2008）。やりとりの中での親子の行動は、最初の数回のセッションで観察することもできますし、ビデオ録画を使って観察することもできます。これらの観察の際に、取り組むべき課題が明らかにされ、治療を通じて問題提起されます。

4.3.1 初期アセスメント

　初期アセスメントでは、関わる家族すべての生物心理社会的な背景を徹底的に把握します。

　アセスメントの段階では、現在の問題の器質的な原因（たとえば、神経学的異常、周産期の脳障害、気道の閉塞による呼吸困難など）を考慮する必要があります（Groß, 2016）。その後、両

親に個別にインタビューを行い、泣き声、睡眠、摂食の障害（これらはしばしば合併します）にまつわる困難について尋ね、その期間と程度を説明してもらいます。乳児の気質に基づく問題や自己調節能力（たとえば、指を吸う）をアセスメントする必要もあります（Groß, 2016）。

さらに詳しい情報としては、幼児政策の非営利団体「Zero To Three」の「乳児期および幼児期の精神保健および発達障害の診断分類（DC:0-5）」が、診断の多軸アプローチを提供しているので参照してください。また、研究診断基準-就学前年齢（RDC-PA; Postert et al., 2009）も参考になります。

4.3.2 親の問題の調査

面接で親から子どもの問題の説明を聴取し、医療関係者による医学的な調査が完了したら、次は問題に対する親の主観的な視点を探る段階に入ります。

この段階では、乳幼児の正常な発達とその欲求（および両親の欲求）について、適切な心理教育を行うことが有効です。

4.3.3 親—子の相互作用のアセスメント

面接による情報収集に続いて、すべての調節障害に関して親子のやりとりの記録や行動観察を行います。さらに、両親には行動や泣き、睡眠に関する日記、食事や栄養に関する記録などを付けてもらいます。これらは初回のセッションで両親に説明し、その後のセッションで取り組み、アセスメントを行います（オンライン資料に例が掲載されています。www.pavpub.com/resource-374CoCr）。

ビデオ教材を見たり相互作用を観察したりしながら、親と関わるときの乳児の行動の妥当性をアセスメントします。子どもがどれくらい関わりへの準備ができているか、どのようなアタッチメントが見られるかを評価することが重要です。

同時に、子どもの行動パターンに対する両親の感受性や対応の妥当性についても評価します。おむつ交換、食事、着替え、遊びなどの日常生活や、分離や限界設定を行う状況を録画したものを母親と一緒に見ます。これにより、たとえば摂食障害の場合、母乳から哺乳瓶への移行や、後に食卓で食事をすることに母子がどのように対処しているかを観察することができます。

ビデオを見ながら、その状況で頭の中に浮かんだことや、今この瞬間に頭の中に浮かんでいることを母親または父親に声に出して言ってもらいます。この話し合いの中で、セラピストは共感的理解を深め（想定される感情や気持ち、思考を言語化する）、両親を承認します（明確化し、解放し、脱病理化する）。

これに続いて、問題となっているスキーマやモードの相互作用分析（interactional schema

and mode analysis）を行います。このフォーミュレーションを進める上で役に立つ質問は、以下の通りです。

■乳児とのどのようなやりとり（相互作用）が、親のどのスキーマやモードと関連していて、強い感情を活性化／誘発するのでしょうか？
■そのスキーマの活性化には、どのように対処しているでしょうか？
■外面的に生じることは何でしょうか？
■子どもの行動が母親や父親にどのような反応を引き起こしているでしょうか？　あるいはその逆はどうでしょうか？

　さらに、質問紙（親に対するスキーマやモードの質問票など）を用いてフォーミュレーションを完成させることもできます。

　このプロセスにおいては、一般的に親は（「ヘルシーアダルトモード」で）自分自身と子どもを分析する専門家として参加します。重要なのは、子どもの行動に対する親の感情や解釈、説明を理解することです。また、彼らの子どもに対する期待を探ることも重要です。妊娠中からの希望、期待、経験、また出産前後の親の心境などが話し合われます。
　そして、赤ちゃんの存在や行動によって、両親のどのような不適応的なスキーマやモードが活性化されるのか、また彼らの中核的感情欲求（幼少期に慢性的に満たされなかったもの）のどれが関与しているのかを、セラピストの初期仮説（治療的作業仮説）として設定します。幼少期の記憶（たとえば、重要な体験の概要、Young et al., 2003）は、親の離別、喪失、虐待などの外傷的なライフイベントと同様に、関連するスキーマやモードの発達に特に重要となります。母親の摂食障害も、子どもの摂食障害に影響を与える可能性があります（Agras et al., 1999）。

4.3.4　アセスメントのための観察の手順と手段

　母親あるいは父親と子どもの相互作用の性質の適切な理解に向けて、目に見える行動、言葉による発言、アイコンタクト、ボディランゲージ、声の大きさなどの非言語的側面（Lebow, 2012参照）、ネガティブおよびポジティブな感情などの付加的な特徴は、直接またはビデオ資料から観察することができます。

　構造化、あるいは半構造化された状況（例：遊び、食事、片付け）で使用できるさまざまな観察手順があり、観察された相互作用からは、異なる表現様式を見出すことが可能です。
　CARE指標（Child-Adult-Relationship Experimental Index; Crittenden, 2005）は、構造化されていない状況での観察手順の一例で、二者関係の感受性について記録するものです。ここでは、子どもと養育者の7つの行動の側面（顔の表情、言葉と声の表現、姿勢とボディコンタクト、感情表現、交代のペース、活動の選択とコントロール）を見ます（訳注：「7つ」とあるが実際に挙げられている行動は6つである）。これらの側面は、大人は「感受性」「コントロール」「応答

第4章　乳児期から幼児期にかけてのスキーマ療法　81

性の乏しさ」、子どもは「協力的」「過剰適応」「困難」「受動的」の次元でリストアップされ、子どもに関しては「適切」か「不適切」か、大人に関しては「閉鎖的」か「開放的」か、を評価します。加えて、スキーマ療法のアセスメントでは、「最適ではない」あるいは「機能不全」な行動の背後にあるスキーマを知る手がかりを得ることができます。

ヤング・ペアレント養育目録（YPI; Young, 1994）やヤング・スキーマ質問票（Young, 1998）など、クライアントが自分で答えられる自記式質問紙、あるいは他者が答えられる他記式質問紙は、生じている問題についてより多くの情報を得るために役立ちます。また、親のストレス要因についての詳細を知るために、アビディン（1995）による養育ストレス質問紙（PSI）を使用することもできます。

また、両親には、二人の関係、親になることに伴う体験、関係性の質の変化の可能性についても尋ねます（「親になってから、関係に何か変化はありましたか？　何が悪化しましたか？　何が改善されましたか？」）。このプロセスにより、機能不全の関係構造や、両親と家族の間の力動について全体的に分析することができます。

4.3.5　アセスメントプロセスのまとめ

　セラピストは、最初の5回のセッションで、さまざまな要因を持つ問題のフォーミュレーションの基礎となる作業仮説を立てることができるでしょう。その際の指針としてセラピストは、乳児の誕生によって両親のどのスキーマやモード（両親自身の幼少期の体験によるもの）がどのように活性化されたのか、また、子育てが両親やパートナーシップの中核的感情欲求の充足にどのような影響を与えているかを検討します。

　さらには直接的な観察やスキーマ・モード質問票を通して、子どもによってどの不適応的なスキーマやモードが活性化されているのか、ポジティブなモード（「幸せな親」や「ヘルシーアダルト」）がなぜ妨害されているのかを理解する必要もあります。現実的な目標を設定し、適切な治療計画を立てるために、家族内のリソースの評価も行います。これには、機能的で有用な性格特性、社会的ネットワークの量と質、仕事やキャリアから得られる充足感などが含まれます。

　その他にも、良好な親子の相互作用が見られる状況も特定し、検証します。スキーマ療法の観点からは、乳幼児の世話をすることで困難が生じるとしても、親が自分の正当な基本的感情欲求（パートナーとのつながり、自律性、自尊心、喜び）を、少なくとも部分的にかつ一時的にでも満たす方法を探ることが常に重要になります。

　図4.1は、親子三人の関係を成功に導く要因と、特定の条件下で調節障害につながる可能性のある要因の相互作用を示したものです。親と子は、相互作用の中に特定の問題を持ち込みます。親にとってそれは、子どもの行動によって引き起こされるスキーマの可能性があり、相互作用における行動を左右し、子どもに悪影響をもたらす場合があります。

　このような状況で重要なのは、親の心理的・身体的ストレス要因がどれだけあるか、また、ど

図4.1 親子三人の関係に影響を与える重要な要因

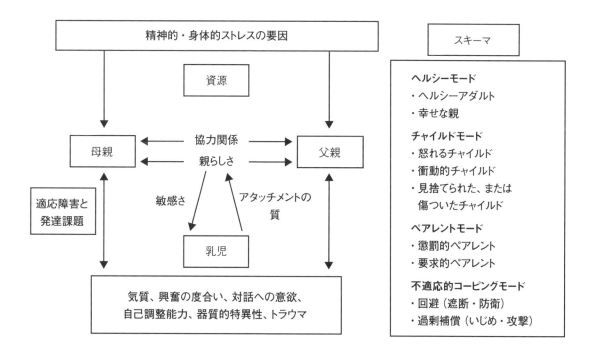

のようなリソースが利用可能か、ということです。子どももまた、気質や興奮の度合いなどの個別の要因を相互作用に持ち込みます。さらに、親と子は、発達課題への適応や完了に関する課題に直面します（大人の場合は、自分の欲求の先送りなど。子どもの場合は、食事、行動の調節、睡眠／覚醒の状態など）。

4.3.6 目標と治療

親および乳幼児の心理療法では、乳幼児だけではなく、「親と子」という関係ユニットをクライアントとして捉えています。以下では、この治療ユニットに対するさまざまな治療的アプローチについて概説します。

●発達の指導

発達の指導は、介入のより控えめな形態、と考えることができます。子どもの発達に関する疑問（中核的感情欲求、睡眠の欲求、分離不安、「魔の2歳児」、個人差など）が解決される教育的、心理教育的な介入は、多くの親にとって有益なものです。スキーマ療法の観点からは、この情報提供によって、親の「ヘルシーアダルトモード」が強化されます。

セラピストは、特定の保留中の発達課題（自己調節、自己鎮静、自立した食事、「寝かしつけ」による入眠など）に対応し、親への指導を行い、親が子どもに対して現実的な期待を持てるようにサポートします。親が子どものコントロールについて非現実的で高いレベルの期待を持っている場合は（「要求的ペアレントモード」）、そのことを親と話し合い、子どもの中核的感情欲求への影響について指摘する必要があります（Groß, 2016）。

　心理教育は、たとえば、子どもの泣きや睡眠が常に親のコントロール下にあるわけではないと理解する一助になります。親のモードやスキーマが大きく活性化されていない限り、このレベルの介入を行うことにより、子どもとの関わりにおける肯定的な変化や、より適切な反応をもたらすことができます。

●コミュニケーションの指導

　コミュニケーションの指導は、親が子どもを誤って認識している場合や、乳児のサインに気づけず、自分の能力をあまり信用できていないような場合に有意義です。

　セラピストは、両親とのセッションの中で、非機能的なコミュニケーションパターンを指摘し、どのスキーマが活性化しているかについて話す機会を持ちます。またセラピストは、これらの「古い」人生の中心テーマと、「乳児の世話」という新しい人生の課題を切り離す手助けをすることができます。

　このアプローチは、必要に応じて、親子のやりとりを録画したビデオを活用して補うことができます。親の非機能的なコミュニケーションのパターンを機能的なものに置き換え、感受性を高めることにより、親が子どものサインを認識し、効果的に対応できるよう支援します（たとえば、修正版母子間のやりとりプログラム：Newnham et al., 2009を参照）。

　さらには、両親の「ヘルシーアダルトモード」へのアクセスもサポートできます。このモードは、アタッチメント、安全安心、自己効力感、自律性、発見など、赤ちゃんの欲求の変化をよりよく理解するのに役立ち、子どもが実際に抱く欲求への適切な対応、自己調節をさらに促進します。

●スキーマ療法の指導

　スキーマ療法の指導は、心理教育や行動療法を補完する形で行うか、あるいは並行して行うことで、あらゆる形態の調節障害に役立ちます。治療的な信頼関係が十分に築けていれば、この介入によって親は自分が理解されていると感じることができ、自身の両価性、失望感、不全感、怒り、その他のタブーとされてきたことについて話せるようになります。

　この時点で、スキーマ療法のセラピストは心理教育を行い、スキーマの活性化に関する両親の経験が当然のものであることを説明します（「自分の子どもを持つと、自分の子ども時代を再び経験することになります」などの表現を用います）。「スキーマ」という用語は、人生のテーマや「家族のルール」などの言葉を用いて導入することができます。これらの言葉は、原家族の中で語られている、あるいは語られていない感情、期待、行動パターンなどを指して用いられます。

こうした説明を経てから、両親にスキーマ質問票を記入してもらいます。

その後、セラピストは、子どもの調節障害の背景について最初の仮説を立てることができます。重要なスキーマとモードは現在の問題に関連しており、親子面接での観察にも基づくものです。この段階で重要なのは、どのスキーマが最も顕著に、あるいは支配的に作用しているかを明確にすることです。

4.4 スキーマ療法の実践：治療戦略、年齢別の技法

心理教育や相互作用に焦点を当てたカウンセリングだけでは、十分でない親もいます。スキーマ療法が必要であるかどうかは、次のような問いに基づいて評価することができます。

■心理教育やコミュニケーション指導を受けたにもかかわらず、親はなお歪んだ形で子どもを認識していないだろうか？
■親は子どもの行動を悪意や敵意をもって解釈していないだろうか？
■親は今でも子どもを見下したり、不適切な態度を取ったりしていないか？
■まだ悪循環は続いているか？
■夫婦間の問題が親子関係の大きなストレス要因になっていないか？

これらの質問に懸念が生じた場合、スキーマ療法の目標は、相互作用の問題、両親のスキーマ、コーピングスタイル、批判モードに取り組むこと、に焦点を当てることになります。

母親または父親のスキーマ療法において重要な目標は、以下の通りです。

1. 自分の中の脆弱なチャイルドを認識します。その後のステップでは、内的なチャイルドの部分に気づきを向け、受け入れ、慰めることを中心に行います。
2. 非機能的な懲罰的・要求的ペアレントモード（例：内なる懲罰者モード）を弱め、その「力を奪う」必要があります。
3. 回避モードや過剰補償モードを最小限にし、問題や葛藤に対してより「成長した」ヘルシーアダルトモードの解決策を取れるようになる必要があります。
4. 最後に、親のヘルシーアダルトモードは、モデリング、修正体験、発達段階の進行を通じて成長することができます。そして、内的な「幸せなチャイルドモード」が再発見され、リソースとなります。その後、親としての誇りや喜び、自覚が芽生え、生まれて初めて「幸せな親モード」が育まれていきます。

スキーマ療法のアプローチは、親自身が幼少期の体験に取り組むことで、乳幼児によって活性

第4章　乳児期から幼児期にかけてのスキーマ療法　　85

化される不利益な反応を変化させられる、という主張に基づくアプローチです。親は自身が乳幼児期に感じていたものを視覚化して、その状況を呼び起こします。そして、イメージの書き換えを通じて、満たされていない欲求を認識し、尊重され、承認されることを体験します。

　また、イメージワークでは、子どもの頃に満たされなかった欲求を明らかにするだけでなく、セラピストによってそれらを修正したり象徴的に満たしたりすることができます。必要であれば、イメージワークの中で、セラピストから乳児の扱い方や家族の状況を改善するためのアドバイスを受けることもできます。ここでは親の「脆弱なチャイルドモード」が、セラピストからの治療的再養育を受けることになります。

　イメージの書き換えに続いて、セラピストは親のスキーマに対応する中核的なメッセージや鍵となる言葉を特定し、それらをフラッシュカードに書いて渡します。セラピーを通じて、セラピストは、「今、どのモードが活性化していますか？」と尋ねながら、大人が自分自身のモードとスキーマの活性化を特定するための手助けに焦点を当てます。

　その時々の感情に気づくことで、セラピストはこれらの体験を親の生育歴と結びつけることができます。悲しみや嫉妬などの苦痛を伴う体験や感情が再現され、原因となる状況と結びつけられることで、親はその苦痛の起源を知ることができます。

　これらの体験は治療の中で処理され、欲求が象徴的、言語的に満たされていきます。過去を扱い、欲求の充足を体験し直すことで、親のスキーマは「癒される」か、少なくとも「弱める」ことができます。これにより、親は解放され、「今ここ」の、より現実に即して認識された自分の赤ちゃんとの絆を深めることができるようになるのです。

　さらにセラピストは、催眠療法に見られる年齢進行のテクニックを使って、「もし幼いサリー（子どもの頃の親）にこの欲求を満たした体験があり、あなたの両親が、あなたが理解できるようにこのメッセージを伝えられていたとしたら、赤ちゃんのとき……幼児のとき……小学生のときなどに、何が違っていたでしょうか？」と質問していきます。

　大人がより養育的なケアを体験した後、セラピストは、親が実際の子どもと接する際にこの養育的なアプローチをイメージするよう指示します。この「ヘルシーアダルトモード」は、親が治療関係の中で育んだ体験と結びつけられるような何らかのフレーズを使って、合図を出したり発展させたりすることができます。

　親が養育的な「ヘルシーアダルトモード」につながるためには、次のような方法があります。キーフレーズを決める、自己鎮静的な手段を取る（「あなたならできるよ」「かつてのあなた、その赤ちゃんを抱きしめよう」）、コーピングとなるフレーズを決める（「強い親―強い子」）、自己調整の手段を取る（「自分の呼吸に注意を向けよう」）、そして相互調整の手段を取る（「子どもと一緒に呼吸する」「赤ちゃんのために特別な歌を歌う」）などです。ヘルシーアダルトとつながるためのこうした方法は、家庭で視覚化して実践することができます。

　セラピストは、承認と受容を通じて、「すべて」の感情が表現され、適切なモードに割り当てられ、適切な介入（たとえば、脆弱なチャイルドを慰めたり、懲罰的ペアレントの力を奪ったり

するイメージワーク）が進められる場所を提供します。それによって、親は子どもの欲求や感情の状態をより明確に捉えながら、自分の子どもを（自分のスキーマやモードに取って代わられることなく）より同調した形で認識できるようになります。

　セラピストは、ある種の「治療的祖父母」や「治療的共同親権者」のような存在として、大人のクライアント自身を再養育するだけでなく、現状の家族に寄り添う養育者、指導者としての役割を果たすことができます。

4.4.1　疾患別のスキーマ療法に関する考察

●睡眠障害

　子どもの睡眠障害の影響を受ける親は、子どもを寝かしつけようとすると、自分の中に強い感情が沸き起こってくると言います。これらの感情は、見捨てられ感から無力感、失望感、攻撃性など多岐にわたります。親は、このような状況の苦痛によって自分のスキーマが活性化されているため、子どもが眠らない理由を誤って解釈してしまうことが多いのです。そして、親は、想定される子どもの欲求を満たすために、自分の限界を超えて無理をしてしまいます。

　たとえば、親が自分の子どもを無力で見捨てられた孤独な存在として捉えている場合、問題は子どもの自己調節障害ではなく、主に親のほうにある、より無意識的な分離にあることが示されています（Barth, 2004）。実際に親は、「社会的孤立」「見捨てられ」「情緒的剥奪」といった自分自身のスキーマを抱えていることが多いものです。子どもの泣き声は、親の「脆弱なチャイルドモード」を活性化させ、それにより、子どもの欲求へ適切に対応する能力が損なわれてしまうのです。

　治療を受けにくる親は、睡眠不足で限界に達していることが多く、子どもに対して不適切に攻撃的な反応をしたり（「怒れるチャイルドモード」）、極端な場合には身体的な行為（怒鳴る、揺さぶる：「いじめ・攻撃モード」）に及ぶこともあると報告されています。その結果、すぐに罪悪感に襲われ（「懲罰的ペアレントモード」）、親は子どもを甘やかしたり、過剰にあやしたりしてそれを補うことになります。

　学習理論の観点から言うと、親は子どもの行動を断続的に強化しており、明確な境界線を維持していないため、子どもは必要とする安心感を得ることができません。このパターンでは、子どもが、親のスキーマが活性化されないような行動を取るようになり、親は自分の脆弱なチャイルドの分離不安に対処する必要がなくなります。このような場合、親が子どもの欲求（睡眠）を誤って判断し、過剰な刺激を与えたり、母乳を与えたりしてしまうことがあります。

　そうすると、子どもが一人で寝られるようになるという重要な発達段階をサポートする機会を失ってしまいます。子どもは、自分の欲求（睡眠）と、その欲求に対する適切な答え（寝かしつけ）とを結びつけて学ぶことができません。なぜなら、いつも不利益な答え（刺激とその後に親が抱く苦痛）が返ってくるからです。

第4章　乳児期から幼児期にかけてのスキーマ療法　　87

<u>事例</u>

キムとその息子の治療に話を戻しましょう。キムは、大人のキム（「ヘルシーアダルトモード」）が少女時代の自分を抱きしめて慰めているイメージを想起し、「小さなキム」（「脆弱なチャイルドモード」）を慰めることができました。同時に、発達の指導の一環として、キムは、安心できる絆とは何か、子どもにとってどのような期待が適切かを学び、自分の反応を子どもの発達段階に応じた、より適切なものに縮小する方法を理解することができました。そして懲罰的ペアレントが弱まり、キムの働く母親としてのアイデンティティが正当化されました。

このプロセスを支えたのは、キムの夫でした。夫は、高いレベルの「ヘルシーアダルト」「幸せな親」モードを示しました。彼は、キムに感情的な安定と養育を与えることができ、寝かしつけを自分が引き受けると言ってくれました。彼はトウェドル法（Cummings et al., 2000）を少し変えて、息子が彼の姿を見たり声を聞いたりできるよう、ベッドの横に座っていました。彼は子どもに優しく穏やかな声で話しかけました（「パパはここにいるよ、でも今は抱っこできない。君は1人で眠れるよ、僕たちならできる！」）。そして数日が経つと、子どもは就寝してから眠りに落ちたままでいてくれるようになりました。

●過度の泣き

最初の3カ月間、赤ちゃんは、理由もなくよく泣きます。多くの親は、幼い赤ちゃんはみんな泣くものだと思っているので、この時期をうまく乗り切っています。しかし、泣いている時間が長くなったり、泣き方が激しくなったりすると、親は自分をコントロールできなくなり、無力感や絶望感に襲われます。親たちは子どもを落ち着かせるために、夜に長距離ドライブに連れて行ったり、回転する洗濯機の上に載せたり、体をくねくねさせたりなど、あらゆることを試してみたと証言しています。

子どもの長時間の泣き声は、親を緊張させ、攻撃的にさせます。典型的に活性化されるモードは、「怒れるまたは激怒するチャイルドモード」、さらに極端な場合には、親が子どもを揺さぶる「いじめ・攻撃モード」で、これは命に関わることもあります。また、「懲罰的ペアレントモード」を経験することもありますが、これは「自分は子どもを落ち着かせることができない」という非機能的な思いと感情につながります。

スキーマ療法の目標は、行動療法や心理教育と共に、非機能的なモードが極度のストレスに対する反応であることを親に理解してもらい、隠された「脆弱なチャイルドモード」を慰めたり、「懲罰的ペアレントモード」を制限したりする方法を学んでもらうことにあります。

泣いているときに、親が「ヘルシーアダルトモード」でいられるように、自分を落ち着かせる

ためのフレーズを与えることは、しばしば役に立ちます（例：「私はここにいて、あなたを抱きしめることができる、でも今はそれ以外にできることがないの」）。親からすると、その泣き声が親自身の「脆弱なチャイルドモード」（「私は見捨てられた」「私が絶望を感じたように、あなたも絶望を感じている」）や、「懲罰的ペアレントモード」（「泣き声は私に向けられたもので、あなた〈赤ちゃん〉は私を非難している」「それはいつまでも止まらない」「あなたは恩知らずで、私を傷つけようとしている」）を活性化させる恐れがあることを知っておくのが大切です。

親がスキーマ療法の概念化（中核的な人生のテーマと家族の背景に焦点を当てたもの：上記参照）を理解すると、親は「ヘルシーアダルトモード」の「今、ここ」にとどまることができるようになります。

●摂食障害

摂食障害に対するスキーマ療法の治療は、生命に対する喫緊の脅威がない、あるいは身体的な危険が差し迫っていない場合にのみ適用されることを指摘しておきます。摂食障害に対するスキーマ療法のアプローチは、親子の相互作用や親の子どもに対する反応によって問題が悪化している場合にのみ適用されます。

乳幼児が適切な食事と消化ができないとき、親は子どもの存在自体に恐怖を感じることがあります。子どもが食事を拒否したというちょっとした出来事は、不利益なスキーマに駆動された反応を通じてエスカレートさせられ、親の内面を硬直化し、より慢性化した状態を引き起こす可能性があります。

たとえば、親は子どもの食事拒否を自分に対する拒絶として経験し、「脆弱なチャイルドモード」や「懲罰的ペアレントモード（内向き）」が活性化します。その結果、母親は「脆弱なチャイルドモード」によって無力感を抱き、孤立感や圧倒されるような強い体験が呼び起こされます。自律性への欲求が満たされていない場合や、親が感情的に過去の人間関係の葛藤を再体験している場合は、親は「過剰補償モード（完璧主義的過剰コントロール）」に入って、乳児との間で権力争いを生じさせてしまう恐れがあります。

さらに、母親は「懲罰的ペアレントモード」で自分を責め、妊娠中や産後の数週間に何か間違ったことをしたのではないかと強迫的に思い悩むことがあります。このような内向きの「懲罰的ペアレントモード」では、うつ症状を引き起こすケースも見られます。

懲罰的または要求的ペアレントモードが外部に向けられている場合（食事やテーブルマナーに関する厳しく頑固なルールや、「目の前に置かれたものを食べなさい」「他の場所では飢えている子どももいるのよ」などの発言によって示されます）には、食べ物を拒否する乳児は恩知らずで反抗的な「悪い子」と認識されます。

こうして食事を強固に拒否された親は、「子どもに栄養を与えるために」と強制的に食事を与えるようになり、周りの家族を含めて苦痛が増していきます。強制的な食事に対する子どもの抵抗が次第に強くなると、子どもも親も悪循環に陥ってしまいます。

第4章　乳児期から幼児期にかけてのスキーマ療法　89

スキーマ療法では、生育歴の課題や親のスキーマの欲求を特定し、上述の方法を用いて修正していきます。それによって、現在の問題を助長している背景の問題を解消することができるのです。そうなると、あと解決しなければならないものは子どもの「学習された」調節障害だけになります。これは通常、後述する行動療法の技法を用いて治療することができます。

4.4.2　スキーマ療法の枠組みにおける古典的な行動療法の介入技法

　行動療法の介入は、親子の相互作用における非機能的な行動を変容するための支援と考えられます。これらは古典的条件づけ（「連合学習」）とオペラント条件づけ（「報酬学習」）の法則に基づいており、すべての生活形態に適用されます。行動療法の手法は極めて構造化されているため、親は過度に規制が厳しいと感じ、否定的な印象を持つ場合があります。また、このためにセラピストは、冷たくて受容的ではない、懲罰的な親の役割を担う存在として、認識されてしまう可能性があります。

　スキーマ療法は、このような人間関係の罠（「罰する者としてのセラピスト」）を敏感に察知し、親が裁かれるのではなく支えられていると感じられるような養育的な関わりによって、親の行動的なアプローチの受け入れとコンプライアンスの程度を高めることを可能にします。セラピストは、スキーマやモードが活性化したことに気づきを向け、まずその根底にある恐れや苦痛（たとえば「脆弱なチャイルドモード」）を認めることで、より聞き入れられやすい形でフィードバックを提供することができます。

　「小さなサリーは、自分の赤ちゃんと向き合うことなんて到底できないと、とても怖がっていて、要求的ペアレントの声に批判されていると感じています。もしかしたら、私の言うことが要求的ペアレントのように聞こえるかもしれません。でも、私は小さなサリーを抱いて、あなたと一緒にここにいたい。あなたのヘルシーアダルトが、あなた自身を守れるように手助けをしたいのです。私たちならきっとできます！」

　このような状況では、「遮断・防衛モード」による回避などのコーピングスタイルを考慮しつつ、親に共感を示しながら挑戦していく必要があります。

　「私たちは本当に大変な状況にあるから、『遮断・防衛モード』があなたをシャットダウンさせようとするのはとてもよくわかります。でも、私たちが大変なことをしているときも、息子さんはあなたの愛情とケアを感じたいと思っていますよ」

　感情的な背景とスキーマの力動を考慮に入れつつ、セラピストと親は、以下に詳述する行動療法の介入を治療に組み込むことができます。

●調節障害に対する行動療法的治療

▷ 入眠や睡眠維持の障害

　入眠や睡眠の維持に問題がある場合は、乳児のために昼と夜をはっきりと区別するような規則的な生活リズムを作らなければなりません。過剰な刺激（乱暴な抱っこをする、夜に身体的または刺激的なゲームをする、など）を特定し、減らす必要があります。漸進的消去法、またはファーバー方式は、就寝前の儀式に使用することができ、6カ月からの小さな子どもに対して有効であることが実証されています。

　この方法では、両親は赤ちゃんが眠る直前までそばにいて、泣いたら戻ってきますが、赤ちゃんを抱き上げたり撫でたりはせず、「パパとママがいるから大丈夫」などと言葉で落ち着かせます（Mindell et al., 2006）。最初の2日間は5分後に子どものそばに行き、その後、10分後、15分後……と徐々にそばに行くまでの時間を延ばしていく手法が推奨されていますが（Wolke, 2009）、具体的なタイミングの考え方には、ばらつきがあります（Mindell et al., 2006）。

　一方、トゥエドル法（Cummings et al., 2000）は、強い不安や興奮を抱えた子どもには非常に有効で、親によっては、この方法のほうが苦にならず実行しやすいと言います。トゥエドル法では短い間隔で、子どもを声だけでなく、撫でたり、ベッドの上で左右に転がしたりして落ち着かせます。トゥエドル法を使用する場合、生後6カ月から12カ月の赤ちゃんには、2分、4分、6分、8分、10分と、親があやす間隔を徐々に空けていくことが推奨されています。

▷ 過度の泣き

　赤ちゃんが過度に泣いている場合は、睡眠、授乳、遊びのリズムを整え、泣いている赤ちゃんにありがちな過剰な刺激を避けることも重要です。両親には、抱っこしたり、大きく揺らしたり、ガラガラなどのさまざまな刺激を与えることは、子どもにとって過剰な刺激となることを伝えます。このような刺激を受けている赤ちゃんはリラックスすることができず、ますます苛立って望ましくない反応を示してしまいます。

▷ 摂食障害

　摂食障害に対する行動療法の一つとして、日常生活と食事の時間を構造化し、食事の際に集中を妨害する要素を減らすことが挙げられます（Thiel-Bonney & von Hofacker, 2016）。選択的に注意を与え、報酬や消去を随伴させることで望ましい行動を強化することができます（たとえば、子どもが飲み込んだら笑顔を見せ、食べ物を吐き出したり拒否したりしたら目をそらすなど）。

　問題となる行動を明確にし、その行動を取ったときにはタイムアウト法を用います（たとえ

ば、食べ物を拒否したら母親が部屋を出る）。また、恐怖を感じる食べ物を避けるなどの行動は、脱感作によって修正することも可能です（ピューレの濃度を流動性の高いものから、より濃厚なものへ段階的に変える）(Kerwin, 1999)。

　モデリングによる学習は、食への好奇心を高めるためにも使えます。たとえば、子どもが食に全く興味を示さない場合や、食事中の中断が長い場合には、子どもの手を引いたり、親が食べる手本を見せたりすることもできます。

　もう一つの方法は、子どもが口を閉じて食事を拒否したり泣き出したりしても、子どもの口の近くにスプーンを保持しておくことです (Kerwin & Eicher, 2004)。さらに非常に重要な視点として、嫌悪刺激や、プレッシャーをかけたり強制したりするなどの不快な体験は絶対に避け、心的外傷による幼児摂食障害の場合には特に注意する必要があります。

　食事の時間を10分から15分に制限することで、失敗による挫折体験を減らし、食べ物への受容性を徐々に高めることができます。

　「ピクニックごっこ (play picnic)」は、食や栄養の問題を治療するもう一つの方法で、最初は嫌悪していた刺激に対する脱感作などの行動療法の要素が含まれています (Linscheid, 2006)。この方法の背景には、幼児摂食障害のある乳幼児とその養育者を対象とした学際的な集団療法があり、「恐怖や緊張を、好奇心や遊び心のある発見に置き換える」ことを目的としています (Strauss, 2011)。

　これは、個人治療でも行うことができます。子どもたちは自分自身のペースで、自らのチャレンジを通じて食べ物への恐怖にアプローチし、自分たちの自律的な空間でそれらを軽減していくことができます。母親や養育者の目標は、観察を通じてよりリラックスし、子どもの自律性への信頼を深め、食べることに対するネガティブな連想を減らしていくことにあります (Groß, 2016 and Linscheid, 2006)。

4.4.3　カップルセラピーやスキーマ療法における体系的な問題

　両親の治療では、個々の人生のテーマと二人に共通するナラティヴ（物語）について検討し、現在の問題における不適応的なスキーマの起源と役割を理解します。セラピストは、妊娠・出産とそれに伴う発達課題が、それぞれの個人のスキーマの力動、および夫婦や家族のスキーマの力動をどのように変化させたかについて概念化します。この概念化においては、家族内の境界線や同盟関係などの体系的な側面が役割を果たします（スキーマ療法における体系的な観察については、第10章で詳述します）。

　体系的には、出産や育児の負担があっても、夫婦が絆を深めることが主な目的です。最初の段階は、夫婦関係の感情的な「デトックス」であり、モードやスキーマの衝突やエスカレートする

問題について、椅子を使った対話を通じて説明し、修正します。

　この段階ではしばしば、親が自分の負担の大きさや「脆弱なチャイルドモード」を明確に表現します。また重要なのは、相手の「脆弱なチャイルドモード」を観察し、その部分に手を差し伸べ、理解し、「慰める」ことができることです。一方で、相手に言いがかりをつける「懲罰的ペアレントモード」については、その力を奪う必要があります（Simeone-DiFrancesco et al., 2015）。

　改善の重要な兆候の一つは、物静かなほうのパートナーが回避モードを克服し、絶望感や圧倒されている感情（脆弱なチャイルド）を表現できるようになったときです。静かなパートナーが、自分の話を聞いてもらえるという自信を得ると、自分の失望や不満（怒れるチャイルド）を明確に表現できるようになります。これは、このような感情に対する関係の安全性が高まったことと、自分の欲求を声に出す能力が高まったことを示唆しています。

　おしゃべりなほうのパートナー（そして多くの場合、より公然と攻撃的であるパートナー）は、外に向けられた「懲罰的ペアレントモード」としての自分の役割を認識し、それを弱めて、より健全な形で欲求を表現する方法を学ぶ必要があります。大人の自由への欲求を満たすためのさらなるステップは、カップルまたは片親が、毎週または毎月、乳児の世話から離れて、自分自身またはパートナーシップのために何かをする時間を定期的に確保することと、その可否を確認することです。

　また、この時期にはセックスを再開するかどうかという問題があります。特に、授乳中の母親の性欲が低下している場合は、夫婦間で交渉する必要があります。スキーマ療法では、性的な親密さを取り戻すことに大きな障害がある場合、沈黙してセックスの話題を避けたり（「回避モード」）、攻撃的な拒否や防御行動（「怒れるチャイルドモード」）をしたりするよりも、意識的な禁欲（「ヘルシーアダルトモード」で、パートナー同士で決める）を奨励することが、より有益で建設的なアプローチの一つとなります。

　カップルでの作業の主な目的は、第一に、スキーマとモードの衝突によって引き起こされる悪循環を解消すること。第二に、乳幼児の世話をしなければならないという発達上の大きな課題の中にあっても、各人が個人として、またカップルとして、基本的な欲求を満たすことができるように、可能な妥協点を探すことです。

　現在の問題が、その家族にすでにいる何人かの子ども（彼らも満たされない欲求を持っている）に関連している場合、それらの子どもとその反応は、家族スキーマ療法に含めます。この場合、問題の状況に応じて、モードの誘発と増悪のパターンを把握する必要があります。
　この分析の目的は、怒れるチャイルドや衝動的チャイルドのような、自然な発達の過程で見られる年齢相応のモードを認識することにあります。これらのモードが特定されると、親は、子どもの挑発的な態度にかかわらず「ヘルシーアダルトモード」にとどまり、子どもの問題行動へ

適切に対応するための戦略を取るように指導されます。このような状況での親の目標は、（真の）脆弱なチャイルドを慰め、怒れるチャイルドを同時に制御することで、苦痛を感じている子どもが「満たされたチャイルドモード」に移行できるような方法で状況に対処することです（第10章も参照）。

　子どものスキーマ療法の手法は、指人形を使ったモードワークのように、古典的な心理教育による介入と並行して使用することができます。たとえば、新たに生まれた下の子どもに対して嫉妬を感じているきょうだいが、もっと有用な行動の仕方を見つける際などに、有効に活用することができます。

　家族スキーマ療法の作業の焦点は、アセスメント過程の一部である家族スキーマとモードのトランザクショナルモデルに基づいています。家族全員とのセッションでは、家族のルールを作り、非機能的なモードの相互作用のサイクルを断つ、という目標に向かって取り組みます。これらのセッションは、親のセッション、子どもの個別セッション、あるいは年長の子どもだけのセッションと交互に行われます（第10章参照）。カップルに焦点を当てたスキーマ療法の詳細については、シメオネ・ディ・フランシスコら（2015）を参照してください。

4.5　今後の展望

　乳児期および幼児期の調節障害は、発達が遅れたり、治療が不十分であったり、複数のストレス要因がある場合には、後の行動障害や学校での学業不振を引き起こす危険因子として認識されています（DeGangi, Porges, Sickel, & Greenspan, 1993; Porges, Doussard-Roosevelt, Portales, & Greenspan, 1996）。

　スキーマ療法は、乳幼児期や、出産後の数週間から数カ月間の両親のサポートに役立ちます。調節障害に対する古典的な症状中心のアプローチは、スキーマ療法の視点と両親の過去の経歴に関する作業によって補完されますが、通常はそれに完全に置き換えられることはありません。スキーマ療法のアプローチは、親と子、親と親の力関係における問題を、たとえ複雑なものであっても、繊細な形で理解することを可能にし、治療の方向性を示します。

　乳幼児とその親に対するスキーマ療法は、まだ初期段階にあります。現在、治療概念のさらなる発展と、アプローチの実証的な評価が進められています。

◆参考文献◆

Abidin, R. R. (1995). *Parenting Stress Index: Professional Manual* (3rd ed.). Odessa, FL: Psychological Assessment Resources, Inc.

Agras, S., Hammer, L. & McNicholas, F. (1999). A prospective study of the influence of eating-disordered mothers on their children. *International Journal of Eating Disorders*, **25** (3), 253-262.

Barth, R. (2004)."Gespenster im Schlafzimmer". Psychodynamische Aspekte in der Behandlung von Schlafstörungen. In: M. Papousek, M. Schieche, & H. Wurmser, (Eds) *Regulationsstörungen der frühen Kindheit. Frühe Risiken und Hilfen im Entwicklungskontext der Eltern-Kind-Beziehungen.* Bern: Hans Huber.

Chatoor, I. (2009). *Diagnosis and Treatment of Feeding Disorders in Infants, Toddlers and Young Children.* Washington DC: Zero to Three.

Crittenden, P. (2005). Der CARE-Index als Hilfsmittel für die Früherkennung, Intervention und Forschung. Frühförderung interdisziplinär, **3**, 99-106. (English commentary available at http://www.patcrittenden.com/include/docs/care_index.pdf)

Cummings, R., Houghton, K. & Williams, L. A. (2000). *Sleep Right, Sleep Tight. A Practical, Proven Guide to Solving Your Baby's Sleep Problem.* Milsons Point: Doubleday.

DeGangi, G. A., Porges, S. W., Sickel, R. Z. & Greenspan, S. I. (1993). Four-year follow-up of a sample of regulatory disordered infants. *Infant Mental Health Journal*, **14** (4), 330-343.

Fraiberg, S., Adelson, E. & Shapiro, V. (1975). Ghosts in the nursery: a psychoanalytic approach to the problems of impaired infant-mother relationships. *Journal of the American Academy of Child Psychiatry*, **14** (3), 387-421.

Groß, S. (2016). Approaches to diagnosing regulatory disorders in infants. In *Regulatory Disorders in Infants* (pp.17-33). Springer International Publishing.

Kerwin, M. E. (1999). Empirically supported treatments in pediatric psychology: Severe feeding problems. *Journal of Pediatric Psychology*, **24** (3), 193-214.

Kerwin, M. E. & Eicher, P. S. (2004). Behavioral intervention and prevention of feeding difficulties in infants and toddlers. *Journal of Early and Intensive Behavior Intervention*, **1** (2), 129.

Krause, R. (2006). Emotion, Gefühle, Affekte – Ihre Bedeutung für die seelische Regulierung. In: A. Remmel, O. Kernberg, W. Volmoeller, & B. Strauß (Eds.) , *Handbuch Körper und Persönlichkeit. Entwicklungspsychologie, Neurobiologie und Therapie von Persönlichkeitsstörungen* (pp.22-47). Stuttgart: Schattauer.

Lebow, J. L. (Ed) (2012). *Handbook of Clinical Family Therapy.* Chichester: Wiley.

Linscheid, T. R. (2006). Behavioral treatments for pediatric feeding disorders. *Behavior Modification*, **30** (1), 6-23.

第4章　乳児期から幼児期にかけてのスキーマ療法

Mindell, J. A., Kuhn, B., Lewin, D. S., Meltzer, L. J. & Sadeh, A. (2006). Behavioral treatment of bedtime problems and night wakings in infants and young children. *Sleep*, **29** (10), 1263-1276.

Newnham, C. A., Milgrom, J. & Skouteris, H. (2009). Effectiveness of a modified mother-infant transaction program on outcomes for preterm infants from 3 to 24 months of age. *Infant Behavior and Development*, **32** (1), 17-26.

Papousek, M. (2008). Disorders of behavioural and emotional regulation: Clinical evidence for a new diagnostic concept. In: M. Papousek, M. Schieche, & H. Wurmser (Eds.), *Disorders of Behavioral and Emotional Regulation in the First Years of Life* (pp.53-84). Washington, DC: Zero to Three.

Porges, S. W., Doussard-Roosevelt, J. A., Portales, A. L. & Greenspan, S. I. (1996). Infant regulation of the vagal "brake" predicts child behavior problems: a psychobiological model of social behavior. *Developmental Psychobiology*, **29** (8), 697-712.

Postert, C., Averbeck-Holocher, M., Beyer, T., Müller, J. & Furniss, T. (2009). Five systems of psychiatric classification for preschool children: do differences in validity, usefulness and reliability make for competitive or complimentary constellations? *Child Psychiatry and Human Development*, **40** (1), 25-41. Available online at: doi:http://dx.doi.org/10.1007/s10578-008-0113-x

Simeone-DiFrancesco, C., Roediger, E. & Stevens, B. A. (2015). *Schema Therapy with Couples: A Practitioner's Guide to Healing Relationships*. Chichester: Wiley.

Stern, D. N. (1995). *The Motherhood Constellation: A Unified View of Parent-Infant Psychotherapy*. New York: Basic Books.

Strauss, M. P. (2011). Wieviel Gramm braucht eine Seele – Psychosomatische Behandlung von Fütter- und Gedeihstörungen im Säuglings- und Kleinkindalter. *Praxis der Kinderpsychologie und Kinderpsychiatrie*, **60** (6), 430-451.

Thiel-Bonney, C. & von Hofacker, N. (2016). Feeding disorders in infants and young children. In: *Regulatory Disorders in Infants* (pp.89-118). Springer International Publishing.

Wolke, D. (2009). *Regulationsstörungen. Lehrbuch der Verhaltenstherapie*. Heidelberg: Springer.

Young, J. E. (1994). *Young Parenting Inventory*. New York: Cognitive Therapy Center of New York.

Young, J. E. (1998). *Young Schema Questionnaire Short Form* (1st ed.). New York: Cognitive Therapy Center.

Young, J. E., Klosko, J. S. & Weishaar, M. E. (2003). *Schema Therapy: A Practitioner's Guide*. New York: Guilford Press.

Zero to Three (2016). *DC: 0-5*[TM] *Diagnostic Classification of Mental Health and Developmental Disorders of Infancy and Early Childhood*. Washington DC: Zero to Three.

第5章

就学前の子どもに対するスキーマ療法

クリストフ・ルース、ピーター・グラーフ、
カタリナ・アーマー、ルース・A・ホルト

事例

キアラは、家族の引っ越しに伴い2つ目の幼稚園に通うことになりました。

内気な4歳児の彼女は、最初の園ではうまく馴染めずかなり不安な様子を見せていましたが、家では別人のようでした。お母さんの荷造りを手伝って、いつも不機嫌なお隣さんに勇気を出して「ガムテープをください」と頼むこともできましたし、家では何の不安もなく過ごしていたのです。

引っ越し後、彼女の不安は増大します。何度も励まされ、ようやく新しい幼稚園に登園すると、先生たちもキアラはよく適応していると捉えていました。しかし、やがて頭とお腹の痛みを訴えるようになり、めまいを覚え、朝には家の2階のトイレに籠って下りてこなくなりました。また、時には泣いてしがみついてくるので、母親は心を痛めていました。

母親は、キアラを無理やり幼稚園に連れて行くことはできませんでした。彼女自身、子どもの頃は父親が酒を飲んでは母親を殴るような環境に置かれていて、幼稚園にいるときも家で何か起きていないかをよく心配していました。もちろんそれは昔のことで、娘のキアラの場合は全く異なり、両親は仲が良く、家の中は和気あいあいとしています。

やがてキアラは、「パパとママのベッドで寝たい」と言い出しました。両親は絶望的な気持ちになり、治療を考えることにしました。キアラに、いったい何が起こっているのでしょうか？

5.1 スキーマ療法の観点から見た段階別の発達課題、相互作用、葛藤、モード

この事例が示すように、幼稚園への入園は時に大きなハードルとなり、子どもだけでなく親にも多大な努力が求められます。幼稚園という環境でのさまざまな発達上の課題や機会を通じて、乳幼児初期の親子の相互作用（アタッチメントや養育システムなど）やアタッチメントの発達（アタッチメントのスタイルなど）といったテーマが展開していくことになります。

この新しい発達段階では、認知、知能、感情、言語、自己概念、性同一性、道徳的・社会的関係などの分野での適応が必要となります（Lohaus & Vierhaus, 2009参照）。このような発達課題と適応を考えると、キアラが母親と一緒に家にいたいと思うのも不思議ではありません。幼稚園という不慣れな環境は、子どもによっては圧迫感が感じられ、すべての発達課題をこなすことが難しい場合があります。しかし、健全な成長を続けるためには、発達段階に応じた課題が不可欠です。以降のセクションでは、その概要について説明します。

5.1.1　段階別の発達課題と欲求

●発達課題

　人生の最初の数年間で、子どもたちは、一般的な発達課題（食事や運動の発達など）を習得しなければなりません。これらの課題は通常、予想される時期に発生しますが、典型的な時期から外れることもあります。

　ハインリヒとローハス（2011）は、社会的コミュニケーションと言語スキルが、保育園・幼稚園時代に習得すべき最も重要な課題であると考えています。これらのスキルは、年齢に応じた感情調節にも役立ちます。子どもは、特に仲間集団から社会情緒的な刺激を数多く経験し、それによって感情調節の学習プロセスが促進されます。加えて、スキーマ療法の観点からは、仲間集団に溶け込む力、権威を受け入れる能力、社会規範を理解する能力（社会化）などの課題があります。これらの新しいスキルは、個人的、感情的な欲求を満たすことに並行して困難な課題をもたらします。

●発達の偏りと精神疾患

　カウンセリング、児童思春期心理療法、精神科クリニックなどで家族から報告される就学前の子どもの問題は、発達の遅れ（例：運動、言語、遊びのスキル）、反抗的または攻撃的な行動、多動性、遊びの最中の注意力の低下、トイレの問題、そして分離不安、接触不安、仲間に入ることの困難を含む社会不安などがあります（Holland et al., 2017）。

　このような問題は、親が自分たちだけで解決するのは困難であり、親はしばしば、専門家の助けを借りる以外に方法がないと考えることが多いようです。幼少期の問題に関しては、就学前の子どもたちを病理化して捉えないために、私たちは「発達の妨げ」「発達の遅れ」「発達の偏り」などの言葉を使うことをお勧めします。

　スキーマ療法では、これらの問題が心理的な障害に発展するかどうかは、子どもの基本的欲求がどのように満たされるかによると考えています。ここで、スキーマ療法の中心となる問いにたどり着きます。このライフステージにおいて、子どもはどのような中核的欲求を持っているのでしょうか？

●症状の背景にある欲求

　欲求に焦点を当てる方法の一つは、症状を超えて、「子どもは欲求不満にどう対処することを学んできたのか」「子どもは家族からどのような情緒的サポートを必要としているのか」と問いかけることです。

第5章　就学前の子どもに対するスキーマ療法　99

6歳の夜尿症の子どもは、症状の治療の必要性に加えて、アタッチメントを必要としています。フラストレーションを解消するためには、実践的に取られる戦略と少なくとも同じ程度に、親と子の情緒的な結びつきと、親による子どもへの共感的なサポートが重要です。たとえ、元々の問題（この場合は夜尿症）がすでに解決していても、親が子どもに与える情緒的なサポートの質、あるいはその不足があると、それ自体が問題になることがあります。したがって、スキーマ療法では、症状の背景にある子どもの欲求に常に焦点を当てます。

たとえば、夜尿症の場合、心理療法を通じて顕在化する、症状の下に隠されたアタッチメントの欲求に焦点を当てていきます。仮にセラピストが極めて表面的に治療を計画・実施したとしても、うまく事が運べば、症状は軽減されます。しかし根底にある潜在的な欲求が、フラストレーションに陥っていたり満たされていなかったりする場合、スキーマ（たとえば「見捨てられ／不安定スキーマ」や「情緒的剥奪スキーマ」）の形成につながる可能性があります。

満たされていない欲求が特定されず、子どもが養育者から十分なサポートを受けられないと、欲求はいつまでも満たされず、新しい発達課題の解決を妨げる恐れがあります。同じような経験が繰り返されると（たとえば、子どもの中核的欲求に十分な注意を払わずに、遅れて顕在化していくADHDのような症状を表面的に治療したりすると）、スキーマは強化され、慢性化する傾向があり、最悪の場合、心理的な障害（例：うつ病）につながることがあります。

5.1.2　スキーマの形成における心理的苦痛、葛藤、トラウマ

スキーマ療法では、心理的な苦痛や葛藤、トラウマは、過去や現在において、幼少期の中核的欲求が満たされなかったり、過度に甘やかされたりすることに起因すると考えます。

事例のキアラは、両親がいなくても幼稚園に通える年齢になったことを知りながらも、一方で自分は小さくて無力だと感じ、十分な解決策を見出せない葛藤を経験しています。自律性や自制、遊びなどの欲求が満たされないまま、安心感やアタッチメントの欲求が年齢にふさわしくない形で過度に強調されていました。

キアラの場合、このような欲求の不均衡が回避につながり、年齢に応じたポジティブな経験をすることを妨げています。また、「依存／無能スキーマ」の前兆が生まれ、それを回避の戦略で解決しようとします。この回避は、キアラから年齢相応のポジティブな経験（たとえば、社会的関係における自律性の向上）を奪うだけでなく、彼女の全般的な不安と無能感を増大させてしまいます。この後のケース説明では、母親のスキーマがキアラの回避行動にどのような役割を果たしているかを探っていきます。

子どもの恐怖に対する親の反応もまた、スキーマの形成に影響を与えます。親は、子どもの年齢相応の反応に対して、トラウマを与えるような反応を返してしまうことがあります。

たとえば、怖がっている子どもに対する親の反応が不安定なアタッチメントを発展させたり増

大させたりする場合があり、子どもは恐怖のために親の「安全な港」としての機能を信じられなくなってしまいます。この背景として親には、子どもの症状（恐怖）が突然激しく「襲って」くることで、トラウマになるような過剰反応（たとえば、予測不可能な厳しいしつけ）をしてしまうことがあるのです。

●子どもの欲求を満たせず、不適応的スキーマの形成につながる要因とは？

　一般的に、欲求不満の永続による不適応的スキーマの形成には、親のスキーマ、欲求、養育スタイル、アタッチメントスタイルの4つが寄与しています。

▷親のスキーマ

　最初のアセスメントでは、両親の幼少期の体験や、子育てによって引き起こされたスキーマ（たとえば、個人的なネガティブな体験や幼稚園に関する不安が、無意識のうちに子どもに投影されている可能性など）を理解する必要があります。キアラの家族とその問題については、以下でさらに詳しく説明します。

▷親の欲求

　もう一つの重要な質問は、「子どもが生活するシステムの中で、親は何を必要としているのか？」ということです。この問題については、第15章から第17章（親に向けた技法）で詳しく説明していますので、そちらを参照してください。

▷養育スタイル

　養育スタイルは、早期不適応的スキーマの形成や予防において、特に重要なものです。バウムリンド（1971）によると、応答性（R）と管理性（M）の直交する次元（表5.1参照）に基づいて、無関心型（R-、M-）、放任型（R+、M-）、権威主義型（R-、M+）、信頼型（R+、L+）の4つそれぞれの養育スタイルを区別することができます。

　信頼型の養育スタイルは、肯定的な心理社会的適応、良好な学業成績、肯定的な自己概念、行動上の問題の少なさをもたらします（Lohaus & Vierhaus, 2009; McIntyre & Dusek, 1995; Milevsky et al., 2006）。
　私たちの知る限り、子どものスキーマの形成やその傾向と、養育スタイルがどのように相関しているのか、実証的に検証した例はありません。関連するスキーマ療法の文献（たとえば、Young et al., 2003; Arntz & Jacob, 2012）によると、無関心型の養育スタイルは、「見捨てられ／不安定」「情緒的剥奪」「失敗」「自制と自律の欠如」などのスキーマの形成を促進すること

第5章　就学前の子どもに対するスキーマ療法　101

表5.1　バウムリンド（1971）による養育スタイルと、それによって生じる可能性のある不適応的スキーマ

放任型	信頼型
・見捨てられ／不安定 ・情緒的剥奪 ・権利要求／尊大 ・自制と自律の欠如	・肯定的な心理社会的適応 ・肯定的な自己概念 ・行動上の問題の少なさ
無関心型	権威主義型
・見捨てられ／不安定 ・情緒的剥奪 ・失敗、および回避型コーピング ・自制と自律の欠如	・情緒的剥奪 ・不信／虐待 ・欠陥／恥 ・服従 ・罰

が示唆されています。放任型は、「見捨てられ／不安定」「情緒的剥奪」「権利要求／尊大」「自制と自律の欠如」などのスキーマを引き起こし、権威主義型は、「情緒的剥奪」「不信／虐待」「欠陥／恥」「服従」「罰」などのスキーマの原因となります。そして上述のように、信頼型はそれらの保護因子として機能し、欲求を調節する役割を果たします。

▷アタッチメントスタイル

　最後になりましたが、決して小さくないこととして、アタッチメントスタイル（安定型、不安-アンビバレント型、不安-回避型、無秩序型）が不適応的スキーマの形成に大きく影響します（Roediger et al., 2018参照）。

　スキーマ療法の観点からすると、アタッチメントスタイルはコーピングスタイルの前兆です。たとえば、幼い子どもが無神経な母親に対してアンビバレントな反応をしたりよそよそしい態度を取ったりするのは、距離を取ることで剥奪の苦痛に対処しようとしているためです。このような体験が何度も繰り返される場合、「情緒的剥奪スキーマ」の前兆となります。

5.2 スキーマ療法のアセスメント、心理教育、治療

アセスメントの過程では、DSM-5またはICD-10のいずれかを使用して、障害の性質を明らかにすることができます。DSM-5では、精神疾患の基準が変更され、改訂版ICD-10では、小児期および乳幼児期の精神疾患がより明確に区別されるようになりました。

5.2.1 就学前の子どもとの面接

アセスメントの段階で就学前の子どもと協同する際には、スキーマ療法のセラピストが築く関係性のスタイルの核心部分にもあたるものとして、配慮すべき重要な要素があります（Holland et al., 2017）。アセスメントプロセスの初期段階では、子どもの意見、考え、思考、感情などに焦点を当てることが重要です（「私はあなたに完全に注目しています！」と伝えること）。

また、就学前の子どもと向き合う際には、面接と遊びのフェーズを交互に行うことが有効です。面接のフェーズは、子どもの注意の持続時間に合わせて調節したり、遊びと組み合わせたりする必要があります。じっとしている時間が長いと子どもは落ち着きがなくなり、集中力だけでなく彼らの反応にも影響を与えてしまいます。そのため、頻繁に体を動かして活動する機会を設けることをお勧めします。また、文章は小さい子も理解できるよう簡潔で明確なものにしましょう。

●面接の技法

面接の手法としては、オープン・クエスチョンとクローズド・クエスチョンが適しています。しかし、診断上重要なテーマについては、後者は推奨されません。診断上重要な質問であれば、セラピストは、詳細についてオープンでリラックスした態度で尋ねる必要があります（「それで、次に何が起こるの？ ……それから？」）。

治療上意味のある事実や観察を扱う場合でも、一般的に誘導的な質問は避けるべきです。重要なテーマに関する質問は、子どもが適切に理解できるよう言い換えてもよいでしょう。

5.2.2 診断上の重要な注意点

就学前の子どものスキーマに関連した指標の診断にあたって、標準化されたテストや手段はほとんどありません。重要な情報は、多くの場合、子どもとその環境（両親、祖父母、養育者など）の評価と臨床観察によって得られます。しかし、セラピストが知っておくべきいくつかの方法があります。

第5章 就学前の子どもに対するスキーマ療法 103

●欲求の考慮

ドイツ語圏では、SDS-KJ（Störungsübergreifendes Diagnostik-System für die Kinder- und Jugendlichen-psychotherapie；小児・青少年のための学際的診断システム）（Borg-Laufs, 2011）の「中核的な心理的欲求の充足に関する外部評価シート」（GBJK）が利用可能で、4歳以上の子どもを対象とした基準となっています。この尺度では、過去の欲求満足度ではなく、現在の欲求満足度のみが記録されることに注意する必要があります。

●アタッチメントの考慮

就学前の子どもの場合、エインズワースの乳児向け分類システム（Ainsworth et al., 1978）やクリテンデン（1992）のアプローチは、いずれもアタッチメントパターンを理解するのに有効なツールです。生育歴の聴取は、5～8歳児のアタッチメントを判断するのに役立ちます（アダルト・アタッチメント・インタビュー〈George et al., 1984, 1985, 1996〉の概念を援用）。また、アタッチメントに対する親の視点を評価するのに役立つツールが、ゼアナら（1995）に収録されています。

すでに存在しているアタッチメントモデルは、特定のスキーマやコーピングスタイルを示唆しています（例：「情緒的剥奪」「見捨てられ／不安定」「不信／虐待」）。スキーマ療法の観点からは、不安-回避型のアタッチメントスタイル（タイプA）は、回避型のコーピングスタイル（子どもは見捨てられたというつらい気持ちを避けたい）の前兆と見ることができます。

不安-アンビバレント型のアタッチメントスタイル（タイプC）の場合、子どもは、感情を回避するコーピングモードである「退行・防衛（Regressive Protector）モード（粘着性）」と、「怒り・防衛モード」の間を行き来します。無秩序型のアタッチメントスタイル（タイプD）の場合には、感情を回避するモードの前兆として、固まる、ぐるぐる回る、体を揺らす、あるいはその他のステレオタイプの行動など、奇妙で変化しやすい行動パターンがしばしば見られます。

●親子の相互作用の評価

スースとローエル（1999; Borg-Laufs, 2005に引用）は、家族や幼い子どもたちとの会話の中で、親の3つの重要な指標に注目することを勧めています。

1. 子どもに対する感受性
2. 子どもの自主的な活動の尊重
3. 親の子どもに対する共感（拒絶と受容）

しかし、アセスメントの場での観察は、社会的望ましさなどのバイアスが重なりやすい特殊な

状況だと考慮しておくことが重要です。そのため、観察には、待合室や挨拶、別れ際など、あまり構造化されていない、より自由な状況が適しています。また、日常生活をよりリアルにイメージするために、家庭訪問も有意義です。

●両親のアタッチメントモデル

アダルト・アタッチメント・インタビュー（Adult Attachment Interview：AAI）（George et al., 1984, 1985, 1996にて初出、Hesse, 1999において詳説）で、安定-自律型（F）、愛着軽視型（Ds）、とらわれ型（E）、未解決型（U）に分類される、より間接的な両親のアタッチメントモデルも、診断上は興味深いものです。親のアタッチメントの表現と子どものアタッチメントスタイルとの関連については、たとえばジョージら（1984, 1985, 1996）などに詳しい情報があります。

●気質

子どもの気質がスキーマの形成に大きな役割を果たし、スキーマのコーピングスタイル（服従、回避、過剰補償）の選択にも重要な影響を与えていることから、子どもの気質の評価も有意義なものと考えられます。治療セッション中の行動観察と同様、幼少期の自己調節における能力や困難（自己鎮静、叫び声、睡眠、摂食、集中力）を探ることも評価の一部です。

この点に関しては、質問紙や調査票も参考になります。ゼンターとベイツ（2008）は、測定法について有用なレビューを提供しています。ジュニア気質・性格調査票（Junior Temperament and Character Inventory：JTCI〈Luby et al., 1999〉）は、3歳から18歳を対象にして標準化された有用なツールであり、2歳から8歳を対象にした統合的児童気質調査票（Integrative Child Temperament Inventory：ICTI〈Zentner & Wang, 2013〉）も同様です。

●プレイセラピーによる評価

プレイセラピーのアプローチは、アセスメントにおいて特に有用な行動観察の一形式です。一般的に、リーダーシップと解釈の責任がセラピストにある指示的プレイセラピーと、遊びの責任を子どもに委ねる非指示的プレイセラピーという、2種類の方法が注目されています。

指示的なアプローチを用いる場合、診断的な質問に重点を置きます。遊びの中で、特定の感情、思考、行動パターン、欲求に焦点を当てる（または方向づける）こともあり、時間的にも効率的なアプローチです。しかし、このアプローチでは、関連のある重要な側面が見落とされる危険性があります。そのため私たちは、アセスメントと診断には非指示的な方法を推奨し、治療には指示的な方法を推奨しています。ただし、症状や子どもの要求に応じて、両方のフェーズが重なったり、密接に関連したりする場合もあります。

アセスメントや治療にプレイセラピーを用いる場合、セラピストは子どもの注意力の範囲内にとどまれるように、留意する必要があります。子どもの注意力が限界に達した場合（たとえば、子どもが疲れたり退屈したりした場合）、セラピストはそのことを受け入れ、プレイの介入を終了します。未解決の問い（例：父親は口論にどう対応するのか？）は、プレイセラピーの次回のセッション（指示的）に上手に組み込み、プレイセラピー（非指示的）の継続的でオープンな展開を促す必要があります。

5.2.3　心理教育

スキーマ療法で典型的に行われる、背景となる要因や治療プロセスに関する心理教育は、この年齢層を対象とする場合、極めてシンプルに行います。具体的な質問には、年齢に応じた方法で対応しますが、セラピストは、質問されたこと以上の説明に引き込まれないようにしなければなりません。

質問と回答の主な場は、遊びです。遊びの中では、問題がおのずと明らかになり、それに対する最適な解決策が「演じられ」、その適不適が検証されます。この年齢層では、子どもに対する教育的な働きかけも有効です（より具体的な方法については、第11章と第12章を参照）。

5.3 スキーマ療法の実践： 年齢に応じた治療的介入

就学前の子どもに対するスキーマ療法の治療は、親を中心とした子どもと親の二人一組に対する治療で構成されています（第15章〜第17章参照）。しかし、これは就学前の子どもがスキーマ療法を受けないということではありません。遊びは、肯定的な信頼関係を築くために、セラピストが選択する手段として活用でき、アセスメントや治療の導入と実施にも有効です。

一般的に、幼少期の遊びは、子どもの発達全体にとって中心的な重要性を持っています。子どもは遊びの中で、自分自身や環境をどのように扱うかを学ぶからです。したがって、遊びは自己表現のための自然な媒体と言えるのです（Axline, 1947）。

子どもは遊びの中で重要な経験を積み、それを遊びの空間だけでなく現実の世界でも応用していきます。遊びによって、子どもたちは個人的な体験やその影響（アセスメントに必要）、また解決策（治療）について、象徴的かつ具体的なレベルで伝えることができます。治療では、思考、感情、行動パターン、予想される結果や影響などについて、現実に否定的な影響を及ぼすことなく試すことができます（つまりそれは子どもにとって、「単なる」ゲームなのです）。

治療的な遊びの重要な目標の一つは、子どもに情緒的なサポートを提供し、子どもが遊びの空間の中で主人公になれるよう支援することです。こうした支援によって子どもの欲求を認識する

ことが可能になり、セラピストが作り出した空間の中で、子どもの欲求が言語的および象徴的に肯定されます。

　この空間で、セラピストは子どもの欲求の重要性と、その欲求が満たされていることを確認します。セラピストは、感情の個人的なマネジメントをサポートし、他者に表現したり他者を理解したりする手助けをし、感情がどのように肯定的または否定的な形で他者に影響を与えるかを強調します。遊びを言語化することで、子どもは自分自身について言葉で表現することができるようになります。このことは、養育者に欲求に関する明確な情報を提供する上で重要な要素となります。

5.3.1　就学前の子どもと一緒にモードの見取り図を作る

　モードに関しては、すでにいくつかの情報を提供しています。しかしながら、平均的な知能を持つ就学前の子どもの認知発達を考えた場合、精巧すぎるモードモデルは適切ではありません。むしろ、葛藤の解決や緊張の緩和にとって、役に立たない状態（モード）と役に立つ状態（モード）に焦点を当てます。そして、これらのモードが遊びの中での役者となります。子どもはその役者に自分で名前をつけることもできますし、セラピストと一緒に決めることもできます。

　3歳以降、認知と感情が正常に発達している子どもは皆、恐怖、怒り、悲しみ、喜びを区別することができます。また、認知機能の発達により、空想と現実の区別がまだつきにくくても、想像力を働かせることができるようになります（Holland et al., 2017を参照）。

　このような状況で重要なのは、彼らがスキーマ療法に関連する子どものモードである「脆弱なチャイルドモード」「衝動的－非自律的チャイルドモード」「怒れるチャイルドモード」そして「幸せなチャイルドモード」にしっかり入り込み、体験することです（第2章、表2.8〜2.13を参照）。

　これらのモードは、名前を変えたり、擬人化したりすることができます。たとえば、脆弱なチャイルドモードを「悲しいトゥルーディ」と呼んだり、衝動的－非自律的チャイルドモードを「野生のトム」と呼んだりするなどです。擬人化した名前を使用する場合は、どのモードがどの機能を果たしているのかをセラピストが認識しておくことが重要です。

　セラピストは、子どものモードの名づけの際、その子の長所や強みを自由に取り入れることができます。たとえば、食料品のお買い物のゲームが好きな女の子なら、モードをさまざまな「お客さんのタイプ」として名づけることができるかもしれません。そうすることで、子どもはまるで「お客さん」の相手をするように自分のモードに向き合うことができます。

　可能であれば、それぞれのモードは、そのモード特有の思考、感情、行動パターン、欲求についての情報を与える何らかの「特徴」を持つとよいでしょう。課題は、治療の指示的な側面と非指示的な側面の間の適切な妥協点を見つけることです。繊細さを持つセラピストは、子どもの興

第5章　就学前の子どもに対するスキーマ療法　107

味や考えを忍耐強く受け止め、同時に、相反するさまざまなモードと適切な解決のためにふさわしい「舞台」を設定します。

5.3.2 パペット（手人形や指人形）の使用

　私たちは、モードと欲求に焦点を当てたプレイセラピーにおいて、手人形や指人形といったパペットを活用することを提案しています。各パペットは、それぞれの感情状態、すなわちモードに応じて作成する必要があります（さあ、「やんちゃなフランク」が一緒に遊びたいって。あなたは彼を知っていたかしら？）。これらのパペットは、パペットシアターを使って、人形のステージで遊ぶこともできます。こうした遊びをビデオに撮って、子どもや親と一緒に見ることができるとさらに効果的です。

　最初のステップとしては、5分以内の短いもので、小さな子どもの内面で起きている葛藤を生き生きと表現している動画を作成することです。これにより、多くの親が子どもの問題行動について新しい見方を身につけ（しばしば「アハ的瞬間」の形で）、その結果、現在の問題に対処する際の忍耐力と理解力を高めることができるのです。

　パペットの使用に関する正確なプロセスと実施の詳細については、12.2項と13.1項を参照してください。

5.3.3 モード別、欲求別のプレイセラピー

　モード主導型、欲求志向のプレイセラピーでは、遊びのすべての役者に希望や欲求を割り当て、それをプレイ中に表現できるようにすることが目標です（11.1項参照）。この方法は、最初にモデルを示す必要があります。セラピストは、子どものために遊びを行って見せ、恥や罪悪感や失敗を恐れることなく、どのように願いを形作り、欲求を明確にするかを示します。これにより、子どもはセラピストを手本にして、自分自身の主人公に欲求を表現させるようになります。

　これは、子どもらしい感じ方や考え方を理解するだけでなく、子どもが自分の欲求を伝える能力を高めることにもつながります（例：「ママ、悲しいよ、抱きしめてほしい」）。モードに基づく遊びの目標は、一種の「欲求のためのチャットルーム」や「願いごとコーナー」「願いごとマシン」「夢の機織り」などを作り出し、遊びの中に組み込んでいくことなのです（子どもが欲求に集中するための空間）。

5.3.4 モードと欲求に合わせた遊びの手順

　各プレイセッションの後、セラピストは、子どもがどの中核的欲求（表2.1参照）を自主的に満たしているか、あるいはあまり満たせていないかを評価し、記録します。図5.1は、セラピストが、遊びの中で満たされた欲求の概要を把握するためのワークシートです。

図5.1　モードと欲求に焦点を当てたプレイセラピーの記録
（オンラインワークシートを参照）

**モードと欲求に焦点を当てた
プレイセラピーの記録**

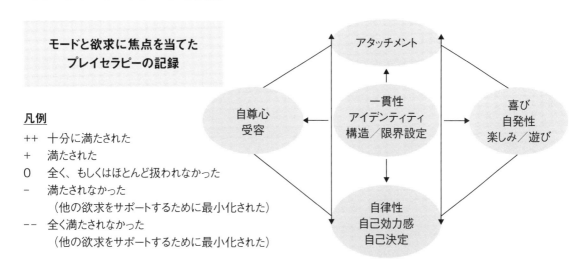

<u>凡例</u>
++　十分に満たされた
+　　満たされた
0 　全く、もしくはほとんど扱われなかった
−　　満たされなかった
　　（他の欲求をサポートするために最小化された）
−−　全く満たされなかった
　　（他の欲求をサポートするために最小化された）

日時	セッションの話題／主題（例：子どもの学校での口喧嘩や葛藤についてのロールプレイを行う。自制心を失い、生徒や教員に暴力を振るった）	モードの力動（例：孤独で、傷ついたチャイルド対 要求的モード）	心理的な中核的欲求					
			アタッチメント	自律性 自己効力感 自己決定	自尊心 受容	喜び 自発性 楽しみ／遊び	一貫性 アイデンティティ 構造／限界設定

第5章　就学前の子どもに対するスキーマ療法　109

「セッションの話題／主題」（2列目）では、あらゆる葛藤とその主題について概要を記し、「モードの力動」（3列目）では、対立していると思われるモードを特定します。後の5列には、どのような欲求がどの程度満たされたかを記録します。

　しばしば、1つの欲求が強調され、他の欲求が無視されていることがあります。その場合、治療作業の目標は、他の欲求を無視することなく、強く強調された欲求（子どもが重要だと感じたもの）をサポートすることになります。

事例

　プレイの間、キアラはペットだけを家に残しておくこと（たとえば、買い物などによって）に何度も不安を感じていました。また、そのペットである犬もプレイの中でキアラを離さず、「僕のそばにいてよ、キアラ！　そうすれば僕が君を守ってあげられるし、君には何も起こらないよ」と懇願しました。この犬は、キアラが幼稚園で体験していたことを口に出して言っていたのでしょう。

　この場面について、セラピストは記録用紙に「モードの力動：利口で賢いチャイルドモード対　脆弱なチャイルドモード」と記録しました。欲求については（「＋＋」＝十分に満たされた、から、「－－」＝全く満たされなかった、まで）、アタッチメントが「＋＋」、自律性／自己効力感／自己決定が「＋」、自尊心が「－－」、自発性／楽しみ／遊びが「－－」、アイデンティティ・構造／限界設定が「＋」でした。

　ワークシート（他のプレイシーンが報告されている）を振り返ると、キアラは、アタッチメントと自律性／自己効力感／自己決定の分野で、有意な欲求の充足を得ていることが明らかになりました（たとえば、「私はママのところにいる、そしてこれは自分で決めたこと」）。しかし、自尊心や自発性／楽しみ／遊びの欲求には顕著な不足が見られました（たとえば、「時間が経つと、何をする勇気もなくなる」）。

　この組み合わせは、長期的には「依存／無能」などの不適応的スキーマを形成するリスクがあります。残りの欲求の種類であるアイデンティティ・構造／限界設定は、恐怖に基づく自我親和的信念——たとえば「これはまさに私と同じだわ」「これはキアラらしいわ、彼女の恐怖心はどうすることもできないの」など——があるために、このスキーマに干渉することはなかったのでしょう。これらの所見が治療でどのように扱われたかについて、さらに以下で説明していきます。

5.4 事例：キアラのケース概念化と治療過程

家族歴では、キアラの母親自身が子どもの頃に不安症を経験していたことが指摘されています。母親自身の家族の苦悩（依存症などの問題を含む）を背景に、「情緒的剥奪スキーマ」と「見捨てられ／不安定スキーマ」が形成され、娘のキアラが年齢相応に自立してきたことで、それらのスキーマが活性化されました。

母親は、分離の瞬間に自分の恐怖を無意識に伝え（例：ジェスチャー、顔の表情、声のトーン）、情緒的なケアの必要性を強調しすぎる傾向がありました（彼女自身の幼少期に、それらが十分に満たされていなかったからです）。母親の「見捨てられ／不安定スキーマ」も、引っ越し後に再び活性化された可能性があります（「孤独な、脆弱なチャイルドモード」）。この状態は、彼女の依存心を強め、無意識のうちにキアラと一緒にいることを切望していました（「キアラがいれば、私は、孤独で異質な人間だと感じないの！」）。

キアラは、母親の言葉にならない、意識下の欲求と憂鬱な状態を感じ取り、それゆえに母親の元にとどまりました（「お母さんを一人にはしないよ！」）。ここには、いくつかの原因となるメカニズムがあると考えられます（子どもと母親の気質が似ていること、母親のモードモデル、親化の傾向）。

キアラは、すでにあるスキーマ、すなわち、「依存／無能スキーマ」の前兆を示していました。このスキーマは、部分的には過剰補償によって対処されていました（例：気難しい隣人にガムテープをもらいに行く）。しかし、多くの場合、キアラは反抗したり、不安を示したり、身体化したりして、スキーマを回避しようとしていました。

キアラの母親は、自分の過去の経験から、キアラの不安や恐怖に特に敏感でした。母親の不安定で過剰なアタッチメント表現（飲酒している父親に対して実の母親と同盟を結んでいた）と、彼女自身に深く根付いている「見捨てられ／不安定スキーマ」が組み合わさり、過剰補償的な行動を引き起こしていました。母親は過保護という形で過剰補償し、それがキアラの回避行動と分離不安を助長し、「依存／無能スキーマ」の形成を促しました。このようにして、キアラの「依存／無能スキーマ」（「私はとても小さくて弱い」）と母親の「情緒的剥奪スキーマ」「見捨てられ／不安定スキーマ」（「私〈母〉は家の中で孤独になって、見捨てられているように感じる」）の悪循環が始まったのです。

母子共にスキーマに服従したり、スキーマに基づいて行動したりすると、キアラは家に残り、母親は一人ではなくなります。この状態は短期的には安心感をもたらしますが、長期的にはこのサイクルがますます慢性的なスキーマを形成してしまいます。私たちはこの状況を「スキーマの共謀」と呼んでいます。つまり、スキーマがお互いに「協同して」、その影響力が強化されるのです。

ICTI（Zentner & Wang, 2013）では、両親はキアラの気質を「自意識」の因子では高、「活動性」の因子では低と評価しました。この組み合わせでは、子どもはしばしば、より受動的なコーピング戦略（服従、回避）を選択します。キアラの場合もそうでした。彼女は、エネルギーと勇気を振り絞れば、勇敢な行動を取ることができますが（たとえば家の中で）、通常はコストのかからない回避（たとえば公共の場で）を選択していました。

パペットを使ったモードワークでは、社会的・感情的な要求モード（「〜しなければならない」）と、不安で心配な脆弱なチャイルドモード（「私はまだこんなに小さい」）の間の緊張が、母親とキアラを支配していました。この対立は、母親がキアラを手放さなければならないこと（それによって幼稚園での個人的な経験のためのスペースを作ること）に対する両価的な感情と、危機的な状況（たとえば幼稚園での衝突）においてキアラを守ることができないのではないかという不安によって複雑化していました。

キアラは、母親の両価性（たとえば、幼稚園に行くことを中途半端に勧めること）を感じ取り、母親が何度も何度もキアラに幼稚園に行くように要求しても、実際には母親と一緒に家にいるのが一番良いのだということを学びました（「ママはいつもそう言うのよ！」）。

キアラの母親と父親（援助者として参加）とのスキーマに焦点を当てたペアレントワーク（スキーマの診断、教育、イメージワークおよびチェアワーク）と、キアラとのモードに焦点を当てたプレイセラピーにより、不安に対処する新しい方法（キアラがしたいときに母親に電話する、母親なしでキアラが幼稚園にいる時間を増やしていくなど）が見つかり、進展が見られました。

最終的には、キアラと両親は、キアラの分離不安と母親の見捨てられ不安を解消しました。加えて、システムとサブシステムに見られた限界（祖父母、夫婦、および親の領域）に取り組み、家族内の非機能的な役割分担（親化、母親のパートナー代わりとしてのキアラ）が見つかり、家族成員の中核的欲求に対応しました（たとえば、母親と父親両方の趣味など）。これらの介入に続いて、キアラへのエクスポージャー法は、最初は遊びの中で、次にイメージの中で（「……のふりをして」）、最終的には実際の場面で（シェイピングを活用）行われましたが、シンプルかつ迅速に行うことができました。両親に対する治療技法の概要は、第15章から第17章に記載されています。

5.5 就学前の子どもを対象とした スキーマ療法の概要

就学前の子どもに対するスキーマ療法は、両親に焦点を当てたスキーマ療法（第15章〜第17章参照）が大部分を占め、子どもに対するモードに焦点を当てた欲求志向のプレイセラピーを適用するケースはそれほどありません。アセスメントの段階では、「精神疾患の診断と治療のためのガイドライン」（DGKJP, 2007）の一般的な推奨事項を基本に、欲求、アタッチメントス

タイルと表現、養育スタイル、およびスキーマが活性化した際のコーピングスタイル（服従、回避、過剰補償）に大きく影響する子どもの気質に、特に注意を払います。子どものセラピーでは、一部は非指示的、一部は指示的なプレイセラピーを行います。

　モードワークの重要な媒体として、指人形や手人形といったパペットがあります。これは、遊び心のある方法で多様な欲求を代弁し、気づきを増強するものです。

　心理教育や振り返りでは、指人形や手人形によるロールプレイのビデオ録画が、子どもの内的世界における思考、感情、欲求を子ども自身や親へ明確に伝える上で役立ちます。これらへの気づきの深化によって、現在の問題に対する理解も深まります。スキーマ療法のアプローチによって子どもと親の感情欲求がより効果的に満たされるため、不安を惹起する状況への段階的エクスポージャーなどの古典的な行動的技法が、さらに受け入れられ、適用しやすくなります。

第5章　就学前の子どもに対するスキーマ療法　113

◆参考文献◆

Ainsworth, M. D. S., Blehar, M. C., Waters, E. & Wall, S. (1978). *Patterns of Attachment: Psychological Study of the Strange Situation*. Hillsdale, NJ: Erlbaum.

Arntz, A. & Jacob, G. (2012). *Schema Therapy in Practice: An Introductory Guide to the Schema Mode Approach*. Chichester: Wiley-Blackwell.

Axline, V. (1947). *Play Therapy*. Cambridge, MA: Houghton Mifflin.

Baumrind, D. (1971). Current patterns of parental authority. *Developmental Psychology Monograph*, Part2, **4**, 1-103.

Borg-Laufs, M. (2005). Bindungsorientierte Verhaltenstherapie – eine Erweiterung der Perspektive. In: J. Junglas (Ed.), *Geschlechtergerechte Psychotherapie und Psychiatrie* (pp.127-136). Bonn: DPV.

Borg-Laufs, M. (2011). *Störungsübergreifendes Diagnostik-System für die Kinder- und Jugendlichen psychotherapie (SDS-KJ): Manual für die Therapieplanung* (2. Aufl.). Tübingen: Dgvt-Verlag.

Cassidy, J. & Marvin, R. S., with the MacArthur Working Group on Attachment (1992). *A system for classifying individual differences in the attachment-behavior of 21/2 to 41/2 year old children*. Unpublished coding manual, University of Virginia.

Crittenden, P. M. (1992). Quality of attachment in the preschool years. *Development and Psychopathology*, **4** (2), 209-241.

DGKJP: Deutsche Gesellschaft für Kinder- und Jugendpsychiatrie und Psychotherapie et al. (2007). *Leitlinien zur Diagnostik und Therapie von psychischen Störungen im Säuglings-, Kindes- und Jugendalter* (3. Aufl.). Köln: Deutscher Ärzte-Verlag.

George, C., Kaplan, N. & Main, M. (1984, 1985, 1996). *Adult attachment interview protocol*. Unpublished manuscript, University of California at Berkeley.

Heinrichs, N. & Lohaus, A. (2011). Klinische Entwicklungspsychologie kompakt. *Klinische Störungen im Kindes und Jugendalter*. Weinheim: Beltz.

Hesse, H. (1999). The adult attachment interview: historical and current perspectives. In: J. Cassidy, & P. R. Shaver (Eds.), *Handbook of Attachment*, pp.395-433. New York: Guilford Press.

Holland, M. L., Malmberg, J. & Gimpel, Peacock, G. (2017). *Emotional and Behavioral Problems of Young Children: Effective Interventions in the Preschool and Kindergarten Years* (2nd ed.). New York: Guilford Press.

Lohaus, A. & Vierhaus, M. (2009). Parenting styles and health-related behaviour in childhood and adolescence: Results of a longitudinal study. *Journal of Early Adolescence*, **29**, 449-475.

Ludy, J. L., Svrakic, D. M., McCallum, K., Przybeck, T. R. & Cloninger, C. R. (1999). The Junior Temperament and Character Inventory: preliminary validation of a child self-report measure.

Psychological Reports, **84** (3_suppl), 1127-1138.

McIntyre, J. G. & Dusek, J. B. (1995). Perceived parental rearing practices and styles of coping, *Journal of Youth and Adolescence*, **24**, 499-509.

Milevsky, A., Schlechter, M., Netter, S. & Keehn, D. (2006). Maternal and paternal parenting styles in adolescents: associations with self-esteem, depression and life-satisfaction. *Journal of Child and Family Studies*, **16** (1), 39-47.

Roediger, E., Stevens, B. A. & Brockman, R. (2018). Contextual Schema Therapy. An Integrative Approach to Personality Disorder, Emotional Dysregulation & Interpersonal Functioning. Oakland, CA: Context Press.

Suess, G. J. & Roehl, J. (1999). Die integrative Funktion der Bindungstheorie in Beratung und Therapie. In: G. J. Suess, & K. W. Pfeiffer (Eds.), *Frühe Hilfen. Die Anwendung von Bindungs- und Kleinkindforschung in Erziehung, Beratung und Therapie*. Gießen: Psychosozial-Verlag.

Young, J. E., Klosko, J. S. & Weishaar, M. E. (2003). *Schema Therapy: A Practitioner's Guide*. New York: Guilford Press.

Zeanah, C. H., Benoit, D. & Barton, M. (1995). *Working model of the child interview*. Unpublished manuscript, Brown University, RI.

Zentner, M. & Bates, J. E. (2008). Child temperament: an integrative review of concepts, research programs, and measures. *International Journal of Developmental Science*, **2** (1-2), 7-37.

Zentner, M. & Wang, F. (2013). *ICTI. Integrative Child Temperament Inventory*. Oxford: Hogrefe Ltd.

第6章

小学生のための
スキーマ療法

ピーター・グラーフ、クリストフ・ルース、
ルース・A・ホルト

事例

9歳のケビンは、ここ5カ月間学校に登校していません。この間、同級生とも関わろうとしていません。また、彼は長期にわたり、医者に診てもらうこと（たとえば体重測定など）や見知らぬ人と会うこと、親と離れることなどに恐怖を感じていました。家では、日常的な指示（たとえば宿題や寝る時間など）に対しても、反抗的な態度を見せていました。「嫌だ」と言うか、大声で叫ぶことが多く、親が彼に何かしてほしいと頼んだり指示したりすると、反対に親に何かしらの見返りを要求しました。

彼は母親に対して、侮辱したり挑発したりするような言葉を投げかけていました（母親を「馬鹿な牛」と呼ぶなど）。学校の授業には集中できていませんでしたが、目立った成績不振はありませんでした。治療において、ケビンはセラピストに対して消極的かつ非協力的な態度を取ったため、担当セラピストは入院治療を勧めました。ケビンは入院時評価に参加することも拒否し、親子クリニックの新しい入院部屋に閉じこもりました。彼の態度があまりにも挑戦的であったため、検査者は初期評価で不登校の理由を見つけることができませんでした。

6.1 スキーマ療法の観点から見た段階別の発達課題、相互作用、葛藤、モード

エリク・エリクソンの考案した各発達段階固有の葛藤モデルは、1950年代に初めて開発され、1960年代に入って発表されました（Erikson, 1968）。彼の発達段階モデルの第四段階（6歳〜思春期頃）における主な葛藤は、"勤勉性　対　劣等感"です。これは経験的に証明されているわけではありませんが、この発達段階を非常に簡潔に表現しています。

エリクソンは子どもの「役に立ちたい」「いい子でいたい」という欲求を「勤勉性」や「コンピテンス」と名づけました。この段階の子どもは、ごっこ遊びだけではなく、大人の世界にちゃんと参加したいという気持ちを抱いています。そのため、大人の世界で自分の能力を証明する機会が少ないと不全感や劣等感を感じやすくなります。そして自分の能力を超えたチャレンジをし、失敗の経験を重ねると、挫折感を味わうようになります。

6.1.1　発達課題と潜在的危機

　ハヴィガースト（1972）は学童期の発達課題を、社会的協調性、自信（勤勉性と効力感）、文化的技能の習得（読み、書き、計算）、集団での遊びや作業としています。

　私たちは、これらの発達課題について、ハヴィガーストのアプローチに新しい知見を加えながら、臨床的な観点からさらに詳細に展開しました。

●新しいことへの挑戦

　学童期の子どもたちは、学校制度から要求される課題と同様、自らの認知的・身体的・心理的発達過程からもさまざまな困難に遭遇します。小学校低学年を過ぎると、周りへの協調と、さらには組織に従属して人間関係を自分で調整できるようになることが求められます。たとえば、学校へ行く準備をすること、指示に従うこと、宿題をきちんとすることを期待されます。

　この年代の子どもたちは、徐々に自立して行動できるようになることが求められます。また、常に励ましや外部からの動機づけがなくても、粘り強く課題に取り組み、ルールを守ることが要求されます。子どもたちは自分で時間を管理し、課題を実行しなければなりません。また、衝動を抑え、集中し、長い時間ちゃんと座って話を聞くことが求められます。このように、学校は子どもが欲求を満たすための機会と困難の双方を提供する場となります。

　期待されることが増えると、自律性と自尊心の獲得に関連した欲求を満たす機会が与えられます。その一方で、学校は、子どもたちに他の欲求を先送りにすることも要求します。

　たとえば、活動の少ない認知面重視の授業は、子どもたちの動きたい、遊びたいという欲求を満たせず、決められた時間割は、自主性や自己決定の欲求を満たすことができないかもしれません。また、子どもたちの承認欲求の充足も以前より慎重に与えられるようになり、年齢が上がるにつれ褒められる回数は減っていきます。

　最初の数年間は、学校の先生が親代わりとなり（"母性的な先生"）、比較的親密な関係を築くことで、絆への欲求が満たされることが多いです。しかし、学校生活が進むにつれ、教師が生徒の自主性を期待するようになるとそれも変わってくるかもしれません。

　7〜8歳以降の子どもは、学んだことを再現する、という遂行課題に直面します。ほとんどの子どもたちは、これらの新しい課題に対して「できるだろう」と楽観的な期待を示します。読み書き計算の能力は自立や自信に通じる道のりの第一歩ですが、この領域で苦労する子どもにとって、これらの課題は頻繁な「失敗」体験となってしまい、不適応的な信念が形成されてしまうことがあります。

第6章　小学生のためのスキーマ療法　　119

●集団帰属

　学童期の子どもは、男子もしくは女子のグループの中に自分の居場所を求めるようになります。子どもたちはクラス、休み時間、自由時間などにさまざまなグループに馴染む必要があります。こうした状況の中で仲間外れにされたり、疎外感を抱いたりすることがあるかもしれません。

　このような社会的状況は、子どもにその状況に即した自己や文脈の理解を促します。それらは大人からすると単純なものに見えたとしても、子どもにとっては言うまでもなく、とても大きな意味を持つものです。大人には無害に見えるような状況でも、子どもにとっては深刻な影響を及ぼす重大な課題となるのです。もし幼稚園や保育園で人間関係のトラブルを体験している場合、学校での状況は「みんなと違っている」という記憶、感情、体験を活性化させ、子どもが取る対処方法はさらに固着化していくことになります。

●恐怖

　子どもが恐怖を感じる対象は、成長に伴い変化していきます（Carr, 2015）。小学校入学前特有の恐怖対象は、空想上のもの（モンスター）、自然現象（雷）、分離、動物、夜に一人になることです。学童期に入るとその対象は、失敗、ネガティブな評価、怪我、病気、死などの喪失、もしくは大惨事（または誘拐や戦争などの大きな社会の変容）などになっていきます。感じる恐怖の大きさは、生物学的要因（気質）や環境要因によって変化します。

　他の重要な要因は、メディアの消費量（たとえばニュースを観ること）、世代を超えた非機能的信念の継承、そして不安を抱いている親の行動をモデリングすることです。子どもの脅威の解釈は、身近な人が恐怖対象をどのように捉えているのかに非常に強く影響されます（Murray et al., 2009）。これらの課題は、正常な発達における能力やスキルの成長によって乗り越えられます。

6.1.2　スキーマの形成における心理的ストレス、葛藤およびトラウマ

●自己イメージ

　学童期におけるパーソナリティの発達においては、多くの場合、周囲の環境との関係の中で子どもの自己イメージが展開していきます。スキーマ療法の観点からは、この年代の子どもは、異なるモード間の関連性が（解離するどころか）深化し、統合的な自己感覚が強められます。この時点で「ヘルシーアダルトモード」の先駆的な存在が形成されていきます。

　このモードは適切なフラストレーション耐性、欲求充足を先延ばしにする力、共感性の向上か

ら成る「利口で賢い」（Clever and Wise）モードです。これらのスキルの発達によって、子ども
は感情をコントロールし、社会的な状況をマネジメントし、向社会的行動が取れるようになっ
ていきます。

　5歳までの子どもは、自分には分離した別々の特徴があり、それらは統合されていないと考え
ています（Oerter, 2008）。しかし、その後数年の間に、これらの特徴が統合され全体的にまと
まっていきます。9歳から12歳の間には自己表現の調整力が高まり、自分の持つ特徴をパーソ
ナリティ特性として分類し、把握できるようになります（例：「私は歌うことが好きだ」ではな
く「私は音楽に堪能だ」）。

　また、自分が相反する特徴を併せ持つことを理解できます。たとえば、自分自身について、
「勇敢だ」「臆病だ」（見知らぬ人に対して）、あるいは「悲しい」「嬉しい」（友達といて）などと
表現することがあります。集団内の立ち位置やパフォーマンスに関する社会環境からのフィード
バックは、比較的安定した、より現実的で複雑な自己イメージを作り上げていきます（〈Marsh
et al., 1998; Measelle et al., 1998〉－例：バークレーパペット面接法〈Berkeley Puppet
Interview：BPI〉を用いて実施した研究などによる）。

　8歳、9歳を対象とした研究では、学業成績と自己イメージの相関が強まることが示されてい
ます。加えて、（学業成績のみではなく）指導方法も、子どもの自己肯定感に影響を与えること
が複数の研究で確認されています。一方で、この指導方法の影響にはばらつきもあります。たと
えば、社会的規範よりも努力に着目してフィードバックする指導方法は、自己イメージと成績と
の相関性を弱めました（Jerusalem, 1984）。

　しかし、学校での取り組みや達成は、子どもが学業成績に自分自身で何らかの影響を及ぼして
いるという感覚（統制の所在）を持っているかどうかにも左右されるのです。これらすべての要
素が子どもの自己概念の発達に影響し、好循環もしくは悪循環を形成します（Skinner, 1996）。

　つまり、オーター（2008）の言葉を借りればこうなります。
　就学前の子どもは自身のパフォーマンスを外的要因とほとんど切り離して考えますが、小学生
は自らのパフォーマンスを、自分の努力だけではなく、成績など外的な指標にも照らし合わせて
判断するようになる、ということです。

●他者のイメージ／他者への評価

　子どもの心理社会的発達の重要な側面として、他者を評価するようになることが挙げられま
す。この年代の子どもは他者の行動を評価し、その評価をもとに、自分の感情を養育者から独立
してコントロールすることができるようになります。

　もし、彼らが肯定的な帰属をすることができれば、対人関係におけるストレスを減らせるよう
になるでしょう（「相手はただ私を助けようとしてくれているだけだ」と自分に言い聞かせる）。
しかし、たとえば「不信スキーマ」の形成などによって否定的に捉えてしまう場合、その子ども

第6章　小学生のためのスキーマ療法　121

は他者の行動を、自分を傷つけようとしているものだと解釈するでしょう。この時期の子ども
は、自分を苛立たせる人の意図を汲み取れるようになっています。悪意があったのか、それとも
意図しない行動だったのかを区別することができるのです（Dodge, 2006）。

　高学年になってくると、子どもたちはより複雑な洞察ができるようになってきます。個人的に
迷惑をかけられた行動だったとしても、その人の動機を考え、向社会的な意図を想定することが
できるようになります。これによって、他者をうまく操作したり、弁解したり謝罪したりする力
が身につきます。それだけでなく、相手が善意を示していれば、イライラの抑え方を知り、自分
の感情をコントロールできるようになります（Olthof et al., 1989）。

　洞察にはポジティブな意味とネガティブな意味があります。洞察によって、他者に共感したり
他者を助けたりすることもできれば、相手をより効果的に挑発し、的確に不快な状態へ導いてし
まうことも可能です。同時に、子どもたちは自分の情動的な行動をより調整できるようになりま
す（Southam-Gerow & Kendall, 2002）。

　「子どもたちは、自分の意志で表情をコントロールできるようになり、自由に表出可能な感情
表現のレパートリーもどんどん増えていきます」（von Salisch, 2008, p.201, with reference to
Lewis et al., 1987）

　しかし、この能力は非機能的コーピングスタイルの形成を促します（たとえば"いたずらをす
る"、もしくは自分の都合のいいように操るなど）。操作やごまかしが永続的な"習慣"となった
場合、不適応的コーピングモードが形成されていきます（「だましモード」）。

　同様に、不快感や違和感から目をそらす力も、感情を回避するために使ってしまうと役に立ち
ません。「遮断・自己鎮静／防衛モード」のような、感情的な回避のコーピングスタイルが形成
される場合があります。この年代になると、感情的なトリガーに気づきつつも無視する能力が向
上し、友人関係にトラブルが起きた際に、それらから目をそらせるようになっていきます。しか
し、行動化しやすい子どもの場合、有益な方向に注意を向けることが著しく苦手であり、トラブ
ルが生じた友達と距離を置くことが難しくなります（Southam-Gerow & Kendall, 2002）。

6.1.3　能力的な制約とグループダイナミクスが スキーマ形成に与える影響

　ネガティブな外的要因と、標準的な発達課題への取り組みが困難な場合、子どもの個々の欲求
が満たされず、結果として不適応的スキーマが形成されることがあります。以下に、この年齢で
一般的に最も固定化されやすい新たに生じた、もしくは再活性化したスキーマを示します。

　学習障害は、自律性や自己価値といった中核的欲求の充足を阻害します。それゆえ、小学生で
は「失敗スキーマ」が容易に形成されます。子どもは診断されていない学習の問題や、他の障害

によって成績不振となることもあります。しかし、子どもたちの中にはこれらの問題に気づくことなく、失敗を自分の「愚かさ」のせいにしてしまう場合も見られます。

　私たちの臨床経験では、検査で明らかになる子どもたちの学習障害の多くについて、音韻認識、（聴覚処理に関連する）記憶機能、視空間の問題に起因していることが明らかになっています（Schröder, 2010と比較）。しかし、これらの問題は古典的な計算障害や読字障害のように明確に把握しにくいため、特別支援に関する評価など、学校の日常的な評価方法では気づかれないことが多いです。子どもの学習能力の低さは、発達障害が顕著な場合、恥や失敗の感覚を伴うことがあります。そして、たとえこのような問題が明らかにされたとしても、適切に対処したり成長への道筋を修復したりするのに十分なリソースがあるとは限りません。

　知的障害を伴う子どもの場合、「失敗スキーマ」や「欠陥／恥スキーマ」の形成や定着が生じやすくなります。子どもたちは小学校に入って１、２年が経つと、同級生がまるで「別の世界」にいるかのように、学問に励んでいることに気づきます。そして、次第に同級生と知的関心が異なってくることによって、誕生日会に誘われたり、一緒に遊んだりする機会が少なくなってしまい、「社会的孤立スキーマ」を併発させることもあります。

　この年齢では通常、「厳密な基準スキーマ」は意識的または無意識的に親の期待やモデリングを通じて形成されます。このスキーマは社会的もしくは文化的価値によっても固定化することがあります（例：いいキャリアを積まなければ意味がない）。私たちの見解では、新しくさまざまな国の学術的成果を（幻想にすぎないとしても）比較できるようになったことが、世界市場における他の架空の競争相手との競争を激化させています。より低年齢からテストを実施する動きもあり、ランキングを発表して、学校は競争の場だという感覚を植え付けてしまっています。

　稀な問題としては、知的レベルの高い人が抱えるスキーマの形成があります。標準的な学校カリキュラムでは十分な挑戦ができなかったことによって、「権利要求／尊大スキーマ」や「自制と自律の欠如スキーマ」が形成されるケースが見られます。そして、特別に優秀な子どもが努力せずに成果を上げることができる場合、それらのスキーマが形成される可能性があります。

　自分をコントロールできない（ADHDのような）子どもの場合、その症状の結果として「自制と自律の欠如スキーマ」が形成されることがよくあります。彼らはまた、相反する圧力（座りなさいという外的な圧力と動きたいという内的な圧力）を抱えているため、「欠陥／恥スキーマ」や「自制と自律の欠如スキーマ」が形成され、さらには、服従を強いる嫌な要求としてルールを認識するため、「服従スキーマ」が形成されることもあります。

　こうした子どもたちは、毎日の学校生活を、退屈な恒常的要求を絶え間なく押し付けるものとして経験し、そうした感覚や知覚は、子どもたちの求めるような強い刺激を含まないものとなっています。このような子どもたちは、権威者から抑圧されていると感じ、自分の「気質」に従って、より衝動的に、より過剰補償的に反応し、一般的なルールに反抗するようになります。そして、制裁を受けると、それを自分に対する懲罰的なものとみなし、上述したようなスキーマを強化することになります。

●ピアグループ

　ネガティブな経験を繰り返している子ども（たとえば、利用される、虐げられる、脅される、傷つけられる）は小学生のうちに「不信スキーマ」が形成されるか、もしくは家族の中ですでにスキーマが形成されている場合、それが再び活性化します。学生時代に友人との間で嫌な体験をしたというトラウマを抱えている親は、子どもたちが同じ年代になることをきっかけとして、スキーマが再び誘発されることも多いようです。自分の子どもが似たような体験を話すと、つらい記憶が思い出されてしまうのです。

　学生時代は、仲間の存在がより重要になり、自己イメージの形成に大きく寄与します。仲間や社会的な集団（できれば高い評価を受けている）に所属していることは、自己肯定感の向上にとても重要です。

　仲間とのつながりは、子どもの社会的アイデンティティの形成に不可欠な要素です（Tajfel, 1981）。学童期の子どもたちは、次第に自分をグループの一員として認識するようになり、仲間外れにされることや貶められること、いじめられることに特に敏感になります。そのため、いじめや集団暴力が「不信／虐待スキーマ」の原因となることがあります。

　子どもたちはしばしば、自分の社会的テリトリーを安全に保ち、集団の中での自分の立場を維持するために、未熟な方法で境界線を引こうとします。暴力は、子どもたちが使うポジション維持のための一つの方法です。

　子どもの暴力は、自分たちの領域を侵そうとする者、あるいは目に見えない境界線を越えようとする者たちに対して、自分や友人たちの領域をはっきりさせるための方法でもあります（Dodge, 2006）。この行動の根底にあるのは、つながりへの欲求です。したがって、ある種の暴力は、所属していることを示す欲求を満たそうとする未熟な方法として理解することができます。

　いじめは集団内での立場の維持、という視点から捉えることもできます。したがって、個人の問題（「加害者」を特定することに焦点を当てる）として見るだけではなく、集団の現象として捉えるべきです。

　加害者は自分よりも弱々しく「味方」のいない人間に目をつけることで、初めて強者の立場に立つことができます。そうした加害者の役割は、「被害者」や「観衆」、「加担者」、そして「傍観者」によって制裁を受けることがあります（Salmivalli et al., 1996により、「いじめの参加者の役割アプローチ」の中で考察）。

　時に、加害者が集団内でよりよい立ち位置を得るために、慎重な子どもたちが「利用」されることがあります。集団暴力は年齢相応の競争を誇張したものとして、最終的に集団内での自分の価値を高めるために生じます。したがって、いじめは、個人が時として矛盾した役割を担うことがある、複雑な集団のプロセスとして理解する必要があります。

心理的、身体的ないじめの「被害者」で、家族歴による前提条件が備わっている子どもの場合、特にスキーマを形成させてしまう傾向にあります。加害者は被害者であることが多く、その逆もまた然りです。

いじめの被害者は（加害者の大多数と比較して）自己肯定感が低く（「欠陥／恥スキーマ」）、他人が自分を受け入れてくれず、仲間外れにされていると感じています（「社会的孤立スキーマ」）。また、いじめを受けていることを隠そうとします（回避のコーピング戦略）。そのため、加害者を恐れて、親や学校の先生にいじめの事実を話すことはほとんどありません。真剣に受け止めてもらえないことや、非難されることを恐れています。被害者はしばしば、暴力を受けたことに関して責任を負わされたり、「あなたが違う行動を取っていれば、被害者にならずに済んだのに」と非難されたりしてしまうのです。

上記のスキーマには、過剰補償を含むさまざまな典型的なコーピングスタイルがあり、それらは多様な障害を引き起こす可能性を秘めています。被害者は自らの体験に対して以下のような方法で対応します。

■**服従**：黙って耐える場合は周りに気づかれることが少なく、しばしば抑うつ症状を伴います。失敗、仲間外れ、暴力などに対して抵抗することなく耐え忍びます。

■**過剰補償**：過剰補償の最も一般的な形は、被害者の周りにいる人たちにとって特に有害なものとなります。たとえば、授業妨害、規則違反、芝居がかった注目を集めるための行動、攻撃的な行動、他者をけなす、暴力やギャング化といった外に向かう行動もしくは社会的行動障害が見られます。

■**回避**：多くの場合、要求の回避や、最終的に不登校に至るような社会的引きこもりとして表れますが、白昼夢や身体化（頭痛や腹痛）、過度のメディアの消費などの感情的な回避としても表現されます。

6.1.4　外的リソースの不足による影響

家族のリソースは、通常の発達課題の対処において大きな役割を果たします。

たとえば、多くの学童期の子どもたちには、具体的な指示や宿題の手伝いが必要です。この道具的サポートと同様、情緒的サポートも重要です。情緒的サポートの例としては、どのように感情と向き合うのかについて教えたり（悲しいときに慰めるなど）、欲求不満にどのように耐えるかの見本を見せたりといったものが挙げられます。

こうした家族内の社会的支援の不足は、学校での成績不振や知能の低下などのリスク要因と考えられており（Heinrichs & Lohaus, 2011）、「欠陥／恥スキーマ」や「失敗スキーマ」の形成へとつながります。先行研究によると、4〜13歳までのIQ変動の33〜50%の原因が、不安、

メンタルヘルス、母親の教育レベル、本人に弊害をもたらすマイノリティの立場など、さまざまなリスク条件が複合することによるものとなっています（Sameroff et al., 1993）。

6.2 スキーマ療法のアセスメント、心理教育、治療

　一般的なメンタルヘルスの問題の診断については、DSM-5、ICD-10、カー（2015）を参照するとよいでしょう。体系的観点からは、複数の情報提供者によるアセスメントアプローチがお勧めです。たとえば、保育園スタッフ、学校の先生、クラブや課外活動におけるアタッチメント対象者、そして必要に応じて（子どもの同意を得られる場合には）、同年代や年上の重要な「仲間」からの情報もアセスメントの過程や仮説の立案、後の介入に役立ちます。

　私たちはまた、スキーマ療法の観点から、認知的および心理社会的アセスメントを徹底的に行い、特定の学習障害もしくは機能的障害や発達障害を除外し、治療的教育的介入を行う必要があると考えています。

　アセスメント、心理教育、および治療はしばしば連動して行われます。徹底した診断的アセスメント（例：記憶など）を行い、身体機能と感情的なストレスを関連づけ（例：夜尿やお漏らしなど）、スキーマとモードを同定することが治療効果をもたらします。
　クライアント（とその親）は非難から解放されることにより、新しい視点で問題を理解する方法を身につけ、より有益な自己イメージを形成し始めることができます。自分を知るプロセスである「自己意識」のプロセスはアセスメントによって始まり、これは、愛されていない部分も含めて自分のすべてを知るプロセスと言えます（Roediger, 2009）。実際、「もう何も隠す必要のない、ありのままの自分を受け入れてもらえる体験」は、多くのクライアントを「長年のかくれんぼ」から解放してくれるのです（同書、p.183）。

　スキーマ療法におけるアセスメントの目的は、両親や子どもが（互いの十分な分化ができている限り）、現在の問題を理解し、適切な目標を設定するのに役立つようケース概念化を行うことです。目標を設定したら、その目標が「ヘルシーなもの」なのか、はたまた「不適応的スキーマのためのもの」なのかどうかを検証することが重要です。
　たとえば「クラスで1番になる」や「かっこいい子たちのグループに所属する」というような目標には疑問を持つ必要があります。なぜなら、そのような目標は明らかに非機能的なコーピングであり、不適応的スキーマを強化するものだからです。さらに有用な診断的質問を以下に挙げます。

■現在どのような欲求が満たされていないのか？

■過去に満たされなかった欲求はどんなものか？

■欲求を満たすことを妨げるスキーマは何か？

■スキーマを活性化させる典型的な刺激は何か？

■スキーマは、子どもによる周囲の捉え方に、どのような影響を与えるだろうか？

■これまでに役に立ったコーピングスタイルは？　役に立たなかったものは？

■どのモード（感情状態や信念）が妨害しているか？

　首尾一貫した説明モデルと目標の設定において理想的なのは、親と子が合意に達することです (Zandt & Barrett, 2017; Walter & Döpfner, 2009)。小学生の場合は、発達段階に応じてできるだけシンプルに示す必要があり、可能であれば絵で表現することが望ましいでしょう。

6.2.1　文脈的アセスメント

　私たちは、子どもの問題をできる限り多くの層に分けて同定しています。具体的な層としては、気質、欲求、アタッチメントと親との関係性（養育スタイル）、子どもの認知能力や社会的能力、主な関心事、子どものリソースや強みが挙げられます。

　当然、重要なのは、どのようなスキーマやモードが生じているのかを理解することであり、その子どもの典型的な思考、感情、身体反応、行動傾向、選択し用いるコーピングスタイルも明確に把握します。また、子どもの家族や社会、学業、文化的背景やアタッチメント対象をはじめ、周囲（学校など）からの期待や軋轢も非常に重要です。アセスメントの体系的アプローチについては第15章から第17章を、また、欲求と気質の診断については第5章を参照してください。

6.2.2　診断において重要なこと

　アセスメントが進むにつれて、スキーマに特化した概念化によって、両親や他のアタッチメント対象者に対していくつかの問いが生じます（「あなたのお子さんは、何かに対して特別敏感な部分がありますか？」「何か我慢できないことはありますか？」など）。また、ウォルターとドップナー（2009, L21/1）による、子どものパフォーマンスに対する親の感情についての質問も有用で、関連する親の評価と帰属について探ることができます。親のスキーマや問題点のアセスメントについては、親の取り組みに関する項で扱っています（第15章～第17章）。

　8～14歳の子どもを対象とした「子どものためのスキーマ質問票 (The Dusseldorf Illustrated Schema Questionnaire for Children：DISC)」が開発されています。www.pavpub.com/ resource-374CoCrを参照してください（訳注：オンライン資料として当該のファイルを見つけることができなかったため、第16章末の参考文献リスト〈Loose et al., 2018〉を参照）。セラピーの最中や、親と遊んでいるときの子どもの行動観察（家を訪問するなど、いつもの「状態」を見ることが最適です）は、スキーマ療法のセラピストにとって、関連するスキーマや中核的欲求（満たされているものと満たされていないもの）についての仮説を提供してくれることが多いです。

第6章　小学生のためのスキーマ療法　　127

お題箱、考えの吹き出し、「直感」などを用いた図表（セラピストが用意したもの）を使うと、特定の状況における子どもの考え（多くはスキーマに基づいている）を問うのに役立ちます。また、特定の状況に関する文章を完成させる課題も有用です（Walter & Döpfner, 2009, L02）。

　投影法は、しばしば仮説を立てる際の重要な情報源となります。良い例としては、空想の島（「もし魔法使いが魔法であなたのことを無人島に運んでしまうとしたら、誰を連れて、もしくは何を持って行きますか？」）、文章完成法、児童版主題統覚検査（CAT：Bellak & Bellak, 1955）、動的家族画（Burns & Kaufman, 1970）、「家族を動物にたとえる」などがあります。
　構造化された絵の資料にセリフや思考の吹き出しがついていて、子どもがそこに考えや、気持ち、信念を書き込め、自分たちの親が社会的もしくは感情的に曖昧な状況の下でどう行動するのかを想像して書き込めるものも有意義です。また、典型的な感情を色で表現した絵を集めておくことも非常に役立ちます（Saint Luke's Innovative Resources の Bear cards など）。

■ よく知られている奇跡的で、妖精めいた質問のように（「3つのお願いが叶うとしたら、何をお願いしますか？」）、「自由絵画」（「あなたの家族を描きましょう」「……なりたい自分」「……お気に入りの場所」「……素敵な夢」）の内容は、セラピストに子どもの欲求に関する望ましい洞察を与えてくれます。
■ 「モードを描くこと」（詳細は第12章を参照）も、子どもの重要な感情の状態を診断するのに有用です。
■ 「指人形」を使ったモードの探索は、物語完成法を用いた手法と併せて第11章と第12章に詳述しています。
■ 「物語完成法」は5〜8歳に適用できます（Bretherton & Oppenheim, 2003）。
■ 「マッカーサー・ストーリー・ステムバッテリー（The MacArthur Story Stem Battery）」は、アタッチメントの質を検査するものですが、間接的にはモードやスキーマについて仮説を立てるためにも有用です。

　インタビューのロールプレイは、活発で落ち着きのない子どものアセスメントに役立ちます。セラピストがレポーターとなり、子どもにその子の生活についてインタビューするものです。
　他の興味深いロールプレイは、親との架空の対話です。この中で子どもは自分の父親もしくは母親としてインタビューを受けます。たとえば、セラピストが「あなたは、あなたのお母さんかお父さんになっていると想像してください。そこで、私があなたにインタビューをします。私たちはあなたについて話をします。あなたはお父さんとお母さん、どっちになりたいですか？」と尋ねます。
　これ以降、セラピストはその子どもを親の名前で呼びます。「Nさん、ステファンのどんなところを誇りに思いますか？　ステファンのどこが心配ですか？　子どもにアドバイスをするとしたら何と言いますか？　ステファンが彼の生活をどうできると、あなたは幸せになれますか？　ステファンはあなたの一番最近の誕生日に何をくれましたか？　ステファンと最後にハグをした

のはいつですか？　ステファンはどのようにあなたを傷つけたり怒らせたりしましたか？　あなたはどうしてステファンをがっかりさせたのですか？　ステファンの成長はあなたにとってどんな意味がありますか？」

事例

　9歳のケビンの話に戻りましょう。ケビンは学校や同級生を避けています。アセスメントの際はさまざまな投影的手法、たとえば文章完成法、家族を動物にたとえる、そして空想の島の質問（「無人島に行くとしたら誰を連れて行きますか？　また何を持って行きますか？」）が用いられました。このプロセスは彼に孤立や欠陥の感情を呼び起こしました。

　ケビンは、時々、自分は「バカ」だと思うことがあると表現しました（たとえば、宿題をやっているときに）。また、周りの子どもたちに嫌なことをされたときに、暴力的な思考や復讐の空想をすると述べました。認知機能検査では、K-ABCの結果、平均的な知能であることと、擬似語の再生（Mottierテスト）や数唱の検査から、音韻や記憶力に課題があることがわかりました。検査の実施を求められても、不安やストレス症状を示すことはありませんでした。

　行動や相互作用について観察すると、ケビンは母親に対して支配的で批判的な態度を取っていました（公的な場よりも、プライベートの場で）。最初のセッションでは、母親はケビンに対して過度に慎重かつ忍耐的に対応しているように見え、また自分の行動を必要以上に正当化しているように見えました。母親は、ケビンに協力をお願いしたり怒ったりと、対応が揺れていました。ケビンは、母親が他の子どもに構っていると、挑発的な行動を取ったり嫉妬心を見せたりしました。

　また、母親はケビンをきっかけに感情を激しく揺さぶられることがあり、参加を断固として拒否する彼になす術もなく涙をこぼしたこともありました。さらには周りに敵意や不信感を示すような態度で、ケビンを守るように立ちはだかることがあり、そうすることで人に対する衝動的で粗暴な接し方の手本を示していました。

　母親や他のアタッチメント対象が、集団や学校生活に参加する際の気持ちや希望を把握しようと試みるたびに、ケビンは自分を閉ざしていました。大人や子どもとの集団場面（あえて参加した場合）では、ケビンの反応は素早く、怒りっぽく大げさで、不器用でもありました。他の子どもがケビンの邪魔になるようなことをすると、彼は「お前の足をどけろ！　さもないと殴るぞ！」と脅したり、他の子どもの悪口を言ったりしていました。学校での観察では、落ち着きがなくイライラしていて、規律を守らず授業への意欲も乏しい状態でした。新しいタイプの宿題を出されると、彼にとって簡単にできそうな課題であっても、挑戦することに抵抗や恐怖心を示しました。ただし、間違えることへの不安は見られませんでした。

第6章　小学生のためのスキーマ療法　129

アセスメントには、数回のセッションを使って、親のスキーマやモードを徹底的に調査する過程を含めました。

ケース概念化

アセスメントの結果、背景にあるコーピングスタイルやスキーマを考慮に入れながら、ケビンの症状の原因と維持について以下のような仮説に基づくケース概念化が行われました。

1. 以下に関連する**欠陥／恥スキーマ**
   ■総体的な運動（部分的には音韻を含む）能力における困難
   ■家族からの捉え難く微妙なメッセージ（父親と祖父の完璧主義と、息子／孫に対する高い基準）
   ■母親の「完璧に正しくあるべき」という行動規範

2. **権利要求スキーマ**：家では母親が優しく甘やかすことで、外では自分が小さい存在に感じられ不安を抱いていた。このような態度と、一人っ子であったことが、同年代の中で年齢相応の自己主張スキルの発達を妨げていた。関わりを持とうとすると、ケビンは身を引いたり、そっけない返事をしたりして防衛的な態度を示した。

3. **不信／虐待スキーマ**：ケビンは攻撃的な同級生や迷惑な生徒とのさまざまな出会いに傷つき、それらが学校を避ける理由の一つになっていた。

4. **スキーマが活性化される状況の回避**：これは典型的な回避の悪循環につながる。最初の不安や恐怖を否定することは、不快な感情を回避する役割も担っていた。

5. **家族関係における強化要因**：ケビンの母親は、すでにこじれてしまっている関係を「壊す」ことを恐れて、欲求不満を感じる場面にケビンをさらすことを嫌がっていた。
   　母親は、自分自身が幼少期に暴力や厳しい罰を受けた経験があるため、物理的な手段で制限を設けることを避けてきた。ケビンの頑なな態度に対する警戒心や寛容さの背景には、生物学的に条件づけられたスキーマ（支配的な育ての親の元での彼女自身の「情緒的剥奪」と「服従」、その結果としての「欠陥／恥」）があった。母親はケビンと自分を過剰に同一視しており、ケビンに過度に期待するのは酷だと感じていた。そのために彼女は、非常に理性的で感情的に距離を置いている父親に対して、無意識下で連携を図った。その結果、ケビンと母親は、父親に対して疎遠になった（役割の二極化：厳格な父親と「良い」優しい母親）。また、母親はケビンの恐怖心に同調してい

た（イライラすると「胃の痛み」を感じる）。

6. **分離不安（見捨てられスキーマ）**：3〜6歳の頃のケビンは、両親が口論をしているときでも表面的には不安な様子は見せなかった。彼は、両親の一時的な別居によって感情的に揺さぶられ、またその際父親が自分の面倒を見てくれていたにもかかわらず、失望して悲しむ母親のそばにいなければならないと考えていた。おそらくケビンは、母親のそばで強い男性の役割（偽りのパートナー役）を果たしたいと考えていたのであろう。母親が再就職を計画していることで、ケビンの分離不安（一人で登下校すること、帰宅して短時間一人で過ごさなければならないこと）が再び活性化された。

7. **気質的要因**：ケビンは遺伝的に不安になりやすいようである。彼は幼い頃からイライラしやすく、自分の感情のコントロールが難しい様子であった。彼は、たとえポジティブな活動に移る場合でも、変化に直面することに常に困難を感じ、変化に適応することが難しかった。

教育に関する問題については、本書の9.3項を参照してください。

6.3 スキーマ療法の実践：年齢に応じた治療的介入

　ここでは、学齢期の子どもに対する一般的な治療戦略（特定の障害に焦点を当てないもの）について簡潔に述べます。介入の多くは他の治療法や学校で知られているものです。一方でそれらは、適切な箇所でスキーマ療法の概念に組み込まれています。これは、セラピストがどのように介入を進めていくかのロードマップを描く上で役立ちます。

要素1 中核的欲求を満たす

●治療において欲求を満たす方法としての治療的再養育法

　スキーマ療法のセラピストは、満たされていない中核的欲求とスキーマに同調します。たとえば、臆病で従順な子どもに対しては、セラピストは子どもの自主性と自信を高めることに焦点を当ててアプローチします。

　一方、手に負えない、あるいは規律を守れない子どもに対しては、自律性を高めるための指導に焦点を当てます（構造と方向づけの必要性）。たとえば子どもが「欠陥／恥スキーマ」を持っている場合は、セラピー内の関わりで自己肯定感を高めていくことが重要です。子どもと関わるセラピストの目標は、子どもの中核的感情欲求を満たすことと、そのプロセスを受け入れる子ど

第6章　小学生のためのスキーマ療法　131

もの能力を高めることです。

●欲求を満たす準備と能力のある人との、つながりを促す

（セラピストと親の間で事前に合意した上で）安全で養育的であり、子どもの自主性や遊びへの欲求に上手に対応できる人物と、子どもが関係を築いていけるように導いていきます。これによって、子どもが模倣する対象のレベルが上がり、欲求が満たされる、よりポジティブな体験を築くことができます。

●今まで欲求の充足を支援してこなかった人たちとの、関わりを修正する

子どもは、親が自分の問題を理解して、真剣に受け止めてくれるように、どのようなコミュニケーションを取ればよいかを教わります。そうすれば治療中に、どうすることもできないと感じたときに、頑なに引きこもるのではなく、親にサポートを求めることを認めてもらえます。このようにしてセラピストは、新しい「ダンス」を学ぶように、親と子の双方がより効果的な方法でコミュニケーションを取って関わり合えるようサポートします。

●子どもの環境への対応

セラピストはまた、アタッチメント対象である人物に中核的欲求を満たす新しい方法を指導します。子どもの欲求を満たすために、家族が新しい「ルール」を作ったり、1日や1週間のスケジュールを変更したりする必要があるでしょう（たとえば、同定した満たされない欲求を満たすために、活動や時間の配分を記入した円グラフを作成する）。

学校について、セラピストは教員に対し、以前は満たされていなかった中核的欲求を理解し、満たすことを助けるようアドバイスを行うこともあります。一方で、環境調整がなされる可能性がほとんどないケースでは、転校が必要になる場合も見られます。

要素2 スキーマの修正

●スキーマ（とモード）を認識する

治療が進むにつれて、子どもは自分の「弱点」や典型的な感情状態を認識し、名前をつけるよう促され、その結果それらに対処できるようになります。可能であれば、子どもが自分のスキーマの原因やモードの機能性についても理解できるよう支援します（モードワークの要素については10.2項、チェアワークについては12.3項を参照）。

●スキーマの妥当性をチェックする

　この作業を始めるために、セラピストは、子どもが自分のスキーマ（例：「失敗」）の原因を解明し、直面している失望や課題を説明できるようサポートする必要があります。必要に応じて、セラピストは子どもの持つ非機能的な評価や誤帰属を同定し、それらをエビデンスと対比させます。

　たとえば、心理検査の結果と、「失敗スキーマ」に基づく考えを対比させます。「あなたはバカじゃない。それは証明されています！」と。検査結果を用いて自分の長所と短所を確認でき、それを説明してもらうことは、多くの自己肯定感が低い子どもたちにとって助けになります。検査のマニュアルとその検査の標準値は、自己批判に対する反論として用いられます。子どものさまざまな能力や強みを図示し、社会性や芸術性（友達を作る、歌う）、創造性（ゲームの良いアイディアを思いつく）、体力なども記載しておくと、子どもは自己イメージを膨らませることができます。

　オンライン資料に、長所と短所をアセスメントする「ladder（はしご）」というものがあります（www.pavpub.com/resource-374CoCr）。これは、まず子どもが自分で記入をします。それを家に持ち帰り、安全な人からフィードバックを受けることもできます。自分でもわかりやすい身体機能（聴覚、嗅覚、味覚、視覚、体力テスト）を含む即席の「テスト」で、他者（親、仲間、教育者）からの信頼できるフィードバックをもらえれば、子どもは自分自身に対して肯定的な再評価をすることができます。

　学童期の子どもにとって、慢性疾患（例：喘息）や身体疾患（例：股関節形成不全）による行動制限は、当然ながら、劣等感や不利益を感じるものであり、受け入れることが非常に難しいものです。子どもたちに対しては、前述のような長所に気づかせるだけでなく、限界についても明らかにしておく必要があります（たとえば、学習障害の場合、「あなたは学習には少し時間が必要だし、時にはあなたのペースに合わせて説明してくれる人が必要です。でもだからといって、あなたが……〈その子の強みを挙げる〉という、他の人には到底成し遂げられないようなことができることに変わりはありません」）。セラピストは、子どもが深刻かつ適切な心配ごとを抱えるたびに、慰めをもって応え、子どもが自分の限界をより広い文脈の中に置くことができるよう手助けする必要があります。

　また、セラピストには、家族が子どもの障害についてよりよい方法でマネジメントしたり話し合ったりできるよう支援するために、家族への介入が必要になる場合もあるでしょう。

　子どもたちは死や死ぬことについて抽象的に考えたり、誤解されるような宗教的題材に触れたりすることもあり、これらによって生じる恥や恐怖、孤独感に対処するために、スピリチュアルな助けを必要とすることがあります。グループで行うゲームや活動は、肯定的なフィードバックを得たり、これまで認識していなかった自分の資質への気づきを深めることで、自己肯定感を高めることのできるもう一つの重要な方法です（Plummer, 2008）。

第6章　小学生のためのスキーマ療法　　133

図 6.1　長所と短所のはしご

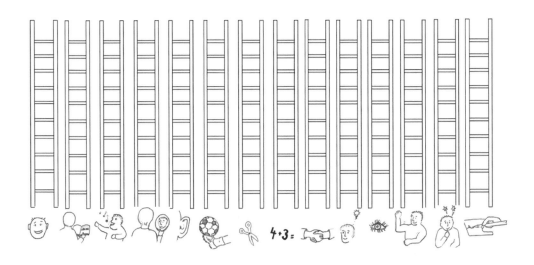

　時折、その子が他の子どもと同等もしくはそれ以上にパフォーマンスを発揮できるような状況を作り出したり探したりしなければなりません（スポーツクラブ、音楽、ボーイスカウトなど）。これらの介入は、子どもにつながりや達成感を与えることで、「社会的孤立」や「欠陥」のスキーマの解消につながります。また、子どもの社会的ネットワークを強化することがスキーマの修正になることもあります（たとえば「欠陥スキーマ」や「社会的孤立スキーマ」の場合）。

　描画（Shore, 2007）は、潜在的なリソースを見出すために使用します。
　方法の一つは、内側、真ん中、そして外側の円を描き、子どもに自分の人間関係を表現させるものです。身近な人たちを円で描き、より重要な人はさらに大きな円で描きます。子どもは自分を四角く中心に描き、中心から近い円や遠い円を描くことで、その人との親密さを表現します。セラピストは子どもと一緒に、彼らの生活において重要な人たちについて思いめぐらしながら、重要な人たちを自分に近づける方法や、なぜ内側の円に描かれている人と一緒にいても孤独を感じるのかについて考えます。

　また、心理教育では、非機能的思考や自己評価に対して、子どもが自分の感情や行動が普通のものであることを理解できるようにするための機会を提供します。
　たとえば、他の多くの子どもたちもADHDや夜尿症に苦しんでいることを聞いて、子どもの経験がノーマライズされます。また、学校生活の中でよく生じるミスや失敗について聞いて励まされることもあります。そうすることで、「厳密な基準スキーマ」から距離を取ることがより容易になります。
　もちろん、このスキーマに対処する際は、親は子どもにとってより支持的な環境を提供できるようになるために、どのように変わればよいのか、コーチングを受ける必要があるでしょう。また、子ども（特に「厳密な基準スキーマ」や「自制と自律の欠如スキーマ」を持つ子ども）に

とって、親としての合理的な期待を明瞭にし、強化することも有効です（「あなたの両親は、学校でうまくやることよりも、あなたの幸せと健康を心から望んでいます」や「ママとパパは、自分たちの持ち物を壊さずに大切に扱ってほしいと思っています」）。このようにして、セラピストは、子どもが親の行動についてスキーマのレンズを通して解釈し続けるのではなく、親の善意への気づきを高められるよう手助けすることができます。

●イメージ、もしくは遊びによる書き換え

　書き換えのワークの目的は、修正感情体験の機会を提供することです。主なスキーマのきっかけとなった重要な瞬間を追体験し、これらのネガティブな体験を、つながりや統制、安全といった新しい体験で上書きします。思春期の人や成人に対しては、スキーマに関連する重要な記憶を追体験し、イメージの中でその体験を修正することが行われます。

　セラピストは、子どもの欲求を満たすことができる安全な人をイメージの中に登場させることで、子どもの欲求を満たします（Arntz & Jacob, 2012, p.160）。学童期の子どもたちと関わる際は（幼い子どもたちと同様に）、ゲームや遊びを通して効果的に書き換えが行われます（第11章参照）。このプロセスは、子どもたちがつらい体験を再現しようとすることとよく似ています。多くの子どもたちは、未消化の体験を再現し、遊びを通じてその体験を処理します。セラピーでは、子どもはさまざまな役割を担い、映画監督のように場面をコントロールする感覚を得ます（ゲームの重要性については、5.3項もしくは11.1項参照）。

　ほとんどの子どもたちは、演じられた場面の背景にある本当の体験を認めないし、認識すらしません。遊びが進むにつれ、セラピストは同じようなつらい遊びの場面を創造的に変化させていくようサポートします。このプロセスによって、ネガティブな感情（罪悪感、恥、脅威）がポジティブな感情（安全、アタッチメント、喜び）に置き換えられます。遊びの中での代替的な体験は、将来同じような状況になった際に解決策を見出す助けになります。

　このような治療の重要な目的は、きっかけとなった出来事と、それに起因して植え付けられたネガティブな感情とを切り離すことです。セラピストは、きっかけとなった出来事と似た状況の中で、子どもが異なる反応を示すようにサポートします。

　そのために、子どもが「あの時・あの場所」と「今・ここ」の違いを鮮明に感じることができるよう、子どもの日常生活から現実的な要素を新しい遊びの中に取り入れます。新しい反応は、セラピストからのリフレーミングのような構造化された認知的介入によって、さらにサポートされます（「彼は、誰にも愛されていないと思っていましたが、今は愛される方法がわかっています」）。この切り離しによる感情の処理は、12歳以上の子どもにはあまり使用されません。12歳以上では、メモやフラッシュカードのような認知的介入（14.2項参照；Arntz & Jacob, 2012と比較）や、イメージワーク（13.2項）がより適切です。

第6章　小学生のためのスキーマ療法　　135

要素3 ヘルシーなコーピング反応を成長させる

　この段階では、セラピストは服従、回避、過剰補償のコーピング反応を減らし、感情や欲求を適切に伝えられるようになることに焦点を当てます。

　スキーマに基づくコーピング反応を変容させるためには、行動パターンを崩すことが重要です。回避の悪循環について理解すると、子どもたちは困難な状況にアプローチするよう導かれます。たとえば、ミスをするリスクを負うよう後押しされることもあります。

　しかし、その恐怖がどれほど現実的であるかという新たな知識と、自分自身や他人の反応を評価するスキル（たとえば、両親の意見や同級生の考えそうなことをより正確に評価できるようになる）を身につけた今、その恐怖を克服することができるのです。ここでは、古典的な行動療法の技法が用いられます（ロールプレイ、段階的エクスポージャー、ホームワーク、観察プロトコルなど）。また、しばしばアサーションの技法を用いた実践的な支援と練習が必要になることもあります。

　「失敗スキーマ」を持つ子どもは、パフォーマンスを求められる場（クラスでの作業、悪い行動の減少、知識不足の解消、自己管理能力の向上、適切な学習方法の確立など）で具体的な支援を必要とします。両親の示す、スキーマを活性化させる行動に対処するために、親のサポートについては治療セッションの中で交渉し、同意し、試行する必要があります。

　それが適当な場合（たとえば、知識不足がある場合）には、家庭教師やその他の適切なリソースという形で専門的な支援を導入することができます。そのためには、セラピスト、親、教育者の協力が不可欠です。治療の集中期には、5分間の電話だけでも非常に役立ちます。たとえば、金曜日の午後に教師が保護者に情報提供をすることで、保護者がタイムリーに介入することができます。また、それとは別にアポイントを取り、フィードバックや進捗状況の確認（例：強化スケジュールに関して）を行うことで、子どものアタッチメント対象者全員が子どもを中心とした輪の中に入り、最新の情報を得ることができます。

　子どもの行動が変化することによって、子どものクラス内でのポジションが変わり始め、学校の友達にも影響を与えます。このような教育的、社会的成功はモニタリングする必要があります（比較：Walter & Döpfner, 2009）。というのも、「失敗」などのスキーマを持っている場合、成功したと認識することに抵抗を示すからです。

　達成感が得られなかった経験ばかりを覚えていることで、セラピーの進捗を妨害することがあります。適応的なコーピングに対して、仲間から役に立たないものとしてレッテルを貼られたりする（たとえば、その子が「身の程知らず」になったと非難したりする）ので、セラピーの進展にあたっての障害を見つけ出して、どうするべきかという方法を提供する必要があります。子どもに自信がついてきたら、誰もが自分の成長を応援してくれるわけではなく、時には嫉妬する人もいるかもしれないことを理解し、受け入れることができるよう手助けしていきます。

回避のパターンが持続している場合、子どもが恐怖を感じる状況にアプローチできるよう、アタッチメント対象者やセラピストからの明確な指導が必要となります。事例は、恐怖が原因で不登校になったケースであり、このアプローチが求められます。認知的アプローチが有効な場合もありますが、自分が恐れている状況に置かれることで初めて、恐怖を乗り越えられるようになる子どももいます（古典的なエクスポージャーの原則を用いる）。このような場合は、親がより自信を持ってこのアプローチを学び克服していけるよう、親への集中的な働きかけが必要です（下記事例参照）。

事例

私たちはケビンの両親と共に回避行動の悪循環を断ち切ることを決断し、ケビンの母親は、「ヘルシーアダルトモード」にとどまる力を向上させるために、十分な取り組みを行いました。ケビンは少しずつ学校やセラピーに通うためのスキルを身につけていきました。十分なスキルを身につけると、手助けし、必要であれば強制的に登校させることもありました。実際、母親はケビンを校門や教室の方向に押しやり、道を塞いで逃げられないようにしなければならないこともありました。

母親は励ましの言葉をかけながら、ケビンの激しい怒りに抵抗しました。彼女にとっては、他の誰からもケビンを物理的に妨害されずに、自分一人でこれを実行することがとても重要でした（ケビンが乱暴に扱われることを恐れてのことでもありました）。このような母親の断固とした姿勢を受けて、ケビンは徐々に自分の抵抗を克服し、最終的にはほとんどすべてのグループ活動に参加し、登校するようになり、セラピーの予約にも（母親の付き添いなしでも）自ら来室するようになりました。

しかし、時間が経つにつれ、再び学校を拒否するようになりました。ケビンはしばしば母親に対して悪態をつき、母親が彼に宿題などをさせようとすると、不遜な態度を取り続けました。

要素4 モードワーク

セラピーのこの側面では、各モードに関連した特有の目標があります。解離したモードは統合され、「ケアする親（Caring Parent）モード」「内なる支援者（Inner Helper）モード」、そして「利口で賢い（Clever and Wise）チャイルドモード」は強化されます。問題となるコーピングスタイルは克服され、「懲罰的ペアレントモード」は弱化されます。そして「怒れる／衝動的／非自律的チャイルドモード」は望ましい方向へ導かれていきます。

スキーマ療法のモードワークは、古典的な認知行動療法よりも変化の可能性がより高くなります。スキーマ療法には、子どもたちと一緒に取り組む際に特に役立つ技法がいくつもあり、子どもの治療への抵抗、特に脆弱性の回避に対処できる技法を提供しています。また、役に立たない行動を概念化する方法を提供し、その行動の原動力となっている感情欲求を満たすことを助ける方法を提案します（方法の概要は第9章〜第17章参照）。モードワークは、描画、指人形や物語など、子どもたちが直感的に理解しやすい技法を使って実施することができます。

事例

　指人形を使ったモードワークで、ケビンは自分の問題を徐々に明かすようになりました（たとえば、「怒れるレッド・ケビン」と「意地悪なレッド・ケビン」）。また、「不幸せなケビン」も登場し、徐々にセラピーの中でこのモードに焦点化していきました（写真を参照）。

　ケビンは「不幸せなケビン」について話すことがかなり難しく、これを否定していました（「遮断・防衛モード」）。彼は何度もセッションに来ることを拒み（「回避・防衛モード」）、しばしば母親が彼を部屋に押し込まなければならないこともありましたが、それでも時々、自分の絵やセラピーの人形と対話することがありました。

　やがて、ケビンは徐々にセッションが楽しくなり、自分の中に存在する不安な部分を少しずつ認めていけるようになりました。学校訪問を目前に控え、私たちはその際に主役となるモードと、より適応的に対処するために信頼できるモードについて決めていきました。

　セラピーの過程で（部分的には母親の存在のおかげで）、ケビンは指人形を通して、赤い指人形は自分を守るために使っていることを示すようになりました。セラピーが進むにつれて、ケビンは次第に防衛のために指人形を使う必要がなくなり、それまで隠されていた脆弱な部分を優先するようになりました。

　ケビンは攻撃的な同級生から不当に扱われているように感じ、彼らから逃げようとして

いたことがわかりました。「かくれんぼ」（「逃走・回避モード」の名前）とのモードによる
対話の結果、ロールプレイが行われ、ケビンは他の子どもたちと関わるときに異なる反応
をする練習をしました。彼は、攻撃的、防御的、意地悪、そして友好的な反応をそれぞれ
演じてみました。

6週間の入院治療の後、ケビンは母親に新しい考えとポジティブな体験について打ち明
けました。子どもたちと遊ぶことは楽しいと学んだのです。私たちが、その日体験したこ
とを話せるよう提案した日替わりのミーティングの場で、彼は徐々に自分が体験したこと
を母親に話すようになり、またグループやセラピーの場であったことを彼女に語るように
なりました。入院の終わりには、彼は新しい「友達」との別れを悲しみ、仲間のクライア
ントたちに「また会いたい」と言いました。

●治療の成果

治療終了から1年後、ケビンは継続的に学校に通っていました。
ただ、学校への登校初日は、ケビンにとっても母親にとっても最も困難な日でした。ケ
ビンの両親に介入した結果、両親はケビンをサポートしつつ、はっきりと指示することも
できるようになり、ドアを開けて教室に入るよう促すことができました。

6.4 まとめ

小学生の子どもにおいては、親が主体となる就学前の子どもよりも、子どもを主体とした作業
がより重要になります。アセスメントと治療の中心は子どもと家族の欲求であり、またスキーマ
とコーピングスタイルの形成に、より注意を払う必要があります。

プレイセラピーのアプローチは、心理教育（多くの場合描画を用いて実施される）や練習の要
素によって補強されます。指人形や手人形といったパペットは、モードワークの有効な手段とし
て実証されています。これにより、各モードがさまざまな欲求、考え、感情状態、身体感覚、行
動傾向、信念を声にすることができるようになり、子どものモードへの気づきを高め、より身近
なものにしていくことができます。

指人形は、各モードの代表として、子どもの内面にある葛藤を目に見える形で表現し、問題の
奥にある力動をより深く理解させてくれます。活性化されるモードについて気づきと洞察を得る
と、たとえば恐怖への段階的エクスポージャーのような古典的な行動療法の介入がより受け入れ
やすく、効果的になります。

治療が進むにつれ、変化やモードへの介入を子どもの日常生活に馴染ませていく必要がありま

第6章　小学生のためのスキーマ療法　139

す。また、あらゆるスキーマとモードへの介入において、家族、そして学校に関連した構造的問題を考慮に入れる必要もあります。これらの広範囲な問題を認識せず対処しない場合、治療効果は著しく低下してしまいます。

　たとえば、子どもが日常的に周囲からの暴力や仲間外れに遭っている場合、セラピストは家族の中で求められるものとは全く異なる実践的な戦略を提供する必要があります。学校レベルの介入を呼びかけることも、セラピストには可能です（たとえば、スクールカウンセラーや心理学者などを通じて〈Redlich, 2002〉）。また、アサーションに課題を持つ子どもを同時に支援するために、社会的能力訓練（Social Competence Training）の形式の集団療法も有効です。

◆参考文献◆

Arntz, A. & Jacob, G. (2012). *Schema Therapy in Practice*. Chichester: Wiley-Blackwell.

Bellak, L. & Bellak, S. S. (1955). *The Children's Apperception Test. C.A.T.* Göttingen: Hogrefe.

Bretherton, I. & Oppenheim, D. (2003). The MacArthur Story Stem Battery: development, administration, reliability, validity, and reflections about meaning. *Revealing the inner worlds of young children: The MacArthur Story Stem Battery and parent-child narratives*, 55-80.

Burns, R. C. & Kaufman, S. (1970). Kinetic family drawings (KFD) : An introduction to understanding children through kinetic drawings. New York: Brunner/Mazel.

Carr, A. (2015). *The Handbook of Child and Adolescent Clinical Psychology: A Contextual Approach*. London: Routledge.

Dodge, K. A. (2006). Translational science in action: hostile attributional style and the development of aggressive behavior problems. *Development and Psychopathology*, **18** (3), 791-814. Retrieved from https://search.proquest.com/docview/201695609?accountid=178506

Erikson, E. H. (1968). *Identity: Youth and Crisis*. New York: Norton.

Havighurst, R. J. (1972). *Developmental Tasks and Education* (3rd ed.). London: Longman Group.

Heinrichs, N. & Lohaus, A. (2011). *Klinische Entwicklungspsychologie kompakt*. Weinheim: Beltz.

Jerusalem, M. (1984). Reference group, learning environment and self-evaluations: A dynamic multi-level analysis with latent variables. *Advances in Psychology*, **21**, 61-73.

Lewis, M., Sullivan, M. & Vasen, A. (1987). Making faces: age and emotion differences in posing of emotional expressions. *Developmental Psychology*, **23**, 690-697.

Marsh, H. W., Craven, R. & Debus, R. (1998). Structure, stability and development of young children's self-concepts: a multicohort-multioccasion study. *Child Development*, **69**, 1030-1053.

Measelle, J. R., Ablow, J. C., Cowan, P. A. & Cowan, C. P. (1998). Assessing young children's views of their academic, social and emotional lives: an evaluation of the self- perception scale of the Berkeley Puppet Interview. *Child Development*, **69**, 1556-1576.

Murray, L., Creswell, C. & Cooper, P. J. (2009). The development of anxiety disorders in childhood: an integrative review. *Psychological Medicine*, **39** (9), 1413-1423.

Nicholls, J. G. (1984). Achievements motivation: conceptions of ability, subjective experience, task choice,and performance. *Psychological Review*, **91**, 328-348.

Olthof, T., Ferguson, T. & Luiten, A. (1989). Personal responsibility antecedents of anger and blame reactions in children. *Child Development*, **60**, 1328-1336.

Oerter, R. (2008). Kindheit. In: R. Oerter, & L. Montada (Eds.), *Entwicklungspsychologie* (6. Aufl.) Weinheim: Beltz.

Plummer, D. (2008). *Social Skills Games for Children*. London: Jessica Kingsley Publishers.

Redlich, A. (2002). Die kooperative Methode im Unterricht. In: H.P. Nolting, (Ed) *Störung in der Schulklasse. Ein Leitfaden zur Vorbeugung und Konfliktlösung*. Weinheim: Beltz.

Roediger, E. (2009). *Praxis der Schematherapie*. Stuttgart: Schattauer.

Salmivalli, C., Lagerspetz, K., Björkqvist, K., Österman, K. & Kaukiainen, A. (1996). Bullying as a group process: participant roles and their relations to social status within the group. *Aggressive Behavior*, **22** (1), 10-15.

Sameroff, A. J., Seifer, R., Baldwin, A. & Baldwin, C. (1993). Stability of intelligence from preschool to adolescence: influence of social and family risk factors. *Child Development*, **64**, 80-97.

Schröder, A. (2010). *Evaluation eines Therapieprogramms für Kinder mit entwicklungsbedingten räumlich-konstruktiven Störungen*. Dissertation zur Erlangung der Würde des Doktors der Philosophie am Fachbereich Psychologie der Universität Hamburg.

Shore, A. (2007). *The Practitioner's Guide to Child Art Therapy: Fostering Creativity and Relational Growth*. New York: Routledge.

Skinner, E. A. (1996). A guide to constructs of control. *Journal of Personality and Social Psychology*, **71**, 549-570.

Southam-Gerow, M. A. & Kendall, P. C. (2002). Emotion regulation and understanding: Implications for child psychopathology and therapy. *Clinical Psychology Review*, **22** (2), 189-222.

Tajfel, H. (1981). *Social Identity and Intergroup Relations*. London: Cambridge University Press.

von Salisch, M. (2008). Emotionale Entwicklung. In: B. Herpertz-Dahlmann, F. Resch, M. Schulte-Markwort, & A. Warnke (Eds.), *Entwicklungspsychiatrie, Biopsychologie – Grundlagen und die Entwicklung psychischer Störungen* (2. Aufl.) (pp.96-108) Stuttgart: Schattauer.

Walter, D. & Döpfner, M. (2009). *Leistungsprobleme im Jugendalter, SELBST-Therapieprogramm für Jugendliche mit Selbstwert-, Leistungs- und Beziehungsstörungen*. Göttingen: Hogrefe.

Yee, M. D. & Brown, R. (1992). Self-evaluations and intergroup attitudes in children aged three to nine. *Child Development*, **63**, 619-629.

Zandt, F. & Barrett, S. (2017). *Creative Ways to Help Children Manage BIG Feelings: A Therapist's Guide to Working with Preschool and Primary Children*. London: Jessica Kingsley Publishers.

第**7**章

思春期・青年期の スキーマ療法

クリストフ・ルース、ピーター・グラーフ、
ルース・A・ホルト

事例

　リー・マリーは15歳で、9年生です。母親と12歳の異母妹と共に、2つのベッドルームがある小さなアパートに住んでいます。両親は、彼女が2歳のときに離婚しました。彼女の母親は新たなパートナーに恵まれず、パートナーとの関係が半年以上続いたことはありません。

　当時、リー・マリーの母親は、5度目となる恋愛の失敗を経験し、感情的に混乱していました。リー・マリーは絶えず母親のサポート役となり、母親を慰めたり精神的な支えになったりしていました。

　リー・マリーは、母親のパートナーたちが気に入らなかったので、パートナーと母親との対立を煽ったりすることもありました。しかし、その関係が壊れると、彼女は罪悪感を抱きます。特に母親が孤独感を訴えたときなどは、そうでした。

　リー・マリーが10歳のとき、母親は男性とはきっぱりと距離を置くことを約束しました。母親は、2人の娘の世話と、友人が経営する通販会社でのパートタイムの事務仕事に専念しました。後になって、母親と上司である友人は、リー・マリーの私生活に頻繁に立ち入り、彼女の恋愛関係にも首を突っ込んでくるようになります。リー・マリーは不快でしたが、それをことさら言い出すことはありませんでした。

　リー・マリーは、幼児期から小学生までのすべての発達段階を順調に乗り越えました。彼女は静かで、抑制的で、気後れしがちな性格でした。しかし他方では、意志と忍耐力が強く、毅然とした子どもにも見えました。運動能力は彼女の自慢のタネで、スリムな体型をしており、体操やバレエのクラスでは誰よりも機敏で、柔軟性に富んでいました。

　そんな彼女に思春期が訪れました。ほんの数週間のうちに、初潮を迎え、胸が大きくなり、身体全体が女性らしい曲線を描く方向に変わっていきました。体重が増え、体操のクラスでは1番ではなくなりました。また、男子の視線にさらされることで、彼女は自意識過剰になりました。

　そして最初は仲間から、次に体操クラブの活動から、最後には家族からも引きこもるようになりました。学校の授業や宿題では集中力が低下し、成績も下がって落第の恐れがあるという警告書を5回も受け取りました。リー・マリーが助けとサポートを必要としていることは明らかでした。

7.1 スキーマ療法の観点から見た段階別の発達課題、相互作用、葛藤、モード

思春期（puberty〈ラテン語で性的成熟を意味するpubertasに由来〉）とは、性的に成熟し、さらに成長して有性生殖が可能な大人の身体になるための、一連の生理的な発達を特徴とする時期を指します。子ども時代を終えて完全な性成熟に至るまでの期間は、青年期（14〜17歳）とも呼ばれます。なお、青年期前期は10歳から13歳までを、青年期中期は14歳から17歳までを、青年期後期は18歳から22歳までを指します（Steinberg, 2005による表7.1を参照）。

表7.1　青年期と年齢 (Steinberg, 2005)

記述	年齢
青年期前期	10〜13歳
青年期中期	14〜17歳
青年期後期	18〜22歳

特に断りのない限り、ここでは「青年期中期」に焦点を当てます。「青年期」「ティーンエイジャー」「思春期」も同義語だと捉えてください。

7.1.1　発達の節目とテーマ

青年期は、多くの機会や可能性がある一方で、潜在的なリスクがあったり、求められることが非常に多かったりする発達段階です。

「子どもから大人への移行は、当事者がこれまでに経験してきたことに比べて、はるかに構造化されておらず、はるかに自由である未知の世界に足を踏み入れることを意味します。体型が劇的に変化し、新たな身体感覚が訪れ、混乱が生じます。自身の変化に伴って周りの環境も変容していくため、さらなる混乱を招くことになります」（Oerter & Dreher, 2008, p.317, 自訳）

ドレハーとドレハー（Dreher & Dreher, 2002；Oerter & Dreher, 2008, p.279からの引用）によると、青年期の主要な発達上の目標は以下の通りです。

第7章　思春期・青年期のスキーマ療法　145

■同性および異性の仲間との、新たな、より成熟した関係の構築

■ガールフレンドやボーイフレンドとの親密な付き合いを始めること

■社会の中で、男性の、あるいは女性の役割を引き受けること

■明確な自己イメージの形成（自分を知り、他人にどう見られているのかを知る）

■身体的な変化や外見を受け入れること

■親から分離したり、独立したりすること

■恋愛をするための準備（そのためのアイディアを練ること）

■キャリアへの意欲を高めること

■行動の指針となる価値観の確立

■将来の見通しを立て、人生設計を行い、目標に向かって努力すること

●共通課題

　カー（Carr, 2015）やドフナーら（Döpfner et al., 2000）によると、この年代で最もよく見られる問題は、自己イメージを受け入れようとすること、同性や異性の仲間との関係を築くこと、親密な関係を始めること、親から離れること、キャリアの目標を検討すること、価値観を育むこと、社会的な責任を伴う行動の在り方を学ぶことなどに起因します。このような難しい課題やプロセスを考慮すると、他の発達段階と比較して、青年期が特に不安定で敏感な時期であることは驚きに値しません。

7.1.2　スキーマ療法の観点から見た
段階別の発達課題、相互作用、葛藤、モード

　10～11歳頃から、親の代わりに同性の仲間が相談相手になることが増えてきます（von Salisch, 2001）。それは、ある種のリスクをもたらすことがありますが（たとえば、反社会的な仲間による悪影響など）、親から離れるという発達上の課題を考えると避けられないことです。

　同年代のアタッチメント対象が否定的な影響を与えると、薬物やアルコールの乱用、リスクの高い反社会的行動や非行が助長される可能性があります（Gardner & Steinberg, 2005; Lundborg, 2006）。このように、周りの言動に影響されやすい青少年には、違法な行動を取る恐れがあるのです。

●親子関係

　この時期は、青年期の子どもと親の間とで、服装や音楽、髪型などのテーマに関する対立が多くなります。より年長の子どもたちは、政治的な立場や門限などについても話し合うことがあり

ます。親との関係が良好で、親が優れた養育スキルを持っている子どもは、同級生からのプレッシャーに屈する可能性が低いことが示されています（Farrell & White, 1998）。

しかし、青年期は子どもたち自身の発達課題と並行して、アタッチメント対象自身が親としての発達課題を習得しなければなりません（Carr, 2015）。親は、青年期の子どもが自律性を求めていることを理解した上で、その要求に応えられるようにしなければならないのです。この移行ができない親を持つ青年には「権利要求スキーマ」や「依存／無能スキーマ」などが、心身に何らかの疾患を有する親を持つ青年には「自己犠牲スキーマ」や「社会的孤立スキーマ」などが形成される可能性があります。

●親子の相互作用をうまく適合させる

フェンド（Fend, 1998）の調査によると、親子間の相互作用をうまく適合させることができるかどうかは、次の要因に左右されます。

■喜びを分かち合う瞬間を保持し、対立のないエリアを維持する。
■ルールを恣意的に運用するのではなく、ルールについて交渉することで、公平・公正な立場を保持する。
■青年期前期に、教育的な活動に共に加わる。
■懲罰的ではなく、より民主的な養育スタイルを採用する。
■過剰な関与を避ける。
■支持的な手段を維持する。
■自立に向けたステップを作る。
■親が抱く我が子と現実のイメージがほぼ一致するように、より現実的な我が子のイメージを構築する。

●感情を調整する能力

青年期は、感情体験や気分の変動が激しい時期として知られています。しかし、ある研究によると、青年期の感情は、以前考えられていたよりも変動が少ないことがわかっています（Mullis et al., 1992）。また、他の研究によれば、小学5年生から中学3年生の間に、ポジティブな感情が著しく減少することがわかっています（Larson & Lampman-Petraitis, 1989）。

憂鬱な気分、気分の落ち込み、自意識の高まりは、特に女子の場合、自分のボディイメージに対する不満と関連しています。この年齢では、恋愛関係がストレスや精神的苦痛の主な原因となりますが（Larson et al., 1999）、思春期のホルモンや生理的変化は、間接的な影響のみか、少なくとも予想よりも小さい影響しか与えていないようです。これらの効果は、個人的な体験と内省によって媒介されます（Oerter & Dreher, 2008, p.314）。

●自己同一性の確立における目標

　ゲスツロティアルとレーナー（Gestsdottir & Lerner, 2008）は、自己同一性の確立には、感情調節と感情的な体験の統合が重要な課題であるとしています。

　自己同一性の確立においては、ローゼンブルムとルイス（Rosenblum & Lewis, 2003）が示した以下の重要な目標を達成することを目的としています。

■強い感情を調整する。

■急激に変化する感情を修正する（自己鎮静の能力を含む）。

■圧倒されることなく他者の感情を認識する。

■感情を体験することと、感情を表現することを区別できるようになる。

■感情と事実を区別する（「私がそう感じるのだから真実だ」とするのではなく、「私はそれを真実だと感じるが、私の認識は誤っているかもしれない」と考えられるようになる）。

■現在の感情的な体験を、気分が変わっても変容することのない自己同一性から、切り離すことができる。

■動揺しているときにも社会的な関わりを続けることができる。

■ネガティブな感情を処理するために象徴的な思考を用いる。

■認知機能を利用して感情を理解する。

　加えて、青年期の子どもたちの多くは、他者への思いやりを持つことと、有用でない対人関係において他者と距離を置くことの間で、うまくバランスを取ることができません。気分を調整する能力がない人は、共感を脅威だと感じて避けてしまう傾向があり、対人関係が深いレベルでうまくいかなくなってしまうことがあります（Eisenberg, 2000）。つまり、自らの感情を調整する能力は、共感性を十分に発達させるための必須条件なのです。

　青年期の子どもたちは、しばしば、感情をコントロールしようと努力します。特に、「クール」であることは、社会的に望ましい状態を意味することが多いです。「クールな行動とは、強い感情を呼び起こすような状況であっても、その感情を表に出さないことだ」（Oerter & Dreher, 2008, p.316）。

　したがってスキーマ療法のセラピストは、「クール」であることによってもたらされる機能や、それがどれぐらいの頻度で示されるかといったことに、常に目を向けます。この明らかな感情の欠如は、専門的な「治療」を必要とする「遮断・防衛モード」の表れである恐れがありますが（第9章参照）、年齢相応の自信の表れである可能性もあります。

　仲間との友情は、個人が青年期への移行を示す生物学的、認知的、社会的な変化を体験するなかで、感情的な混乱を克服するのに役立つ、重要かつ不可欠なサポートシステムです（von Salisch, 2001）。青年期の若者は、自分の感情を「適切に」コントロールする方法を学ぶ際に、

仲間の意見を参考にします。「どのような感情が正常で、それをどのように表現すべきか」というのは、若者の間でよく見られる直接的または間接的なテーマです。

　このようにして、信頼できると考えられる仲間は、前述のように、お互いにプラスまたはマイナスの影響を及ぼすことができます（例：モデリングによる学習）。一般的に友人関係の重要性を考えると、感情を自己調整する能力は、青年期に直面する最大の課題かもしれません。

　青年期におけるもう一つの重要な課題は、仲間内での自律性の欲求と帰属欲求の両方をマネジメントする能力です。自らのサポートシステムを維持し、将来の課題（仕事や人間関係など）に直面したときによりよい立場に立つためには、自分の関心事と仲間の関心事の両方をマネジメントできるような社会的スキルを身につける必要があります。このプロセスがうまくいかないと、回避、服従、過剰補償などの不適応的な戦略が生まれ、引きこもりなどの非機能的な行動につながる悪循環に陥ります。

　引きこもりや仲間との関係を絶つことは、社会的な能力と青年期の発達課題とのギャップを広げ、社会的そして情緒的な不安を増大させる危険性があります。青年期の子どもたちは、短期的には感情的な欲求を満たすことができるコンピュータを過度に使用して、仮想世界に逃避することがよくあります。しかし、長期的には、社会的そして情緒的スキルが不足し、大人になってからの課題に備えることができなくなってしまいます（第8章参照）。

7.1.3　認知機能の発達と感情の理解

●認知機能の発達

　オーターとドレハー（Oerter & Dreher, 2008）は、青年期の主要な認知的変化を、脳の発達における神経生理学的要因などに結びつけています。これらの要因は、個人の体験によって形成されます。青年期には、選択肢の案出、抽象的な推論、視点の取り方など、より複雑な思考を行う能力が高まり、さらには情報処理の精度、注意力、記憶力も向上します。

●メタ認知

　「メタ認知は青年期に発達する、自分の思考や感情について考える能力です。メタ認知の発達によって、感情的な状況を（再）評価し、異なる方法で体験する能力が大きく広がります。青年期の子どもたちは、前例に対する判断とそれに対する主観的な感情を体系的に振り返ることができるようになります。また、自分の感情を過去のエピソードや他人の反応と比較することもできます。これにより、特定の状況における悲しみ、怒り、不安のきっかけを自分で特定することが可能になります」（von Salisch, 2008, pp.204-205）

●感情の理解

　思春期の認知機能の発達により、従来の仲間内での説明に頼らない、より高度な感情理解が可能になります。青年期は、親と過ごす時間から仲間と過ごす時間へと日常の在り方が変化し、次の発達段階では仲間からの独立性を高めていきます。この過程では、社会的判断や感情調整のための不適応的な戦略が形成される可能性があり（例：自己価値感の喪失や非機能的な反すう）、治療の中でターゲットを絞って修正する必要があります。

　新たに開発されたメタ認知能力や世界を見る新しい方法は、非機能的な思考や感情を引き起こす可能性がある一方で、治療には非常に重要となる「前提条件を疑うこと」も可能になります。セラピストは、メタ認知レベルで介入することができます。
　たとえば、非機能的な思考がある場合、セラピストは、「脆弱なチャイルドモード」の欲求に注意を向けることができます。青年期の子どもは、自分の欲求を振り返ることで、観察者としての自分、つまり「ヘルシーアダルトモード」としての始まりを築くことができるのです。

　不適応的な対処方法を選択していたことを振り返れる青年期の子どもたちに、セラピストが接するときは、子どもたちが思いやりをもって自身を振り返れるように支援することが重要です。
　これらの方法は、彼らが対処するのに十分なスキルを持っていない問題に対して、何とか適応するための解決策として構築されたものです。青年期の子どもたちは、自分を責めたり、卑下したりする傾向があります（「どうして私が？」）。セラピストには、子どもが生存戦略として必要なものを使うことを強く支持する必要があります（それによって自己価値を植え付けることができます）。

　スキーマ療法の重要な側面は、過去の対処方法と現在の対処方法を区別することです。その目標は、対処方法の探究を通じて青年期の子どもに、そうした方法へとらわれない形で内省を促すことにあります。
　スキーマ療法のこうした側面が達成されないと、変化の段階で大きな抵抗が生じる可能性があります。そのため、自我親和的なスタンス（例：「自分はこうだ」）から、コーピングモードに対する自我違和的な認識（例：「今まではこうだったが、今日は新しい戦略を立てることができる」）に移行することが非常に重要です。

●思春期の行動の背景にある欲求

　スキーマ療法では、子どもたちの体験や行動は、中核的感情欲求を満たすことと大きく関連すると考えられています。その中でも特に重要なのが、5つの基本的な感情欲求です。
　青年期になると、自律性、自己価値、自分自身のアイデンティティに関する問いがさらに中心になります。アタッチメントの欲求が満たされている限り、セラピストは青年期に特徴的な欲

求、たとえば自律性などを特定し、青年期の子どもと一緒にそれらをより深く探求することができます。

しかし、幼少期にアタッチメント欲求が満たされないことは珍しくないので（例：「情緒的剥奪スキーマ」）、青年期のステレオタイプな欲求に加えて、不安定なアタッチメントの絆や人間関係のパターンが存在する可能性があります。これは、治療的な作業をより困難にします。

したがって、安全のために、セラピストは自律性を求めて努力している青年であっても、まだ満たされていないもっと基本的な欲求があり、それが自律性の欲求と表面的に矛盾している可能性があることを想定しておく必要があります。第一次および第二次性徴の発達を含めて、青年期の子どもが大人のような外見を持ち、大人のような言動を示す一方で、子どもめいたアタッチメント欲求を示す場合（「離れてちょうだい、でもしっかり抱きしめて」）、このような欲求の対立はより複雑になります。

本章冒頭の事例では、身体的な発達と心理的な発達の間にある矛盾について述べています。リー・マリーは、まだ自分の性的属性に適応したいとは思っていません。彼女の目には、すべてがうまくいっていて、自分の思い通りになるのであれば、現状のままでよかったのです。

しかし、青年期を迎えた彼女は、人生における新しい役割（自らの性役割に折り合いをつけること）に直面しなければなりませんでした。その結果、彼女は引きこもるようになりました。その理由の一つは、助けを拒む決意と、自分の生理的変化に直面するのを避けるためでした。リー・マリーのケースについては、この章の後半で説明しますが、まず、青年期の子どもたちに対するスキーマ療法の主要なコンセプトを見てみましょう。

7.2 スキーマ療法のアセスメント、心理教育、治療

心理学的障害の一般的な診断原則については、カー（Carr, 2015）を参照してください。ドイツ語圏の方には、ドイツ児童青年精神医学・精神療法・心理療法学会（DGKJP, 2007）が発行した「乳児期、小児期、青年期における精神疾患の診断と治療のためのガイドライン」を紹介します。

カー（Carr, 2015）は、ガイドライン周辺の基準、診断プロセス、材料、診断面接のヒントなど、役立つ記述や情報を提供しています。また、「小児期および青年期の心理的障害の診断面接」（Schneider et al., 2009）も、問題を探る余地のある構造化されたインタビュー形式を提供しており、エビデンスに基づいた慎重な診断のための重要なツールとなっています。

7.2.1 診断のために考慮すべき重要な事項

●満たされない欲求の評価

グレイウェ（Grawe, 2017, p.176）は、「基本的な欲求を満たすことがほぼ永続的にできないと、最終的にはそれが、精神障害の発症と継続における最も重要な要因となることを示唆する、多くの手がかりがある」と述べています。したがって、過去と現在における欲求の充足状況を調査する必要があります。

そのためにまず推奨されるのは、ボルグ・ラーフ（Borg-Laufs, 2011）によるSDS-KJ（英語版はないが、そのコンセプトはボルグ・ラーフ〈Borg-Laufs, 2013〉で説明されている）に含まれる「基本的な心理的欲求の充足に関するアセスメント質問票（GBJK）」という、親に関する尺度と、子どもと青年（11～18歳の基準がある）の自己報告尺度です。

しかしこれらの尺度には過去の状態が含まれず、現在の欲求充足のみを評価するものとなっています。中核的感情欲求がどの程度満たされているかをさらに徹底的に評価するために、セラピストはゲームや会話、その他の相互作用を用いることができます。それらを通じて、セラピストは、転移やトーン、そして自らの直感を観察する必要があります。

たとえば、セラピストは各セッションにおいて、セッションで表出されるモード（例：「脆弱なチャイルドモード」「いじめ・攻撃モード」）のダイナミズムと、さまざまな欲求（例：アタッチメント、自律性、自己評価、自発性／楽しみ、一貫性〈または構造〉への努力）がどの程度満たされたか、あるいは満たされなかったかを、一定のフォーム（下記参照）に記録することができます。

プラス、ゼロ、マイナスの記号を使って、これらの欲求がどの程度満たされたか、あるいは満たされなかったかを記録することで、数回のセッションで展開されるモードのダイナミクスの概要を知ることができます（Zarbock & Zens, 2011, p.45; Roediger, 2011, p,130参照）。図7.1は、テンプレートとして使用できるワークシート（モードと欲求に焦点を当てた会話の記録）です。

●アタッチメントスタイルの評価

セラピストはアタッチメントスタイルを評価する際、アタッチメントが仲間や重要他者との間でどのように表現されているのかを考慮する必要があります。青年期では、「アタッチメントギャップ」という状態が報告されています（Shumaker et al., 2009）。これは、幼少期のアタッチメント行動と青年期のアタッチメント行動との間に安定性が欠けていることを示したものです。アタッチメント行動がこのように安定しないのは、青年期には、親からの独立、社会的ネットワークやパートナーシップへの再志向など、大きな発達上の課題や変化があるためと考えられています。

図7.1 モードと欲求に焦点を当てた会話の記録
（オンラインワークシートを参照）

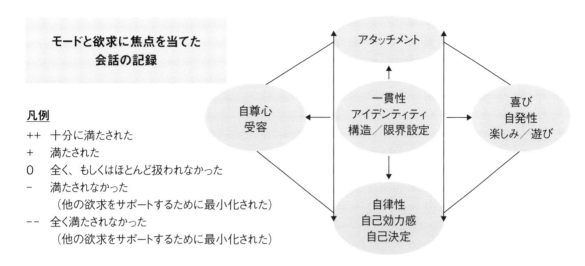

凡例

- ++ 十分に満たされた
- + 満たされた
- 0 全く、もしくはほとんど扱われなかった
- − 満たされなかった
  （他の欲求をサポートするために最小化された）
- −− 全く満たされなかった
  （他の欲求をサポートするために最小化された）

日時	セッションの話題／主題（例：ティーンエイジャーは学校での葛藤について話す。彼らは自制心を失って、クラスメートや教員に対して暴力的になった）	モードの力動（例：孤独で、傷ついたチャイルド対 要求的モード）	心理的な中核的欲求				
			アタッチメント	自律性 自己効力感 自己決定	自尊心 受容	喜び 自発性 楽しみ／遊び	一貫性 アイデンティティ 構造／限界設定

第7章 思春期・青年期のスキーマ療法 153

アタッチメントに関する最近の研究（Brisch, 2012を参照）によると、子どもや青年はいくつものアタッチメントを持ち、さまざまな人との間にアタッチメントの階層を形成すると言われています。「アタッチメント階層」という言葉は、第一次アタッチメント対象と第二次アタッチメント対象という概念を表しており、ボウルビィのアタッチメント概念である「単為生殖」（一度に一人の人としか結びつかない）に疑問を投げかけています。ブリッシュによると、階層のトップに位置するアタッチメント対象は、その人が子どもにどれだけの時間を割いているか、それが質の高い時間であるかどうか、大人の感情的な関与の度合い、そしてその人を定期的に活用できるかどうかによって決まるといいます。

また、異なる相手によって異なるアタッチメントパターンが出現することもあります。たとえば、父親とは安全なアタッチメント（Bタイプ）で、母親とは不安定で両価的なアタッチメント（Cタイプ）というようなことがあります。青年期においてアタッチメントギャップがある場合、個々の青年はある程度そのギャップを補うことができます。たとえば、第一次アタッチメント対象が子どもに対して安全なアタッチメント（Bタイプ）や適切なアタッチメントを形成できなかった場合（Markiewicz et al., 2006を参照）や、不安定なアタッチメントパターン（Aタイプ、Cタイプ、Dタイプ）が出現している場合などです。

一方で、アタッチメントギャップを補う機会が結果的にあるにせよ、不安定なアタッチメントを与えられた子どもは、少なくとも社交性、人望、社会的スキルについて、幼少期にすでに不利な状況を体験していることは明らかです（Vondra et al., 2001）。

セイフゲ・クレンケ（Seiffge-Krenke, 2005）によると、青年期のアタッチメントは以下のような特徴を示します。

■**安定したアタッチメントを与えられた青年**：安定したアタッチメントがあれば、青年期の子どもは親との対立に対応することができます。ポジティブな対人関係の基盤を形成し、効果的に問題を解決することが可能です。こうした場合は、アタッチメントへの欲求と自立への欲求（例：探索欲求）のバランスが取れています。

■**不安定なアタッチメントを与えられた青年**：往々にして自律性が低いですが、同時に親へのアタッチメントが少なく、自身の独立性を誇示する傾向が見られます。このような青年は、一般的に親を理想化する傾向があり、自他におけるネガティブな感情を同定することが困難です。

■**不安定で両価的なアタッチメントを与えられた青年**：親との関わりをより多く持とうと試みますが、それが効果的でない傾向があります。この場合はアタッチメントシステムが、探索欲求に比べて不均衡に活性化されるケースが多く見られます。

青年期のアタッチメントパターンを把握するためには、「アダルト・アタッチメント・インタビュー（Adult Attachment Interview：AAI）」（Georgeらが1984年、1985年、1996年に開発）を活用することができます。

●気質

　青年期の子どもの持つ気質は、スキーマの形成に重要な役割を果たし、スキーマに対するコーピング戦略の選択（服従、回避、過剰補償）にも影響を与えます。そのため、青年期の子どもの気質について理解を深める必要があり、幼稚園、小学校、中学校における自己調整（自己鎮静、泣くこと、睡眠、摂食、注意力）の能力の有無について検討すること、そして治療セッション中の行動観察が、よりよい理解を促します（Shiner & Caspi, 2003）。

　加えて、質問紙や尺度が利用できます。それはたとえば、9〜13歳に使用されている「ジュニアの気質と性格の尺度（Junior Temperament and Character Inventory：JTCI）」（Luby et al., 1999）や、9〜15歳向けの「改訂版初期青年期気質質問票（Early Adolescent Temperament Questionnaire）」といったものです。

●感情調整能力

　悲しみ、不安、怒りといった感情に対応するための適応的および不適応的なコーピング戦略に対する理解を得るためには、「感情調整の困難さ尺度（Difficulties in Emotion Regulation Scale：DERS）」（Gratz & Roemer, 2004）が役立ちます。適応的な戦略としては、たとえば、問題に焦点を当てた行動、発散、気分を持ち上げること、受容、忘却、再評価、認知的問題解決といったことを調査する必要があります。

　さらに、不適応的な戦略（あきらめること、攻撃的行動、引きこもり、自己価値の喪失、反すう）の有り様と形成も評価されます。他にも、感情のコントロールや社会的支援の要請といった戦略が、感情調整能力の包括的な分析にとって重要です。この分析によって、スキーマ療法で概念化されたコーピング戦略（服従、回避、過剰補償）をより適切に同定できます。

●コーピングモードの評価

　アサーティブな度合いの高い外向的な人は、過剰補償の傾向があります。一方、社交不安の傾向がある人は回避に向かうことが多いようです。服従は、学習性無力感（Seligman, 1974）の概念を連想させ、抑うつ症状につながるものですが、スキーマに対処する能力の欠如や、スキーマに「従う」か、降伏するか以外にないことを示しています。

　セラピストはまた、表2.3から2.6（第2章参照）を参考にして、青年期の典型的な行動と、優先されるコーピングメカニズムとの関連性を検討することができます。表の中の同じ行において、他のコーピングスタイル（4〜6列目）と認知（3列目）、そして特徴的な親の行動（2列目）を、10代の若者の有り様と比較することができます。セラピストは、この表を用いることで、どの不適応的なスキーマが作用しているのかを知る手がかりを得ることができます（1列目）。

第7章　思春期・青年期のスキーマ療法　155

7.2.2　心理教育

　心理教育を詳細に行うことは、特に青年期の子どもたちに対するスキーマ療法では重要な役割を果たします。青年はメタ認知を可能にする神経構造を有しています。この能力は認識されるだけでなく、治療における強みとして利用されるべきです。

　青年期においては、自律性、自己効力感、自己決定の必要性が高まっているため、セラピストは青年期の子どもを「責任のある有能な人物」として扱う必要があります。特に自律性の欲求が長期にわたって満たされていない場合（「依存／無能スキーマ」として表れます）には、より踏み込んだ心理教育が必要となるケースもあります。

　評価と治療を開始する前に、クライアント（青年の前では「患者」という言葉は避けるべきです）は、自分の権利と専門的な規制（例：守秘義務）について知らされるべきです。すべての青年が権利や規制の詳細に興味を抱いているわけではありませんが、ほとんどの青年はより詳細な情報の受け取りを望ましい機会と感じているようです。

　セラピストはまた、規制機関、法執行機関、および児童サービスに委ねることへの不服に関する情報を提供し、自身を無力だと感じる青年の不安を軽減することができます。このような組織のウェブサイトには、通常、役立つＱ＆Ａセクションがあります。

　不信感を抱く青年（おそらく「不信／虐待スキーマ」の持ち主）の場合、これらのプロセスは信頼感を醸成し、青年の中の情報と自律性に対する欲求が満たされるまで続けることができます。このプロセスに時間がかかるとしても、そのこと自体が、青年の心理的欲求を満たす方法に関する、貴重な診断的情報を提供してくれます。153ページのワークシート（図7.1参照）では、「自律性」に2つのプラスをつけることができるでしょう。もちろん、このアプローチは「よりよい実践（グッドプラクティス）」と一致しています。オープンであることとインフォームド・コンセント（例：イメージワークの手順やチェアワークについての説明）は、スキーマ療法に基づく介入のための重要な前提条件となります。

7.3 スキーマ療法の実践：年齢に応じた治療関係と治療的介入

　治療関係の質は非常に重要ですが、青年期の子どもとその親の両方を相手にする場合は、さらにそれが複雑になります。先述した通り、クライアントの欲求がスキーマ療法の構造を大きく左右します。青年期の場合、多くは自律性と自己決定に焦点が当てられます。青年期の子どもたちは、まだ法律上の成人年齢に達していないため、自律性を有しません。これは、自らの収入と住居を持つ成人に比べて、生活のさまざまな領域でより多くの規制に従わなければならないことを意味しています。

これらの要因は、7.1項でも説明したように、この発達段階におけるリスクと相まって、青年期の子どもの養育を困難にしています。青年期の子どもを持つ親は、ルールや随伴性をどのように実行すればよいのかを、児童青年期の心理学者に相談することがよくあります。しかしながら、このような連携には、青年期の子どもとの治療関係を悪化させてしまう危険性があります。

セラピストが、親が子どもをしつけるための、効果的で迅速かつ的を射た介入に向けた洞察を提供すると、子どもはセラピストを「要求的ペアレント」ないし「懲罰的ペアレント」として認識する可能性があるため、連携は慎重に検討されるべきです。青年期の子どもに対するセラピーでは、居場所を提供し、そこに入ってもらう一方で、親との健全な関係を促すこととの間に、慎重なバランスが求められます（Geerdink et al., 2012）。セラピストは決して、「よりよい親」になろうとしてはいけませんし、親を否定したことでクライアントの愛情を勝ち取り、その役割に身を置こうとしてもいけません。このような寄り添い方をすることで、青年期のクライアントが、親の代わりに罪悪感を抱いてしまうようなこともあります。

内在化された「ペアレントモード」と、外在化されている実際の親の両方に対応することは、この年齢層を扱う際の複雑さを示す例の一つです。「懲罰的ペアレントモード」は、セラピーの進行に悪影響を及ぼします。「懲罰的な声」を、親からの外的な力だけでなく、青年期の子どもたちの中から出てくる内的な力と捉えることで、マイナスの影響を減らすことができます。これにより「内的なペアレントモード」と実際の親を区別することが容易になります。

一方、主張や要求の少ない両親の元にいる青年は、構造や境界線をより強く求めていることが多いのですが、彼らはそれを明確に表現することができません。このようなケースでは、親とセラピストの間に良好な信頼関係を築くことが必要です。というのも、セラピーにおいて時期尚早に境界線や構造について教育してしまうと、青年期の子どもとの治療関係に悪影響を及ぼしかねないからです。したがって、青年期の子どもとのただでさえ壊れやすい関係を損なわないように、親は忍耐強く、セラピストは穏やかに対応する必要があります。

青年期の子どもは、親が主張しないことや、否定的な結果に対するときの親に一貫性のない状況が、自分にとって有益でないことを、自分で理解できるようにならなければなりません。その結果として、変化を求める共通の思いが生まれ、より構造的で効果的な規律に向けた新たな目標を設定できるようになるでしょう。ソクラテス式質問（例：Sudak, 2006）や、スキーマモードを用いたワークは、このプロセスを促進するのに有効な技法です。その結果、青年期の子どもは、自分の内なる「甘やかされたチャイルドモード」や「自己中心的なチャイルドモード」が、実際には指示や指導を必要としているのに、親から自由を与えられすぎていたという構造を受け入れられるようになります。

セラピストが「治療的再養育法」の概念に沿って青年に寄り添えば、その他の欲求（アタッチメント、自己価値、楽しみ、一貫性）を満たすことは比較的容易で、欲求が満たされればコミュニケーションが取りやすくなるでしょう。

リー・マリーの事例に戻りますが、子どもと青年の障害を診断する広義の尺度（「子どもの行動のチェックリスト」〈Achenbach & Edelbrock, 1991〉またはSDS-KJ〈Borg-Laufs, 2011〉）に加えて、インタビュー、行動観察、質問紙、心理テスト、その他の評価ツールから得られた情報を用いて、以下のような結果と洞察が得られました。

●現在の問題

リー・マリーは、学校での成績が悪化し、落第の危険を示す警告書を5回も受け取ったため、治療の場に姿を現しました。知的障害の可能性を除外するために、知能検査（WAIS-IV）を実施したところ、全尺度のIQスコアは112ポイントでした。また「D2注意テスト」では、平均的に良好な得点（109ポイント）を獲得しました（代わりに、「子どものための毎日の注意テスト〈TEA-Ch〉」〈Manly, Robertson, Anderson, & Nimmo-Smith, 1994〉を使用することも可能）。テスト中、リー・マリーは意欲的で集中しているように見え、ストレスやパフォーマンス不安を感じることはありませんでした。その結果、知的障害や回避的なコーピングスタイルに障害が見られる可能性は除外されました。

●背景情報

リー・マリーの問題の主な原因は、家族の中で社会性と感情の発達が阻害されていたことでした。リー・マリーが2歳のとき、両親は離婚し、父親は彼女の人生から完全に姿を消しました（「見捨てられ／不安定スキーマ」の形成）。その後、何年にもわたってリー・マリーは父親のことを母親に尋ねましたが、要領を得ない回答しか返ってきませんでした。

リー・マリーは母親のパートナーたちにはほとんど関心を示しませんでした。おそらく彼らが去っていくことになっても、傷つくことのないようにしていたのでしょう（「回避的コーピング戦略」）。彼女の内向的で引っ込み思案なパーソナリティ（「NEO-FFI」では内向性と抑制性が高い）は、スキーマ療法の観点からは、「情緒的剥奪スキーマ」に対処しようとする回避型のアタッチメントスタイルと解釈することができます。

リー・マリーの控えめな性格がどこから来ているのか（気質か、スキーマか）ははっきりしませんでしたが、結果は同じでした。母親は自分自身の生活や恋愛で忙しすぎて、リー・マリーは自分の欲求を母親に伝えることができませんでした。リー・マリーは、自分のためだけでなく、妹の世話をするにあたっても、母親がもっとそばにいてくれたらと願っていましたが、それは叶いませんでした（「情緒的剥奪スキーマ」）。それどころか母親は、感情をうまく制御できず、迷ったり悲しんだりすることが多く、リー・マリーが母親を慰める役割を取るようになりました（親の役割を取ることによる「自己犠牲スキーマ」の形成）。

どんな子どもでもルールに従えないことは時にあるものですが、リー・マリーは自分がルール

を守れないと、不安定な母親と自分を必要とする妹のことを思い、自分が家族の絆を損ねたと感じ、罪悪感を抱いていました（内在化された「要求的批判モード」）。リー・マリーには、母親を見るだけで、「ママを心配させるようなことをしてはいけない」「家庭が平和であるようにしなければならない」といった考えが浮かんでくるのです。

　リー・マリー自身の感情欲求（例：アタッチメント、楽しみ）は、母親や妹の欲求の二の次でした（「自己犠牲スキーマ」）。彼女はしょっちゅう妹の世話をしていましたが（「従順・服従モード」）、その結果、役割の葛藤が生じました。「私は妹のママになることもあれば、母親のカウンセラーになることもある。でも次には、言われたことをしなければならない一人の子どもに戻るんです」と彼女は言います。

　このような感情のジェットコースターを何年も体験したことで、リー・マリーには、「見捨てられ／不安定スキーマ」と「情緒的剥奪スキーマ」が形成されました。「服従」や「回避」といったコーピング戦略は、非現実的な期待や痛みを伴う失望から彼女を守りました。リー・マリーは、母親がこれらの戦略を用いる場面を目にしたことがあり（モデリング）、それはたとえば、祖母や母親の上司である友人が子育ての問題に関わったときなどでした。

　青年期に入ると、リー・マリーの外見とアイデンティティが変化しました。ナンバーワンのアスリートから、少なくとも他人から見て、女性のような曲線的な体型へ変化したのです。ここにはいくつもの葛藤があるようでした。性的成熟の過程で、リー・マリーは次の発達課題（自律への挑戦）を与えられますが、彼女はまだそのための感情的な準備ができていません（なぜなら子ども時代にアタッチメントの欲求が十分に満たされていないから）。男の子たちとの交友関係の可能性は、母親を見てきた結果、（「見捨てられ／不安定スキーマ」のレンズを通して）否定的に捉えられ、「服従」と関連づけられました。

　リー・マリーに生じた睡眠障害、悪夢、頭痛、腹痛といった症状は、深層心理学では「妥協形成」、スキーマ療法では「非機能的（回避的）コーピングモード」と解釈されます。回避的コーピング戦略の結果、母親がリー・マリーの世話をすることになり、彼女はクラブ活動から離れることができました（その代わり、体重が増えましたが）。彼女はまた、ジェンダーに特化した話題で盛り上がる女友達と一緒に過ごすことも避けました。最終的には、母親との距離が近すぎると感じ、母親からも距離を置くようになりました。その後、前述の症状に加えて、集中力や注意力の低下、不機嫌などの症状が現れ、学校での成績が下がり、彼女は心理的な助けを求めるようになりました。

●セラピー

　数回のセッションを経てようやく、リー・マリーは、セラピストの誠実さ、純粋さ、信頼性を評価できるようになりました。とはいえ、彼女は感情的な話題に対して心を開かず、問題を否定したり矮小化したりして、自分はすべてをコントロールしているのだと主張しました（「遮断・防衛モード」）。彼女は、学校の成績が悪化したのは、自分を嫌っている教師のせいだと考えてい

第7章　思春期・青年期のスキーマ療法　　159

ました。

●モードモデル

モードモデルを導入することで、リー・マリーの防衛機能が軽減されました。

セラピストは、彼女と一緒にテーブルへ向かい、空の椅子の隣に座って、こう言いました。

「あのね、リー・マリー、あなたの言いたいことはわかるし、もし私があなただったら、あなたと同じように身構えてしまうでしょう（アイコンタクトを取る）。あなたにとって私は全くの他人ですし、私にはあなたに何かを押し付けたり何かをさせたりする権利がないことも知っています。この点では、私はあなたと全く同じなのです」

リー・マリーは怪訝そうな表情を浮かべますが、セラピストはこう続けます。

「でも、私には別の側面もあります。その側面はこう言っています。（セラピストは椅子を変える）『ああ！　なんて頑固な子なんだろう！　もううんざりだよ。これ以上どうすればいいの？　怒りがこみあげてくる！』（セラピストは最初の椅子に戻る）」

セラピストは言います。

「リー・マリー、こちら側には、何と言えばよいでしょうか？」

セラピストは自分が座っていた空の椅子を指差しました。リー・マリーは顔をしかめて、懐疑的な視線をセラピストに向けました。

空の椅子に向けて、セラピストはこう言いました。

「あなたは何も理解していない。リー・マリーがまだあなたを信頼していないことに気づいていないの？　あなたは自分を何様だと思っているの？　ここで何が起きているのか、あなたは何もわかっていない！」

最初、リー・マリーは混乱していましたが、最終的にはセラピストの申し出を受け入れ、空の椅子に自分の考えを伝えました。とはいえ、リー・マリーがまだ遠慮していたので、セラピストはまた座る椅子を変えて、こう言いました。

「ええ、私が何もわかっていないことは知っていますよ。だからこそ彼女に自分の話をするように頼んだのです。私に時間がいくらでもあるとでも思っているの？　お嬢さん、急いでください。すぐに終わりの時間が来ます。もう次の人が外で待っているのですよ」

再び椅子を交換した後、リー・マリーは、せっかちな「要求的セラピストモード」に対して爆発し、汚い言葉で罵りました。それを見てセラピストは喜びました。

この対話によって、重要な問題が探求されます。セラピストは自らの不満（つまりそれは忍耐力の欠如によるものですが）を話すことができますが、同様にリー・マリーも感情的に心を開いて、ネガティブな気持ちを口にすることができるのです。このようにして共通の敵が定義されました。それはセラピストの「せっかちで要求的な面」です。セラピストは、この（全く根拠がないわけではない）側面や弱点について認め、それについて謝罪する姿勢を示します。

最後のステップでは、コラボレーションを促します。「忍耐強くて親切な」セラピストと

リー・マリーの両者は、「せっかちな」セラピストに対応するための策を一緒に探すことができました。リー・マリーはそれを面白がり（「何て変な人なの！」）、それは彼女の注意を惹きました（「変な人ね。他に何をするのかしら？」）。最終的にリー・マリーは心を開き、「忍耐強くて親切な」セラピストと治療関係を結ぶことができました。

　セラピストの異なるモード（忍耐強いモードと要求的なモード）を提示することは、モードという考え方を治療に導入する最初のステップです。
　「リー・マリー、あなたは今、セラピストである私の中に、さまざまな側面があることを見ましたね。あなたにはどのような側面がありますか？」
　しばらくすると、リー・マリーは、9つの異なる感情や動機づけの状態（例：「怒っている子」「嫉妬している子」など）を報告してきました。私たちはこれらを「モード」（「怒れるチャイルドモード」「嫉妬するチャイルドモード」）と呼ぶことにしました。また、セラピストが促すと、リー・マリーは「自己保護（遮断・防衛）モード」を同定することもできました。
　このモードは重要な防衛機能を有していますが、セラピーを脱線させてしまう可能性があります。リー・マリーは、自分がこのモードを使っていた人生の場面を想起することができました。セラピストは、「引きこもりたい」という欲求に結びついたこのモードに、さらに気づきを向けられるよう、リー・マリーを手助けしました。その結果、リー・マリーは、アタッチメント人物に向けて、自分が「遮断・防衛モード」に入りつつあり、一定のスペースが必要なのだと説明することができるようになりました。

　セラピストはリー・マリーと心理的な欲求について話し、彼女にとって重要な話題に徐々に近づいていきました。おそらく、リー・マリーは、セラピストが本当に信頼できるかどうかを確かめるために、最初は学習に関する障害に取り組むことを希望したのでしょう（学習や作業に対する、よりよい構えを習得することが目的です）。
　リー・マリーは、心理的な欲求を理解することによって、学習に対するよりよい構えが、その欲求にどのような影響を与えるかを予測することができました。

　また、減量などの他の目標についても、欲求とそれを満たすための方法という視点から話し合われました。リー・マリーは、自分の一方には「脆弱なチャイルドモード」「怒れるチャイルドモード」「反抗的なチャイルドモード」と「幸せなチャイルドモード」があること、そして他方には「要求的批判モード」があることを話しました。
　彼女は、「チャイルドモード」と「要求的批判モード」との間に存在する対立に、すぐに気がつきました。そして、いわゆる「即効性のある解決策」（例：緊張を和らげるために一方を否定する）は、短期的には有効でも長期的には問題のあることがわかりました。リー・マリーは、「ケアし導くモード」（別の言い方をすれば「利口で賢いチャイルドモード」）を自らに適用する術を新たに学ぶことができました。このモードは、感情に問題のある母親（と、要求の多い妹）が原因で、人生の早期にリー・マリーの中で形成されなかったものです。
　セラピストとリー・マリーは、（「利口で賢いチャイルドモード」にある）青年期の彼女が、

第7章　思春期・青年期のスキーマ療法　　161

（「幸せなチャイルドモード」にある）幼くて幸せな彼女を見守り、サポートし、共に楽しく遊んで人生を堪能するところをイメージしました。

　セラピーが始まってしばらくすると、リー・マリーは、（距離が近すぎて居心地が悪いと感じていた）母親からの自立を試みるようになりました。リー・マリーに自律性と自己決定に対する欲求が表面化し始めたことは明らかです。セラピストが母親と話をすることで、リー・マリーが趣味（読書、おしゃべり、ダンス）に没頭するための自由を確保することができました。

　家族の中で、一人ひとりのスペースの必要性やその他の欲求に関する話し合いが行われました。誰がどの家事を分担するかという明確なルールを設定することによって、口論や依存が減りました。
　こうした当初の成功を受けて、リー・マリーは、母親および妹との関係についてセラピストに相談しました。彼女は、母親に失望させられることが多かったと言います（「見捨てられ／不安定スキーマ」）。そして「すべての男性にうんざりしていて、男性たちが母親を訪ねてきたときに、嬉しいふりをしなければならないことに耐えられなかった」（「情緒的剥奪スキーマ」が「遮断・防衛モード」を引き起こす）と述べました。

　「3つのチェアワーク」（第12章参照）を使って、「要求的批判モード」（「今すぐ妹の面倒を見なさい！　そんなわがままを言わないで！」）と、「脆弱なチャイルドモード」（「慰めてほしい、子どものように振る舞いたい、楽しいことをしたい、馬鹿なことをしたい」）を、向かい合った2つの椅子に配置しました。リー・マリーは、2つの椅子を行き来しながら、思考、感情、期待、願望などを言葉にしました。
　7回もの椅子の交替によって、リー・マリーは疲れ果ててしまいました（議論が熱くなり、言うべきことはすべて言えました）。そこで彼女は2つの椅子の間にある3つ目の椅子（「養育の椅子：利口で賢いチャイルドモード」）に座って、一息つきました。そして、左手にある1つ目の椅子（「要求的批判モード」）と、右手にある2つ目の椅子（「脆弱なチャイルドモード」）を見ました。セラピストはリー・マリーに、両サイドの間にある緊張を感じるよう促しました。彼女の頬には涙が流れ、目には無力感が漂っていました。45秒後、リー・マリーは「もう十分感じました」と言いました。

　セラピストの要請に応じて、リー・マリーは「脆弱なチャイルドモード」（2つ目の椅子）に向かって、その欲求を尋ねました。次に彼女は2つ目の椅子に座り、自分（「脆弱なチャイルドモード」）が養育側（「利口で賢いチャイルドモード」）にどのようなサポートを求めているのかを表現しました。
　いくつかの具体的な質問をして椅子を交換した後、リー・マリーは養育側の椅子に座り、「要求的批判モード」の椅子に向かってこう言いました。
　「では、『要求的批判さん』、あなたの絶え間ない要求から、小さなリー・マリーを自由にしてやってください。リー・マリーが必要としているのは、サポートや励ましなんです。だから彼女

162

を自由にしてやって！　彼女はあなたのためにいつも何かをしたいわけではありません。これで
わかったでしょう？」

さらに椅子を交換して、彼女は言いました。

「私たちは彼女のために最善を尽くしたいだけです。私たちがいなければ、リー・マリーは学
校でこれほどうまくやってこられなかったでしょう」

彼女は再び椅子を交換して言います。

「小さなリー・マリーにとって、学校なんて重要じゃないんです。これからは私が彼女の面倒
を見ます。そしてできないことややりたくないことを、あなたがいつも彼女にやらせようとする
ことを阻止します」

椅子を3回交換して、うまくいかないように見える話し合いをした後、セラピストは養育役
(「ケアする親モード」)のリー・マリーに対し、椅子を手にしてその向きを変えることで、「要求
的批判モード」の力を奪うよう指示しました。セラピストは言います。

「リー・マリー、(椅子の向きを変えて) 今、どんなふうに感じますか？」

リー・マリーは左側の椅子を見て、次に右側の「脆弱なリー・マリー」の椅子を見て、「まだ
窮屈な感じがします」と言いました。セラピストは「では、『養育モード』か『利口で賢いチャ
イルドモード』に入り、そのモードのままでこの椅子を持ち上げて、好きなところに置いてみま
しょう」と言いました。

いくらかの間を置いて、セラピストはさらに「部屋の隅に置いてもいいし、部屋の外に出して
しまってもいいのですよ」と言いました。しばらくして、リー・マリーは「要求的批判モード」
の椅子を部屋の外の廊下に持ち出し、笑顔で戻ってきました。そして「脆弱なチャイルドモー
ド」の椅子に向かって、優しく愛情をこめて話しかけました。

「これからは私があなたの面倒を見ます」

これはおとぎ話のように聞こえるかもしれませんが、セラピーセッションで起きたことを完全
に正確に報告したものです。こうしたやりとりは、モード間の対話を行うための手続きであり、
青年との信頼関係が確立されたときに限って行われるものです。

空の椅子に話しかけることは、青年期の子どもたちにとって慣れないことです。リー・マリー
とは信頼関係が築けていたので、彼女は自らのスキーマやコーピングモードについてセラピスト
に率直に語ることができました。良好なラポールを築くためのさらなるアドバイスは、9.1項に
記述されています。

●イメージ技法

「イメージの書き換え」(第13章で解説) を通じて、リー・マリーは、その場にいない母親に
対して、自らの感情や欲求を初めて表現することができました。その際、「内的なヘルパー(ピー
ターパン)」が必要な手助けをしてくれました。リー・マリーは、イメージの書き換えのエクサ
サイズを3回行いましたが、その間に、怒りと悲しみを爆発させました。

彼女は、自分が体験した傷つきに目を向け、自分自身の欲求を明確に認識する(自己認識す

る）上で、このような感情的に熱くなる瞬間が特に役立つと理解しました。セラピーにおいて自己認識が深まるにつれ、彼女は過去に、いかに自らの欲求を無視していたかに気づきました。自分自身の感情を理解し、困難な状況（例：母親との口論、学校の成績に対するプレッシャー、男子生徒に胸のことをからかわれる）でも健全なコーピング戦略を使えるようになると、社会的スキル、アサーション、境界設定といった能力を形成するための行動療法に取り組むことができるようになりました。これらのスキルは、現実の場面で実践する前に、セラピストがフィードバックできるようにビデオで撮影しながら、ロールプレイを用いて練習しました。

▷親のセッション

当初、リー・マリーの母親とのセッションは、親から独立したいという青年期の子どもの欲求の必要性についてなど、子どもの発達の有り様について教育することを目的としていました。リー・マリーの母親は、自分自身がこのプロセスを完了しておらず、自分の母親に対して「依存的な小さな子ども」（「脆弱なチャイルドモード」）のように振る舞うことがあることを認めました。『自分を変えれば人生が変わる』（Young & Klosko, 1993）という書籍は、母親が自らのスキーマを理解するのに役立ち、彼女は、自分自身の子ども時代の課題を解決するために、心理療法を受けるようになりました。

7.4 まとめ

青年期のスキーマ療法では、自律性と自己決定の欲求を満たすプロセスが中心となります。青年期の子どもたちに変化をもたらすためには、良好なラポールの構築が不可欠です。セラピーで最も難しい課題の一つは、親自身に対する養育の必要性が損なわれないようにしつつ、青年期の子どもに対して養育の役割を果たすことです。必要であれば、親への働きかけについては外部に委託することができます（例：親のカウンセリング、別のセラピー）。

モードワークでは、さまざまなモード（それぞれの感情、思考、身体感覚、行動パターン）を理解します。このプロセスでは、クライアントに洞察力を与え、各モードの存在理由を説明します。モードモデルを通じて、セラピストと青年は、内的な緊張について調べ、青年が特定の行動を取っている理由について理解を深め、問題行動に対する自我親和的な見方を手放すことができます。良好なラポールが構築され（「私はあなたを信頼しています」）、クライアントが自らの自我親和的な見方を手放したとき（「私はこの問題を取り除きたいのです」）、治療的なワークは次の重要な段階に進むことができます。

治療関係は、満たされない欲求、非機能的なモード、不適応的スキーマに焦点を当てるための基盤になります。（生活歴に基づき）どのようにして症状が形成され、問題が維持されているのかを理解することに加えて、過去の傷つきや剥奪、トラウマ、慢性的なフラストレーションに対

応するためには、体験的な介入（チェアワーク、モード間の対話、イメージの書き換え）が有効です。（たとえば、イメージの書き換えを通じて）過去の欲求がいったん満たされると、従来の行動的介入がより効力を増し、首尾よく実施できるようになります。

　最後に、青年期の子どもたちには、自由に決められることと共に、具体的なアイディアや明確な指示が必要であることに留意する必要があります（Geerdink et al., 2012）。また青年期には、発達的には正常な要因でセラピーが複雑化する場合があることを、セラピストは知っておく必要があります。

　青年期の子どもたちは、仲間の前で恥ずかしいと思うことがあったり（「あなたはセラピストなんかに会っているの？」）、セラピーに参加することに信頼をおけなかったり（「今日はその話はできない」「私をそこに行かせないで」）、セラピーに参加する動機づけのレベルがまちまちだったりします（「私は自分でできる。セラピーに行きたいだなんて頼んでいない」）。

　したがって、青年期の子どもたちが約束を守らない場合、セラピストは「要求的ペアレントモード」（「来ると約束していたのに、がっかりした」）のように振る舞わないよう気をつける必要があります。セラピストが、感謝されていない、受け入れられていないと感じても、セラピーの「ドア」は常に開かれているべきです。このような無条件の肯定的評価があることで、青年たちに認められ、後になってから彼らがセラピーに戻ってきてくれることがあるのです。

◆参考文献◆

Achenbach, T. M. & Edelbrock, C. (1991). Child behavior checklist. *Burlington (Vt)* 7.

Borg-Laufs, M. (2011). *Störungsübergreifendes Diagnostik-System für die Kinder- und Jugendlichen psychotherapie (SDS-KJ): Manual für die Therapieplanung* (2. Aufl.) .Tübingen: Dgvt-Verlag.

Borg-Laufs, M. (2013). Basic Psychological Needs in Childhood and Adolescence. *Journal of Education and Research*, **3**, 41-51.

Brisch, K. H. (2012). *Treating Attachment Disorders: From Theory to Therapy*. New York: Guilford Press.

Carr, A. (2015). *The Handbook of Child and Adolescent Clinical Psychology: A Contextual Approach*. London: Routledge.

DGKJP: Deutsche Gesellschaft für Kinder- und Jugendpsychiatrie und Psychotherapie et al. (2007). *Leitlinien zur Diagnostik und Therapie von psychischen Störungen im Säuglings-, Kindes- und Jugendalter* (3. Aufl.). Köln: Deutscher Ärzte-Verlag.

Döpfner, M., Lehmkuhl, G., Heubrock, D. & Petermann, F. (2000). *Ratgeber Psychische Auffälligkeiten bei Kindern und Jugendlichen*. Göttingen: Hogrefe.

Dreher, E. & Dreher, M. (2002). Familienstatus und Ablösung. In: B. Rollett, & H. Wernek (Eds.), *Klinische Entwicklungspsychologie der Familie*, pp.137-157. Göttingen: Hogrcfc.

Eisenberg, N. (2000). Emotion, regulation, and moral development. *Annual Review of Psychology*, **51**, 665-697.

Farrell, A. D. & White, K. S. (1998). Peer influences and drug use among urban adolescents: family structure and parent-adolescent relationship as protective factors. *Journal of Consulting and Clinical Psychology*, **66**, 248-258.

Fend, H. (1998). *Eltern und Freunde. Soziale Entwicklung im Jugendalter*. Bern: Huber.

Gardner, M. & Steinberg, L. (2005). Peer influence on risk taking, risk performance, and risky decision making in adolescence and childhood: an experimental study. *Developmental Psychology*, **41**, 625-635.

Geerdink, M., Jongman, E. & Scholing, A. (2012). Schema therapy in adolescents. *The Wiley-Blackwell Handbook of Schema Therapy: Theory, Research, and Practice*, pp.391-396. Chichester: Wiley-Blackwell.

George, C., Kaplan, N. & Main, M. (1984, 1985, 1996). *Adult attachment interview protocol*. Unpublished manuscript, University of California at Berkeley.

Gestsdottir, S. & Lerner, R. M. (2008). Positive development in adolescence: The development and role of intentional self-regulation. *Human Development*, **51** (3), 202-224.

Gratz, K. L. & Roemer, L. (2004). Multidimensional assessment of emotion regulation and dysregulation: development, factor structure, and initial validation of the difficulties in emotion regulation scale. *Journal of Psychopathology & Behavioral Assessment*, **26** (1), 41-54.

Grawe, K. (2017). *Neuropsychotherapy: How the Neurosciences Inform Effective Psychotherapy*. London: Routledge.

Larson, R. & Lampman-Petraitis, C. (1989). Daily emotional states reported by children and adolescents. *Child Development*, **60**, 1250-1260.

Larson, R. W., Clore, G. L. & Wood, G. A. (1999). The emotions of romantic relationships: do they wreak havoc on adolescents? In: W. Furman, B. B. Brown, & C. Feiring (Eds.), *The Development of Romantic Relationships in Adolescence*, pp.19-49. Cambridge University Press.

Luby, J. L., Svrakic, D. M., McCallum, K., Przybeck, T. R. & Cloninger, C. R. (1999). The Junior Temperament and Character Inventory: preliminary validation of a child self-report measure. *Psychological Reports*, **84** (3_suppl), 1127-1138.

Lundborg, P. (2006). Having the wrong friends? Peer effects in adolescent substance use. *Journal of Health Economics*, **25**, 214-233.

Manly, T., Robertson, I. H., Anderson, V. & Nimmo-Smith, I. (1994). *The Test of Everyday Attention (TEA-Ch)*. Bury St. Edmunds: Thames Valley Test Company.

Markiewicz, D., Lawford, H., Doyle, A. B. & Haggart, N. (2006). Developmental differences in adolescents' and young adults' use of mothers, fathers, best friends, and romantic partners to fulfill attachment needs. *Journal of Youth and Adolescence*, **35** (1), 121-134.

Mullis, A. K., Mullid, R. L. & Normandin, D. (1992). Cross-sectional and longitudinal compairsons of adolescent self-esteem. *Adolescence*, **27** (105), 51-61.

Oerter, R. & Dreher, E. (2008). Jugendalter. In: R. Oerter, and L. Montada, *Entwicklungspsychologie* (6. Aufl.). Weinheim: Beltz.

Roediger, E. (2011). *Praxis der Schematherapie. Lehrbuch zu Grundlagen, Modell und Anwendung* (2. Aufl.). Stuttgart: Schattauer.

Rosenblum, G. D. & Lewis, M. (2003). Emotional development in adolescence. In: G. R. Adams, & M. D. Berzonski (Eds.), *Blackwell Handbook of Adolescence*, pp.259-269. Malden MA: Blackwell Publishing.

Schneider, S., Unnewehr, S. & Margraf, J. (2009). *Kinder-DIPS. Diagnostisches Interview bei psychischen Störungen im Kindes- und Jugendalter* (2. Aufl.). Heidelberg: Springer.

Schroeder, C. S. & Smith-Boydston, J. M. (2017). *Assessment and Treatment of Childhood Problems: A Clinician's Guide* (3rd ed.). New York: Guilford Press.

Seiffge-Krenke, I. & Beyers, W. (2005). Coping trajectories from adolescence to young adulthood: links to attachment state of mind. *Journal of Research on Adolescence*, **15** (4), 561-582.

第7章　思春期・青年期のスキーマ療法　167

Seligman, M. E. (1974). *Depression and Learned Helplessness*. Chichester: Wiley.

Shiner, R. & Caspi, A. (2003). Personality differences in childhood and adolescence: measurement, development, and consequences. *Journal of Child Psychology and Psychiatry*, **44** (1), 2-32.

Shumaker, D. M., Deutsch, R. M. & Brenninkmeyer, L. (2009). How do I connect? Attachment issues in adolescence. *Journal of Child Custody*, **6** (1-2), 91-112.

Steinberg, L. (2005). *Adolescence*. New York: McGrew-Hill.

Sudak, D. M. (2006). *Cognitive Behavioral Therapy for Clinicians*. Philadelphia: Lippincott Williams & Wilkins.

von Salisch, M. (2001). Children's emotional development: challenges in their relationships to parents, peers, and friends. *International Journal of Behavioral Development*, **25** (4), 310-319.

von Salisch, M. (2008). Emotionale Entwicklung. In: B. Herpertz-Dahlmann, F. Resch, M. Schulte-Markwort, & A. Warnke (Eds.), *Entwicklungspsychiatrie* (2. Aufl.). Stuttgart: Schattauer.

Vondra, J. I., Shaw, D. S., Swearingen, L., Cohen, M. & Owens, E. B. (2001). Attachment stability and emotional and behavioral regulation from infancy to preschool age. *Development and Psychopathology*, **13**, 13-33.

Young, J. E. & Klosko, J. (1993). *Reinventing Your Life*. New York: Dutton Books.

Zarbock, G. & Zens, C. (2011). Bedürfnis- und Emotionsdynamik – Handlungsleitende Konzepte für die Schematherapiepraxis. In: E. Roediger, & G. Jacob (Eds.), *Fortschritte der Schematherapie*. Göttingen: Hogrefe.

第8章

ヤングアダルト（17〜23歳）に対するスキーマ療法

クリスティン・ツェンス、シルカ・ハゲナ

事例

　モナは両親の間の一人娘で、現在17歳6カ月です。学生生活は、あと残り2年あります。彼女は入院して認知行動療法を受けていましたが、それを続けることができず、治療は中断されました。そこで主治医と母親は彼女をセラピーに紹介しました。

　モナは1年前から神経性やせ症（食事量を制限し、カロリーや体重にこだわる症状）に悩まされていました。治療開始時の体重は43kg（身長は168cm）で、BMIは15、ボディイメージの歪みがありました。また、抑うつ症状（特に、気分の落ち込み、興味関心の喪失、社会的孤立、やる気の喪失、時には自分自身を遮断するために自殺念慮を抱くこと）も見られました。これらの症状に加えて、彼女には歪んだ自己イメージや気分の波もありました。

　さらに病歴を調べると、衝動性や自己破壊的な行動（飲酒、大麻の摂取、皮膚を引っ掻いたり傷つけたりする自傷行為）を取る傾向がありました。また、身近な人を失うことを恐れる傾向があることもわかりました。こうした状態はボーイフレンドとの関係に応じて顕著に現われていましたが、ボーイフレンドの側は、身近な人を失うことを恐れるモナの傾向を軽蔑し、彼女の欲求を無視することが多かったようです。

　モナはボーイフレンドとの性行為について、「セックスはなんの意味もない」「彼のために我慢して応じていた」「彼が自分から離れないようにしていた」と述べています。学業に関しては、高校時代は成績が良かったものの、ここ最近は伸び悩んでいました。友人関係に関しては、彼女をサポートしてくれる長年の友人たちがいました。しかし最近では、それらの友人たちと一緒に行動することが少なくなり、引きこもり気味になっていました。

　モナの母親は保険会社に勤務し、父親は政府の税務部門に勤務していましたが、あるとき二人は離婚しました。モナは自分のことを「お母さんのペット」と呼んでいましたが、幼少期（幼稚園や小学校の初期）は比較的問題がなかったようです。

　モナは、幼少期における母親との楽しい思い出をたくさん語りました。母親と父親との関係はいつも険悪でした。父親は定期的に深い抑うつ感に襲われ、周囲の人たちに対して無反応になっていたのです。そのような父親のメンタルヘルスの問題が家族への負担となり、10歳となったモナは母親の手伝いをすることが増えました。特に、両親の喧嘩が激しくなると、母親はモナのサポートをますます頼りにするようになりました。モナはこのようなとき、自分を孤独で無力だと感じることが多かったと言います。

　モナが13歳のとき、両親は離婚し、父親との関わりがほとんどなくなりました。その後、まもなくして、母親に新しいパートナーができました。このパートナーは、モナに対して、性的かつ卑劣な扱いをしました。モナは数回のセラピーセッションを経た後、15歳のとき、酒に酔ったこの母親のパートナーから定期的に性的虐待を受けていたことを話すことができましたが、彼女はそれをとても恥じていました。モナがこのことを母親に伝えようとしたところ、「あなたは大げさだわ。あなたの解釈は間違っている。私たちには彼が必要

なのよ。考えてみて」と言われてしまい、話を聞いてもらえませんでした。

16歳になったモナは、ついに家を出て、父親と一緒に暮らすことになりました。父親は彼女を引き取ったものの、彼女と話すこともなく、面倒を見ることもなく、無視していました。この間、彼女は食事の量を気にするようになり、体重が減り始めました。モナは自分のことを、「まだとても太っていて醜い」と感じていました。

彼女の唯一の支えは、16歳のときに出会った20歳のボーイフレンドでした。彼は、学校を退学して実家で暮らす、無職の男性でした。彼と一緒に過ごすのは簡単なことではありませんでしたが、モナにとって彼のいない生活は考えられませんでした。彼はモナの女友達が嫌いで、モナを彼女たちから遠ざけようとしました。そのうちに、モナは女友達を大切にしなくなっていきました。

その間に、母親がパートナーと別れたため、モナは母親と一緒に暮らすことになりました。モナは、母親の元パートナーとの関係について、母親からまだ誤解されていると感じていました。モナは母親とまともな会話ができず、モナの食生活の問題でたびたび衝突していました。

モナは、学校を卒業後、自分が何をしたいのかわかりませんでした。学校では学業にほとんど興味を持てず、無理なくできそうな課目だけを選んでいました。彼女が生物学を専攻に選んだのは、人間の身体について学ぶことができると思ったからです。時事問題や世界情勢についての意見を聞かれても、モナはそれらに対する意識が乏しく、自分なりの考えを持っていませんでした。

モナは、幼い頃から情緒不安定なところがありました。母親によれば、モナは生まれてからずっと、周囲の環境からのネガティブな刺激にとても敏感だったそうです。それにもかかわらず、11歳までは比較的うまく発達課題をこなせていたようです。しかし、家庭内での両親の対立が激しくなると、モナがとてもつらそうにしていたことに、母親は気づいていました。

8.1 スキーマ療法の観点から見た段階別の発達課題、相互作用、葛藤、モード

本章では、青年期後半から成人期前半までを対象とします（Carr, 2015）。この段階は、おおよそ17〜23歳に相当し、ここでは「ヤングアダルト期」と呼びます。青年期後期／ヤングアダルトの年齢層は、青年期と重なっています。青年期とは、幼少期の終わりから大人になるまで

の段階を指します。年齢の正確な定義や記述は、文化的、社会的、ジェンダー、経済的な要因（たとえば、豊かさ）に左右されます。青年期には、身体的な成熟だけでなく、大人としての自立と責任を果たすための精神的・心理的な成長も含まれています。

8.1.1 ヤングアダルトのための段階別の発達課題とテーマ

　発達心理学には、人の自己意識の発達に関する数多くの記述や概念があります。簡略化するために、ヤングアダルト向けのスキーマ療法に関連性の高い概念に焦点を当てていきます。

　エリク・エリクソン（Erikson, 1968）による心理社会的発達の段階と危機のモデルは、ロバート・ハヴィガースト（Havighurst, 1972）の発達課題モデルと同様に、カー（Carr, 2015）による若者の発達課題に関する記述によって補完されており、参考になるモデルです。

　エリクソンは、その段階モデルにおいて、アイデンティティの発達を、子どもの個人としての欲求と、常に変化する社会環境の要求との相互作用の結果として説明しています。エリクソンの発達理論では、子どもの個人的（および客観的）な環境との関係や相互作用が非常に重要な役割を担っています。エリクソンの課題と子どもの基本的欲求の間には、スキーマ療法の視点から見ても明らかな関連性があります。

　この章では、ヤングら（Young et al., 2003）が提唱している、子どもの基本的欲求である安心感とアタッチメント、自律性の感覚、自尊心、自発性と遊びの感覚と同様に、限界設定、ガイドして見守ることに焦点を当て、ヤングアダルトに対するセラピーを紹介します。また、一貫性への欲求については、グレイウェ（Grawe, 2017）の研究を参考にします。

　ヤングアダルトの男女は共に、自己に関する問いに多くの時間を割く傾向があります。自らの身体に関わる問題を継続して抱えており、特に身体的魅力への執着が見られます。また、親からの自立や仲間との関係の再構築にも重点が置かれ、青年期中期には、「自分は何者なのか？　自分の価値観、考え方、人生観はどのようなものか？　将来はどうなるのか？」と考えます。

　この時期の理想として掲げられるのは、現実的な自己イメージが形成され、自らの弱みと強みが認められるようになることです。しかし、アイデンティティの形成はまだ終わっていません。エリクソンとハヴィガーストによれば、青年期の若者が、職業やパートナー選び、家族、政治的および道徳的な立場についての質問に答えられるようになり、これらに関する望みに対応するための十分な社会的かつ知的能力を身につけるまでは、アイデンティティの形成は終わらないのです。

　ハヴィガーストは、人には適切な学習プロセスにより習得できる発達段階があり、それぞれの発達段階に適した発達課題があると主張しています。彼は、時間が限られている課題領域と、よ

り柔軟に時間をかけて習得できる課題を区別しています。これらの課題は、個人の欲求と社会の要求との間に緊張状態があるため、完了するのが難しい場合があります。

　また、青年期の発達課題とヤングアダルトの発達課題は密接に関連しています（Carr, 2015）。上記の発達理論によると、本章で取り上げるヤングアダルトの年齢層では、「アイデンティティ」「家族」「家族の意味と家族からの離脱（自律性の発達）」「愛とパートナーシップ」「職業選択と将来の見通し」「安定した対人関係の構築」「経済的自立」が中心的なテーマとなっています。

　自分のアイデンティティを問うことは、一生の課題です。しかし、ヤングアダルト期には、身体的、認知的、社会的な変化があり、それらが安定したアイデンティティの形成に影響を与えます。したがって、「自分は何者なのか」という問いは、ヤングアダルトの年齢層において特に重要な意味を持ちます。エリクソンはこの問題を、「アイデンティティと役割の混乱」に関する発達の危機と位置づけています。

　過去と現在の経験を未来への期待と結びつけることで、自己意識は確立されます。将来の「自分」の現実的な可能性を想像するためには、ヤングアダルトに自分の能力を正確に評価する力が備わっていることが重要です。そのため、ヤングアダルトは自分の能力、長所、短所を理解する必要があります。

　また、社会の状況や期待についての批判的な分析もこの段階で行われます。そして、それが個人の価値観やモラルにつながり、アイデンティティ形成の一部となるのです。このようなテーマにおける激しい葛藤の中で、その人の責任能力が形成されていきます。さらに、社会への積極的な統合が行われ、忠誠心、誠実さ、コミットメント、幸福感、自尊心などの経験がもたらされます。

　エリクソンによると、さらなる発達の危機として、親密な関係を形成する能力と疎外感に焦点が当てられています。うまく折り合いをつけられれば、自分のアイデンティティを失うことなく、他の人間と親密な関係を築くことができるようになります。これがうまくいかないと、孤独感、孤立感、服従している感覚をはじめ、本質的な価値や希望、期待、視点などに混乱が生じます。

　要約すると、これまで述べてきた理論と私たちの臨床経験から、以下のテーマがこの年齢層に特に関連していると考えられます。

1．親元からの情緒的かつ経済的な独立（自律性）
2．持続するパートナーシップの確立
3．安定した社会的ネットワークの構築
4．価値観、規範、社会的態度の確立
5．自らの意思決定に責任を持てること
6．現実的なキャリアと個人的な目標の構築

7. 必要とされる社会的、実践的、感情的な能力の獲得（例：健康的なフラストレーション耐性の形成、取り扱うことが困難な感情や激情への対処）

このような発達課題や段階を解決するためには、本人のアタッチメントの体験やそれに基づく他者との結合能力が非常に重要となります。そして、これらの課題や段階に共通して求められるのは、自律性の発達と、自立と自己責任への努力です。アタッチメントの質は、親元を離れて自立し、責任ある生活へ移行することがどれくらい容易で問題がないか、その見通しを左右することになります。

このような発達課題は、親や重要他者にも何らかの負担を求めます。たとえば、親は青年の自律性を高め、親元を離れていくプロセスを促進しなければなりません。しかし、親それぞれが生きてきた個人的な環境によって、これらの要請に対処する能力は左右されます。親のスキーマやモードは、子どもを取り巻く変化によるストレスで活性化されるため、治療を行う際には、重要他者の背景やスキーマも考慮に入れる必要があります。

8.1.2 スキーマ療法の観点から見た段階別の発達課題、相互作用、葛藤、モード

ヤングアダルトは、青年期の課題だけでなく、大人の課題にも対処しなければならないため、発達上のプレッシャーがかかる特殊な立場に身を置くことになります。青年期中期の段階とは対照的に、自律性の必要が継続的に高まり、ヤングアダルトは徐々に大人の役割とそれに伴う責任を担うようになります。

その一方で、家族への依存心がまだ残っていることも多く、こうした部分も考慮する必要があります。このような葛藤があると、青年自身だけでなく重要他者にも過剰な要求をしてしまう可能性があります。現実的な治療目標を設定する際には、これらの相反する要求を評価し、自律性への欲求とその限界とのバランスを取る必要があります。

スキーマ療法の観点からすると、青年が発達課題を達成する能力は、中核的感情欲求が満たされたり満たされなかったりした体験に大きく影響されます。基本的な欲求が十分に満たされている青年は、短期的にも長期的にも、今後に待ち受けている課題を達成する能力が非常に高いです。

一方、感情的にフラストレーションを覚える体験があると、基本的欲求を満たしてくれない重要他者に不満を抱いたとき、これに対処する能力が低下してしまいます。

仲間内での他者への暴言や苛立ちは、正常な発達の逸脱にすぎず、あまり厳密に捉えなくてもよいでしょう（Offer et al., 1981）。個々の危機は、「正常な発達過程」の一部であることが多いので、急いで判断するべきではありません。

感情的な欲求が満たされないと、親離れができず、大人としての自律性が育たないことがあります。たとえば、アタッチメントや自律の欲求は、感情的に信頼できる対象がいない体験（見守られなくなること、養育者の頻繁な変更、孤立感、感情的な冷たさ、無視、拒絶など）や、支配的または過保護な養育（過度に用心深かったり気にかけすぎたりする親や、権威主義的で支配的な親）によって、うまく満たされないことがあります。

これらによって、欲求が慢性的に満たされていない場合、摂食障害、恐怖、強迫観念、抑うつ症状を発症するための心理的基盤が整ってしまいます。また、恋愛をめぐる関係も、アタッチメントの欲求に対する継続したフラストレーションの体験に影響を受けています。アタッチメント障害は、「情緒的剥奪スキーマ」「見捨てられスキーマ」「不信／虐待スキーマ」などを形成することが多く、これらのスキーマが、不適応的なスキーマを維持させるような他者に惹かれるきっかけとなります。こうした場合、ヤングアダルトは、信頼性をもたらす能力のない他者と関係を築き（例：既婚者との関係に惹かれるなど）、上記のスキーマを強化するような体験を重ねることになるのです。

事例

●中核的感情欲求に対するフラストレーション

モナの場合、アタッチメント、ガイダンス、限界設定、コントロール、自尊心といった領域で、基本的欲求に対するフラストレーションが蓄積されています。

まず、モナはアタッチメント領域においてトラウマを経験し、父親の病気とそれに伴う不安定な夫婦関係のために、自分の能力を超えた責任を背負っていました。モナは結局、彼女の欲求を満たすことができない母親の責任を負うことになり、彼女が親の役割を代行するという状況になってしまいました。

モナはまた、両親が別居し、父親が一切の連絡を絶っていたため、見守りや保護、愛情が不足していました。さらに、母親の新しいパートナーから屈辱的な虐待を受け、最後には母親がモナの気持ちや欲求を否定するような反応を示し、虐待から保護してくれなかったこともありました。

これらの体験は、モナが、性別による役割の確立、自分の身体を受け入れること、親元を離れることなどの発達課題を有していた時期に起きました。モナの精神的な許容範囲は限界に達し、喪失への恐れや自尊心の低下が生じ、神経性やせ症の発症や自傷行為などの不適切な対処法が見られるようになりました。さらに、感情を剥奪したり無視したりする別のパートナーとの結びつきに引き寄せられ（「スキーマの化学」；Young et al., 2003）、自己評価を下げたり感情的なネグレクトをしたりという状況が続いてしまいました。

第8章　ヤングアダルト（17〜23歳）に対するスキーマ療法　**175**

●価値と規範の形成

　価値、ルール、政治的態度が形成され、確立されていく過程では、ガイドされることや指示されること、制約を設けること、コントロールといった基本的な欲求が満たされているか否かが重要な役割を果たします。若者は、自分の価値観を明確にし、家族の中に役割を見つけるために、機能している家族においてはサポートを求めることができます。

　しかし、ガイドされることや限界設定がない場合は、社会的規範の形成に関する情報が得られません。その場合、道徳観が伝わらなかったり、伝わったとしても恣意的で気まぐれなものであったり、若者自身も快楽主義の対象に陥ってしまったりすることがあります。このような環境では、たとえ影響力は小さくても、強い暗示性によって、非行や薬物乱用の素地が形成される可能性があります。また、衝動のコントロールが困難になり、自己管理能力が低下することで、社会的な問題や障害（例：うつ病）も生じてしまいます。

　セラピーを開始した当初、モナは自らの規範や価値について明確な考えを持っていませんでした。そのため、相手の良し悪しを考え、パートナーとするべき対象者を判断することが難しかったのです。

　彼女のエネルギーは次の2つの領域に向けられていることが明らかになりました。それは、痩せる努力をして自尊心を安定させること、そして、パートナーに執着して見捨てられを回避することです。

　モナの両親は、信頼できるガイダンスと保護をモナに提供することができませんでした。その結果、成熟した視点、社会的・政治的な価値や規範、個人的な興味や関心を進展させるという、より高次な発達課題に進むための十分な精神的情緒的安全感が得られませんでした。

　モナは10歳の頃から、不安や喪失感といった実存的な基本問題を抱えており、自尊心や愛情を確かなものにする手段について、非常に限られたレパートリーしか獲得できていなかったのです。

　自尊心や自律性の発達といった中核的な感情欲求が満たされていないヤングアダルトは、しばしば、無力感のパターンに陥ったり、何らかの依存の傾向を示したりすることが多いです。自分で決断し、責任を取ることへの恐れは、障害の発生をはじめ、自己意識の形成や、人生の目標を適切に設定する能力を低下させる一因となることがあります。

　自発性、遊び、喜びを得ることに対する欲求が、非感情的で達成志向の強い親の存在などが原因で満たされないと、対人関係の形成が疎外されるケースがたびたび見られます。そうすると、人間関係やチームワークの構築などの社会的能力も十分に形成されません。

　その場合、ヤングアダルトは、社会的な接触を避けて孤立したり、疑似現実（ビデオゲームなど）に没頭したり、（スポーツ、趣味、学校といったもので）成果を上げることへ逃避したりす

る傾向が見られます。たとえば、モナは、慎重で抑制の効いた振る舞いや、自分の欲求を否定することを学びました。そのため、友情と親密さの領域における発達課題への対応にかなりの問題が生じ、その結果、さまざまな障害や相互作用の問題が発生することになりました。

8.2 スキーマ療法のアセスメント、心理教育、治療

この年齢層では、ほとんどすべての標準的かつ臨床的な障害が見られます。特に多いのは、うつ病、強迫症、摂食障害です。また、パーソナリティ障害の発症が認められたり、発症が示唆されたりすることもあります（Newton-Howes et al., 2015）。

ヤングアダルト層を対象としたスキーマ療法は、これまで本書で取り上げてきたアプローチとは異なり、多くの点で成人に適用されるアプローチと似ています。この段階では、知的能力や言語能力がすでに十分に発達しているため、診断や治療の内容は、大人のスキーマ療法で使われるものと基本的に同じです。一方で感情発達にはまだ抑制された部分があるため、治療関係を通じて、感情を知覚し表現することをサポートする必要があります。

8.2.1 適応、禁忌および診断

すべての年齢層のクライアントと同様に、ヤングアダルトに対するスキーマ療法において必要なことは以下の通りです。

まず、クライアントの主な症状と問題、他者との相互作用についての情報を収集し、事例の経過をまとめます。さらに、セラピストはクライアントの気質を評価し、どのような発達課題がうまく解決されたのか、あるいは保留になっているのかを調べます。このプロセスを通じて、どの基本的欲求が満たされているのかがわかるからです。最後に、すべての心理療法に共通することですが、診断上の特徴はアセスメントの一部に含まれます。それにはたとえば、知能の評価、（ディスレクシアのような）能力の障害、クライアントの個人的そして社会的資源の評価などがあります。

発達精神病理学で用いられる診断テストの一覧は、カー（Carr, 2015）に掲載されています。アセスメントにおいては、「青年期の精神疾患の診断と治療のための診断ガイドライン」（German Association for Child and Youth Psychiatry and Psychotherapy, 2007）を遵守しなければなりません。また、成人を対象としたインタビュー、質問紙、インベントリー（例：SCID-II; First et al., 1997）についても、この年齢層に対して用いることができます。

問題のある行動（症状や相互作用スタイル）を自己観察することは、この時点において有意義

です。スキーマ療法では感情や欲求に特に注意を払いますが、青年期の自己観察は成人のセラピーよりもさらに多くの気づきを与えてくれます。自己観察は、問題行動を同定して名前をつけることに加えて、変化への動機づけとコンプライアンスを向上させるよい機会となります。それは、青年が「問題」を観察して記録することで、その影響の大きさを認識するからです。

ヤングアダルト層の治療では、動機づけが問題になることがよくあります。ギアディンクら（Geerdink et al., 2012）が示唆するように、青年期の子どもたちの苦しみは長続きしないことが多く、すぐに態度を変える傾向があるため、変化への動機づけが成人の場合よりも低いことが多いのです。問題行動をできるだけ早く減らす必要はなく、まずは問題を観察し記述するための短い期間が差し挟まれるとよいでしょう。これによって、セラピストは、クライアントと共に短期的な目標を達成する機会を得て、変化への欲求を高め、治療関係を発展させるための時間を得ることができます。

クライアントの報告に加えて、クライアントの年齢やニーズに応じて、第三者の協力を得ることにし、主要な重要他者（親、パートナー、友人、教師など）に相談することもあります。その際、クライアント自身の欲求をしっかりと尊重する必要があります。つまり、外部の人物との協同作業を行う場合には、事前にクライアントと話し合い、同意を得る必要があるということです。

また、クライアントの立ち合いの有無にかかわらず、これらの会話がどのような形式で行われるのか、どのような内容について話し合われるべきか、といったことについても、同意を得る必要があります。

事例

●第三者から提供された事例の（医療的な）経過

早い段階で、モナの母親との面会が計画されました。第三者を通じて事例の経過を把握するためです。セラピストとモナの二人で、母親との面会で候補となる話題の優先順位を決めた後、セラピストが母親だけと面会をすることが、双方の希望として出されました。セラピストが公平な立場で話をすることが重要であり、同時にモナに対しては、すべてのポイントや懸念事項はセラピーの中で解消されることを伝え、安心してもらう必要がありました。その後の母親との面会は、モナの希望により、彼女も同席して行われました。

モナの母親は、モナとの関係が難しくなったことを話してくれました。モナの摂食障害を非常に心配していて、その影響について自分で情報を得て、常にモナに食事を摂らせようとしていました。

その結果、モナを非難したりモナと喧嘩をしたりして、後悔するという悪循環に陥っていたのです。母親は、なぜモナが心を閉ざしてしまったのか、なぜモナと通じ合えなく

なってしまったのかが理解できていませんでした。

面会の間、モナの母親はすっかり気落ちしてしまっている様子でした。彼女は泣き出し、無力感をあらわにしました。自分はこれ以上問題に対処することができず、問題を悪化させないために何らかの助けを求めることも考えていると打ち明けたのです。モナが母親の元パートナーに反感を抱いていることも理解できていなかったと考え、今ではモナを助けたいと強く思っていました。

　第三者による裏づけが完了すると、クライアントの生活歴、現在の懸念、提示された問題の有り様と維持要因に基づいて、最初の仮説を立てることができます。基本的欲求が満たされていないことを示す指標があり、問題が成育歴と関連しているのであれば、スキーマ療法が検討されることになります。
　また、症状が慢性化している場合、そしてパーソナリティ障害が見られる場合なども、スキーマ療法の導入を考慮に入れるとよいでしょう。

　世界の多くの地域で、青年やヤングアダルトに対してスキーマ療法を活用して成功を収めたという報告がありますが、結果の体系的な評価は大規模には行われていません。というのも、17歳、さらには16歳の場合でも、臨床設定としては成人の外来のクライアントとして扱われることが多いからです。このような環境では、成人の症状や指標の多くがヤングアダルトの評価にも用いられ、特に、パーソナリティ障害（例：境界性パーソナリティ障害）や慢性的なI軸障害（例：不安症、強迫症、摂食障害）に関連する特徴が活用されます（Zens & Jacob, 2012）。
　スキーマ療法のさらなる応用として、急性期ではない依存性障害（Kersten, 2012）や、トラウマワークへの穏やかなアプローチとしても取り入れられてきました。さらに、スキーマ療法は、グループ療法としても展開され、成功しています（Farrell & Shaw, 2012）。オランダでは、法医学の現場でヤングアダルトにスキーマ療法を適用しており、そのポジティブな経過が報告されています（Geerdink et al., 2012）。

　スキーマ療法における禁忌は、成人の治療と同様に、急性の障害（たとえば、神経性やせ症で見られる生命を脅かすような体重減少や、性急な自殺願望）に関して、身体的安全性の管理に焦点を当てる必要がある場合です。こうしたケースでは、危機に着目した適切な治療技法と医学的介入を行わなければなりません。
　精神病症状、重度の薬物乱用問題、重大な認知障害、明らかな早期発達障害を持つクライアントに対しては、スキーマ療法は推奨されませんが、一方でこれらの症状を扱うスキーマ療法のセラピストからは、この群の治療における肯定的な報告が増えてきています。

　最も考慮すべきことは、クライアントがスキーマ療法の主な構成要素、特に感情に焦点を当てたアプローチと集中的な治療関係から恩恵を受けられるかどうかです。禁忌事項として重要なの

は、クライアントに加害者との接触の機会がまだ残っていて、組織的な手助けなしに加害者から逃れられない場合であり、特に年齢の幼いケースが該当します。こうした場合、防衛的な症状の兆候として現れる行動パターンを減らせるように、安全を保てる状況を作らなければなりません。

スキーマ療法を用いたヤングアダルトへの治療では、モードアプローチが最優先されます。モードアプローチが適用されるのは、直感的でマネジメントしやすく、ヤングアダルトが自身の根本的な問題をよく理解できるからです。この概念は、アーンツとヤコブ（Arntz & Jacob, 2012）によってすべて説明されており、スキーマの活性化によって引き起こされる状態を反映したモードに焦点を当てています。さらに、関連するモードを確認するために、スキーマモード質問票（SMI）（Lobbestael et al., 2010）を使用することができます。

また、ヤング・スキーマ質問票（YSQ）を用いて、関連するスキーマの概要を把握することも有効です。この質問票により、特定のモードの「感情的なトーン」の可能性を知ることができ、どのような治療、特にどのように治療的再養育法を提供すれば適切かを把握するのにも役立ちます。

私たちの経験によると、ヤングアダルトは自分自身でYSQを完成させられる場合が多いです。しかし、特に理解度やモチベーションに問題があると予想される場合には、セラピストが手助けを申し入れる必要があります。

質問票を実施する前に重要なのは、若者のコーピングモードが、スキーマに関する自己報告を効果的に行う上で、どの程度の妨げになっているかを評価することです。たとえば、過剰補償に終始するクライアントには、ヤング過剰補償目録（YCI〈Young, 1995〉）が有用でしょう。同様に、強い回避モードがある場合には、ヤング-ライ回避目録（YRAI〈Young, 1994b〉）がより参考になるかもしれません。また、親の行動の評価においては、ヤング・ペアレント養育目録（YPI〈Young, 1994a〉）が追加情報を提供してくれるかもしれません。

こうした質問票を使うかどうかは、ケースごとに決めるべきです。すべての質問票を完成させるのは負担が大きすぎて、相手のモチベーションを奪ってしまう可能性があります。子どもが親に巻き込まれているケースでYPIを記入する場合には、親への忠誠心に基づく葛藤が生じることもしばしば見られます。

表8.1 モードの概観 (Arntz & Jacob, 2012と比較)

機能的ヘルシーモード
利口で賢いチャイルドモード (またはこの年代としてのヘルシーなヤングアダルト)
ケアする親モード (内在化されたケアをするモード)
よき保護者モード
幸せなチャイルドモード

非機能的チャイルドモード
脆弱な (孤独な、見捨てられた、虐待された) チャイルドモード
怒れる、激怒する、衝動的、甘やかされた、または、非自律的チャイルドモード

非機能的ペアレントモードとピアモード
要求的ペアレント／ピアモード (要求度が高いか、感情的に要求するペアレントまたはピア)
懲罰的ペアレント／ピアモード (子どもに対して厳しく批判するか、虐待するペアレントまたはピア)

非機能的コーピングモード		
服従	従順・服従モード	機嫌取りモード
回避	遮断・防衛モード	解離・防衛モード
	怒り・防衛モード	遮断・自己鎮静モード
	退行・防衛モード	不平・防衛モード
	多動・防衛モード	回避・防衛モード
過剰補償	反抗・挑戦モード	支配者モード
	完璧主義モード	過剰コントロールモード
	自己誇大化モード	作家 (演技屋) モード
	脅しモード	いじめ・攻撃モード
	だましモード	略奪モード

ヤングアダルト（17〜23歳）のクライアントにおける典型的なスキーマ

　2011年から2012年にかけて、クリニックに入院したクライアントでグループスキーマ療法に参加した17歳から23歳のクライアントの、心理療法の質問紙とケース記録を分析しました。これらのクライアントは、うつ病、摂食障害、社交恐怖、強迫症、併発するパーソナリティ障害など、さまざまな診断を受けていました。分析の結果、障害名にかかわらず、最も一般的なスキーマは、「見捨てられ／不安定」「欠陥／恥」「失敗」「感情抑制」「権利要求／尊大」「自制と自律の欠如」であることがわかりました。

■**見捨てられ／不安定スキーマ**：このスキーマは、親元を離れたいという年齢相応の欲求から、一人になること、一人にされることに対する恐怖に至るまでのスペクトラム上の、さまざまな恐怖として表現されます。「行かなきゃいけないけど、どこに行ったらいいのかわからない！」というのが、20歳の若者がこの葛藤を端的に表現した言葉です。このスキーマを持つ若者は、誰にも何にも頼れないという感覚を持っていることが多く、喪失することや拒絶されることへの恐怖感が顕著にあります。

■**欠陥／恥スキーマ**：思春期の典型的な疑問である「他人は自分をどう見ているのか、自分の弱点をどう思っているのか」や、潜在的な欠陥に対する過剰なセルフモニタリングが、このスキーマではとりわけ強く現れます。特に葛藤の多い家族では、家庭内の問題は、子ども自身に原因があるとされます。これは、「良い親の取り入れ」をしたいという自然な欲求に対して、受け入れてくれ、思いやりのある、モデルとなるような親がおらず、感情的な分離がなされていないために起こります。完璧という高い理想を満たさなければならないという考え（大衆メディアによって煽られる外見や成功など）も、このスキーマ（および次の「失敗スキーマ」）を強化します。

■**失敗スキーマ**：この年齢になると、選択と長期的な見通しを持つことがアイデンティティの中心となります。ヤングアダルトにとっては、これらの課題に対処するための十分なスキルや能力があるかという問題と関連しており、それが多大な恐れやプレッシャーにつながることがあります。

■**感情抑制スキーマ**：青年期後半になると、「正しく」振る舞わなければならないという強いプレッシャーを感じることがあります（まず家族内で、そして仲間内で）。自分が恥ずかしい思いをしたり、弱く見られたり、注目を浴びたりすることを恐れるあまり、明確な感情表現を避けるようにもなります。このスキーマが活性化すると、ヤングアダルトは、不安を抱いている姿を他人に見られないようにするため、自分から周りを遠ざけようと躍起になったりします。

■**権利要求／尊大スキーマ**：このスキーマの中心にはガイダンスやバウンダリーといったものに対する欲求不満があり、このスキーマを持つ人にとって「普通であること」や「チームプレイヤーであること」は魅力のないものとみなされます。なぜなら、自分は他の人よりも優れていて、よりよいものを得る権利があるという思いを抱いていることが多いからです。このスキーマは、「欠陥／恥スキーマ」に対する過剰補償のコーピングとして見られる場合があります。

■**自制と自律の欠如スキーマ**：このスキーマが生じた結果、ヤングアダルトは、フラストレーション耐性が低くなり、つらい感情を体験するとすぐにあきらめてしまう傾向が見られるようになります。そしてしばしば、問題行動や衝動的な行動を通じて、自らのつらい感情を打ち消してしまいます。

　なお、上記の解説について、私たちのサンプルとなったクライアントは相対的に女性の数が少ないことから、一般化には限界があることを書き添えておきます。

8.2.2　心理教育

補説

　特に複雑な障害の場合には、症状、スキーマ、モード間の関連性をクライアントが理解できるように、スキーマ療法についての教育が重要となります。続いて、より詳細なスキーマ療法の心理教育が行われます。スキーマの質問票を、クライアントと一緒に完全な状態に作り上げることは、必ずしも必要ではありません。現段階におけるクライアントのモチベーション、知能、障害の程度、活性化されるスキーマの数、およびクライアントの発達段階が考慮される必要があります。

　しかし、アセスメントの過程で明らかになった主要なスキーマを、中核的感情欲求が満たされなかったというフラストレーションモデルと一緒に説明し、話し合うことには、小さくはない意味があります。そうすることで、障害がどのように発生したかをより深く理解し、スキーマの名称を共有することができ、治療関係におけるモチベーションと信頼感が醸成されます。また、こうしたプロセスを通じて、セラピストはクライアントの成育歴についてさらに情報を得ることができます。

　この時点で、モードモデルに関する最初の情報が共有されます。すなわち、モードとは何か、それがスキーマとどのように関連しているのか、ということです。この過程で、た

とえばチャイルドモードやコーピングモードといったように、どのモードが関係しているのかを指摘していきます。SMI（スキーマモード質問票）が完成していれば、その結果を個々のケースの概念化の枠組みに組み込むことができます。

さらに、青年期後期のクライアントには、治療の流れ、治療への協力の重要性、クライアントの権利に関する一般的な情報を提供することもできます。信頼できる雰囲気を醸成し、対人関係において最大限の自律性を促すためにも、クライアントの質問には幅広く答えるべきです。

8.3 スキーマ療法の実践：年齢に応じた治療関係と治療的介入

すでに述べたように、ヤングアダルトを対象としたスキーマ療法は、知的および認知的な能力とは関係なく評価できるモードモデルに焦点を当てています。そうすることで、このアプローチはアーンツとヤコブ（Arntz & Jacob, 2012）が述べている通りに、大人に対するスキーマ療法とほとんどの部分で類似していきます。

アセスメントのプロセスに基づいて行われる初期のセッションでは、安定した治療関係の形成とモチベーションの向上に重点が置かれます。セラピストは、個々のケースを概念化し、スキーマ療法の治療計画を作成して、計画をクライアントと共有します。これにより、クライアントは自分が抱えている問題を知的にも感情的にも理解することができ、その結果、症状から自分自身を上手に遠ざけることができるようになります。

ヤングアダルトは、スキーマの起源が今の年齢とそれほど遠くない時期に生じたものであるため、問題のある思考、感情、身体感覚、行動パターンの根源に名前をつけたり、配置することが比較的容易です。そして、どういった状況でスキーマやモードが活性化するかを認識し、自分の思考、感情、行動を観察する方法をすぐに学ぶことができます。発達段階の早い時点でヤングアダルトがこのような理解を得ることで、自分を大切にする方法やセルフモニタリングの視点を身につけ、それによって早期に修正感情体験の獲得へ集中することができます。

ヤングアダルトを対象としたスキーマ療法では、特有の機会があります。この年齢層は柔軟性と開放性が高く、より大きな変化の可能性を秘めています。同時に、ヤングアダルトのスキーマやモードは、日常的な経験の中で継続的に強化される場合と比べて、まだそれほど定着していません。生活環境などの環境要因を変化させる機会も、大人のクライアントより多くあります。

多くの場合、良い意味で、キャリアの（再）志向を変える可能性が高く、長期的な人間関係のダイナミクスを形成する能力があります。一方で、この年齢層には、感情的な苦痛の在り方がし

ばしば変動することで、治療が複雑になるという課題もあります。

8.3.1 ケース概念化と治療計画

　診断と心理教育の後の次のステップは、障害に関連する思考、感情、身体感覚、行動をさまざまなモードに当てはめて、ケースの概念化に基づいた個人のモードの見取り図を作成することです（Arntz & Jacob, 2012による；年齢や発達段階にもよる）。性格特性や障害に関する一般的なモードモデル（Lobbestael et al., 2010の概要）があっても、モードモデルは個別に作成する必要があります。

　私たちの経験に基づくと、より上の年齢層に比べてヤングアダルト期では、モードの固定化や硬直化が少ないようです。モードの見取り図を作成する過程では、非機能的モード（例：非機能的ペアレントモード、非機能的ピアモード、非機能的コーピングモード）と機能的モード（例：幸せなチャイルド、ヘルシーヤングアダルト）の両方が同定されます。

　わかりやすくするために、治療の初期段階では、5つ以上のモードを一度に挙げるのは避けたほうがよいでしょう。治療の過程では、それらをさらに細かく分類したり、バリエーションを増やしたりすることができます。モードを同定する際には、どのモードが活性化したかを見極めるために、具体的な状況から始めて、次に若者の症状における、典型的なモードのダイナミクスを一般化する流れが最善である場合が多いです。

　その際、まず「脆弱なチャイルドモード」から始めて、続いて「ペアレントモード」と「ピアモード」に進めていくことをお勧めします。これらのモードは、コーピングモードをよく理解するための基礎となります。理論的には、どのモードからでも始めることができますが、セラピストのアプローチは明確で、治療原則に基づいている必要があります。モードの理解と介入のプロセスは、常にクライアントとの協同作業で行われ、ホワイトボードなどを使って視覚的に説明する手段も有効です。現在では、多くの補助教材や追加教材も用意されています（Jacob et al., 2015, また、9.3項と12.1項を参照）。

　図8.1は、すべての一般的な障害に役立つモードモデルを示しており、個々のケースの概念化に活用できます。

●モードの対話

　ケースの概念化を支えるために、モードの対話を使って各モードの理解と探求の両方を行うことができます。これは、問題行動をコーピングモードとして同定するのに役立つ方法です。「コーピングモード」にインタビューすることで、そのモードに相応する椅子に、感情、思考、行動の責任を帰属することができます。クライアントとセラピストは、どの思考、感情、欲求がコーピングモードによって許容されたり抑えられたり回避されたりしているかを理解することができます。

図8.1 一般的なモードモデル

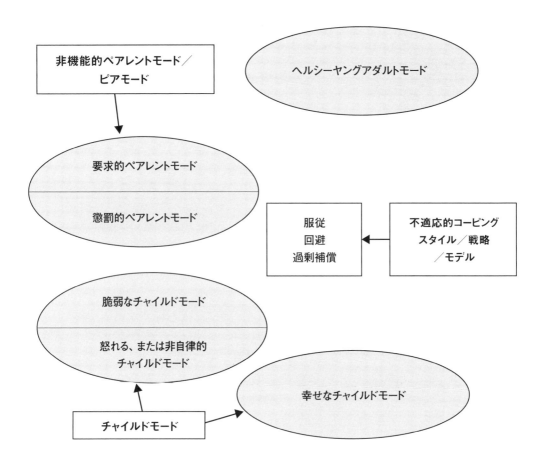

　たとえば、恐怖や悲しみを「脆弱なチャイルドモード」、そして、恥や潜在的なプレッシャーを「懲罰的ペアレントモード」「要求的ペアレントモード」「ピアモード」というように、これらの思考や感情や欲求が、他の椅子たちに割り当てられます。心の中の葛藤が外在化されることで、クライアントはセラピストと一緒に、より健全な視点を獲得することができます。この年齢層には、モードの対話（12.3項の「椅子を使ったスキーマ療法」を参照）が非常に有効です。私たちの経験では、椅子を使ったワークに若者を参加させる上で、それほどには説得を必要としていません。体験的な介入における遊びの要素は、若者にとって、楽しいという感覚をもたらすからです。

　理解を深めるためのもう一つの方法は、「診断イメージ」を用いることです。ここでは、クライアントが現在の苦しい状況を子どもの頃の記憶に結びつけるように促します。これにより、クライアントは自分のスキーマやモードを感情的に理解することができます。
　もちろん、ヤングアダルトの場合、特に治療の初期段階では、他者からの視線を感じて恥ずかしさを覚えるため、体験的なエクササイズが苦手な場合があります。セラピストはこうした部分を把握し、クライアントと面と向き合わないようにしたり、クライアントが目を開けて部屋の中

の一点に注意を向けたりできるような選択肢を与えるとよいでしょう（詳細は13.2項を参照）。

　クライアントが体験的技法を行うことに抵抗感を示す場合は、今後の治療過程や治療的関係に悪影響を及ぼす可能性があるため、無理を強いるべきではありません。

ケースの概念化

　診断的には、モナは、約1年前から神経性やせ症があり、ボディイメージ障害、情緒不安定を背景にした中程度のうつ状態が続いています。モナは、自己価値の欠如、気分の変動、深い「感情の穴」（悲しみ、無力感、罪悪感、怒り）、パートナーとの関係における喪失への恐れ、健全なバウンダリーを築くことができないことを示しています。また、アルコールや大麻を乱用し、皮膚に対する自傷行為を行うこともあります。

　母親の元パートナーによる性的虐待の結果、モナは自分を「汚い、うんざりする、価値がない」と感じています。フラッシュバックは起こっていません。また、強く自己嫌悪を感じています。モナは、食事制限をすることで、自分が何かに対処できること、困難に対して容易に耐えられることを自分自身や他人に証明できると説明しています。

　彼女は両親、特に母親に失望していますが、同時に彼らの注目と愛を求めています。また、いつも「大変な人生を送ってきた」母親に心労をかけていることに罪悪感を抱いてもいます。モナの目的は、母親を助けることです。

　アセスメントにおいて母親は、娘とうまくいかなくなったこと、モナの問題やその原因を理解できないこと、自分は全く無力だと感じていることを示しています。また、モナに自分の気持ちを伝えたいけれど、それでは何も変わらないと言っています。

　YSQの結果、主なスキーマは以下の通りでした。「不信／虐待スキーマ」「見捨てられ／不安定スキーマ」「欠陥／恥スキーマ」「情緒的剥奪スキーマ」「服従スキーマ」「自己犠牲スキーマ」「厳密な基準／過度の批判スキーマ」「罰スキーマ」です。モナは当初、プレッシャーに対処する力がなく、モチベーションも低かったので、さらなる質問票は実施しませんでした。

　モナの歪んだセルフイメージ、無価値という感覚、「感情の穴」（悲しみ、無力感、罪悪感）、見捨てられることへの恐怖は、「脆弱なチャイルドモード」「虐待されたチャイルドモード」として概念化しました。彼女の報告によると、怒りは「怒れるチャイルドモード」に起因しているということです。また、自己卑下や自己嫌悪は「懲罰的ペアレントモード」、一方、責任を取らなければならないという感情（およびその結果としての「自己犠牲スキーマ」）は「要求的ペアレントモード」の結果であると考えられます。

　彼女はパートナーに一定の周期で服従しており（性的な親密さを「耐える」）、これは「従順・服従モード」を示しています。物質乱用や自傷行為は、回避モード（「遮断・自己

鎮静モード」）であると考えられます。加えて、食事制限をするなど、過剰補償をする傾向があります（「完璧主義的過剰コントロールモード」）。一方、セラピーを受けて心を開き続けようとする彼女の姿勢は、「ヘルシーヤングアダルトモード」として概念化されました。

この年齢層のケース概念化では、モードの名前を、クライアント自身に合わせた言い方を使うことで、より意味のあるものにすることができます。概念的に適切であれば、彼らに合わせた名前は治療を通じて使用するとよいでしょう。モードモデルを協同で概念化した後、各モードの主な起源、維持要因、きっかけとなる出来事や状況の影響を同定していきます。

一般的にヤングアダルトは、モードモデルをうまく取り入れることができます。彼らは、モードに関連した信念や感情を容易に同定し、スキーマ形成の原因となった体験に時間的に近いため、このフォーミュレーションが自分の体験に妥当な形でフィットするのに気づく場合が多いのです。

スキーマ療法のアプローチは、クライアントに、自分が理解されているという感覚をもたらします。また、症状を改善するためには何が必要か、あるモードが活性化しているときに何を必要としているか、「ヘルシーヤングアダルトモード」をさらに身につけるためにはどのようなスキルが必要か、といった問題を協同で考えていく機会にもなります。

●治療計画の話し合いの実施

T＝セラピスト　C＝クライアント（モナ）

T：もう一度、このモデルを見てみましょう。「内なる加害者」（「懲罰的ペアレントモード」）とは、意地悪なことを言ったりやったりする、憎しみに満ちている人のことです。性的虐待などの苦しい経験をした人は、その原因が他の人にあるにもかかわらず、自分を責め、自分を憎むことが多いことがわかっています。

C：（静かに）そうですね……、フランク（母親の元パートナー）とは、まさにそんな感じでした。

T：この内なる声が自分に語りかけてくるとき、どんな感じがしますか？

C：本当に恐ろしいです。無力で、ちっぽけで、弱くて、不快で、みんなのなすがままで……もう本当にすべて……（言葉を飲み込む）。

T：そしてここには、ホワイトボードに描かれた小さなモナ（「脆弱なチャイルドモード」「虐待されたチャイルドモード」）の姿があります。この小さなモナは、悲しみ、無力、無能といったことだけでなく、汚さ、無価値、嫌悪を感じることが多くあります。内なる声を頻繁に聞くと、小さなモナがそのように感じるのも不思議ではありません。

C：本当にそうですね。

T：私たちは、小さなモナがどのようにして自分を守ろうとしたかを一緒に見てきました。裏庭に逃げ込んだり（回避モード）、嫌なことを我慢したり（服従モード）、できることは何でも

「コントロール」しようとしていました（過剰補償）。それは良いことだったのです。そうでなければ、あのような恐ろしい状況を乗り越えることはできなかったでしょうからね。でも私たちはあなたの、「健康で自信に満ちたモナ」（「ヘルシーヤングアダルトモード」）の部分を強化したいと思っています。この部分を大きくするために、他のモードには何が必要でしょうか？　他のモードはどうなる必要があるのでしょうか？　あなたには何かアイディアがありますか？　「小さなモナ」が本当に必要としているものは何でしょうか？

C：（ためらいがちに）うーん、そうですね……、彼女には、一人にさせないという絶対的な安心感が必要です。あと、プレッシャーをかけないことかな。彼女がやりたいことをやれるように。

T：本当にそうですね。「小さなモナ」が怖がらないようにするには、安心感が必要です。そして、多くを要求する声、「プレッシャーボイス」（「要求的ペアレントモード」）を小さくする必要があるのですね。

C：ええ。それに、いつも、ひどく汚いと感じないようになりたい。

T：つまり、その声、「加害者」（懲罰的ペアレントモード）が何らかの形で消えなければならないのですね。

C：もしそうなったら、素晴らしいです（信じがたい様子で）。

T：そのためには、「小さなモナ」を見つけて守らなければなりません。そして、「成長して自信に満ちたモナ」が「小さなモナ」を守れるよう援助しなければなりません。そしてこの内なる声と戦い、変化させていくためには、コーピングモードを克服しなければなりません。そのコーピングモードは「小さなモナ」への道を塞いでいて、私たちが彼女を守り、彼女が気持ちよくなるのを妨げているからです。ここまでの私の話が理解できますか？

C：ええ。

8.3.2　治療関係

ヤングアダルトのクライアントとの治療関係の構築は、スキーマ療法を用いた大人の治療の場合と全く異なるものになります。未成熟な発達段階のため、内なるペアレントモードはまだ完全には形成されていません（Geerdink et al., 2012）。そのため、セラピストは通常、ガイダンスや規範を提供する者としての役割を果たします。

この年齢層では、自律性、アイデンティティの確立、アタッチメント、親密さを形成するためのスキルの獲得が最も重要となります。そのため、セラピーが進むにつれて、セラピストはこれらの発達課題の達成を支援するように関わっていく必要があります。

さらに、この年齢層についてすでに述べたように、家庭環境によっては自律性を高める上で複雑なストレスが存在し、これがモチベーションを低下させ、治療への遵守性を妨げる可能性があります。また、前頭皮質が未熟なために衝動制御ができず（Spitzer, 1999）、感情に流された行動を取ってしまうことで、結果としてセラピーに悪影響を及ぼすことが多くなります。

治療関係の質、つまり若いクライアントが、周りの人々や環境からどれだけ安全に受け入れられていると感じているかが、治療の成功を左右します。安全性が高まるにつれ、協同して治療を進めていくクライアントの能力も高まっていきます。治療上のラポールと治療の進行との関係は、大人との治療に比べてさらに重要です。というのも、クライアントは未成熟な発達段階にあり、セラピストの同調が得られないことで支障が生じる可能性があるからです。

治療関係の重要な要素は、「部分的な親としてのケア」や「治療的再養育法」に対する欲求を満たすことです。そのため、大切な重要他者の立場や、ヤングアダルトのケアやサポートという特別な側面を強調するような雰囲気作りに役立つアプローチを選ぶことが有用です。

私たちはギアディンクら（Geerdink et al., 2012）と同様に、この年齢層の治療では、ケースの概念化や治療計画の中で、治療目的に資するために活用するのであれば、セラピストが自己開示を行うことは有用であるとポジティブに考えています。とはいえ、明らかにクライアントを取り巻く世界と合わない、異なる状況に関連するセラピスト自身の体験を共有することは、ほとんど助けにならず、避けるべきでしょう。

●限界設定と共感的直面化

スキーマ療法では、セラピストの役割の一つとして、大人としてあるべき行動や反応に関する、適切なモデルとなることが挙げられます。そうすることで、これまで無視されてきた基本的な欲求が、治療の中で議論され、満たされていくことになります（治療的再養育法）。

治療的再養育法におけるセラピストの役割は、大人の治療にも共通していますが、アタッチメントや安心感を与えるだけでなく、不適切な行動の場合にはガイダンスや「限界設定」を行うことも含まれます。ただし、その際、クライアントの発達段階を考慮して、注意を払う必要があります。時には共感的直面化を行うことも必要ですが、その際には常に思いやりのあるアプローチを取ることが大切です。つまり、高い共感性が求められるわけです。

「脆弱なチャイルドモード」は、治療的な相互作用の中だけでなく、すべての介入の枠組みの中でケアされるべきものです。介入のそれぞれは、どのように中核的感情欲求を満たすかという視点から理解することが求められます。

「怒れるチャイルドモード」は、その背景にある苦痛と基本的な欲求に対処するために、検証を必要とします。「衝動的チャイルドモード」と同様に「怒れるチャイルドモード」でも、行動に与える悪影響を直視し、健全なバウンダリーを設定する必要があります。

非機能的なコーピングスタイルは、当初は保護的な役割を果たしていたのだと認識されます。しかし、治療には「脆弱なチャイルドモード」との接触が不可欠であり、「非機能的コーピングモード」が果たす役割の軽減の必要性を、明確に述べておかなければならないのです。「非機能的コーピングモード」が機能している場合、クライアントが治療中に非常に有害な行動や妨害的な行動を取ることがあります。そのような場合には、セラピストは慎重でありながら、明確に、

共感的態度でこのモードを制限しなければなりません。

　セラピストのスタンスには、一方では養育と支援、他方ではバウンダリー設定と結果を与えるという、この両者の間に微妙なラインがあります。

　具体的に表現すると、一方では、サポート、励まし、思いやりが、セラピーにおける感情的な部分の安全を保つ上での基礎となります。しかし他方では、バウンダリーを設けて指導し、ルールが破られた場合にはそのために起こる結果をきちんと提示し実行していくことも、感情の成熟を促すために必要になります。

　ヤングアダルトは衝動的に行動することが多く、それはルールや合意を破ることにもなりかねないという発達的側面を、常に考慮しなければなりません。理解と思いやりを強調することで、クライアントは共感的直面化を受けることができ、同時に年齢相応の大人としての責任を負う必要性を認識していきます。セラピストからの呼びかけの例としては、「あなたが感じていることや必要としていることを私が理解するのはとても重要ですが、その際にあなたが叫んでいると、私はあなたの声を聞くことができなくなってしまいます」とか、「『衝動的なジェームズ』は気が向いたときだけセッションに来たがるようですが、『小さなジェームズ』は私との時間をもっと必要としています」などが挙げられます。このようにして、「ヘルシーヤングアダルトモード」は継続的に扱われ、養育され、その欲求をより効果的に満たすことができるのです。

　治療的再養育法による共感的な枠組みは、共感的直面化と限界設定における困難な課題の一つ——セラピストが両親、教師、養護者と一緒になって、若者の自立を「妨げる存在」として扱われることにも対応します。共感的な枠組みと、より健康的な行動が感情欲求の充足に通じると思い出させることは、若者が限界を受け入れ、より深い欲求へのサポートとしてチャレンジを捉え直すモチベーションになります。

　「私はあなたに、何をすべきか指示するつもりはありません。でも、あなたの衝動的な側面がある種のドラマを作り続けることによって、『小さなアンジェラ』が必要としているものを逃し続けないようにしたいとも思っています。あなたの中の『賢明なサイド』は、このことについてどう考えていますか？」

　この年齢層を扱う際のもう一つの課題は、セラピストが、親やその他のアタッチメント対象のライバルになってしまうことです。養育者がヤングアダルトの欲求を満たすことができる領域では、セラピストは十分な距離を保ち、忠誠心にまつわる葛藤を引き起こさないようにすることをお勧めします。

　また、ペアレントモードを概念化して取り組む際には、治療で用いる専門用語を慎重に使用する必要があります。もし若者のペアレントモードが現在の養育者に由来するものであれば、セラピストは養育者と不健全な形で連携することなく、その内在化されたペアレントモードに対応する方法を見つけ出すことが重要です。

　ただし、そうであっても、治療関係の設定においては、若者を彼らの内なる非機能的ペアレントモードやピアモードから守り、それらを制限したり、無力化したりすることも非常に重要にな

ります。そのための一つの方法は、養育者が取る子どもとの関係性のスタイルの中で、不健全な側面を同定し、一方、関係性の健全な側面を認めながら、不健全な側面の行動に挑むことです。両親や養育者との関係における、クライアントの「良いものを取り、悪いものを残す」選択の支援を通じて、セラピストが「ライバル的な親」になるという問題を軽減することができます。

　この年齢層のさらなる課題は、加害者である親などが継続的に若者と接触している可能性があることです。同じ家にいるかもしれないし、若者が両親などに依存しているかもしれません（経済的、実際的に、など）。そのため、モードワークを行う際には、用語の選択に注意する必要があります。また、被害を受け続けている状態で、どれだけの治療的進展が望めるのかをセラピストが心に留めておくことも重要です。若者がより健康的で安全な環境を得られるようにするために、両親と協力することが最も重要です。

事例

●「治療的再養育法」の視覚化

　モナはセラピーの中で、学校で起こった事案で非常に腹立たしい思いをしたことを話しました。臨時教師が、非常に厳しい態度で彼女を諭したのです。このことが原因で、彼女は内心で完全にスイッチを切り、耳を傾けることをやめ、その後、不意に泣き出しました。それ以来、彼女はとても動揺し、不登校になってしまいました。

　次に視覚化（似たような感情を抱いた体験をイメージする）を行ったところ、彼女は14歳のときに母親の元パートナーに怒鳴られ、侮辱された体験を思い出しました。彼女はとても怖く、無力で、守られていないという感覚を抱いていたのです。彼女の希望により、セラピストはイメージの中に入り、「小さなモナ」を守るようにそばに立ち、何かあったときには警察やソーシャル・サービスに通報すると伝えました。その結果、「小さなモナ」は安心して安全に過ごすことができました。

　セラピストは「小さなモナ」に何か必要なものはないかと尋ねました。モナはセラピストに会ったことを母親に伝えてほしいと頼み、セラピストはイメージの中でそれを実行しました。セラピストは「小さなモナ」をキッチンにいる母親のところに連れて行き、「小さなモナ」は母親にすべてを話しました。セラピストは「小さなモナ」が報告するのを確認し、母親に対してはパートナーが「小さなモナ」にどのように接してきたかを話し、娘を守るために早急に対策を講じるよう要求しました。そして「小さなモナ」を庭に連れて行き、安心させ、慰めました。

8.3.3 ヤングアダルトを対象とした スキーマ療法の技法

　治療は、現在の問題に対する理解と治療の根拠を共有するケースの概念化からスタートし、クライアントの中では問題を外在化するプロセスが始動します。クライアントは、自分の問題に対する知的かつ感情的な理解を深め、展望を得ることができます。また、日常生活の中でこれらのモードを認識し、名前をつけることを学びます。

　このように治療の初期段階から、「ヘルシーヤングアダルトモード」は強化されていきます。治療を通じてこのモードには常に焦点が当たり、機能的な行動の形成と使用されるモードの名称自体が、このモードを育み、成長させていくのです。

　通常、最初のターゲットになるのは、非機能的コーピング戦略です。セラピストとクライアントは、これらのコーピング戦略についての役割を理解し、そしてセッション内外での活性化を減らしていくために、その利点と欠点について話し合います。

　日常生活の中で「不適応的コーピングモード」を減らすためにクライアントと協力することは、批判的な仲間や職場でのいじめなどのネガティブな環境要因があるかもしれないことを考慮すると、慎重に検討する必要があります。そのためセラピストには、クライアントがどれだけの「ヘルシーヤングアダルトモード」を保持しているか、さらにそのモードがこうした状況に対処するのに十分なリソースを持っているかどうかの評価が求められてきます。コーピングモードの減少にしたがって、よりよい手法で欲求を満たすためにも、ヘルシーモードが成長する必要があるのです。

　セッションの中で、「不適応的コーピングモード」に気づき、その回避が可能になると、クライアントは「脆弱なチャイルドモード」に焦点を当てることができるようになります。セラピストは、「脆弱なチャイルドモード」を活性化し、治療的再養育法や体験的技法を用いて、治療関係の中で修正感情体験を提供することができます。

　この段階では、「懲罰的ペアレント／ピアモード」や「要求的ペアレント／ピアモード」、あるいは罪悪感を誘発するようなペアレント／ピアモードを制限したり、それに対抗したり、さらには「脆弱なチャイルドモード」の欲求を満たすため、セラピストによる集中的な治療的再養育法が必要となります。この年齢層はまだ未成熟であるため、この治療の段階は特に慎重に行われる必要があります。強固な治療関係と真の意味で本人に寄り添った再養育が提供されれば、この年齢層では、大人よりも迅速に修正感情体験を得ることができます。

　同時に、セラピストが明確な態度を示さなかったり、見下したような態度を取ったりするなど、妥当でない治療的介入が行われると、不適応的スキーマを強化してしまう場合があります。

●各モードに沿った目標

まとめると、ヤングアダルトに対するスキーマ療法のワークは、以下の目標に集約されます。

■非機能的コーピング戦略については、共感的に直面化し、その利点と欠点を話し合います。そして、現時点でのコーピングモードの役割を評価し、セラピーや日常生活の中で、「ヘルシーヤングアダルトモード」に置き換えていきます。
■「脆弱な、孤独な、虐待されたチャイルドモード」を同定し、その感情や欲求を確認し、支持し、慰めます。セラピーでは、これらのモードに修正感情体験を提供します。
■「怒れるチャイルドモード」では、怒りを発散するためのスペースが与えられます。その怒りの根底にある中核的感情欲求を明らかにし、適切な怒りの表現の在り方を育みます。
■「衝動的チャイルドモード」を同定し、そのモードの感情や欲求の適切さを評価し、必要に応じて制限します。
■「非機能的ペアレントモード」や「非機能的ピアモード」が同定され、その役割が説明されます。また、それらのモードは制限され、部分的にはそのモードと戦うことにもなるかもしれません（「懲罰的ペアレントモード」については、部分的に戦うのではなく、追放します）。
■「機能的モード」（「幸せなチャイルドモード」と「ヘルシーヤングアダルトモード」）が形成され、強化されます。

すでに述べたように、ヤングアダルトに対するスキーマ療法は、大人のセラピーによく似ています。そのため、認知的、感情焦点的、行動的介入の戦略が柔軟に組み合わされ、まとめられています（Zens & Jacob, 2012）。スキーマ療法は、クライアントと共にケースの概念化をするためのモデルを提供し、それによって治療計画を作成します。こうしたアプローチは、治療全体を通じても、個々のセッションごとにも適用されます。スキーマ療法の戦略は、治療関係の中で、クライアントが健全な大人の行動をモデル化して内在化し、修正感情体験が得られるようなパッケージを提供するように用いられます。

●認知的介入

認知的介入は、クライアントがモードを認識し、ラベル付けする方法を学ぶのに用いられます。特に治療初期には、クライアントがモードの引き金と、思考・感情・行動との間に関連性を見出せるように支援します。あるモードがその状況に適しているかどうかを質問し、代わりとなる行動と認知の対処法を検討していきます。

治療が進むにつれて、認知的技法は、体験的技法から新たに学習されたことを定着させるために使用されます。一般的には、認知療法の伝統的なアプローチはすべて使用することができます。ヤングアダルトの治療における重要な認知的アプローチは、子どもの権利と欲求についての心理教育であり、これはチャイルドモードを承認し、癒しを提供することにつながります。

また、テーマに沿った子ども向けの本を補助として取り入れることもできます。スキーマ療法では、セルフモニタリングのためにスキーマダイアリーを使用し、トリガーとなる状況に対するセルフヘルプの教示として、スキーマメモやフラッシュカードを作成します。

不適切な要求、罪悪感を誘発するような行動、懲罰などは、「非機能的ペアレントモード」や「非機能的ピアモード」から来るものです。認知的な介入を通してそのようなラベルを付け、影響を明確に制限したり、対抗したりすることができます。両親や仲間が行う適切な行動についての心理教育も、重要な認知的介入です。

また、クライアントの成育歴の中で、「不適応的コーピングモード」が活性化することと、それにより生き延びられるという利点の間の関連を示すことで、「不適応的コーピングモード」を認知的に探究していきます。このようにコーピングモードの長所と短所を探ることは、変化へのモチベーションを高めるのにも役立ちます。「ヘルシーヤングアダルトモード」とは何かを理解し、より健全な思考を導入することで、このモードを構築し、現在のコーピングモードを減らすという目標を達成することができます。

事例

●「コントロールモード」の認知的アセスメント

あるセッションで、モナは摂食障害の悪化を報告しました。セラピストと一緒に、この摂食行動は過剰補償モードであると同定し、それを支持する根拠を集め、ホワイトボードに書き出しました。

このエクササイズから、モナはこのような摂食行動をするとき、自分の内側の何かをコントロールでき、環境をもある程度コントロールできるので、より守られていると感じていることがわかりました。セラピストは、数年間行われているこのコントロールモードがモナを保護していたことを同定し、一方でそのモードが彼女を保護していない面があるかどうかを尋ねました。

そして、そのコントロールモードによって影響を受けているモナの人生のさまざまな場面について尋ね、そこからそのコーピング戦略の長所と短所を導き出しました。

●体験的介入

体験的技法は、スキーマ療法の中心的な部分の一つです。体験的な介入では、ヤングアダルトが自分の感情欲求に気づき、それを適切に表現できるようにサポートします。怒りだけでなく、悲しみや無力感など、これまで否定されてきた感情が出てくることもよくあります。最も重要な体験的技法として、モードの対話（椅子による対話のワーク）とイメージワークの2つがありま

す（Arntz & Weertmann, 1999; 13.2項も参照）。ロールプレイも感情を活性化するのに役立ちます。

　体験的技法を用いる際には、クライアントの感情が喚起され、「脆弱な／怒れる／虐待されたチャイルドモード」に入ることが重要です。治療効果を得るためには、これらのチャイルドモードを活性化する必要があるからです。こうした技法は、セッションの内外で否定的な感情が生じたときに役立ち、技法の使用を通じてポジティブな癒しを得る体験ができます。

　しかし、クライアントが、「椅子による対話のワーク」のような感情に焦点を当てた技法への参加に難色を示す場合は、人形やシンボルなどで代用することもできます。いずれの技法を用いるにしても、セラピストは治療効果が得られるように、十分に集約された状態で感情の活性化が起こるように関わる必要があります。

　「脆弱なチャイルドモード」（「孤独なチャイルドモード」や「虐待されたチャイルドモード」を含む）に働きかけるときには、感情欲求を満たすことに焦点を当てます。

　「怒れるチャイルドモード」については、最初は、怒りを抑圧していた初期の体験を修正するために、怒りを発散させることが許される必要があります。「非機能的コーピングモード」は、モードの対話を通じてこまめに取り扱い、クライアントが自分の中のそれ以外のモードを、明確に感じられるようにすることが必要になってきます。「非機能的ペアレントモード」は、イメージワークや「椅子による対話のワーク」を使って弱めたり、追放したりする必要があります。

　この年齢の発達段階では、実際の親の声と内在化された親の声の区別をつけられないことが多いです。そのために、内在化された親に焦点を当てる必要があるにもかかわらず、実際の親を守ることに責任を感じてしまう場面が見られます。ペアレントモードを同定する際の困難さや、それに挑戦する姿勢をオープンにしておくことは、このプロセスの支援につながります。

事例

●「要求的ペアレントモード」を制限するための「椅子による対話のワーク」

　モナは、母親が話を持ちかけようとしたのに彼女が拒否したという、母親との喧嘩について語りました。モナはその状況で無力感を覚えていましたが、自分が「間違っている」とも感じていました。セラピストは「椅子による対話のワーク」を提案し、モナは、最初はためらっていましたが、最終的には同意しました。

　無力感と罪悪感については「小さなモナ」用の椅子に置き、「話しなさい」という要求については「要求する声」（「要求的ペアレントモード」）用の椅子に置きました。その2つの椅子の間の「小さなモナ」の椅子に少し近いところに、「ヘルシーヤングアダルト」のモナ用の椅子を置きました。

　最初に、モナは「要求する声」の椅子に座り、そのセリフを繰り返しました。次に、「小さなモナ」の椅子に座ったモナが、自分がどう感じたかを話しているうちに、突然、恐

怖、恥、罪悪感を体験しました。この体験は、モナが母親の健康や幸福に責任を感じていた以前の体験とつながっていることが明らかになりました。「ヘルシーヤングアダルト」の椅子で、モナは、最初はセラピストの助けを借りながら、要求に反論し、いくつかの境界を設ける練習をしました。また、「小さなモナ」を慰め、「自分は正しいことをしている」とか、「自分はまだ小さいから責任を持てない」ということを言って聞かせました。

このモードの対話により、モナは理解を深め、大きな安心感を得ることができました。その後のセッションでは、モナ自身が、セラピストの助けを借りた上で、実際の母親と会話をし、当時の出来事を話したいと伝えました。セラピストの提案で、母親とのセッションの前に、ロールプレイをして準備を整えました。モナはたくさんの涙を流しましたが、肩の荷が下りたような気がすると言いました。

●行動的介入

　行動的技法は、主にスキーマ療法の最終段階で、「ヘルシーヤングアダルトモード」を構築し、それを強化するために用いられます。一方で、本人にダメージを与えるような行動に介入することを目的とした、初期の行動的スキルとしての役割もあります（例：スキルトレーニング）。
　治療の初期には、感情と認知のレベルで多くの変化が起きていきます。不適応的な行動パターンに焦点を当てているときは、ソーシャルスキルトレーニングや行動活性化など、あらゆる認知行動療法の技法を用いることができます。

　「ヘルシーヤングアダルトモード」が構築され、修正感情体験がより頻繁に行われるようになると、健全な人間関係のパターンが築かれ、チャイルドモードの欲求が満たされていきます。このように進んでいくと、今まで行われていたコーピングスタイルはますます不要になっていきます。クライアントは、自分に対する要求を減らし、自分を罰しなくてよいことを学んでいきます（「要求的ペアレントモード」を減らし、「懲罰的ペアレントモード」を除外していく）。

事例

●健康的な食習慣の確立

　自らのモードに対する理解が深まり、健全なやり方で自身の欲求を満たすことができるようになったモナは、食習慣を正常にしたいと考えました。しかし、彼女は、抑制的な食習慣を変えたいと思っていても、その習慣から自由になることはできないとも感じている──そう話してくれました。
　とはいえもう、体重を数kg増やすことに恐怖心はありませんでした。モナは栄養士に相

第8章　ヤングアダルト（17〜23歳）に対するスキーマ療法　197

談し、すぐに信頼関係を築き、栄養計画を立てました。この計画は定期的に検討され、修正されました。

　湧き上がってくる感情やそれにまつわる困難は、セラピー内でいつでも話し合われました。モナは数カ月のうちに食習慣を正常にすることができました。同時に、彼女は体重の増加に満足し、ビデオで自分を観察することで、より明確で現実的な方法で自分の身体を評価できるようになりました（「ヘルシーヤングアダルトモード」の成長）。

●ペアレントワーク

　治療に両親を参加させるかという疑問は、まず両親がクライアントの生活で果たしている役割を見て、両親に責任感があり、自覚的態度をもって治療に参加する準備と能力があるかを明確にする必要があります。そうした部分がクリアできていれば、ほとんどのヤングアダルトは、必要に応じて両親とのセッションを行うことにも、セラピストが両親だけにアドバイスや説明をすることにも（クライアントの承諾と同意の下で）快く応じるでしょう。

　アセスメントの過程ですでに述べたように、両親や重要他者との追加の話し合いについては、クライアントの欲求を尊重する必要があります。このような話し合いが有用であるかどうか、また、クライアントの同席の下で行うべきか、重要他者と二人だけで行うべきかを事前に話し合っておくとよいでしょう。

　話し合う項目は、十分に準備しておく必要があります。セラピストが特定の項目を提案することもありますが、決定権は常にクライアントにあります。また、セッション中にクライアントが不快感を覚えたとき、その話題をやめるようにセラピストに非言語で伝えるための合図を決めておくとよいでしょう。

　両親との定期的な合同セッションでは、スキーマ療法の用語の使用や介入を行うことをお勧めします。家族システム全体で、モードモデルを使って問題を話し合うことができるようになるからです。

　多くの親は自分の子どもの病気について無力感や罪悪感を抱くことが多いので、合同セッションでは、モードモデルを参照してクライアントの問題行動を説明するだけでなく、親の行動や反応をモード用語で示すことも有効です（イラストを用いた教示の例については16.2項を参照）。親はモード用語を通じて驚くほど自分自身を理解でき、モードの言葉を使ってクライアントに対する自分の行動を再構成することがよくあります。このような親の内省は、ヤングアダルトの欲求を否定することなく、理解を助けてくれるので、ヤングアダルトにとっても非常に有益です。

　なお、合同セッションでペアレントモードに焦点を当てることは有益ではありません。というのも、このテーマは親にとっての既得権益が関わっており、治療上、管理することが容易ではないからです。もし必要であれば、治療方針と親の能力を考慮して、クライアントにおけるペアレントモードについての話し合いは、（クライアントとの話し合いの後）親との追加の個別セッ

ションで行うのがよいでしょう。

事例

●母親との話し合い

　モナは、自分の責任感や罪悪感がいかに大きなものであるかを自覚した後、母親との合同セッションを希望しました。彼女は、母親の元パートナーから受けた虐待や屈辱的な体験を母親にぶつけたいと思っていたのです。また、そのような虐待について自分を信じてくれなかった母親とも向き合いたいと思っていました。

　彼女はこの対話をセラピーの中で行い、必要に応じてセラピストの助けやサポートを受けられるようにしたいと考えていました。その直面化の準備としてロールプレイが行われました。

　その後の合同セッションでは、モナは自分の体験を語り、母親が自分を信じてくれなかったことにどれだけ傷つき、怒りを感じているかを伝えました。母親はモナの発言に大きく心を動かされているようでした。今ではモナのことを信じられるようになったと保証し、自身の行動を謝罪して、モナを慰めようとしたのです。モナも当初は懐疑的でしたが、最後にはお互いの意思をすり合わせることができました。

　セッションの最後にセラピストは、二人で何か前向きなことをするようにアドバイスしました。モナは、お母さんと一緒にアイスクリームを食べて、それから買い物に行きたいと言いました。この対話の後、母と娘はより親密になりました。これ以上の対話は必要ないと思われましたし、モナもそれを望みませんでした。

●治療の終結

　この年齢層との治療関係は、対人関係において強力な修正感情体験となるので、終結に向けて治療的接触を慎重に少しずつ減らしていく必要があります。終結に関する話題は、恐怖心を軽減し、クライアントが見捨てられたと感じないようにするために、オープンに取り扱わなければなりません。セッションの頻度を減らして間隔を広げたり、電話やメールで連絡を取ったりしますが、新たな問題が生じた場合に備えて、ヤングアダルトからセラピストに連絡を入れられるような体制を整えておく必要があります。

　終結の段階では、いわゆる移行対象、つまりセラピストに関連するシンボルや特有のアイテム、または治療終結に関するスキーマメモなどが特に役立ちます。また、セラピストから言われたことの中で、特に重要なことや慰めになることをMP3や携帯電話に録音して持ち帰るという方法もあります。さらに、ヤコブら（Jacob et al., 2015）やヤングら（Young et al., 1993）

などの適切なセルフヘルプの書籍を参考にすることもできます。

8.4 まとめ

　スキーマ療法を用いたヤングアダルトの治療の目的は、大人の治療と同様に、スキーマやモードに依存して現れる自動的な反応を妨害する、そのための行動や認知の戦略を作り上げることです。その過程で、満たされていない中核的感情欲求やその結果としてのスキーマやモードに関する成育的なパターンが示され、一次感情と二次感情のネットワークの固いつながりが解消されたり緩和されたりします。

　スキーマ療法の認知的・行動的な要素に加えて、体験的技法と治療関係そのものも重要な役割を果たします。治療的再養育法、限界設定、要求的・懲罰的ペアレントモードや不適応的なコーピングモードに起因する問題行動への共感的直面化は、治療の重要な要素です。その結果、ヤングアダルトのクライアントは、対人関係において修正感情体験を得て、アタッチメントや安心、ガイダンス、保護、コントロールなどに関する基本的な欲求を満たすことができます。

　ヤングアダルトに対するセラピーの目的は、大人とのセラピー以上に、未完結な発達課題を通して、彼ら／彼女らを導くことです。治療関係は、非常に繊細な発達段階の中で行われることを意識する必要があります。知的な能力はほぼ完全に形成されていますが、情緒的な発達はまだ完了していません。このことは、治療関係が、情緒的な知覚と表現の健全な発達をサポートする必要があることを示唆しています。

　ここで、スキーマ療法は、感情やモードの活性化を表現する手段を提供し、それらを治療の中でより有益に扱うことができます。肯定・否定両方の人間関係の体験も、感情欲求に対応できる「ヘルシーヤングアダルトモード」を構築するために、このような認識の中でマネジメントしていく必要があります。

　この年齢層に対するスキーマ療法は、修正感情体験を提供するタイミングについても、大人に対するものとは異なります。通常、ヤングアダルトは大人よりも早く問題の原因を自覚します。また、大人に比べ、原因となるさまざまなライフイベントが長期にわたり寄与していたり固定していたりすることが少ないと言えます。そのため、セラピーの早い段階で中核的感情欲求を満たすことは、スキーマの回復を早めることになります。スキーマへの対処のプロセスが早期に行われることで、セラピーの進展が早まることが、臨床経験から確認されています。

　ドイツでのスキーマ療法は、この年齢層に対して、外来診療での個人セッションや、入院施設での個人・集団向けの使用が増えています。また、オランダでは、特に法医学の領域で肯定的な報告が多くなされています (Geerdink et al., 2012)。この年齢層の治療には特殊性があるため、ヤングアダルトに対するスキーマ療法のさらなる研究が望まれています。

◆参考文献◆

Arntz, A. & Jacob, G. (2012). *Schema Therapy in Practice*. Chichester: Wiley-Blackwell.

Arntz, A. & Weertmann, A. (1999). Treatment of childhood memories: theory and practice. *Behaviour Research and Therapy, 37*, 715-740.

Carr, A. (2015). *The Handbook of Child and Adolescent Clinical Psychology: A Contextual Approach*. London: Routledge.

Erikson, E. H. (1968). *Identity: Youth and Crisis*. New York: Norton.

Farrell, J. M. & Shaw, I. A. (2012). *Group Schema Therapy for Borderline Personality Disorder: A Step-by-Step Treatment Manual with Patient Workbook*. Chichester: Wiley.

First, M. B., Gibbon, M., Spitzer, R. L. & Benjamin, L. S. (1997). *User's Guide for the Structured Clinical Interview for DSM-IV Axis II Personality Disorders: SCID-II*. American Psychiatric Pub.

Geerdink, M. T., Jongman, E. J. & Scholing, A. (2012). Schema Therapy in adolescents. In: M. van Vreeswijk, J. Broersen, & M. Nadort (Eds.), *The Wiley-Blackwell Handbook of Schema Therapy: Theory, Research, and Practice*. Chichester: Wiley-Blackwell.

Grawe, K. (2017). *Neuropsychotherapy: How the Neurosciences Inform Effective Psychotherapy*. London: Routledge.

Havighurst, R. (1972). *Development Tasks and Education*. New York: David McKay.

Jacob, G., Genderen, H. & Seebauer, L. (2015). *Breaking Negative Thinking Patterns*. Chichester: Wiley.

Kersten, T. (2012). Schema Therapy for personality disorders and addiction. In: M. van Vreeswijk, J. Broersen, and M. Nadort (Eds.), *The Wiley-Blackwell Handbook of Schema Therapy: Theory, Research, and Practice*. Chichester: Wiley-Blackwell.

Lobbestael, J. et al. (2010). The reliability and validity of the short Schema Mode Inventory (SMI). *Behavioral and Cognitive Psychotherapy, 38*, 437-458.

Newton-Howes, G., Clark, L. A. & Chanen, A. (2015). Personality disorder across the life course. *The Lancet, 385* (9969), 727-734.

Offer, D., Ostrov, E. & Howard, K. (1981). The mental health professional's concept of the normal adolescent. *Archives of General Psychiatry, 38*, 149-152.

Spitzer, M. (1999). *The Mind Within the Net: Models of Learning, Thinking, and Acting*. New York: MIT Press.

Young, J. E. (1994a). *Young Parenting Inventory*. New York: Schema Therapy Institute.

Young, J. E. (1994b). *Young-Rygh Avoidance Inventory*. New York: Cognitive Therapy Center of New York.

Young, J. E. (1995). *Young Compensation Inventory*. New York: Cognitive Therapy Center of New York.

Young, J. E. & Klosko, J. S. (1993). *Reinventing Your Life*. New York: Plume Books.

Young, J. E., Klosko, J. S. & Weishaar, M. E. (2003). *Schema Therapy: A Practitioner's Guide*. New York: Guilford Press.

Young, J. E., Klosko, J. S. & Weishaar, M. (2005). *Schematherapie*. Paderborn: Junfermann.

Zens, C. & Jacob, G. (2012). Schematherapie bei Persönlichkeitsstörungen. In: H. H. Stavemann (Ed.), pp.159-178. Weinheim: Beltz.

第9章

スキーマ療法の基本原則

クリストフ・ルース、ピーター・グラーフ、
ルース・A・ホルト

9.1 スキーマ療法の本質的な特徴としての治療関係

どのようなセラピーでも、関係性の構築が重要な役割を果たします。

たとえば、症状に対する治療を中心とした認知行動療法では、セラピストとクライアントの間には協同関係が必要です。一方、スキーマ療法では、治療関係を治療における変化の主要因の位置にまで高めます。ヤングら（Young et al., 2003, p.177）は、「スキーマ療法のセラピストは、治療関係を、スキーマをアセスメントする上でも変化させる上でも重要な要素であるとみなしている」と示唆しています。従来の認知行動療法と比較して、スキーマ療法のセラピストは、限られた時間と目的の中で感情欲求を満たすように設計された、より深い関係性を築くことを目指しています。それが治療的再養育法です。

スキーマ療法では、セラピストは「脆弱な／孤独な／虐待されたチャイルドモード」にアクセスするために、感情的かつ体験的で調節された空間を提供しようとします。そのため、スキーマ療法に求められる治療関係は、より強力な関係構築を必要とします。

9.1.1 クライアントとの関係構築

子どもは自分のパーソナリティを十分に理解しておらず、不安、抑うつ、行動障害、ADHDなどの臨床症状は自己感の一部として認識されます。

たとえば、ADHDの子どもにセラピストが「注意欠如の問題や、衝動性、落ち着きのなさのことであなたの助けになりたいのだけれど、それを除けばあなたは素晴らしいと思うし、今のままでいいと思いますよ」と言ったとします。しかしその子には「あなたを変えたい」と言っているように聞こえるでしょう。彼はこれらの行動パターンを自分の一部として経験している（自我親和的である）からです。

そのため、子どもは、治療の申し出を一種の策略とみなしてしまいます。「セラピストは僕の問題を減らす手伝いをしたいと言っているけれど、頼んでもいないのに僕の人生のさまざまな領域（家族、社会的、感情的、認知的な側面）に押し入ってくる」と。それが意識的な考えでなくても、自分が無視されている、侵害されているという暗黙の感情が拡がり、子どもの自律性や自己決定の欲求が満たされないことがあります。

ADHDの症状を軽減するなどの目標を立てることは、どんなに良かれと思ってしたことであっても、無意識のうちに子どもの内面への攻撃と解釈されてしまいます。その結果、しばしば意識していないところで、用心深い態度やコンプライアンスの欠如をもたらし、さらには治療の中断につながる可能性があります。また、そういった思いは、セラピーのホームワークをやってこない、遅刻や予約のキャンセルを繰り返す、治療中の沈黙などの行動として表れることもあります。

児童と青年期の心理療法におけるもう一つの問題は、通常、子どもにセラピーを行うことの必要性を感じるのは大人の養育者であるため、子どもは外的な動機づけしか得られないという事実です（8.1項参照）。セラピーは、特に外在化した行動（一部の内在化した問題も含む）に対して、すでに罰の形として子どもを脅かすものになっているのかもしれません。「お行儀よくできないならセラピストのところへ行かせますよ！」と。これが事実であれば、セラピーは失敗に対するネガティブな結果として言い渡されているので、子どもの心理療法に対する既存のイメージ（「まともじゃない人が行くところだ」）が、マイナスのものとして増幅されることになります。

　ここでは、自律性、自己決定、不快感の回避といった子どもの中核的な心理的欲求が侵害されています。そして、一貫性への欲求によって、子どもは有益ではない自己感を統合し始めることになります（「私はおかしいの？　私の何がおかしい／いけないの？」）。また、親とのつながりを求めるという、より重要な欲求も損なわれる可能性があります。子どもは、見ず知らずの人と一緒に自分の問題を解決することになったと結論づけるからです。「親はもう僕に我慢できないんだ」「僕は親にとって大変な存在なんだ」といった自己否定的な考えは、子どもの自己効力感や家族の絆の概念を侵害することになります。

　これらの印象を修復し、安全性を作り出すことが、治療関係を構築する際の重要なポイントとなります。セラピールームは「安全な場所」でなければならず、セラピストは温かく思いやりのある親のような存在でなければなりません。そうすれば、症状だけではなく、根本的な原因にも安心して取り組めるようになります。

　そのためには、特にアタッチメントの損傷や不安定さ、トラウマがある場合にこそ、子どもから強い信頼を得る必要があります。ローディガー（Roediger, 2009）は、スキーマ療法の治療環境を「持続的な発達の実験室」と表現しています。つまり、セラピストは、満たされなかった欲求を背景に、子どもの中核的感情欲求を満たすことを目指していくのです（治療的再養育法の概念）。

●治療的再養育法

　アセスメントと治療を行う間、スキーマ療法のセラピストは、そのクライアントがどのような再養育を必要としているかを繰り返し自問する必要があります。

　一般的に、子どもはまだ両親と日常的に接触しているので、セラピストはこれらの「資源」を利用することができます。したがって、セラピーの重要な目標は、両親が子どもの欲求をより効果的に満たしていくことができるようにサポートすることになります。

　セラピストは、過去に満たされなかった欲求は、部分的にしか満たすことができないと認識しておく必要があります。親や養育者が（何らかの理由で）そうしたことを学ぶことができない場合、「治療的再養育法」を用いて子どもの欲求を満たそうとするのがセラピストの仕事です。ただし、セラピストとクライアントの関係において、職業上の境界が維持されるようにすることが重要です。母親や父親から身体的な愛情を与えられてこなかった場合、治療的再養育法の中でセラピストが直接的な身体的愛情を与えることは適切ではありません。身体的な愛情ではなく、セ

第9章　スキーマ療法の基本原則　　205

ラピストは代わりに、言葉や非言語的なコミュニケーションを通じて、子どもがいかに貴くて愛らしい存在であるかを表現したり、パペットや人形を抱きしめるといった形で身体的な愛情を示したりすることができます。

●セラピストとしての要件

ヤングら（Young et al., 2003）は、スキーマ療法のセラピストには、クライアントと感情的なつながりを作ってラポールを形成するために、高いレベルの共感性、温かさ、受容、信頼感が必要であると指摘しています。私たちは、このリストに忍耐を加えたいと思います。

特に、要求的な養育者の子どもたちを相手にする場合、セラピストは短期間での行動変容を目指したくなるかもしれません。しかし、セラピストは子どもの環境に注意を払い、親からの強いプレッシャー（「要求的批判モード」）をフォーミュレーションに組み込む必要があります。

また、セラピストは自分の治療能力の限界を認識し、セラピストとクライアント間の信頼が不十分だと、すべての介入の効果が低下し、治療プロセスが損なわれることを認識しなければなりません。「戦略」を急ぐと、十分に証明されたアプローチ（例：正の強化）であっても失敗することがあり、家族の否定的な予想を煽ってしまう可能性があります（「ご褒美シールのことなら知っています、あれは効果がありません」）。子どもとの信頼関係と支援関係が確立されれば、他のすべてのスキーマ療法の介入への扉が開かれます。

●ストレングスに基づくワーク

特に、児童や青年期の子どもに対しては、実績やすでに達成されたスキルを強調する、ストレングス・ベースト・アプローチが有効であることがわかっています（Tedeschi & Kilmer, 2005）。このアプローチでセラピーを始めると、前述した子どもの不信感を払拭し、新たな物語を始めることができます。

ストレングス・ベースト・アプローチは、セラピストに対してこのように訴えてくれています。「クライアントの素晴らしい世界に浸ってください！　その子がすでにできること、すでに学んでいることからインスピレーションを得てください」。この声を参考に、アセスメントが完了したら、セラピストは問題に焦点を当てることをやめます。そしてむしろ、子どもの実績や能力に焦点を当てるのに十分な時間をかけて、子どもが「いつ本当のセラピーを始めるの？」と聞かずにはいられなくなる状態をもたらすのが理想的です。

セラピストはこうした状態を、少しでもいいからもっと難しいことを話してみようという、子どもの側からの誘いだと捉えることができます。これまでに提示された問題に取り組むための絶好の土台であり、モードのフォーミュレーションを導入するのに適したタイミングでもあります。強みや能力を強調することで、「利口で賢いチャイルドモード」を同定して育てるための土台が作られます。

9.1.2　親や養育者との関係構築

　親とのラポールの形成も、同様に重要な役割を果たします。子どもの年齢に応じて、親と過ごす時間や関係性のトーンを調整する必要があり、クライアントの年齢が低ければ低いほど、より多くの親への働きかけが必要になります。

　前述した子どもとの治療関係に必要な資質は、親、特に子どもの主たる養育者（通常は母親）にも当てはまります。親も同様に、セラピストとの間に強い信頼関係を築く必要があります。セラピールームは「安全な場所」であり、セラピストが信頼できる、恥ずかしいことやタブーとされていることについても打ち明けられる人物だと認識してもらう必要があるのです。

　親もまた、自分の心理的欲求が満たされることを望んでいます。共感、温かさ、受容、信頼感がなければ、強固な関係の土台を築くことはできません。導入段階では、子どもだけでなく親にも週1回のアポイントを取ることが有効な場合があります。親は通常、過去の過ちを認め、親としてのスキルを向上させるために、罪悪感を手放し、自分の価値を修復するためのサポートと受容を必要とします。親が子どもと、これまでとは異なる関わり方ができるようになるために、親の不適応的スキーマへの対処が必要になることもよくあります。親との連携（すなわち、親に関連する技術と手順）については、第17章で詳しく説明しています。

　思春期のクライアントの場合、親への働きかけは慎重に行うことが重要です。親と子どもの間に葛藤があることが多いので、セラピストは親の関与の度合いを決定する際には、思春期の子どもを関わらせる必要があります。

　親は、セラピストを自分の興味の延長線上に見てしまう傾向があります（家族のルールを守らせるヒントを得るためなど）。こうした状況では、セラピストとクライアントの関係に負荷をかけないために、問題（限界設定など）への対応を、子育て講座などのより適切なリソースに委託することが勧められます。ただし、セラピーの後半では、思春期の子どもたちに対するスキーマ療法のワークを、「欠陥／恥スキーマ」との闘いなどにおいて、親子の目標のフォーミュレーションに統合することが有効かもしれません。フォーミュレーションによって、親の関与のレベルとタイミングが導かれます。たとえば、分離の難しさが問題の一部である場合、親の関与のタイミングは、親の意向ではなく、クライアントの利益によって導かれます。

9.2　共感的直面化

　セラピストと子どもの間に（9.1項で述べた資質に基づいて）温かく養育的な関係が確立されたら、セラピストは子どもの不適応的モードとスキーマの影響について、子どもに直面化する必要があります。ヤングら（Young et al., 2003）は、これを「共感的現実検討」と呼んでいます。「共感的直面化」は、技法ではなく、治療姿勢です。セラピストは子どもの満たされていない

欲求に共感し、直面化の質と量を慎重に判断します。共感と直面化の最適なバランスを取ることが望まれますが、ここでいう「最適」は、その日、そのときの状況に応じて、極めて個別的に定義されます。セラピストはクライアントを非常にきめ細かく観察し、共感的直面化の天秤がバランスを崩していないかを常に評価しなければなりません。共感を重視しすぎて現実検討がおろそかになると、子どもは自分の行動や不適応的モードの影響を矮小化してしまいます。理解し、共感するだけでは、クライアントは短期的な安心感しか得られません。

　反対に、問題のある行動とその結果に対する直面化が厳しすぎたり、あるいは早すぎたりすると、セラピストが真に心のこもった温かさを伝え、クライアントがそれを受け入れられない限り、重大な自尊心の問題とショックの感情を引き起こしてしまいます。共感と直面化のバランスが崩れてしまうと、治療関係が緊張し、クライアントによる治療プロセスへの抵抗につながってしまう可能性があるのです。次の2つのケーススタディは、子どもたちがセラピーや関係構築に抵抗し、動機づけが低い場合の進め方を示しています。

アニカの事例

　8歳の女の子、アニカは小学校3年生でした。彼女は、無礼な態度を取り、規則に従わず、授業の邪魔をする傾向があり、また、とても気が散りやすいという理由で目立っていました。彼女は、最初の5回のセッションで、問題行動に対する協力や話し合いを拒みました。教師やクラスメートは不公平で、自分がクラスのスケープゴートになっているような気がしていたのです。

　共感的直面化を始める前に、セラピストは「脆弱なチャイルドモード」と「怒れるチャイルドモード」に対して、支持的な立場を取りました（例：「多くの人に文句を言われるなんてひどい話ですね、私だって悲しくて腹が立ちますよ」）。セラピストは出来事の報告を聞いて、アニカの説明や体験に共感しました。この主観的に色付けされた停滞状態から、セラピストはアニカの実際の問題が何であるかを探っていきました。

　「彼らはあなたの何を責めているのでしょう？　ああ、なるほど、彼らはあなたが……だと思っているのね」

　セラピストは、アニカの説明から他者の認識、考え、感情にアクセスすることで、語りの中にある異なる視点を要約し、彼女に反映させることができました。このように、2つの視点が定義されたことで、その背景や原因についてさらに詳しく調べることができるようになったのです。この歴史を探るために、探偵という比喩が使われました。『少女探偵ナンシー（ナンシー・ドルー）』と『怪奇ゾーン　グラビティフォールズ』の双子の姉弟パインズをモデルにして、この2つの視点がどこから生まれたのか、ヒントや手がかりを見つけていきました。

　学校の作業療法報告書や、祖父母の証言を検討した結果、アニカは先生や生徒の認識を少しずつ理解することができました。そして、彼女はセラピストと一緒に、クラスでの自分の問題に取り組むことができるようになりました。アニカがセラピストをより信頼できる

ようになると、セラピストはアニカに、この問題には彼女自身も関わっていることを、優しく直面化することができました。

フィンの事例

　フィンは11歳の男の子で、典型的なADHDに関する問題を抱えていました。アニカのときと同様に、セラピストは高い（レベルの）共感性を用いて信頼関係を築き、フィンの視点を理解しました。しかし、フィンは他人の視点に立つことができず、自分の視点に頑なにしがみついていました。

　彼は、不当な扱いを受けていると何度も強調しました。彼の両親もまた、別の視点で物事を見ることができませんでした。両親はしばしば彼の行動について弁解し、「息子の話は信用できます、これは作り話ではありません」と言いました。フィンは以前にセラピーを拒否したことがあり、最初の5回のセッションでは、大きな「不公平感」を感じて怒っていました。フィンの頑固さとラポールの弱さを考えると、アニカの事例のような共感的直面化は、この段階ではフィンに適用できませんでした。

　そこでセラピストは、共感的直面化の原則をフィンの両親に適用しました。

　「このような状況説明が、あなた方にとってどれほど難しいものか、よく理解できました。誰を、何を信じていいのか、わからなくなっているのではないでしょうか？」

　両親のアンビバレントな気持ちを確認した後、セラピストはこう提案しました。

　「授業の妨害行為に関する教師の説明が作り話ではないとして、同時に、息子さんが自分の視点で真実を語っていると仮定します。それは多少歪んでいるかもしれませんが、彼の視点ではやはり真実です。何が真実なのかを知ることは非常に難しいですが、もしかしたら、私たちは別の目標を持つことができるかもしれません。フィンが学校で尊敬され、好かれるという目標です。もしそうだとしたら、真実を突き止めることに集中するのではなく、フィンが不公平感を感じたときに、別の選択をするように促すことが私たちの目標になるのではないでしょうか。フィンが困らなくて済むような選択を……」

　共感を得る経験をしたことで、フィンの両親は、それまでに実際に起こったことや、フィンの行動の動機となったかもしれない状況にかかわらず、自分たちが理解され、配慮されていると感じました。

　この新しい視点のおかげで、両親は息子を嘘つきだと非難することなく、フィンがセラピーに協力することを初めて期待できるようになりました。その後、両親には、フィンのセラピーへの参加や、彼が他者の視点を尊重することを目指す取り組みについて、フィンへの共感的直面化に協力してもらいました。セラピストの依頼と指示により、両親はフィンの主観的な見方に対して感情的な温かさと理解を示すと同時に、フィンが他者（この場合は教師）の視点を尊重するこ

とへの強い期待があることを伝えました。また、セラピーに参加する意思を期待していることもフィンに伝えました。

　最初、フィンはこのことをなかなか受け入れられず、両親に「裏切られた」と非難しました。両親は、愛情深いサポート（共感的な態度）を確認しながらも、現在の問題が将来の学校生活を危うくするのではないかという懸念を、冷静かつ共感的に表明しました。それは彼らが、愛するフィンに望んでいることではありませんでした。

　両親はセラピストに相談した上で、フィンに対して、とても心配しており、セラピストと関わることができなければ入院も視野に入れていることを伝えました。フィンが涙を流した後、フィンの協力が実際に必要で、両親がそれを望んでいることを明確に伝えるための、理解しやすい枠組みが設けられました。両親の温かく、明確かつ毅然としたメッセージがあったからこそ、フィンは治療的な文脈を理解して、そこに関われるようになり、共感的直面化が可能となったのです。

　他者の視点を受け入れることが難しく、新しい考えに対して完全に心を閉ざしている子どもとの対話は、次のようなものになるでしょう。

　「あなたの話を聞いていると、この状況がどれほどあなたを悩ませ、動揺させ、苛立たせているか、そしてあなたが他の選択肢や考えに同意していないかがわかります。私の言っていることは正しいですか？」

　「私の今の課題は、セラピストとして、この状況に関する別の視点をあなたに提案することですが、あなたはそれを全く望んでいないという印象を受けています。私の言っていることは正しいですか？」

　「私の仕事の一部は、時に新たな考えや視点を提案し、それについてあなたと話し合うことだと理解しています。もしあなたが、私が話すことや考えたことの表出をコントロールしようとするなら、私は自分をとても小さな存在と感じて、居心地が悪くなってきます。言いたいことがあるのに、何も言うことが許されないという状況がどういうものかわかりますか？　このことについてあなたはどんな気持ちがしますか？」

　このようなクライアントの場合、まず異なる視点からの意見に耳を傾け、それを受け入れようとする姿勢を構築する必要があります。セラピストは、この課題がいかに難しいものであるかを共感的に理解し、同時に、穏やかで、愛情深く、忍耐強く、そして何よりも粘り強く、クライアントにアプローチしていきます。ここでは、「親の存在感」(Omer & Lebowitz, 2016; Omer et al., 2013) という概念を参考にしていますが、これも同様に、忍耐強さ、長所を認めること、根気強くあることに焦点を当てています。実際の場面では、セラピストは、問題行動に対して異なる視点を提供したいという願望を穏やかに繰り返しながら、関係構築やストレングス・ベースのワークに継続的に関与しようとする姿勢を示すようにします。

　子どもがセラピストに対して攻撃的な行動を取る場合は、問題行動に名前をつけることをお勧めします。

　「あなたが私に怒鳴ったり侮辱したりすることを、受け入れることはできません。あなたがと

ても怒っていたとしても、自分をコントロールしてくれることを期待します。怒りを発散させる方法については後で考えますが、これ以上他人を傷つけてほしくありません。そして今、あなたは私を傷つけているのです」

「もしそうなったら、私は悪いセラピストになってしまいます。あなたには自分を傷つけたり、友人関係を危険にさらしたりせずに、怒りを表現することを学んでほしいのです」

「私はあなたが素晴らしい人間関係を築けるように手助けしたいと思っていますが、このようなことが続けば、人は寄り付かなくなり、いつかあなたはひとりぼっちになってしまうでしょう。あなたはとても素敵で思いやりのある子なのに……そんなことになってはいけません。私はあなたがこんなことを続けるのを許しません。ひとりぼっちになりたくないのは、私も同じなんですよ！」

ここでの治療的再養育法の役割は、行動に必要な制限を設定することです。セラピストは、適切な境界線を引くために、恐怖や身体的な威嚇を用いないように細心の注意を払う必要があります。その代わりに、変容の動機づけとして、つながりへの欲求や、激しい感情への対処方法を学ぶ必要がある子どもの将来に焦点を当てます。

また、セラピストは、大声を出したり、突然セラピーを終わらせたりして、状況を悪化させないように注意しなければなりません（「この子はセラピーに参加することができません」）。しかし、これを可能にするには、善意、共感、技術、そして強い覚悟という土台が必要です。少なくとも、親やクライアントが今そこに居続けているという状態を保ち続ける必要があります。（感情的な状態にかかわらず）子どもが治療に来る限りは、その子とつながるチャンスがあるのです。

●基本ルール：信頼性

セラピストにとって、子どもの視点を探るときに大切なのは、信頼できる行動を取ることです。専門家ではなく学習者の立場を選び、大げさだったり、配慮に欠けていたり、単純なやり方で行動することは求められていません。セラピストは、子ども自身の世界に立って、何かを教えてくれるように求めていきます。

最初の目的は、セラピストが子どもの基本的欲求の擁護者であり、行動変容を強制するために存在しているわけではないと、子どもに認識させることです。セラピストが、子どもの信頼を得ていること、問題を解決できる専門家として見られていることをおおよそ確信できているなら、徐々に自分の行動の影響や別のアプローチについて話し合いを始めます。この直面化は常に、子どもの視点が決して間違っていないという文脈で行われなければなりません。

ただし、子どもの意見は、他者の意見によって補われる必要があります。このような双方向の対話の中で、おそらく数時間のセラピーを経て、他者の視点と自分の視点を比較しながら、子どもの中にやる気と意欲が徐々に生まれてくるのです。

変化に対する意識と意欲を高めることは、外発的な動機で行われることが多い児童・思春期の子どもへのセラピーの中で、最も難しいステップと言えるでしょう。子どもの気持ちが離れてい

ると気づいたときは、直面化の側面が強すぎる状態と考えられるため、セラピストは子どもの視点への共感に重点を置くべきでしょう。子どもとの関係は、セラピーの始まりであり、終わりでもあります。セラピストと子どもの関係が著しく損なわれている場合、スキーマ療法の介入であっても、セラピーが成功する可能性はほとんどありません。

9.3 心理教育

就学期の子どもや若者を対象とする場合、スキーマ療法は、苦悩や凝り固まった行動パターンを説明し、克服するのに特に役立つ方法です。モードモデルについてクライアントに効果的な心理教育をするために、年齢に応じてさまざまな素材を使用することができます。

9.3.1 素材

- ■内面的な状態やその根底にある欲求を表現する（子どもがさまざまなキャラクターを演じることができる）、手や指を使った人形や動物
- ■（手や指を使って動かすものとは異なる）人形
- ■モードを表現する変形可能な物体（例：小麦粉でできた子ども用粘土、通常の粘土、風船、編み物の糸など）
- ■ペイントしたフィギュアや紙製の人形（人、動物）
- ■子どもの体験を反映した絵本、映画、子ども向けテレビ番組といった物語
- ■モード特有のテーマを扱っている既知の予防プログラムや文献からの写真や画像
- ■登場人物の心情を推測するゲーム
- ■さまざまな表情を形作ることができる感情カード（例：涙、額のしわ、怒りや恐怖でつり上がった眉毛を使って完成させるもの）

9.3.2 年齢に応じた心理教育

●就学前の子ども

就学前の子どもに対する心理教育は、構造化された認知的なものというよりは、遊びの中で偶発的に行われることが多いです。この年齢では、心理教育とセラピーは別々のプロセスではありません。両者は流動的で絡み合っており、セッション中に自然に行われる必要があります。

子どもは、スキーマの概念を認知的に理解することができません。しかし、感情の状態とそのトリガーを見分けることはできます。そして遊びの中で感情に気づき、それを表現し、解決策を試す練習をすることが可能です。子どもがモードの状態に関連した根底にある中核的感情欲求を探り、新たなコーピング戦略を練習していけるように、セラピストは促します。

●小学生

小学生は、表9.1に示したエリスのABCモデル（Ellis, 1957; Gonzalez et al., 2004）に概説されている、活性化する出来事、信念、および結果の間にある関連性の概念を理解することができます。子どもの体験に基づいた実際的な例を用いることで、子どもはスキーマと反応の関係を理解するようになります。この気づきは、継続的な例を用いて練習し、深めていく必要があります。

ここで、子どもの信念が登場し、スキーマがより明らかになります。セラピストは例を使って（例：先生が病気で授業が中止になった）、先生が病気であること（活性化する出来事）が、それぞれの感情（結果）を引き起こすのではなく、その人がその出来事についてどう考えるか（信念）が重要だということを明らかにします。例を挙げて、子どもにもわかりやすいように説明し

表9.1　エリスによるABCモデル（1957）

A：活性化する出来事	B：信念	C：結果
みんなに笑われている	私は頭が悪い	恥ずかしい
	誰にでも失敗はある	私は大丈夫、勉強も続けている

ます（表9.1）。

基本的な考え方が理解できたら、セラピストは子どもに対してさまざまなシナリオを紹介し、異なる人々がどのように考え、感じているかを尋ねます。たとえば、クラスの他の子どもたちはみんな同じことを考えたり感じたりしているのでしょうか？　先生は何を考え、感じているのでしょうか？

スキーマ療法の中核となる概念（基本的欲求、スキーマ、モード）は、子ども向けの素材を使って簡単に視覚化することができます。その一つの方法として、シュルツ・フォン・トゥン（Schulz von Thun, 1998）は「インナーチーム」を提案しています。モードをクライアントのお腹の中にいるキャラクターとして描くのです。ここでのスキーマは、身体の傷として象徴的に描かれています。

第12章では、心理教育のさまざまな方法を示すために、いくつかのイラストやフォーミュレーションの選択肢を用意しました。この章の例では、6歳から12歳までの子どもに焦点を当てて、その年齢層との複雑な関わりを簡単にする方法を説明しています。思春期の子どもたちへの言葉の調整も有効で、多くの読者にとって馴染みのあるものでしょう。

第9章　スキーマ療法の基本原則　213

● **中学生・高校生**

　10歳以上の子どもには「インナーハウス」（第13章）が、核となる記憶を関連するスキーマやモードに結びつけるのに役立つイメージとなります。この年齢層は、イメージワーク（13.2項）、絵具や鉛筆やペンでの描画（12.1項）、指人形や手人形といったパペットを用いたワーク（12.2項）にもよく反応します。また、クライアントが飛び越えたり引っかかったりするハードルとして、象徴的に存在する物の形でスキーマを外在化することも役立ちます。

　心理教育を行うもう一つの方法は、生物学を例に取ることです。ここでのスキーマは、状況に応じて発現したり、「スイッチオン」されたりする、「遺伝子」のようなものとして扱われています（例はオンライン資料www.pavpub.com/resource-374CoCrで入手できます）（訳注：第7章のオンライン資料〈Biological model for the comparison of schemas and programs〉を参照）。

9.3.3　子どもへの心理教育の基本ステップ

1. 子どもは、物語の絵や場面を見せられます。ある絵では、子どもの「フランク」は、何かいいことを体験し、別の絵では、何か嫌なことを体験しています。
　　後者の例：フランクの両親が喧嘩をしています（図9.1）。また、フランクが転び、男の子たちがそれを見て笑っています（図9.2）。

2. 子どもは、フランクに生じうる考えや感情について尋ねられます。
　　「どう思いますか？　フランクは何を考えたり感じたりしているのでしょう？　なぜフランクはこのように感じるのでしょう？」

図9.1　親の対立と子どもの不安につながる思考の描写

セラピストはABCモデルを使い、感情がどのように状況と結びついているかについて、年齢に応じた情報を伝えます。

3. セラピストと子どもは、それらの出来事に対して適当な言葉や記号をメモします。子どもは、フランクの顔に適当な表情を描くことができます（悲しい、不安、恥ずかしい）。あるいは、特定の感情カードを場面に割り当てることもできます。吹き出しや思考の雲を使って、考えうる解釈を示すことが可能です。
「両親が別れてしまう」「僕が原因かもしれない」

4. セラピストは、欲求やコーピング戦略が何であるかを尋ねます。
「そして次に何が起こりますか？　そのとき彼はどう感じていますか？　彼が本当に望んでいるのは、どんなことでしょうか？」

5. セラピストは、子どもに、自分の体験から似たような場面を思い出すように尋ねます。
「あなたならどう感じますか？　以前に同じようなことを体験したことがありますか？」

6. セラピストは、状況のさまざまな捉え方を提案します。他の子も同じ考えや感情を持つだろうか、あるいは全く違う考えや感情を持つだろうか、と子どもに問いかけます。また、セラピストは別の子どもの話をして、それをスケッチに挿入し、肯定的なスキーマを暗示することもできます。
「私は、全く違う考えを持っていた男の子を知っています。彼の名前はフランシスです。彼はこう考えていました。『両親が喧嘩をしているとき、ばかばかしいと思う。そうやって喧嘩をしていても、二人はいつも一緒にいるんだよ、僕はそれを知ってる』」

図9.2　転んで笑われた記憶の描写

あるいは、このように示すこともできます。

「子どもたちは笑っていてもいいんだよ。両親の喧嘩は面白そうに見えるし、そんなの誰にだって起こりうることだから」

7．セラピストは、スキーマの成り立ちについて説明します。

「フランクが頻繁にこのような経験をすれば、その経験が深く根付きます」

もっと年齢が低い子どもには、このように説明します。

「そうすると、感情や思考がそこにとどまってしまうことがあります」

ここでは、さまざまな用語や比喩が適しています。

「ずっと痛む傷のように、行き詰まった映画のように」

「フランクはこのことをすぐには忘れないでしょう」

セラピストが子どものために選んだ比喩は、就学期の子どもたちとのワークの中で、お腹に傷を描いたり、頭の中にフィルムリールや映画を描いたりするなど、視覚的なシンボルで表すこともできます。セラピストは、スキーマの活性化やモードについて次のように説明します。

「そして、子どもがずっと大きくなっても、感情や思考はまだ残っています」

セラピストは、この状況をさまざまな方法で視覚化することができます。たとえば、同じ子どもを数歳だけ大きくして、お腹の中にいる小さな「インナーチャイルド」を描いてみるのです（図9.3）。

**図9.3　大きなフランクの中にいる小さなフランクの描写。
小さな頃と同じような恐怖を感じている**

「ほら、小さなフランクはまだそこにいます。あなたはどう思いますか？　両親がまた喧嘩をしたり、子どもたちが彼のことや彼の行動をまた笑ったりしたとき、大きなフランクは何を考え、何を感じているのでしょうか？　さて……それから、小さなフランクは心の中で再び不幸を感じ、考えます……古傷が痛み、過去に上映されていた古い映画が再び始まるのです。こうした一連の流れは、自動的に実行されます。なぜなら彼がそのように学んだからです」（図9.4）

8. セラピストは、スキーマに基づく認識の変化について説明します。
「もしフランクがまだ昔の物語を内に秘めているなら、彼はその物語を通して世界を見ることになります。そして、ある物事に対してより注意を払うようになります。それはどうしてでしょう？　そうですね。昔と同じ物語が起こってしまうことを恐れているからです。両親は喧嘩して別れることになるかもしれないし、フランクが転んだり恥ずかしいことが起きたりしたときに、みんなが彼を笑うかもしれません」

9. 「そして、フランクは、笑うかもしれない子どもたちを見張っています。もし彼らが笑ったら、フランクはどう思うでしょう？　彼らは繰り返しフランクに恥をかかせているのです」

10. 次にセラピストは、フランクのスキーマに基づくコーピングモードの成り立ちを含むスキーマがもたらす可能性のある結果を話し合い、回避、服従、過剰補償モードについて説明します。そして、フランクが恥ずかしいと感じたときにどうすると思うかなどを子どもに尋ねます。その後、子どもは自分でコーピングモードのアイディアを出します。

**図9.4　小さな災難が起こると、過去の恐怖が再び襲ってくる。
小さなフランクが転んで笑われたときのこと**

第9章　スキーマ療法の基本原則　217

11. セラピストは、フランクが自分の中核的感情欲求を満たすことができる健康的なコーピング
    モードを選択し、傷を癒したり、映画の音量や明るさを落としたりする方法について、子ど
    もとアイディアを話し合います。

9.3.4 スキーマとモードのメタファーの使用

　スキーマやモードを理解するためのもう一つの助けとなるのが、視覚を変化させる眼鏡などの
メタファーです。対話は次のようなものです。

　「もしあなたがフランクのような体験をしたことがあるなら、おそらく特別な眼鏡を開発し、
それをかけ始めていたことでしょう。もしかしたら、自分が眼鏡をかけていることに気づいてい
なかったかもしれませんね?」

　セラピストはこう説明します。

　「この眼鏡をかけると、状況や物の記憶の仕方が全く変わってしまいます。眼鏡をかけていな
いときよりも物事が大きく見えたり、重要に見えたりします。それは虫眼鏡のようなもので、小
さなものがとても大きく見えます。カーニバルのびっくりハウスにある、太って見えたり痩せて
見えたりする歪んだ鏡に似ています。見たことはありますか?　つらい体験から生まれた眼鏡を
かけると、世界は少し違って見えます。物事の捉え方が変わってしまうのです。この眼鏡は誤
解を引き起こします。ある人にはあるものが見え、別の人には同じものが全く違って見えるので
す」

　この特殊な眼鏡は、同じような痛みを伴う体験を示唆する、わずかな兆候に気づくための防衛
メカニズム（過剰警戒）であると説明されます。

　次にセラピストは、クライアントのパターン（例：「社会的孤立スキーマ」）とそのコーピング
戦略（「いじめ・攻撃モード」）について説明します。このパターンは、子どもと何度も確認しな
ければ忘れられてしまいます。子どもの気づきを助けるためには、石、星、ボールなどの、問題
となるスキーマやモードの活性化を象徴するものが役に立ちます。

●不適応的モードに対するセラピストの態度の重要性

　セラピストは、助けにならないモードが不適応的であると認識しながらも、その貢献を評価す
る姿勢を示す必要があります。なぜなら、モードは、短期的には心理的な緊張や葛藤を軽減する
ための、モード形成時における知的な解決策を示しているからです。

　また、セラピストがモードの「防衛」機能を評価することで、子どもは幼い頃の傷つきやすい
自分（「脆弱なチャイルドモード」）に対して、より思いやりのある態度を取れるようになりま
す。

● 「遮断・防衛モード」に関する心理教育

　子どもと接するとき、そして多くの場合、親と接するときにも、「遮断・防衛モード」（または「解離・防衛モード」）や、その他の回避モードの影響に注意することが大切です。ローディガー（Roediger, 2011, p.114）は、このモードが子どもたちにどのように現れるかを明らかにしています。子どもが「遮断・防衛モード」を使うと、次のようになります。

■やる気のない状態で学校に来る。
■定期的に宿題をなくしたり、家に置いてきたり、やらなかったりする。
■自分の状況を矮小化する（「何も問題ない」）。
■問題行動とは関係のない、重要でないことを常に話す。
■思考や感情について質問されても、戸惑ったふりをしたり、とぼけたりする（「わからない」）。
■非常に合理的に、感情的にはクールに、あるいは早熟に振る舞う。
■何も言わない、あるいは無口で皮肉っぽい態度を取る。
■退屈そうにしている（あるいは、子どもが話しているときにセラピストが退屈だと感じる）。
■ただ遊びたいだけで、話したくない（「遮断・自己鎮静モード」）。
■愛敬があり、気さくで、気が散りやすく、心ここにあらずの状態にある（「多動・防衛モード」）。
■自分の不正な行為を親や先生、クラスメートなどのせいにする（「怒り・防衛モード」）。
■話すのを嫌がる、不機嫌そうな態度を取る（「怒り／反抗・防衛モード」）。
■他にも、さまざまな回避行動がある。

　これらの妨げとなるモードは、子どもと一緒に解決しなければなりません。「椅子を使った対話」は、回避的コーピングモードの考え方を示すのに役立ちます（12.3項参照）。
　もう一つの方法は、以下に示すように、服従モード、過剰補償モード、回避モードの機能を視覚的に説明することです。

　最初に、セラピストは子どもに「保護」をテーマにしたクイズを出します。

　人はなぜ服を着るのでしょうか？　人はなぜ、少なくとも冬には、Tシャツ、シャツ、セーター、ジャケットのように、何枚もの服を重ね着するのでしょうか？　また、なぜ夏はTシャツだけで十分なのでしょうか？

　それでは、騎士について見てみましょう。騎士はなぜ甲冑をつけるのでしょうか？　また、オートバイに乗る人はなぜ、レザースーツを着てヘルメットをかぶるのでしょうか？　ヘルメットをかぶらなければならないという法律はなぜあるのでしょうか？

第9章　スキーマ療法の基本原則　　219

交通の仕組みを見てみましょう。横断歩道は何のためにあるのでしょうか？　自動車に制限速度があるのはなぜでしょうか？　シートベルトは何のためにあるのでしょう？　ウインカーは何のためにあるのでしょう？　なぜこんなにたくさんの信号機が作られているのでしょうか？　自動車道は何のためにあるのでしょう？

次に、学校を見てみましょう。挙手のルールなど、授業のルールがあるのはなぜですか？　外の芝生で授業をするのではなく、教室があるのはなぜでしょうか？　学習帳に名前が書いてあるのはなぜでしょうか？

そして、今度は外の世界、お店の中を見てみましょう。大人はなぜお互いに「さん」づけで呼び合うのでしょうか？　そして、どの時点で下の名前で呼び合うようになるのでしょうか？　人と人との距離が近すぎるとなぜ不快になるのでしょうか？　好意を持っている人同士が、会話を始める前に視線を交わすのはなぜでしょうか？

これらの質問への答えは、すべての人間が持つ「保護」の必要性に関連しています。適切な防衛行動は、日常生活における知的で有用な解決策として正当化されるべきです。誰もが何らかの形で保護を必要としているのです！

このメッセージが理解されると、より適応的な防衛のアプローチについて子どもと話し合うことができます。その目的は、防衛方法を段階的に身につけることです。防衛するかしないかの二

図9.5　フレームはさまざまな素材で覆われています。最初のフレームは空で、2番目のフレームは蚊帳、3番目のフレームは粗いネット、最後のフレームはラップで覆われています。2番目と3番目のフレームは、扇風機の風を部分的に防いでいますが、4番目のフレームは完全に防いでいます

者択一ではなく、たくさんの選択肢があるのです。たとえば、複数のフレームが子どもの前に置かれたり押されてきたりすると、子どもは、自分から見た防衛の必要性に応じてそれらを動かす（稼働させる、有効にする）ことができます（図9.5）。

　ここで紹介したフレームはあくまでも例であり、セラピストが再現するには手間がかかりすぎます。しかし、子どもにこの概念をどのように説明するか、防衛の度合いをどのように説明できるか、読者が自分のアイディアを発展させるきっかけにはなるかもしれません。目的は、「全か無か思考」からシフトし、さまざまな防衛の度合いを示すことです。

　他にも、建設作業員やホッケー用のヘルメットをかぶったり、サングラスやヘッドフォンをしたり、会話や状況が脅かされたり不快に感じたりしたときに想像上のブラインドを下ろす、といった選択肢があります。交流できる状態を保つために、想像上のブラインドの羽根は適度な目線の高さに調整して、子どもが安心して過ごせるようにします。

　また、自然界には、生き物が自分の身を守る例がたくさんあります。地球上のすべての生き物（植物、動物、人間）、特に子どもを含む幼く小さな生き物は、危険から逃れるために特別な防衛メカニズムを身につけています。
　目標とすべきなのは、防衛メカニズムを悪者扱いすることではなく（つまり、「遮断・防衛モード」の価値を下げることではなく）、むしろ子どもが適切な防衛の形を見つけられるようにすることです。子どもに適切な防衛のレベルを示す方法の一つとして、異なる色の蚊帳を使用するケースがあります（図9.6）。

図9.6　防衛を強化するための暗い色の蚊帳（左）と、防衛の必要性が低い場合の明るめの蚊帳（右）

第9章　スキーマ療法の基本原則　221

子どもは、蚊帳の後ろに置かれた椅子に座り、蚊帳越しに周囲を見ます。状況によっては、暗い蚊帳のほうが安心できる場合もありますが（例：両親が喧嘩して侮辱し合っているときなど）、ほとんどの場合、明るい蚊帳のほうが子どもは安心できます。明るいほうが、外の景色がよく見えるからです。

　安全だと感じたら、蚊帳を開いて、窓から覗くように外を眺めたり、蚊帳から完全に出てきたりすることもできます。ここでもセラピストは、子どものこうした理解を日常生活に移せるように一緒に考えます。子どもがいじめられているときなど、日常生活での適切な防衛とはどのようなものでしょうか？

　「……のときに、どのネットが欲しいですか？　ネットから覗くことができる（顔を出せる）ときはありますか？　あるいは、しばらくネットから離れていても安心できるときもあるでしょうか？」

　ここでセラピストは、誰もが同じ基本的な欲求を持っており、これらの欲求（たとえば安全と保護）が侵害されてはならないことを（心理教育を用いて）子どもに思い出させます。「遮断・防衛モード」が、「脆弱なチャイルドモード」を守るために役立つものと捉えてもらうことが重要です。

　ただし、「遮断・防衛モード」の防衛レベルは、日常的な使用には適切ではなく、セラピーにも役立ちません。「遮断・防衛モード」を適度に捉える目的は、「ケアする親モード」や「よき保護者モード」を育てるといった、他の選択肢を模索することにあります。これらのモードは、「遮断・防衛モード」の提供する防衛が過剰であったり、少なすぎたり、不適切であったりする場合に、適切なレベルの防衛を提供することができます。

◆参考文献◆

Ellis, A. (1957). Rational psychotherapy and individual psychology. *Journal of Individual Psychology*, **13**, 38-44.

Gonzalez, J. E., Nelson, J. R., Gutkin, T. B., Saunders, A., et al. (2004). Rational emotive therapy with children and adolescents: a meta-analysis. *Journal of Emotional and Behavioral Disorders*, **12** (4), 222-235. Retrieved from https://search.proquest.com/docview/214924708?account id= 178506

Omer, H. & Lebowitz, E. R. (2016). Nonviolent resistance: helping caregivers reduce problematic behaviors in children and adolescents. *Journal of Marital and Family Therapy*, **42** (4), 688-700.

Omer, H., Steinmetz, S. G., Carthy, T. & von Schlippe, A. (2013). The anchoring function: parental authority and the parent-child bond. *Family Process*, **52** (2), 193. Retrieved from https:// search.proquest.com/docview/1424667979?accountid=178506

Roediger, E. (2009). *Praxis der Schematherapie. Grundlagen, Anwendung, Perspektiven.* Stuttgart: Schattauer.

Roediger, E. (2011). *Praxis der Schematherapie. Lehrbuch zu Grundlagen, Modell und Anwendung* (2. Aufl.) Stuttgart: Schattauer.

Schulz von Thun, F. (1998). *Miteinander reden 3 – Das innere Team und situationsgerechte Kommunikation.* Hamburg: Rowohlt.

Tedeschi, R. G. & Kilmer, R. P. (2005). Assessing strengths, resilience and growth to guide clinical interventions. *Professional Psychology: Research and Practice*, **36** (3), 230-237. Retrieved from https://search.proquest.com/docview/224865236?accountid=178506

Young, J. E., Klosko, J. S. & Weishaar, M. E. (2003). *Schema Therapy: A Practitioner's Guide.* New York: Guilford Press.

第10章

スキーマ療法の開始

ピーター・グラーフ、クリストフ・ルース、
ルース・A・ホルト

10.1 子どもと青年の治療意欲を 高めるための予備的考察

　子どもたちとの仕事はやりがいのあるものですが、治療に取り組む上での障壁もあり、セラピストはそれに対処する必要があります。多くの場合、子どもたちは、親や先生がその子の何かを変えたいと思って治療を受けにきます。当然のことながら、この場合、子どもはその何かを変えることに抵抗を示すようになります！　また、多くの子どもたちは、楽しみや満足感を求める気持ちを抑えて、より深刻な課題に集中することは困難であり、不快な話題を扱うことを好みません（大人よりも嫌がります）。子どもたちは、苦痛を覚える感情をできるだけ長く回避しようとするかもしれません。

　しかし、悩みを抱えている子どもたちにとって、つらい感情は頻繁に引き起こされ、その子を圧倒してしまうことも少なくありません。治療が脅威になりうると疑っている場合、子どもは最初、「利口で賢いチャイルドモード」ではなく「遮断・防衛モード」で来ることが多くなります。そして、「遮断・防衛モード」は、取り組むべき「治療の場」である「脆弱なチャイルドモード」へのアクセスを困難にしてしまうのです（Berbalk, 2010, 私信）。

　大人のクライアントは、適切な心理教育を受けてネガティブな感情に対処することが、治療の一部であると受け入れることができます。それに対して子どもたちは、同じような視点で物事を捉えることができず、その結果、モチベーションも上がらないのです。子どもが効果的に治療を受けるためには、安心して弱音を吐くことができ、困難な感情に向き合うことのメリットを実感できるような援助が必要になります。そのためセラピストには、ラポールを築き、治療へのモチベーションを高めるように意識し、注力することが求められてきます。

　子どもと接するときにセラピストが考慮しなければならないもう一つの要素は、子どもが親に対して抱いている強い忠誠心です。クライアントと信頼関係を築き、家族の力動を理解していこうとする過程で、セラピストは、子どもが「家族に反してセラピストに協力しなければならない」という認識を持ってしまうことに注意する必要があります。

　こうした選択を求められていると感じた子どもは、家族の結束や安全が脅かされている、あるいは家族が何らかの形で危害を加えられる（たとえば、評価を下げられたり、批判されたり、ネグレクトだと非難されたりするなど）と感じるでしょう。そうなると、子どもはほとんどの場合、家族と一緒になってセラピストに反発し、治療を台無しにしてしまいます。

　子どもや思春期の治療において、プレイセラピーはこうした側面に対処し、親しみやすい手段を提供し、子どもがセラピーの場で遊びながら自己表現することを可能にする、長く伝統のある手法です。プレイセラピーは、若いクライアントに対して、感情的な葛藤や家族の苦悩、トラウマ的な体験を、彼らが慣れ親しんだ方法で表現することを可能にします。また、遊びを通したアプローチは、子どもの主要なコーピングスタイルを観察するのにも役立ちます。

スキーマ療法の技法は、古典的なプレイセラピーのアプローチと、認知行動療法の間の革新的な架け橋となっています。これらの技法は、他の章で説明されているエクササイズや補助教材によって強化され、子どもたちはそうした技法に適度な反応を示します。また、このアプローチは、親と子に治療のための構造を提供し、治療過程での方向づけを行うものです。スキーマ療法は、子どもや家族が抱えている問題と、日常生活で必要な変化との間を解決的に橋渡しします。現れている症状に固執することなく、変化をもたらすための実践的なアプローチを提供します。

10.2 モードワーク：基本要素と素材

子ども向けのスキーマ療法では、主にモードへの働きかけが中心となります。モードモデルは、子どもの遊びや体験に近いため、スキーマに焦点を当てたアプローチと比べて、より直感的に提供することができます。

たとえば、多くの子どもは、治療的介入がなくても、養育者を失うことに直面した際、あるいは保護を必要とする際に、空想上の友達や支援者を選択します。そのため、本書で紹介されている技法のほとんどは、子どものモードに焦点を当てています。親との協同作業においては、より複雑なスキーマとモードの活性化に焦点を当てることが多くなります。

子どもと思春期の人のためのスキーマ療法における基本的な考え方は、非機能的なモードパターンを再調整することによって治療的進歩がもたらされる、というものです。私たちは、子どもや親には短期的に行動を修正する能力が十分にあることを前提としています。一方で、「より深い」モードレベルにおける変化は、身体反応、思考、感情、行動の面でさらに複雑なメカニズムを内包しているため、効果的かつ持続的な結果をもたらすと考えています。

子どもと親は、治療の中で自分のモードに気づけるようになります。モードを理解すると、困難な状況に対処するための代替手段として、適応的なモードの「有効性」をセラピーの内外で検証することが可能になります。クライアントは、非機能的なモードに陥らないよう、言い換えれば、ネガティブな感情に深く入り込まないようにし、自己調整力を高め、感情の成熟に向けて取り組めるようサポートされます。ヤングは、境界性パーソナリティ障害のクライアントに対するこのアプローチを明確に表現しました：「モードをまとめ、モードに深く入り込みすぎないようにするのです」(Young, 国際スキーマ療法協会ベルリン大会, 2010)。

●モードワークの基本要素

以下は、子どもや思春期を対象としたモードワークの概要です。このアプローチは、ベルバルク（2009）の「人形を使ったモードワークのための14のステップ」にヒントを得ています。

私たちのリストは、セラピストのためのガイドであり、さまざまなメディアを使用するための包括的な指針を提示しています。モードワークの5つのステップには、それぞれ、より詳細なサ

第10章 スキーマ療法の開始　227

ブステップがあります。すべてのスモールステップを1回で終わらせる必要はありません。各サブステップは、詳細を説明し、さまざまな「メディア」（例：絵や描画、椅子、指人形、物語などを使った作業）について記述している各章を参照しています。

　実際には、各ステップは必ずしも一定の順序で進むわけではありません。多くの場合、順序は循環的に、同じステップをより詳細に、より深く理解し繰り返す「ステップバック」方式で行われます。たとえば、第三ステップの後に第二ステップについての説明を要する場合もあります。

1．現在のモードを同定する
2．脆弱な／孤独な／虐待を受けているチャイルドにアクセスする
3．各モードの持つ機能を明らかにする（対話の中で）
4．適応的なモードを強化し、非機能的なモードを弱める
5．治療の成果を日常生活に般化する

●ケアする親モード（Caring Parent mode）

　ベルバルク（2009）が示しているように、私たちは、それぞれの子どもが「ケアする親モード」と「ネガティブな（要求的／懲罰的）親モード」あるいは「批判モード」の両方を内在化すると仮定しています。養育者のネガティブな面もポジティブな面も、子どもの中でモードとして内在化されます。このときの目標の一つは、子どもが「ケアする親モード」をより頻繁に作動できるようにすることです。

　「ケアする親モード」は、子どもにとって「ヘルシーアダルトモード」とは全く異なるものですが、ヤングらは、大人のクライアントの「ヘルシーアダルトモード」には子育てのタスクがあると容易に判断しています（Young et al., 2003）。子どもの場合は、「ケアする親モード」を別に捉えたほうがアタッチメントモデルに適しています。

　子どもの初期のアタッチメント体験が「内的作業モデル」（Bowlby, 1951）となるにつれ、母子関係は満たされない欲求に対処するための資源となります。私たちは、治療的に「親」という心地よくポジティブな資源を提供することで、より安全な内的アタッチメントを築くことができると期待しています。

　「ヘルシーアダルトモード」ではなく「ケアする親モード」を採用したもう一つの理由は、子どもは想像上の「大人」とは必ずしも一致しない、「守ってくれる存在」や「ヒーロー」に自然と惹かれるものだからです。子どもたちはこの「助けてくれる存在」を、自分自身の「利口で賢いチャイルドモード」よりも、「外から」やってきて助けてくれる存在として捉えていることが多いのです。

1. 現在のモードを同定する

・重要な現在のモードを捉え、名前をつける（たとえば、それぞれを指人形に割り当てる）。

以下のモードを含めることが重要。

「脆弱なチャイルドモード」「幸せなチャイルドモード」「利口で賢いチャイルドモード」

・各モードにあるときの典型的な体験や行動を活性化させる（各モードの指人形が話したり遊んだりすることで、モードが生き生きとした形で表現される）。

・各モードの感情、身体感覚、行動傾向、認知を表現する。

・各モードにインタビューする──セラピストは各モードとモードによる対話を行う。

2. 脆弱な／孤独な／虐待を受けているチャイルドにアクセスする

・（子どもに許可を得て）「脆弱なチャイルド」「孤独なチャイルド」「虐待を受けているチャイルド」とつながる。

・欲求を探る（「小さなフェリックスは何を必要としている？」）。

・外的、および内的な要求的、批判的、懲罰的モードに対して、慰めや承認、保護を提供する。

3. 各モードの持つ機能を明らかにする（対話の中で）

・モードの起源と意図を探る（例：そのモードの歴史は何か、どのような生存欲求を満たしたのか？）。モードの背後にある欲求は何か？

・モードと現在の問題との関連性を明らかにする。そのモードは私にどのような影響を与えるのか？　私の問題とどのように関連しているのか？

・各モードの引き金となる思考、感情、状況、人物を特定する。

・各モードがどのように関連しているかを理解する。他のモードが「脆弱なチャイルドモード」にどのような影響を与えるか？　典型的なモードの転換（mode flips）を図式化することができる。

・各モードの長所（強み）と短所（弱点）について話し合う。

・各モードがどの程度機能的、あるいは非機能的かを評価する（各モードの行動の結果を評価する）。コーピングモードの短期的・長期的な影響について話し合い、これまでの保護的な役割を肯定しつつ、今の生活においては望ましくない影響を与えていることを、徐々に認識する。

4. 適応的なモードを強化し、非機能的なモードを弱める

・代わりとなるモードやモードの転換について話し合い、試してみる。

・違うことに重点を置いた場合の各モードの影響や、モード間の融合について探る。

・適応的なモード間のコミュニケーションを強化し、「ケアする親モード」／「利口で賢いチャイルドモード」と、それらの適応的なモードを阻害する非機能的なモードとの間で対話を展開する。

・非機能的なモードは一時的な解決策であることを認識する。距離を置き、感情や行動のコントロールを高める方法を身につける。役に立たないモードのポジティブな面を、「利口で賢い

チャイルドモード」に統合する。

・「利口で賢いチャイルドモード」が、年齢に応じた合理的な方法で自己主張するよう促す。「利口で賢いチャイルドモード」は、他のすべてのモードの制御を引き継ぎ、適切な自己調整を援助することができるようになる。

・「内在化したケアする親モード」を強化し、「内なるよき保護者モード（internal Good Protector mode）」を活性化する。「援助モード（The helping modes）」は、脆弱なチャイルドの側に立つ、愛情と保護のサポート役として導入される（「脆弱なチャイルドを救う」）。

・怒れるチャイルドが、破壊的な衝動ではなく、感情や欲求を適切かつ建設的に表現できるように助ける。

・「内的批判モード」と「懲罰モード」（「懲罰的／要求的ペアレントモード」に類似）を退ける。セラピストはそのモードと対峙し、追い払ったり制限したりする。

・観察力と、自己への思いやりを示す力を高める。「もしこんなことをあなたの友人がされたら、あなたはどう思いますか？」

・「非自律的チャイルドモード」が自制心を受け入れるよう導く。

5. 治療の成果を日常生活に般化する

・モードのモニタリング：このプロセスを通じ、子どものモードへの気づきが高まることで、より有益な反応に移行できる。治療場面では、実験や構造化されたロールプレイのビデオフィードバックを行い、場合によっては大げさに演じてみたりすることで気づきを得られる。また、セッション外の課題としてワークシートを使用することで、機能的なモードと非機能的なモードを見つけ出し、それぞれのモードの典型的な兆候や手がかりに気づくことができる。

・日常生活の中で、「利口で賢いチャイルドモード」の具体的なステップ（行動パターンの変容）を計画し、実行する：たとえやロールプレイを通じて話す。「この状況を解決するために、どうやって『利口で賢いチャイルドモード』を導入するか？」

・どのような状況でどのモードを用いるべきかを話し合う。

・日常的なコミュニケーションのスキルを身につける（「利口で賢いチャイルドモード」または「ケアする親モード」と実際の人々との対話を、イメージの中で、または構造化されたロールプレイを用いて練習する）。

・治療成果がシステムや家族に与える影響について考える：彼らはどのような影響を受けるか？ 今までと異なる相互作用にどう適応していくのか？ 二次的な利益はあるか？

・日常生活にリマインダーを設置する：フラッシュカードや視覚的な補助（例：プロンプトとして持ち歩くカードや物）を用いて、ヘルシーモードの活性化をサポートする。

・意識的にモードを変える練習をしたり、役に立たない行動パターンを断ち切ったりするためのホームワークを出す。

www.pavpub.com/resource-374CoCr（Basic Elements of Working with Modes）において、すべての要素をA4サイズの2ページにまとめたセラピスト用のメモ帳を紹介しています。

●追加事項

▷無力化 対 闘争：
子どもの中にある非機能的なペアレントモードへの対処

　非機能的なペアレントモードの扱いは、成人を対象としたスキーマ療法と、子どもや思春期およびその家族を対象としたスキーマ療法との間の重要な違いの一つです。ヤングら（2003）は、非機能的なペアレントモードを追い払うように論じていますが、これはしばしば現実の親が要求的で、厳しく、虐待的であることが多く、子どもがそれを内在化しているためです。しかし、セラピーを受ける子どもは、まだ現実の親に依存しており、忠実で、発達段階を考慮しても、親の存在に有益である面とそうでない面があることを区別できません。そのため、子どもの親への忠誠心を損なわないように注意し、また、親子の絆のよい面を評価するよう配慮しなければなりません。

　したがって、子どもや思春期のスキーマ療法では、要求的、あるいは懲罰的「ペアレント」モードという言葉は使わずに、「内的批判モード（Inner Critic mode）」や「お仕置きモード（Punisher mode）」といった別の名前をつけるとよいでしょう。また、セラピストは、親を個人として尊重し、親に対してポジティブな意思表示をする必要があります。

　これらのモードからのメッセージをリフレーミングするために役立つ方法は、メッセージの「有益性」について話すことです。懲罰モードや批判モードは、問題（不安など）に対して役に立たない解決策を提供してきました。親を否定するのではなく、そのメッセージの内容を否定する必要があります。このような問題は親と並行して取り組む必要があり、親のほうでは、このような助けにならないメッセージを促すに至った自分自身のスキーマやその引き金を同定していきます。

　また、親のポジティブで思いやりのある楽しい部分、つまり子どもの欲求を満たすことができる親の側面を励まし、コーチングし、強調することで、子どもの内的な「ケアする親モード」を強化することも重要です。これは、「いい思い出の島」（Peichl, 2007）を作るのに役立ちます。

　子どもが役に立たないメッセージに気づくようになったら、セラピストは並行して親に育児スタイルを再構築するプロセスを提供します。セラピストは、親が自分の健康な部分（大人の「ヘルシーアダルトモード」や、育児の問題では「ケアし導くモード」）につながるのを援助し、子どもがこれらの瞬間に気づくようにサポートします。そして、親が子どものニーズを満たしたときや、子どもが幸せ、安全、安心に浸り、保護され、のびのびしていられると感じたときの記憶を強化します。子どもはこのような瞬間を多く体験することで、両親との適切なつながりを内面化し、最終的には大人になってからの「ヘルシーアダルトモード」の形成につながります。

▷破壊的なコーピングモード（Destructive coping modes）

　破壊的なコーピングモードにうまく対処するために、セラピストにとってまず重要なのは、子どもがなぜそのレベルの「防衛」を必要としているのか、あるいは必要としていたのかを理解することです。防衛のレベルは、イライラした「怒り・防衛モード」から、暴力的で加害的な「破壊者モード（Destroyer mode）」までさまざまです。非常に破壊的な攻撃モード（「いじめ・攻撃モード」「破壊者モード」など）は、自己防衛の極端な形として形成されます。

　このような極端な防衛モードの存在は、十代の若者に多く見られますが、子どもの場合は虐待者の行動の「取り入れ」である可能性が高いです。トラウマを抱えたクライアントに対する自我状態療法（Watkins & Watkins, 1997）では、子どもに取り込まれた加害者（offender introjects；私たちはこれを、トラウマを抱えた子どものペアレントモードの特殊な形と捉えています）は、トラウマが発生した時点ではポジティブな機能を持っています。セラピストはこのことを認識すべきで、取り込まれた加害者が内包するものをきっぱりと拒否する必要があります。セラピストによる加害者の側面との対話が、若者にとっても適切なものとなるように、融和させていく必要があります。

▷認知行動療法とスキーマ療法のアプローチ

　認知や行動を成育歴上の出来事と結びつける点で、認知行動療法のアプローチとスキーマ療法の間にも共通点があります（例：Zarbock, 2011）。認知行動療法では、思考、感情、身体感覚、行動を別々の要素として扱う傾向があります。しかし、モードは、感情、認知、身体感覚、記憶の複雑な相互作用を、外的あるいは内的な出来事によって引き起こされる「内的状態」として包括しています。

　環境的な引き金に加えて、モードの一部分を体験することで、モード全体が引き起こされることもあります。たとえば、胃が痛いという身体感覚は、全モードパッケージの一部として、恐怖感、「自分にはできない」という思考、回避行動を自動的に起動させます。従来の認知行動療法では、思考、感情、身体感覚、行動に次々と触れていきますが、モードワークでは、4つの側面の体験を一度に深く捉えることで、表面的な症状レベルの変化ではなく、より深い性格的な変化を促していきます。

　認知行動療法では、子どもは自分の認知にアクセスして検討することが難しく、モチベーションが低下しがちです。さらに、上記の構成要素（思考、感情、身体感覚、行動）をそれぞれ別個のものでありながら関連していると捉えるには、心理教育が必要であり、一定の言語的および認知的な発達を前提とします。そのため、セラピストにとっては、少なくとも治療開始時や幼い子どもの場合は、単一の構成要素を取り出してそれを個別に変容させるよりも、モードに対処するほうが容易であることが多いのです。

　また、スキーマ療法のモードは、名前が1つで済むため、子どもにとっては言葉がシンプルになるというメリットもあります。さらに、モードの名前は、子どもと協力して考案した共通の治

療言語の一部になります。このようにして、セラピストは、自分の世界観に合わせて子どもの語彙が広がることを期待するのではなく、子どもが世界をどのように見ているかに合わせて、自分の語彙を広げていくことになります。

▷治療用素材

セッションで使用する治療素材は、クライアントの興味やニーズ、発達レベルに応じて選択されます。一般的なプレイセラピーの教材に加えて、モードや実在の人物（セラピスト、両親、仲間）を表現するために、さまざまなパペット、人形、フィギュアなどを使用します。

また、発達段階に応じて（11歳以降）、ホワイトボード、紙とペン、ワークシートを使用します。ワークシートは、スキーマ療法の枠組みの中に従来の認知行動療法の要素を含むものです。これらはホームワークとして利用でき、その一部はオンライン資料から入手することができます（Farrell et al., 2014, Jacob et al., 2014 による大人用のワークシートも参照）。ワークシートは、認知的な作業の手段であると同時に、体験的な作業から得られた新しいアイディアを捉える手段でもあります。また、書かれた教材は、体験的な技法を補い、視覚的な構造や絵による記録を提供すると共に、進捗状況を記録する手段にもなります。たとえば、体験的ワークと文字によるワークシートを組み合わせたり、体験活動の様子を写真に撮ってクライアントに渡したりと、同じアイディアでも異なる方法や介入を用いることがよくあります。

不適応的なスキーマやモードに対処する際には、体験的モードワークに関連した保存版（ワークシート、写真、移行対象など）が役に立つリマインダーとなります。これらの文書は、治療後何年経っても、不適応的なスキーマやモードに対処する際に記憶を補助するものとして使用することができます。

第10章　スキーマ療法の開始　233

◆参考文献◆

Berbalk, H. (2009). *Behandlungskonzept mit der MAP.* Unveröffentlichtes Manuskript.

Bowlby, J. (1951). *Maternal Care and Mental Health* (Vol. 2). Geneva: World Health Organization.

Farrell, J. M., Reiss, N. & Shaw, I. A. (2014). *The Schema Therapy Clinician's Guide: A Complete Resource for Building and Delivering Individual, Group and Integrated Schema Mode Treatment Programs.* Chichester: Wiley.

Jacob, G., Van Genderen, H. & Seebauer, L. (2014). *Breaking Negative Thinking Patterns: A Schema Therapy Self-help and Support Book.* Chichester: Wiley.

Peichl, J. (2007). *Innere Kinder, Täter, Helfer & Co: Ego-State-Therapie des traumatisierten Selbst.* Stuttgart: Klett-Cotta.

Watkins, J. G. & Watkins, H. H. (1997). *Ego States: Theory and Therapy.* New York: WW Norton.

Young, J. E., Klosko, J. S. & Weishaar, M. E. (2003). *Schema Therapy: A Practitioner's Guide.* New York: Guilford Press.

Zarbock, G. (2011). *Praxisbuch Verhaltenstherapie. Grundlagen und Anwendungen biografisch-systemischer Verhaltenstherapie* (3. Aufl.) Lengerich: Pabst.

第11章

遊びと物語を ベースとした スキーマ療法

ピーター・グラーフ、クリストフ・ルース、
ルース・A・ホルト

11.1 プレイセラピーを用いた スキーマ療法

　遊びは、乳児期、幼児期、就学前期をはるかに超えて、子ども時代に最も頻繁に行われる、最も強烈な表現の手段です。1歳半になると、子どもたちはとても象徴的な遊びをするようになります。そのため、幅広い年齢層の治療にこの手段を使うことは理にかなっています。行動療法のセラピストも治療の中でクライアントと遊びますが、彼らはそれを関係構築や後の強化のために用いたり（「まず治療的な作業をして、それからゲームをしましょう」）、あるいはゲームの筋書きを形作るために他の理論（例：人間性中心〈person-centred〉療法）を援用したりします。

　プレイセラピーには、非指示的なもの（Axline, 1947）、分析的なもの（Freud, 1928; Klein, 1932）、来談者中心のもの（Landreth, 2012）があります。ここでは、スキーマ療法におけるモード誘導型のプレイセラピー（mode-guided play therapy）の基本について説明します。

　ゲームや遊びは、子どもの基本的欲求（2.2項参照）の表現と充足をサポートするために用いられ、主に二つの方法で行われます。

　まず、子どもが怒りや悲しみなどの感情を、象徴的、あるいはごっこ遊びの中で表現することを促します。自由な遊びは、幼い子どもの欲求に対する意識を高めるための想像的な空間であり、子どもが内面世界を身近な手段で表現する機会を豊富に提供してくれます。

　第二に、小学生までの子どもたちは、動物のフィギュアや人形（またはそれに類するもの）を用いて、典型的な家族の出来事や人間関係の力動、スケープゴートや金の卵、パートナーの代用といった家族の中で生じうる役割を演出することができます（15.2.3項参照）。遊びの中では、子どもは現在または過去のスキーマやモードを誘発するような体験について、最初はその関連性を意識していないとしても、物語ることはできます。また、自由な遊びは、無意識に自分の内面を認識する機会を与え、それに基づいて内面を構築することができます。

　アクスライン（1947）は、従来の非指示的なプレイセラピーの枠組みにおいて、多くの子どもたちは未処理の体験を再現するために遊びを用いることを指摘しています。私たちの観察からは、子どもたちは、あたかもいつも同じパターンでその物語を進めなければならないかのように、以前のコーピングモードを示すことも多いです。子どもは遊びの中で、言語化される前の時期、あるいはそれに関する言葉を持たないうちに起きた体験を処理するかもしれません。

　遊びの演出家として、子どもは未処理の体験をある程度コントロールします。彼らは観察者の立場から距離を置きたいと思うかもしれませんが、一方で、「あのとき」に受けた苦しみを再現したいと思うこともあるでしょう。子どもは、これまで解離していたさまざまな感情状態に触れることができます。

　このように、子どもの遊びは、統合と自己治癒の試みであると解釈することが可能です。そこには、ドラマ性を帯びた遊びが創造される可能性があり、大人のクライアントへのスキーマ療法

の技法である「イメージの書き換え」（Arntz & Jacob, 2012に記載）のように、物語が再構築され、書き換えられるための足場となる役割を果たしています。監督や脚本家や他の芸術家と同様に、子どもは自分の内的世界の側面をいろいろなものを通して表出し、主人公の役割を担ってさまざまなモードを表現します。

　このプロセスは、しばしば創造性や自由度を感じさせるものではなく、むしろ問題解決のために、繰り返し悲劇を取り上げ、観客（セラピストを含む）に痛みや悲しみ（最良の場合、共に喪に服す）を生じさせます。しかし、これは解決策や建設的な視点を提示するものではありません。介入しなければ、セラピストは非機能的なスキーマやコーピングモードを強化する無限ループの参加者になりかねません。

　スキーマ療法では、創造的なモードの変化と非機能的なコーピングパターンの修正のために遊びを用います。スキーマ療法のさまざまな技法を用いて、遊びの中で治療的再養育法を提供します。このモデルにおいて、セラピストは、子どもの劇中の破壊的な行動や満たされていない欲求に対して、受け身で見守る役割を担うことはありません。出来事を目の当たりにしつつ、最終的にはスキーマ療法の原則に従ってそれらを演出します。

　治療空間は、子どもの中核的欲求が表現され、満たされる場であり、一次的な感情が表現され、セラピストによってそれらが承認される場でもあります。遊びとは、さまざまなモードを試すための空間であり、解離したパーツを統合するための場です。遊びの中で試行錯誤を重ね、アイディアを創造的に発展させていきます。

　これらのアイディアは、遊びを超えて、現実世界での在り方のモデルとなります。スキーマに関連する状況は、回避するのではなく、遊びの中で検証することができます。

　子どもが代償的なコーピングパターンを演じているとき、セラピストは代替手段を提供することが可能です。子どもが脆弱なチャイルドの部分について話しているとき、セラピストは（大人に対する古典的なイメージワークのように）治療的再養育法を行い、保護とケアを提供します。セラピストの「ヘルシーアダルト」は、これまで言い表されることのなかった子どもの言葉を導き出す役割を担います。遊びの場面で積極的に「見捨てられた／脆弱な／孤独なチャイルド」にアクセスし、役割を通じて癒しを与えます。

　また、セラピストは、遊びの中で「怒れるチャイルド」を真摯に受け止め、適切な怒りの表現に導くと同時に、過剰な衝動を制限することができます（たとえば、遊び道具や他の人形を守ることによって）。したがって、子どもはゲームの中で、不適応的なスキーマやモードを弱めるのに役立つ、感情の修正の瞬間を体験することができます。脅かしたり、嫌がらせをしたり、苦しめたりする人物は、（殺したり、バラバラにしたり、燃やしたりする代わりに）力を奪い、動きを制限されます。

　たとえば、邪悪なドラゴンは袋に閉じ込められ、怪物は重い足枷で動けなくされ、幽霊は笑われたり、恐怖の原因を帰属されたりします（「助けて、人がいて私を笑っている」）。脆弱な動物を代理として登場させることで、直感的な世話の衝動を高め、それをセルフ・コンパッションとして内在化し、「良い親」モードを構築します（「このウサギの世話をするのと同じように、自分

第11章　遊びと物語をベースとしたスキーマ療法　237

にもそれが必要です」)。

治療的な遊びには、感情を調節する機能もあります。過剰に規制され抑制されている子どもに対して、セラピストは、自由な遊びの中で、生き生きとした場面を作り出すことができます（たとえば、騎士の戦いやキャッチボールなど）。また、子どもの感情表現をサポートすることもできます。たとえば、「動くと気持ちがいいでしょう？　これはただのゲームなんだから、ゲームの中ではバカになれるし、ここでは人形が実際に戦うこともあるのですよ」というように。

過剰な攻撃性を外に向けてしまう、調節力の乏しい子どもに対して、セラピストはルールを守ることを学ぶ機会を提供できます。たとえば、「私の意見に反対するゲームをしましょう。ただし、あなたは優しく話したり、『私は好きじゃありません』で始めたりしたときにだけ、ポイントがもらえます」といった具合です。

11.1.1　モード志向型プレイセラピーの基本要素

モードワークの基本要素（10.2項参照）は、プレイセラピーの大まかな指針としても有用です。しかし、認知的および行動的な介入は、遊びのアプローチに方向性を与える上ではあまり重要ではありません。

1. 現在のモードを同定する

モードの同定は、子どもが人形を手に取って話しかけたり、それを通して行動したりすることで自動的に行われます。通常、子どもはゲームに積極的に参加し、さまざまなモードを簡単に「切り替える」ことができるので、感情的な喚起を行う必要はありません。セラピストは登場人物に名前をつけ、子どもや人形自身に対して、その特徴や考えについてインタビューします。

最初のうちは、多くの子どもが一方的な反応の仕方を好みます。たとえば、遊びの中では、支配的な軍人像やコーピングモードが表現され、成熟した部分や思いやりのある部分はあまり表現されません。

2. 脆弱な／孤独な／虐待を受けているチャイルドにアクセスする

「脆弱なチャイルドモード」は、通常、被害者的な役割で生じます。したがって、治療上の課題は、隠された部分を統合して精緻化すること、あるいは無視されたチャイルドモードを直接的に扱うこと、になります。

しかし、子どもが自分自身のパーツを示しているのか、他人のパーツを示しているのか、あるいは単に混乱を表現しているのか、はっきりしないことが多いです。たとえば、ゴリラは怒りっぽい父親の一面を表しているかもしれませんし、亀は閉鎖的で内向的な兄弟を表しているかもしれませんし、巨大な鳥は子どもの環境における予測不可能なものを表現しているかもしれません。すべての脅威となる存在が特定の人物に起因するわけではなく、それらはしばしば、子ども

の視点では当然理解しがたく、予測不可能な世界の象徴として機能していることが多いのです。

　また、遊びの中には、自分で試してみたい、勝負に勝ちたい、という情熱を表現するものも少なくありません。多くの少年が乱暴な遊び方に喜びを見出しますが、それは直ちに病的なコーピングモードを示しているわけではありません。このように、「脆弱なチャイルドモード」は被害者の役割で見られることが多いのですが、加害者役のキャラクターの由来や象徴性を探る際には注意が必要です。

3. 各モードの持つ機能を明らかにする（対話の中で）

　子どもによるキャラクターの選択に関する治療的解釈は、多くの場合、演じられたシーンの「サイクル」を何度も観察し、そのサイクルが持つ機能を探ったときに初めて可能になります。

　セラピストは、役者（例：子どもから役を与えられる）またはコメンテーターとして、遊びの中で適切な質問をすることができます（「あなたは誰ですか？　どこから来たのですか？　あなたはどんな力を持っているのでしょう？　何のために戦っているのですか？　誰を守りたいのですか？　物語の続きはどうなるのでしょう？」）。

　セラピストは、特定のキャラクターや動物の長所と短所、強みと弱点について説明したり、質問したりすることもできます。遊びの中で、セラピストがどのようにコメントするかは注意が必要です。プレイセラピーでは、子どもの現在の問題との関連性は必ずしも明らかにされません。解釈や説明にあまり対応できない未就学児や低学年の子どもには、これらの発言は役に立たないのです。「あなたは時々ゴリラのように振る舞いますね」などの発言は、恥や不安を引き起こし、子どもを尻込みさせてしまう原因になる可能性があります。セラピストは、ゴリラと子どもを直接結びつけるのではなく、ゴリラのポジティブな部分を強調し、ゴリラを理解する方法を提案することができます（「もしかしたら、彼は誰にも笑われないようにしているのかもしれないですね」）。

4. 適応的なモードを強化し、非機能的なモードを弱める

　セラピストは、「脆弱なチャイルドモード」をケアします。これは、安全な場所を提供したり、他の保護的で養育的なキャラクターを活性化したりすることによって行われます。

　セラピストは、正義と安全のために、人を傷つけるような、屈辱的な、あるいは懲罰的で残酷なキャラクターに立ち向かいます。遊びの中で子どもが適応的な解決策を見出せない場合、セラピストはモードの概念化に基づいて質問を投げかけます。

　また、子どもの欲求に関する教育は、何気ないコメントで行われます（たとえば、「すべての動物には食べ物を得る権利があり、誰も飢えてはいけません、そうした権利がないとすれば不公平です」など）。セラピストは自分で新しいキャラクターを導入することも可能です。たとえば、「怒れるチャイルドモード」を懲罰的ではない方法で指導し制限することができる、代替としての「ケアする親モード」などです。

第11章　遊びと物語をベースとしたスキーマ療法　239

5. 治療の成果を日常生活に般化する

　幼い子どもの認知的な能力の限界を考慮して、遊びから得られた体験を日々の現実へ移行するには、直接的な行動のホームワークを通じてよりも、徐々に、そして穏やかに行っていくことが重要です。無意識のプロセスを完全に明らかにすることはできませんが、その代わりに、具体的な現実を注意深く参照しながら、より慎重にアプローチしていく必要があります。

　たとえば、「ここにいるウサギさんのように、誰もが時々はお世話をしてもらいたいと思っています。あなたもそう思いますか？　ママはそのことを知っていますか？　ところで、亀は厚い甲羅を持っていますね。あなたにもそれが必要ですか？　また、犬は怖いと感じたときにとても大きな声で吠えることができます……あなたは怖いと感じたときに、どうすればいいと思いますか？」など。

　この章で説明されている遊びをベースにしたモードワークは主として、セラピストの参加の下に自分のアイディアを用いて体験を演出できる、就学前かそれ以前の年齢の子どもに適しています。物語を使ったワーク（次項）では、セラピストがより積極的な役割を果たすことで、おとなしい子どもや葛藤を避けがちな子どもを巻き込んでいきます。

11.2 物語を用いたスキーマ療法

　ステム・ストーリー（stem stories）を行う場合、4歳から10歳くらいの子どもに対しては、典型的な家族シーンの開始場面が提示され、子どもはそれを人形や物を使って続けていきます。このアプローチは、ナラティヴ・セラピーに由来し、「人は自らが語る物語そのものになる習性を持つ」という考えから生まれたものです。繰り返されることで、物語は現実のものとなり、その結果、語り手は、自分自身が物語を作ったにもかかわらず、物語の「壁」の中に閉じ込められてしまうのです（Efran et al., 1990）。

　ナラティヴの観点から見た目標は、古く形骸化し、制限された物語に疑問を投げかけ、新しい物語を共に作り出すことです（Stern, 1985）。スキーマ療法の物語のワークも同様に、子どもが自分の物語（特にスキーマの物語）に気づき、異なるナラティヴを作り上げることに焦点を当てています。

　ステム・ストーリーは、アタッチメント研究の文脈で、異なるアタッチメントパターンを持つ子どもの遊びの行動を調べるために使用されています。ブレザートンら（1990）が開発した物語完成法（The story completion task）は、5つの典型的な葛藤状況に対する5歳から8歳の子どもの反応パターンを調査するものです。

　その一つは、子どもの人形がジュースをこぼしてしまうというものです。子どもは、次に何が起こるかを演じます。これらの物語の開始部は、診断のために（そして研究のために）開発されたもので、テスト環境以外では使用すべきではありません。しかし、文献には、治療的に使用で

きる類似のアイディアがたくさんあります（Bretherton et al., 1990）。これらのいくつかは、www.pavpub.com/resource-374CoCrのオンライン資料に掲載されています（例：ホットスープのステム・ストーリー：母親に禁止されているにもかかわらず、子どもは鍋から熱いスープを注ぎ、そうすることで手を火傷してしまう）。

　ステム・ストーリーを使用する場合、セラピストは、上記のような場面、あるいは家族の現実と似たような場面を設定し、子どもと行うワークの出発点とします。セラピストは人形の役をしたり、子どもに課題を与えたりして足場を固めつつ、出来事についてコメントしたり質問したりしながら、子ども主導で物語を展開していきます。

　さまざまな「結末」が演じられるなかで、セラピストは子どもがどう感じているか、何を考えているかを尋ねます。また、スキーマ療法の中心的な質問である「子どもは今、何を必要としている（あるいは望んでいる）のか」も尋ねます。これらの質問により、子どもは自分の中核的欲求に注意を向け、それを表現するように促されます。

　子どもが答えられなかったり、自信のない様子を示したりする場合には、可能性のある希望や欲求をセラピストが言葉にします。そうすることで、子どもは何を感じ、何を言うことができるのかのモデルを得ることができます。また、セラピストは子どもの役割を担い、さまざまなモードを演じます（例：孤独なチャイルド、利口で賢いチャイルド）。このようにして、セラピストは子どもの隠れたモードを反映し、それを生き生きと表現することで、健全なコーピングをサポートします。

　さらに、セラピストは、適応的なモードの切り替えを実演したり、誘導したりすることもできます。たとえば、子どもが傷つきを補償するためにある種の闘争モードに入った場合、セラピストは傷ついたことを認め、サポートを求めるモデルを示したり、過剰補償モードの結果とそれが「脆弱なチャイルドモード」に与える影響を演じたりします。

　物語を使ったモードワークの代表的な構成要素を以下に示します。

1と2．現在のモードを同定し、脆弱な／孤独な／虐待を受けているチャイルドにアクセスする

　最初に、子どもは役割を同定します。子どもは個々のキャラクターを演じ、自発的に同定することで、それぞれに特徴的な感情、思考、身体感覚、行動パターンを表現します。その上で、セラピストが協力してそれぞれのモードに名前をつけます（「今のは優しいママだね……今、君の世話をして、慰めてくれているんだね」あるいは「これは本当に不機嫌な〈または怖い〉ママだね」など）。

　また、セラピストは、意識されていない、あるいは隠れたチャイルドモードを同定します（「彼が悲しいフェリックスであることがよくわかります」）。「脆弱な／孤独な／虐待を受けているチャイルド」に子どもを介して間接的に接触するか（「フェリックスは今どうしてる？」）、あるいは「高みから」全知全能の存在のような語り口で接触していきます（「ああ、彼は気分がよくないのね、彼は一人なのね、彼は今、何を必要としているのかしら？」）。

第11章　遊びと物語をベースとしたスキーマ療法　241

セラピストは、子どもへの提案を通じて、ケアと快適さをもたらすことができます。子どもが反応を示さない場合も、助けてくれる人（例：物語の中の隣人や祖父母）を登場させ、その人物を通じてケアやサポートを提供することが可能です。

3. 各モードの持つ機能を明らかにする（対話の中で）

物語を用いたモードワークでは、各モードの機能は他の技法（指人形、チェアワークなど）と同じようには明らかにされません。しかしながら、セラピストはいくつかのモードの活性化に部分的に対処することができます（「パパが叱ると、フェリックスはかなり無口になってしまいます」）。また、メリット・デメリットを問うことも可能です（「そして、フェリックスはお父さんが叱るのをやめるだろうと思っています……、これはうまくいくでしょうか？」）。

物語の中で叱りつけるパパにどのように反応するかを兄弟で話し合うなど、モード間での対話も可能です。「利口で賢いチャイルドモード」にある際、少女は「戦闘モード」の少年に声をかけることができました（「パパを蹴っちゃダメよ、そうするとパパはもっと怒るよ」「私たちはパパに別の方法で話をしたほうがいいんじゃないかしら」）。

4. 適応的なモードを強化し、非機能的なモードを弱める

子どもは一人で変容プロセスを開始しますが、セラピストの質問によって促されることも少なくありません（「悲しいフェリックスは今、何ができる？　賢い少年のようにお父さんのところに行って、提案することはできるかしら？」）。また、セラピストは破壊的なコーピングモードを認識します（「もちろん、彼はパパに向かって舌を出したり、逃げ出して部屋に閉じこもったりしたいでしょう。でもこのパパなら、フェリックスは何か他のことを試してみることができます」）。

セラピストは、懲罰的な親のパーツに対して、隣人や思いやりのある大人の友人の役割で対応し、彼らの行動の結果や子どもの基本的な欲求について説明することで、親のパーツの力を奪います（「子どもは間違いを犯すことがありますが、面倒を起こそうとしているわけではありません。間違えたことで殴られるべきではなく、子どもたちには、謝ることで軌道修正できる機会を与えるべきです」）。

破壊的なモードも制限される必要があります。たとえば、ある男の子がコーピングモードとしていつも暴力を用いている場合、セラピストは「ケアする親モード」から適切な境界を設定したり、他の援助者（近所の人や信頼できる大人）と共に、その子に敬意を払うよう求めることができます。

5. 治療の成果を日常生活に般化する

幼い子どもの場合、物語の中で生み出された養育的で適応的な体験を子どもが内在化するため、遊びの中で困難な出来事を処理することで、その後の行動変化が期待されます。しかしなが

ら、想像の世界は日常生活とは直結していないため、遊びの中の物語を日常生活に移行することには困難が伴います。創造的で、想像力に富み、魔法のような楽しい物語であることが重要であり、それによって子どもを惹きつけ、もっとやりたいと思わせることが大切です。

　物語が現実の生活に近すぎると、モードが引き起こされ、遊びに没頭するための障壁となり、かえって回避につながることがあります。物語の中で試されたアイディアを転換しやすくするために、セラピストは、遊びのシーンを子どもと一緒に振り返ることで、少しずつ相互参照を導入することができ、その結果、「利口で賢いチャイルドモード」が構築されます。

　「あなたはどう思う？　フェリックスが試してみたようなこと、あなたはできるかしら？　そのとき、パパはどうするだろう？　パパはどうしたらいいんだろう？　どうやってパパは自分が何をすべきかわかるのかな？　パパがやってみたいかどうか、私が聞いてみようか？」

　ビデオ録画は、子どもやセラピストがその体験について考え、振り返るための機会を与えると共に、体験自体の処理を深めることができます。映像はいつでも停止することができ、感情を言葉にしたり、欲求や別の解決策を考えたりすることにもつながります。また、親のワークにも適しています。

　しかし、子どものセラピーで生まれたすべてのシーンが、親に見せるものとして適しているわけではありません。親は過度の直面化を感じて、防衛的になるかもしれないからです。不必要な誤解を招くことがないように、直面化しすぎず、親が子どもを理解して、より効果的に欲求を満たせるように促せる映像を用意する必要があります。

11.2.1　バリエーション

　子どもの成育歴にまつわる物語は、まだ処理されていない体験に取り組む機会を提供します。このような場合、セラピストは、来談者中心のプレイセラピーのように「子どもの素材」が出てくるのを待つのではなく、それらの出来事を慎重に、控えめな形で自ら持ち出します。そうすることで、子どもは自分の物語の一部を再構成したり、再上演したり、自分や他の参加者が感じたかもしれないことを探ったりすることができます。

　セラピストは、「多くの子どもたちが……を体験しています」という言葉で始まる匿名の物語としてエクササイズを紹介し、子どもの成育歴からのエピソードを話したり演じたりします。しかし、学童期の子どもを対象とする場合、セラピストはより率直に類似点を開示し、子ども自身の体験と重なる部分があることを認める必要があります。

事例

　4歳のジェドは、母親と一緒に遊んでいます。母親はジェドと遊ぶことに夢中で、時間も十分にあります。ジェドは、遊びの場面を形作れる状況にあります。

　次に、セラピストはスキーマを誘発する場面を提示します（「その後に、ジェドは幼稚園

第11章　遊びと物語をベースとしたスキーマ療法　243

に行かないといけませんでした。どうしてかと言うと、今日は幼稚園の日だからです……。
彼はどんな気持ちだったでしょう？　たぶん、彼はとても怒っていたし、悲しかったでしょ
う」)。

　セラピストはジェドに、幼いジェドが何を望んでいて、どう行動したのかを尋ねます。
そして、ジェドの中にあると思われるコーピングモードを提示します。たとえば「それから
ジェドはママに怒ります。彼はママに怒鳴り、ママが彼にやらせようとすることに手を付け
ません。ママが幼稚園に着くと、彼はママのすることをコントロールしようとします。そし
て、彼はママのボスになります。ボスになると、彼は強くなったと感じ、もう悲しくありま
せん。次に何が起こるのでしょうか？」など。

11.2.2　身近な物語や文学を利用する

　映画、おとぎ話、架空のキャラクター（文学、コンピュータゲーム、ビデオゲームなどから
の）は、子どもや思春期の人のモードを誘発する、別のモードや状況を同定するための手段と
して使用することができます。子どもはセラピストにとっての語り手かつ「専門家」となり、セラ
ピストは子どもにヒーローの物語、彼の運命、彼の傷、またヒーローが体験する思考、感情、行
動、コーピングスタイルなどについて尋ねます。

　たとえば、ハリー・ポッターは「護り」（母親の愛）を以て悪と戦います。認知的には、クラ
イアント（子ども）がヒーローの例を通じて、トラウマや剥奪をどのように克服できるかを知る
のに役立ちます（「もしハリーが怖がっていたら、今、何と言うでしょう？」）。

　「利口で賢いチャイルドモード」を構築するため、読み聞かせやイメージワークにより、子ど
もはキャラクターをそばに置いて過去に戻ったり、キャラクターの目を通して出来事を追体験し
たり、キャラクターの力を使って出来事を書き換えたりすることができます。

◆参考文献◆

Arntz, A. & Jacob, G. (2012). *Schema Therapy in Practice: An Introductory Guide to the Schema Mode Approach*. Chichester: Wiley.

Axline, V. (1947). *Play Therapy*. Cambridge, MA: Houghton Mifflin.

Bretherton, I., Ridgeway, D. & Cassidy, J. (1990). Assessing internal working models of the attachment relationship: An attachment story completion task for 3-year-olds. In M. T. Greenberg, D. Ciccetti, & E. M. Cummings (Eds.), *Attachment in the Preschool Years* (pp.

273-310). Chicago: University of Chicago Press.

Efran, J. S., Lukens, M. D. & Lukens, R. J. (1990). *Language, Structure, and Change*. New York: Norton.

Freud, A. (1928). *Introduction to the Technique of Child Analysis*, trans. LP Clark: New York: Nervous and Mental Disease Publishing.

Klein, M. (1932). Psychoanalysis of Children. London: Hogarth Press.

Landreth, G. L. (2012). *Play Therapy: The Art of the Relationship*. London: Routledge.

Stern, D. N. (1985). *The Interpersonal World of the Infant: A View from Psychoanalysis And Developmental Psychology*. London: Karnac Books.

第12章

描画、人形、チェアワークを用いたスキーマ療法

ピーター・グラーフ、クリストフ・ルース、
ルース・A・ホルト

12.1 描画やその他の創造的な素材を使ったスキーマ療法

　多くの子どもたちは、直接質問されるよりも、絵を使って自分の感情や行動について話すほうがやりやすいと感じています。セラピストの最も簡単な質問（「何を感じていますか？」）でさえ、容易にコミュニケーションを妨げ、回避的なコーピングモードを引き起こすことがあります。また、直接的な質問は、子どもの活発さと創造性への欲求を抑制する可能性があります。一緒に絵を見ることで、体験が深まり、セラピストは脆弱なチャイルドと接触しやすくなります。

　絵を描くことは、恥ずかしいと感じる場面や混乱した感情を克服する助けにもなります。子どもは積極的に参加し、その中身を具現化することができます。また、絵を描くことで、観察者としての自己を発達させることも可能です。つまり、より高次の視点から自分自身を眺め、結果として自己を評価する能力を成長させる（メタ認知力を発達させる）ことができるのです。このプロセスは、内省力を助ける「視点取得（perspective-taking）」を可能にし、真の意味での自信を育てます。

12.1.1 イメージを扱う伝統的な治療法

●ゲシュタルト療法

　子どものセラピーでは、たとえばゲシュタルト療法のように、自由に、あるいは誘導されて絵を描く、ということが古くから行われています（Oaklander, 1988）。ゲシュタルト療法では、子どもたちは通常、いくつかの誘導されたイメージの後に、夢や好きな場所、美しい世界を描くように求められます。

　ゲシュタルト・セラピストは解釈を避け、植物や動物のようなイメージの一部になりきるように子どもを刺激します（「どの部分になりたいですか？　（たとえば犬だとして）犬のふりをしてごらん。どんな気持ちがしますか？　あなたが絵の中のこの部分にいると想像して話してみてください。あなたはどんな姿に見えますか、仕事は何でしょう？　あなたは何をしているでしょうか？」。あるいは「彼は今、何を考えているのでしょう？　彼には何が起こるのでしょうか？」）。

　このような質問や、類似する質問は、モードワークにも利用できます。子どもが自発的に描いた人物は、その子のことを代弁できる、外在化されたその子の一部分を表しているのかもしれません。このようにして、イメージの各部分間の対話が促されます（たとえば「犬としてその男性に話しかけることができますか。犬は彼に何を言いたいのでしょうか？」。あるいは「あなたが絵の中の太陽だと想像してみてください。そこにある小さな点に向かって、太陽として話してみましょう！」）。

　また、子どもに絵の中の役を演じてもらうこともあります。スキーマ療法の用語で言うと、この介入は、子どもが特定のモードに同一化することを促します。クライアントは、セラピスト

が「絵の中のネズミはどんな気持ちなのでしょうか？　話しかけてみたいですか？　あなたも絵の中のネズミのように感じることがありますか？」と尋ねることで、「脆弱なチャイルドモード」につながることができます。たとえば、オークランダーは、9歳のクライアントに、彼が以前に描いた「赤ちゃんイエス」になったつもりで枕の上に横になってもらいました。そして、子どもがこの役を演じている間、彼女は彼のためにプレゼントを持参し、素晴らしい赤ちゃん（同書、p.17）の話をしました。これは治療的再養育法のアプローチです。

　オークランダーは、その絵が全体として表現している子どもの欲求や感情について、その子に尋ねました。「絵の上に書ける（自分の気持ちを表した）文章を教えてください。絵には"私"や"私の心配なこと"などのタイトルをつけましょう」。また彼女は、そのイメージを子どもの体験と結びつけるために、たとえば次のような質問をします。「あなたもそのように感じることがありますか？　それはあなたの人生にも当てはまりますか？　この絵のどの部分が、ここで（私や、あるいは他の人と一緒に）あなたがしていることと似ているでしょうか？」。

　描画は一般に、「魔法の家族／動物家族画」（Biermann et al., 1975）をはじめとした投影的検査法のように、隠されたあるいは無意識の重荷や願望を発見できる投影材料となります。また、描画は治療的な会話の入口や出発点としても使われます（たとえば、不安や願望に関連するイメージは、子どもの無視された、あるいは満たされていない欲求を示しているかもしれません）。

●強みづくりのための描画

　描画は、葛藤や悩みを解決しようとする試みを誘う想像的な空間となります（「素敵な夢を描いてください」「あなたを怖がらせるおばけを描いてください」。この絵、すなわちおばけの絵は、夜の間は箱の中に保管し、朝を迎えると「昼間のストレスを解消するため」に再び外に出されます。──「あなたがどのような夢を見たいか、描いてみましょう」）。

　トラウマを抱えた子どもたちに接するときは、子どもの人生の年表をロードマップとして使用し、嫌だと感じた体験を、うまく生き延びた出来事として捉え直します。スキーマ療法の作業においては、子どもが問題のあるモードと適応的なモードを描く際に、切り替えの安全装置（anchors）としてイメージが使用されます。次からのセッションで、子どもはそのイメージを、あるモードから別のモードへ移行するときの助けとして用いることができます。

　アートセラピストは、自由に絵を描くだけでなく、さまざまな創造的素材（粘土など）を子どもに提供します。その結果、子どもは自分が創造力豊かなアーティストであることを体験し、楽しみ、自分自身の有能性を実感して、セラピストや親から評価されていると感じることができます。

12.1.2　描画を用いたスキーマ療法

　モードモデルは、難しい感情のプロセスを年齢に応じた方法で描写することができます。子ど

もたちは、それぞれのモードの絵を描くことで、各モードを探求し、理解し、それらのモードがどのように相互作用しているかを視覚的に表現することができます。

また、子どもはこのモードの絵（そのメッセージを含む）をより容易に記憶し、必要なときに心の目でそれを視覚化することができます。さらには、各モードの変化の目標も視覚的に表現できるため、子どもが自分のモードに気づいたり、養育者とモードについてやりとりしたりできるよう、意識レベルで促すことも可能です。

描画は学童期の子どもに対するスキーマの概念の心理教育にも役立ちます（図12.1参照）。

●描画を用いたモードワークの導入

図12.1にあるように、子どもの前に人の上半身を描きます。皮膚の厚さは現在の頑健さを象徴しています。子どもの身体的・心理的な強さに応じて、人は薄い皮膚で描かれたり、厚い皮膚で描かれたりします。考えられる心の傷は、V字の切り込みで示すことができます。

以下は、子どもや若者に対して、セラピストがこれらの概念について絵を描きながら説明する方法の例です（親のための概念化支援を参照のこと）。

「ここに、頭と体のある人を描きます。これは、この人の皮膚です。皮膚の厚さは、たとえば十分に食事を摂ったか、睡眠を取ったかなど、この人の調子によって変わります［この絵の子の

図12.1　絵に基づくスキーマとモードの教育

場合、身体的な制限は特に描かれていませんが、皮膚の厚さが身体的・精神的な健康に関係することがあります]。

　ここに彼の体験した物語があり［人物の左］、ここに記憶があります［思考の吹き出しの中］。小さな三角形は、たとえばあなたが誰かにひどい意地悪をされたなど、人生の過程で体験する"痛い傷"を象徴しています。人生はすべてがうまくいくわけではないので、ほとんどの人がこれを体験します［ノーマライゼーション］。

　傷にはさまざまな種類があります。たとえば人に失望させられたとき、仲間外れにされたとき、両親が大変な思いをしていて、自分を愛してくれているのかどうかわからないとき、などに生じるものです。あるいは、殴られたり脅されたりした場合です。そのような体験が非常に悪いものであったり再び起こったりすると、その"痛い傷"はさらに深くなります。

　しばらくすると、傷跡のようなものが形成され、再び同じような体験をすると簡単に裂けたり、痛んだりします。そうなると、『また同じようなことが起こるのではないか』と思い、そうした傷にとても敏感になります。そのため、ほとんどの人は目に見えない特殊な眼鏡のようなものを持っていて、それを使って他の人を見て、危険な兆候を察知しようとするのです。

　眼鏡をかけていると、あなたは誰かが怒っているように感じるでしょう。その人は恐ろしくないかもしれませんし、あなたを傷つけるつもりもないかもしれませんが、あなたは不安や危険を感じて、何らかの形で傷ついてしまうのです。この上［思考の吹き出し］には、記憶もあります。頭の中では図書館［もしくは脳内キャビネット］の映画のように保存されています。だから、誰かがこの傷に向かって来ると、〈古い映画〉が再生されるのです。今起こっていることではないとわかってはいても、以前と同じように感じてしまうのです」

　その後、セラピストは自分の「痛い傷」を知っているか、敏感に反応したことがあるか、どんな昔の映画が頭の中で再生されているかなどを尋ねていき、子どもは自分自身の体験を探り始めます。ここで、セラピストはトラウマの再活性化に対処するという課題についても心理教育を行うことができます。

　「時々、あなたはただ反応するだけで、これが古傷と関係していることに気づかないことさえあります。他の人は何が起こっているのかわからず、なぜあなたがあのように反応したのか不思議がるかもしれません。人を避けたり顔を見ないようにしたりして、傷が再び開かないように対処する子もいます。

　彼らは『私は気にしない』と言います。周りの人が怖いものに見えないように、〈バラ色の眼鏡〉をかけることを好む子もいます。しかしこれは長くは使えません。なぜなら他のことが引き金となって、止めようとしても古い映画が流れ始めてしまうかもしれないからです。映画はまだそこに存在していて、時には生活を困難にすることがあります。そのため、多くの人は古い映画を思い出したくないし、考えたくもないのです。実際、あなたはおそらく忘れたくても忘れられないでしょう。古い映画の記録を、簡単に取り除くことはできません。

　しかし、私たちはセラピーを通じて、映画の強度や力を変えることができます。もしあなたに、捨てたいと常々思っている古い映画があれば、私たちはその捨て方をここで試してみるこ

第12章　描画、人形、チェアワークを用いたスキーマ療法　251

ともできます。このセラピーのセッションであなたの〈内なる図書館〉から、古い写真——もし持っているなら動画でも——を取り出して一緒に見ることができます。そして、一緒にそのメッセージや内容を変え、あなたがよりよい気分でいられるよう手助けします」

　治療的なステップとしては、子どもが自発的に、あるいは質問した後に浮かべた（トラウマの記憶やイメージの）情景を塗ったり描いたりする段階にあたります。イメージを描くとき、子どもは、体験の犠牲者としてではなくイメージの創造者として、またイメージについて話したりイメージを変えたりできる観察者として、昔の情景にアクセスすることができます。このプロセスにより、子どもはイメージから距離を置き、セラピストのサポートの下で、それらの体験を感情的に再評価することができます。

●描画を使ったモードワークの基本ステップ

　小学生の子どもにとって、絵を描くことは、不適応的なモードを同定し、それに挑戦し始めるための素晴らしいツールとなります（10.2項参照）。以下のステップは柔軟に対応でき、すべて完了する必要はありません。ただし、セラピストにとっては、モードが認知的なレベルだけでなく感情的なレベルで理解されているかを確認することが重要です。そうでなければ、モードワークは表面的な効果しか得られません。

　モードワークを導入する際、セラピストはクライアント（子ども）に教育すると同時に、子どものモードがどのように体験され、相互作用しているかも探ります。子どもの人生における主要な人々をセラピストと一緒に描き、その子を人型の輪郭として示すこともできます。

　「この形はあなたのお母さんを表しています。私はこのシートの上にいて、ここにあなたの体と頭を描くことができます。このスペースには、自分の中にある感情を描きます。たとえば、お腹が温かく感じると幸せな気持ちになりますよね。だから私はここの自分のお腹に笑顔のマークを描きました。こうすると、あなたにも私がどれだけ満足しているかがわかるでしょう。あなたも時々そんな気持ちになることがありますか？　あなたは自分のところにも幸せなモードを描きたいですか（あるいは私が描いてあげましょうか）？」
（256ページの子どものモードの絵〈図12.3〉を参照）

1. 現在のモードを同定する

　「これが幸せなフランクなのですね。あなたはどんなときに彼のような気持ちになるでしょう？　そのとき、あなたは何をしますか？」
（セラピストは子どもに説明を促し、子どもの表現力を高める）
　「だから、幸せなフランクは気分がいいのですね。でも、いつもそんな気分でいるわけじゃないでしょう？　他の気分では、全く違うことを感じるかもしれないですね」

「気分（mood）」という言葉が用いられていて理解しやすいとしても、セラピストは学術的な区別を意識しておくことが重要です。モードの同義語としての「気分」という言葉は、学術的に正確ではありません。モードとは、思考、記憶、身体感覚にも関連する潜在的な（必ずしも現在表現されていない）状態を意味します。

子どもの一般的な言葉では、これらの状態は「気分」と関連していることがほとんどです。「感情（feeling）」という言葉を使うこともできますが、この言葉も正確ではありません。もし子どもが「モード」という言葉を理解して用いることができるのならば、この言葉がより正確で、状態を表す上で有益と言えます。

セラピストは、さまざまな顔や体を描くことのできる時間を設け、子どもにそれらのモードに色やシンボル、特徴を割り当てるように促します。また可能であれば、名前をつけてリスト化することもあります。

大きさの違いによって、それぞれのモードの優位性を示すことができます。こうしてだんだんと、絵の中のお腹に、その子の問題のある部分が現れてきます。ここで子どもは、あるキャラクターに同一化し、自分がまさにその部分であることを想像するよう促されます。

「邪悪なフランクは今、何を考え、何と言うでしょう──彼の代わりに話してくれませんか？」

典型的な表現を吹き出しとして持ってくることも可能です。子どもがイメージの中に長くとどまればとどまるほど（たとえば、塗り絵をするときなど）、より深い体験をすることができます。

2. 脆弱な／孤独な／虐待を受けているチャイルドにアクセスする

次のステップでは、セラピストは別々の内的モードに対応します。

「これは利口なフランクで、何が賢くて何が賢くないかを考え抜くことができます。あなたはどんなときにそのような行動を取りますか？　そして、これは悲しい小さなフランクです。悲しいフランクはどんなときに現れるでしょう？　何が彼をそんなに悲しませるのでしょうか？　彼には何が必要なのでしょう？　彼は昔からいたのでしょうか？　彼が現れたのはいつですか？利口なフランクは、悲しいフランクが何か大切なことを見落としているときに、それを感じ取ることができますか？　もし二人が話す機会があるとしたら、利口なフランクは悲しいフランクに、子どもに必要なもの、そしてそれが何かを気づかせてくれるでしょうか？」

3. 各モードの持つ機能を明らかにする（対話の中で）

セラピストは、さまざまなキャラクターを持つチームとしてコーピングモードに取り組みます。これらのモードの持つ長所と短所、過去に得られた生き抜くための術について、子どもと一緒に探っていきます。これらのモードは、家族の関係性の中でも描かれます。

「あなたの両親は、あなたのどのモードを知っていますか？　それが出てきたとき、彼らはどうしますか？」

これは、チェアワークやモードによる対話のバリエーションである、モード間の、またはモー

ドと家族の間の会話につながります。このアプローチは、他のモードと家族の間で送受信される
典型的なメッセージを理解するために役立ちます。セラピストは子どもに、それぞれが互いにど
のように関係しているのか、何を言い合っているのかを尋ねます。この技法を用いることで、
子どもは自分の内なる「対話」を理解し、より効果的な解決策の必要性に気づくようになりま
す（例：二つのモードがいつも言い争いをしていて、解決に至らないなど）。この時点で、チェ
アワークや「インナーハウス」（13.1項も参照）の使用に切り替えることができます。

4. 適応的なモードを強化し、非機能的なモードを弱める

　いったんモードが描かれたら、子どもは自分がどうしたいかを決めることができます。
　「この絵を見ても、今のままでいたいですか、それとも何か変えるべきところがあると思いま
すか？　どのようにすべきか、何か考えがありますか？　誰がもっと大きくて、誰がもっと小さ
い役割を果たすべきでしょうか？　ご両親はどのモードを好むでしょうか？　たとえば、悲しい
フランクが話すことを許されたら、どうなるでしょう？　『批判的』だったり『不満な』（不平を
言う）フランクが現れたとき、他の人たちはどのように反応するでしょうか？　あなたがこう
なったらいいな、というイメージを絵に描いてみましょうか？」

5. 治療の成果を日常生活に般化する

　ここまでのセラピストの質問は、想像上の表現に焦点を当てていました。このステップでは、
実際の行動に焦点を当てていきます。
　「あなたの解決策のいくつかを『現実』にすることができるか、試してみましょう」
　適応的なモードを増やすためには、できるだけ具体的にすることが大切です。一つの方法は、
子どもがモードに貼り付ける吹き出しを使うことです（ポスト・イットや繰り返し使えるシール
から始めてみましょう）。漫画のように、必要に応じてサポートや励まし、制限を与える養育者
を付け加えることが必要です。セラピストと子どもが望んでいる変化を明確にしたら、子どもは
重要な吹き出しを持ち歩いて、ホームワークとして話し合ったアイディアを試すのに役立てるこ
とができます。

　最後のステップは、システム（親、きょうだい、教師、仲間）を子どもの戦略に組み込むこと
です。子どもに、親や周囲の人がどのように対応してくれるとよかったかを尋ね、脆弱なチャイ
ルドの欲求が無視されないよう、過去の状況を振り返ります。

　子どもにとって、さまざまな感情がモードに関係している様子を描写することも有効です。図
12.2は、自分の興奮がモードの転換にどのように寄与しているかを子どもに示したものです。
身体的な緊張は、興奮の波として描くことができます。多くの子どもたちは、火山のメタファー
を使って高まる怒りの感情を表現しますが、これは「怒れるチャイルドモード」に位置づけるの
が最適です。

図12.2　引き金に興奮の波が押し寄せるモード

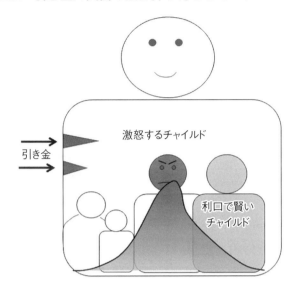

　たとえば、他の人と議論するなど、他のモードに取って代わられると、モードが消えたり上書きされたりすることがあります。上の図は、「激怒するチャイルドモード」が取って代わりたいときでも、「利口で賢いチャイルドモード」がしっかりと残っていることを示しています。一様な単色で描かれているのは、「利口で賢いチャイルドモード」がどのようにコントロールを保ち、冷静でいられるかを示しています。

　また、つらい気持ちの引き金を、痛い傷を突く矢印で象徴することもできます。このイメージは、引き金を増やすような過去の傷や、保護やサポートを受けるための現在の選択肢について、子どもに視覚的に思い出させるものです。
　セラピーの中で脆弱なチャイルドの欲求を満たすための最善の方法について話し合い、豊かな象徴性を持つこの図を使って計画を立てていきます。

事例

　図12.3は、12歳の少年のさまざまなモードを表しています。

　図12.3は、12歳の少年と一緒に作成したものです。それぞれの子どもの体験を描くとき、セラピストは子どもの世界の見え方に同調する必要があります。例えば、図12.3では、「恥ずかしい」と「怖い」という内面的な部分を分けて描いていますが、これは「脆弱なチャイルドモード」の異なる側面です。これらの別々の感情は「脆弱なチャイルドモード」が内包しているものだとしても、子どもは恐怖と恥を異なる状態として体験しています。

図12.3　12歳の少年のモード

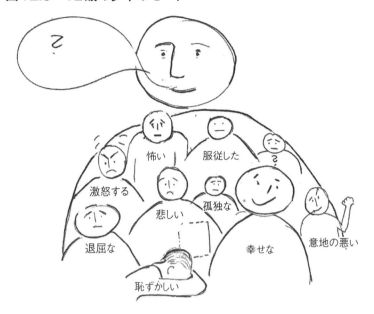

　最初の2回のセッションでは、脆弱なチャイルドの部分はまだ見えておらず、「カモフラージュ（偽装）モード」の下に隠れていました（図12.4参照）。

　脆弱なチャイルドの部分が理解されたら、セラピストは「カモフラージュモード」に粘着シートのついた紙を貼り付け、それを開くと下の隠れた部分が見えるようにしました。

●イメージを使ったモードワークのバリエーション

▷カード遊びでのモード

　インデックスカードやA6サイズのカード用紙（または少し大きめのもの、www.pavpub.com/resource-374CoCr参照）に途中まで描かれた絵に色を塗ることも、個々のモードを表現するのに適しています。子どもは、モードの認識に合わせてイメージの輪郭を変えたりして、それらをトランプカードのように柔軟に使うことができます。

　カードはテーブルの上に広げたり、ポケットに入れたり、コレクションとして容器の中に入れたりできます。また、子どもはカードを家に持ち帰って、リマインダーとして目につく場所に置いておくことで、モードに気づき、自分に起きている変化を認識することも可能です。

　カード遊びの原理は子どもたちに人気の「遊戯王」や「スターウォーズ」のカードと同じようなもので、個性豊かなキャラクターが互いに戦い合う様子が描かれています。これは、各モードに長所と短所のリストがある形に拡張することができます（たとえば、モードを記号で表示できるなど）。発達のレベルに応じて、カードは複雑な関係を示すことができ、ある行動パターンの短期的な結果などを含めることも可能です。

図12.4　カモフラージュされている12歳の少年のモード

　カードを使用することで生じる問題の一つは、モードを一枚の絵で視覚的に表現することで、モードが固定されていて変化しないような印象を与えてしまうことです。異なるサイズのモードカードを使用すれば、この欠点を補うことができ、サイズやラインアップを変えることで内的な力動の変化を示すことができます。また別の方法として、2枚の絵（現在のモードのイメージと目標のイメージ）を描く方法もあります。

▷ボディイメージ

　大きなポスターに描かれたボディイメージは、モードマップをさらに広大な空間で表現するものです。等身大の体の輪郭をトレースした後、太い鉛筆で色をつけ始めます。体の各部位のスペースは、自由に色を塗ったり、別途作成したマップや絵を並べるスペースとして利用することもできます。特に頭は、賢いフランクにとって適した場所です。

　子どもは、自分にとって意味のあるものを選べるように、視覚的な手がかりの選択肢を提供されます。セラピストは、長所と短所の象徴やメタファーとして、さまざまな種類のシールや絵（例：小さな宝石、眼鏡、賢いフランクのための「明るい電球〈ひらめき〉」など）を使用することもできます。そして、子どもは宝箱の引き出しの中から適切なアクセサリーやシンボルを選び、それぞれのモードに割り当てることができます（例：紋章のステッカー、証明書、場合によっては危険性を示す警告表示のある武器など）。選んだものは、「トレードマーク」や「記憶のアンカー」として日常的に使用することができ、セラピーの素敵なお土産にもなります。

　モードのコラージュは、セラピーの過程で何度も並べ替えることができるため、それによってある種の動きや変化を表現することが可能です。時間の最後には、完成した作品を壁に掛けて写真を撮り、その写真をリマインダーとして子どもに渡します。

▷モードの物語の中のイメージ

　タイムライン（人生の時間軸）やライフライン（人生の幸福度の曲線）の概念は、統合的な治療やトラウマを抱えた子どもたちとの作業から取り入れられたものです（一例がJordan, 2004に記載されています）。この手法により、セラピストがモードの歴史を理解し、子どもや若者に視点を提供することが可能になります。

　ポスターに、これまでの人生の各ステージの概要を書いたりラベルを貼ったりして、「マイルストーン（節目）」を描き込んでいきます。タイムラインを描くもう一つの方法は、古い写真や雑誌の写真を使ったコラージュを作成するものです（若者はインターネットで探せる画像を好むかもしれません）。これらは、国旗や家、あるいは子どもにとって重要な（ポジティブな、あるいはネガティブな）体験と結びつけられるシンボルであれば何でも構いません。この絵の中には、あるモードの起源を含めることができます。

　たとえば、分離不安のある男の子と作業する際、セラピストは次のように話します。

　「これは素晴らしい時間でした。家族全員が一緒にいて、『幸せなフェリックス』がたくさんいましたね。彼をここに描いてみましょうか？　この陽気なフェリックスはまだあなたの中にいると思いますが、今はあまり見ることができませんね。

　これは、（年表上の困難な体験を指して）あのときと関係があるかもしれません。あなたの両親が大喧嘩をしたとき、おそらく『とても悲しいフェリックス』が現れたのでしょう。両親が別れたいと言ったとき、彼は本当に不幸せな状態にありました。こうしたことが起きたとき、ほぼすべての子どもが嫌な思いをしています。

　ここに悲しいフェリックスも描きたいですか？　とても悲しくて孤独を感じていたフェリックスはまだそこにいますか？　彼はまた現れるでしょうか？　また大きな喧嘩が起きたら、彼は再び、両親が別れるのではないかと心配するでしょうか？　その悲しさが出てくるのは何歳くらいからでしょうか、4、5歳でしょうか？　しかし、『利口で賢いフェリックス』もいます。彼はより大きく、より賢くなりました。彼もまた、このイメージの中にいます。彼ならどう考えたりどう言ったりするでしょうか？」

　この部分には、より成熟した視点やリソースを割り当てることができます（マークを付けたり、吹き出しを使ってタイムラインに貼ったりして、要約できるようにします）。また、スキーマの引き金を「痛い傷」として描いて、その子が特定の出来事に敏感に反応する理由を明確にすることもできます。

●描画を用いたモードの対話

　モード間の対話は、描画からもインスピレーションを得ることができます。あらかじめ椅子が描かれている絵（www.pavpub.com/resource-374CoCrで入手可能）に、子どもが自分ともう一人の人を描きます。この技法は、精神力動的なイメージワークのアプローチに基づいています（Wöller et al., 2012）。

　子どもがもう一人の人を友達として描いた場合、セラピストは、その友達が子どもに何を伝え

てくれそうか尋ねます（「お友達はあなたのどんなところが好きだと言ってくれるかな？　親友に何と言ってもらいたいかな？」）。そして、そのメッセージを吹き出しの中に入れます。

　子どもにとって安全な別の人（おば、祖父など）を椅子に座らせて描き、その人の言葉を吹き出しに入れることもできます。また、安全な人は想像上の友人であることもあります。スキーマ療法では、この人物を「ケアする親モード」または「よき保護者モード」と呼んでいます。子どもはケアする親や保護者モードを描き、その特徴を説明するよう促されます。そして、それらの絵の中から一つを選んだり、すべてのイメージを組み合わせて新しい絵を作ったりします。その絵をコピーして、ポケットに入れられる大きさに縮小することもできます。

　この椅子の絵を用いて、他のモードとの対話を行うことができます。たとえば、「激怒する」モードと「利口で賢い」モードで互いに子どもをどのように助けたり妨害したりするかについて話し合い、それぞれの役割について合意することができます。

　それぞれのモードが描かれると、子どもはそのモードの感情、記憶、思考をより意識するようになり、各モードのキーフレーズが同定されます。そして、健全なモードからはポジティブな指示や励ましを与えることができ、子どもはそれを内在化し始められるようになります。ポケットサイズのイメージを持ち歩くことで、自分自身のその部分にアクセスするよう促されます。

　備忘録として：私たちは、「良い親」モードを、親や教師、その他の年配の養育者の、有用で、安全で、養育的な側面を内在化したものとして概念化しています。このような「良い親」は、子どもを保護し、サポートしてくれます。モードワークでは、内的な「助ける人」(Inner Helper) や「ヒーロー」（騎士などの英雄的な人物として擬人化できます）を描いてポジティブに表現したり、内なる友人や相談相手として強化したりすることができます。また、思いやりの特性は、両親と仲間の両方から得られます。セラピストは、子どもがこれらの「よき保護者モード」を、非機能的なコーピングモードの建設的な対立軸として理解するよう支援します。

　たとえば、セラピストは、バスで誰かに自分の席を奪われたときなど、ある状況で「助ける人」がどうするかを子どもに尋ねます。ヘルパーは何と言いますか？　どんな声や姿勢で言うでしょうか？　助ける人が効果的なモデルとなるためには、子どもがそのモードについて豊富に体験し、理解をしている必要があります。

　内的な「助ける人」モードをより詳しく理解するために、さまざまな色やシンボル、吹き出しを使う方法があります。指人形もよい方法で、触覚的に理解できるという利点も加わります。プレイセラピーでは、大きな動物やそれに似た強固な物が、内的な「助ける人」の役割を果たします。

●仮面を使ったモードワーク

　イメージワークのもう一つの延長線上に、仮面や正装によるモードワークがあります。衣装は、子どもや十代の若者が「役割」（モード）を認識するのに役立ち、時には剣や眼鏡、かぶりものなどを装備して完全に役に入り込むこともできます。モードワーク自体は、他の手法と同じ

ステップをたどります（10.2項参照）。

しかしながら、仮面というメタファーは、マスクや衣装の下に本当の人間が隠れていることを示唆しています。そのため、仮面はコーピングモードやネガティブなペアレント／批判モードを表現するのに最も有効です。他のモードは、別の属性や資源を表す小道具（たとえば、幸せなチャイルドは弾むボールなどの小さなおもちゃ）を用いて、仮面なしで表現することができます。

このようなモードワークの劇的な要素は、個人または集団療法において、映画や演劇のプロジェクトを立ち上げていく際にも応用できます。若者たちは脚本を作りながら自分のモードの詳細を理解し始め、それぞれのモードを別の人が演じることもできます。ドラマの舞台は、若者の日常的な世界（例：社交的な場面、家族の休暇など）でも、仮想の世界でも構いません。それぞれの役割において、異なるニーズを明確にし、満たすことができます。この手法は、子どもの欲求（子どもにとって重要なことは、何を言ったり聞いたりすることなのか？）や治療の指標（子どもは今、何を聞いたり知ったりしなければならないか？）に関して、大きな洞察を与えてくれます。

12.2 パペット（指人形や手人形）や その他のフィギュアを使った スキーマ療法

パペットを用いたワークでは、セラピストは遊び心溢れる形で子どものモードにアクセスすることができます。ここでは、子どもらしい好奇心と自然な遊び心が奨励され、表現することが許されます。イメージを使った現実と距離のある作業とは異なり、実際の人形に触れたり行動したりすることで、自発的に同一化のプロセスが誘発され、感情移入が容易になります。また、遊びの素材から素早く連想することで、批判的あるいは抑制的な思考による意識的なコントロールを減少させることができます。

指人形は、インターネットで2ドルから購入でき、表情豊かで種類も豊富です。私たちの経験では、子どもも大人も親しみやすく、20～40個ほどの人形の中からそれぞれのモードに適当なものを見つけることができます。十代、特に男の子は、人形を用いることに馴染めず、子ども扱いされているようで恥ずかしいと感じるかもしれません。一方、大人は治療や自己認識のために、指人形にすぐに順応することができます。

ハインリッヒ・ベルバルク（2009）は、これを、ワークショップにおける「人形を使ったモードワーク」として、スキーマ療法の技法に初めて使用しています（Rosenbusch〈2010〉の卒業論文に記載）。しかし、標準的な指人形では、限られた範囲のモードしか表示されません。人気のある人形ブランドの多くは、親しみやすく明るいタイプの人形しかありませんが、私たちはそのような人形を作り直して、悲しい顔や深刻な顔を表すものとしても使えるようにしていま

図12.5 セラピストの人形（自作）　図12.6 母親と父親を表す人形

す。

　セラピストとチャイルドモードの対話には、セラピストの人形も用意します（図12.5）。チャイルドモード同士でコミュニケーションが取れない場合や、セラピストと直接コミュニケーションを取ることが難しい場合に、こうした対話遊びの機会を増やすことができます。

　父親、母親、あるいはその他の重要な大人を表すために「大人の人形」を追加することもでき、指人形とは異なる大きさや形にすることができます。そのような人物に関しては、普通の大きさの人形が適しています（図12.6）。

12.2.1 指人形を使ったモードワークの要素

　本書で先に紹介したステップに沿って（10.2項参照）、以下に、モードワークの理想的なプロセスを示します。実際には、これらのステップはそれほど連続的ではなく、完全に、もしくは順番通りに行う必要はありません。しかし、モードに対して生き生きと感情移入して臨むことが重要です。こうした姿勢が見過ごされたり、必要なステップが達成されなかったりすると、モードワークの効果は限られたものになります。

　子どもにモードワークの準備を十分にさせるため、セラピストは、アセスメントの段階で子どもにとってお気に入りの、たびたび使用されるモードを探り、各モードの機能について効果的な教育を行う必要があります（例：絵を用いる）。このアセスメントは、指人形を使って直接行うこともできます。可能であれば、セラピストは、人形のコレクションが整理された箱を子どもに提示します。子どもは、用意された人形の中から自分に合ったものを選ぶことができます（制限事項については以下を参照）。

第12章　描画、人形、チェアワークを用いたスキーマ療法

1. 現在のモードを同定する

パペットにモードを割り当てる際は、次のような導入から始めます。「今日は、私の指人形のコレクションを紹介したいと思います。この箱の中には、さまざまな種類の人形が入っています。これらの人形は、人のいろいろな感情や気分を表しています。その中には、あなたが時折抱いている感情や気分と同じものもあります。人形をよく見てみてください。たぶん、あなたは自分に合うものを見つけられるでしょう。触ったり、遊んだりしてもいいですよ」

子どもが自発的に選んだものでも、時間が経ってから選んだものでも、「この子のどこが好き?」などの追加の質問をします。そして子どもに、五感を使った人形の描写を促します。「この人形は、どれくらいあなたに似ていますか? この子にどんな名前をつけましょうか?」。名づけは子どもの影響を受けることもありますが、各モードの意味を表すものになるように導くことも必要です。

子どもたちの中には、特定のモードを表現するために複数の人形を使いたがる子がいます。たとえば、男の子は一度にたくさんの騎士を選ぶ傾向があり、女の子はお姫様をずらりと並べることが多いです。セラピストは、記録を残し、混乱しないために、子どもたちにどれか1つの人形を決めるようにお願いしても構いません(しかし、筆者[ピーター・グラーフ]は、子どもがどうしてもそれを望んでいる場合には、戦闘機のグループ全体を容認したことがあります。これは、その子が自分にとっての強力な基地を必要としていることを示唆しています)。

経験的には、クライアントが「利口で賢いチャイルドモード」や「ヘルシーアダルトモード」として複数の異なる人形を選ぶことがわかっています(Rosenbusch, 2010)。これらの人形はしばしば、助け合い、友情、養育、勇気などの異なる側面を示しています。「脆弱なチャイルドモード」には、「孤独なチャイルド」や「怯えるチャイルド」などの異なる面がありますが、これらは同定する上で重要な側面です。

また、多くのクライアントは、1つの人形の中にモードを混在させる傾向もあります(例:「利口で賢いチャイルドモード」と「遮断・防衛モード」、あるいは「怒れるチャイルドモード」と「いじめ・攻撃モード」)。ここでセラピストは、次のような質問をして、差別化を促します。「これには2つの異なる部分があると思います。怒っている側と、本当に他人を傷つけたいと思っている攻撃側です。この2つは一緒に行動することが多いですが、実際は別物です。混乱しないよう、追加の人形を選んでおきましょう」

人形を集めるときは、最低でも5つを目標にしてください。明白なコーピングモードを少なくとも1つ(例:「いじめ・攻撃モード」「自己鎮静モード」)、「脆弱なチャイルドモード」(例:悲しい、孤独なチャイルド)、「賢いチャイルドモード」(「利口」「賢い」「分別がある」)が最低でも1つ。「懲罰的・要求的批判モード」(罰するフランク)と、可能であれば「ケアする親モード」も加えるべきでしょう。

モードの概念を導入するもう一つの方法は、4つのモードタイプそれぞれの典型から始めるこ

とです。チャイルドモード、コーピングモード、ペアレントモード、ヘルシーモードを設定し、さまざまな可能性について示します。そして、セラピストは、この人形を手（または指）にはめて、特定の名前や特徴を与えます。以下に「怒れるチャイルドモード」の例を示します。

「見て、これは怒っているウィルです。彼は本当に怒っています。誰かが自分を無視したり、押したりしたことに腹を立てています。そして、大きな声で泣きます。時には動揺してドアを叩いたり、汚い言葉を使ったりします。私も、誰かに嫌なことを言われたり、ゲームに参加させてもらえなかったりしたときには、腹が立ちます。あなたもそのように感じることがありますか？　この人形はあなたにも当てはまるでしょうか？　そうでなければ、別の人形を選んでみましょう。この子を何と呼びましょうか？［できればその名前を残すようにする］」

　内気な子どもや抑制的な子どもの場合、感情状態を他の実在の人物に帰属させると、より抵抗が少ないかもしれません（「お兄ちゃんも時々そういうことがあるでしょうか？　そのとき、あなたはどうするのでしょう？」）。
　人形を紹介するもう一つの方法は、人形を見つけるゲームをすることで、子どもはセラピールームに隠された人形を探すことになります。人形を見つけたら、人形を両手でお腹に当てて、「私」という表現を使って人形の代わりに話すことができます（「この子が何を感じているのかを感じてみて……この子がどう感じているか、この子がよくすること、この子が考えていることを話してみてください」）。

2. 脆弱な／孤独な／虐待を受けているチャイルドにアクセスする

　次のステップでは、セラピストは、セラピストの人形を使って、「怒れるチャイルドモード」との対話を始める必要があるかもしれません（外在化されているモードに最初にインタビューするほうが簡単な場合が多いです）。たとえば、以下のように子どもに伝えましょう。

「私は今、小さな男性／女性［セラピストの名前］を連れてきています。彼らは、怒っているフェリックスのことをもっと詳しく知りたいと思っています。彼と話すことはできますか？　こんにちは、おはようございます、私は小さいグラーフです。あなたは誰ですか？　あなたはフェリックスのものですか？　あなたは彼の一部なのでしょうか？　かなり怒っているようですが、どうしたのでしょう？［探索の目的は、モードの典型的な体験を活性化することです］　いつ、どこでそうなったのか、そこで何があったのか、教えてください。そのとき、あなたは何を考え、何を感じているでしょうか」

　セラピストは実際の場面に焦点を当て、感情を深めるために、人形を手に持ってしばらくこのモードにとどまるように子どもに促します。セラピストは、以下のように尋ねながら、「脆弱なチャイルドモード」についてもどこにいるのかを探ります。「小さなフェリックスは、あなたが怒鳴っているときはどこにいますか？　その状態にいるときはどんなふうに感じるのか、彼に聞

第12章　描画、人形、チェアワークを用いたスキーマ療法　263

いてみてもいいですか？」

　「脆弱なチャイルドモード」は、その後、特別なサポートやケアを受けることができます。セラピストの人形は、言葉で気持ちを確認するだけでなく、行動で治療的再養育法を表現することもできます（脆弱なチャイルドの人形をなでたり、抱いたり、守ったりすることで）。

3. 各モードの持つ機能を明らかにする（対話の中で）

　問題のあるモードにあまり多くのスペースを割くべきではありませんが、そのモードが持つ、生き延びるための機能については評価する必要があります（「あなたはフェリックスとどのくらい一緒にいるのかな？　ずっとここにいたのでしょうか？　なぜフェリックスはあなたを必要としているのでしょう？　あなたは何か重要な任務を持っているのでしょうか？」）。ここでは、それぞれの人形がもたらす結果（メリットとデメリット）についても議論することができます。

　こうして、非機能的なモードの持つ防衛的な機能と手法を探ります（例：十分なサポートのない中で苦痛に対処するための、一時しのぎとしての「遮断・防衛モード」）。役割が理解されたら、同じ欲求を満たすための代わりの手段――たとえば、特別な、自分を守ってくれる誰かを求めること――を提案します。欲求を満たすための代わりの手段は、守ってくれる存在のモデルとしての指人形や、小さな壁、盾、ヘルメット、眼鏡など、象徴的な保護を提供する道具などです。これらは、後のステップ（次ページで示す「治療の成果を日常生活に般化する」）で行動に移し、実生活の中で実践されるでしょう。

4. 適応的なモードを強化し、非機能的なモードを弱める

　このステップでは、モード同士の対話を行います。セラピストは（直接もしくはセラピストの人形を使って）、今、子どもが直面している状況の中で、それぞれの人形が何と言っているか、どんな解決策が彼らの心に浮かんでいるかを尋ねます（「どうやってお互いに助け合おうとしているのでしょう？」「賢いフェリックスは悲しいフェリックスに何と言うでしょうか？」）。
　「利口で賢いチャイルドモード」（利口なあるいは勇敢なフェリックス）に話しかけ、できれば、「ケアする親モード」にも、「悲しんでいるフェリックスを慰めてくれるのはどっち？」「彼に何かいいことをしたり、言ったりできる人はいる？」「賢いフェリックスは、解決策についてどう考えているの？」と話しかけます。
　セラピストは、「今、あなたが欲しいものや必要なものは何？」と、脆弱なチャイルドに欲求を表現するよう促します。もしも子どもが対話から離れてしまい、「高みから」その行動を論じた場合には、利口で賢いチャイルドに対し、脆弱なチャイルドについて尋ねます（「悲しいフェリックスが今、必要としているものは何？」）。

　怒れるチャイルドや攻撃的なコーピングモードは、統制し、制限しなければなりません。たと

264

えば、他の人形やセラピストの人形への攻撃を、強い言葉や実践的な介入によって止めさせることが必要な場合もあります（「大きなグラーフさんとして、誰も傷ついたり壊れたりしないように、みんなを見守るのが私の仕事です。これはダメです。怒っていると言うのは構いませんが、誰かを傷つけるのはよくありません」）。

人形の関係性を考える一つの方法として、人形同士の「交友関係」について尋ねることがあります。導入として、子どもに人形を人気順に並べてもらいます。そして、「人形の中で誰と誰が友達なのでしょう？」「誰か取り残されている人はいませんか？」「仲間から外れてしまっている人形を輪の中に入れるにはどうしたらいいでしょうか？」「他のメンバーの中で、悲しんでいるフェリックスを助けてくれるのは誰でしょう？」「どんな言葉が彼を慰めてくれるでしょう？」などと尋ねていきます。

5. 治療の成果を日常生活に般化する

指人形によるワークを日常生活に結びつける方法の一つとして、子ども自身が、指人形と実在の人物とで対話を行うことがあります。これは、子どもが新しい気づきを日常生活に持ち込むための準備としての、一種のモード実験です。

たとえば、よりよい導入の質問としては、「ねえフェリックス、悲しいフェリックスがとても怖がっているとき、あなたのお母さんは、彼がどれだけ悲しい思いを抱いているか知っているのでしょうか？　それをお母さんが知ったらどうなると思いますか？　お母さんは何をしたり、言ったりすればいいでしょう？　一緒にそれを演じてみましょうか？　あなたは悲しんでいるフェリックスを演じてみませんか？　私は、お母さんをどのように演じればいいでしょう？」

これは、子どもが異なる複数のモードを使ったり一つのモードだけを使ったりして、ロールプレイで行うこともできます。「脆弱なチャイルドモード」や「利口で賢いチャイルドモード」は、セラピストのサポートを受けながら、母親や父親に話しかけます。クライアント（子ども）は、自分の言葉で、あるいはセラピストの言葉を手本にして、自分の本当の欲求を適切な方法で表現することを練習します（「何か試してみてもいいですか？」）。その後、セラピストと子どもで対話の内容を評価します。「どうでしたか？」「役に立ちましたか？」「あなたは、それを"実際に"試してみたいと思いますか？」「それを"実際に"試したことがありますか？」「試してみた結果はどうでしたか？」「もし違う方法でやるとしたら、どうなるでしょう？」「それを試してみたいと思いますか？」「もしあなたのお母さんが悲しいフェリックスのところにやってきて、彼を慰めてくれたらどうでしょうか？」

これは、体験的な作業を日常生活につなげるものです。行動計画中には、構造的な"コントロール"が絶対的に必要です。セラピストは、子どもが自分の欲求を以前とは違った形で表現した場合に、どのようなリスクがあるかを知っておく必要があります。より勇敢になることが役に立つのか？　それとも単にもっと率直になることが役に立つのか？　子どもが躊躇したり疑問を持ったりした場合には、助けを提供する必要があります（「私が"実際に"お母さんと話してみたらどうでしょう？」）。子どもは、親（または他の人）の起こしうる反応に気づくことができ、ま

第12章　描画、人形、チェアワークを用いたスキーマ療法　265

た、セラピストが、たとえば防衛モードのようなコーピングモードについて話し合う場合にも役立ちます。

　また、子どもがそれぞれのモードの異なる効果を確認し、長所と短所を比較できるようなゲームを作ることもできます。強化と記憶のために、モードの人形の写真が入ったカードと、それに合う吹き出しをつけたカードとで、カード合わせをして遊ぶ方法があります。

　この段階では、モードを効果的に使うことをホームワークとして出すこともできるようになります（「今週、悲しんでいるフェリックスが何回発言するか見てみましょう」「賢いフェリックスは、パパに掃除をしてほしいと言われたら何と言うかな？」「怒れるフェリックスが、爆発する前に気づいて、拳ではなく言葉を使うたびにシールをもらえるか見てみましょう」）。

　子どもが、日常生活の中でのモードの活性化に対する自覚に乏しい場合は、自己観察のホームワークを出す必要があります。「探偵の仕事」のように、特定のモードが現れたときにその「手がかりを探す」ことができます。このとき、子どもが自分の家で使えるような大きな図表を作るのも有効です。A3サイズの大きなシートに、使用している指人形や関連する指人形の写真を1枚貼っておくことで、子どもがセッションで行った体験的な作業を覚えておくのに役立ちます。

　子どもは、モードの引き金を覚えておくため、日記のようにしてキーワードを書いたり、小さな絵を描いたりすることもできます。子どもがモードの引き金に気づき、正確な自己観察ができるようになるためには、親のサポートが必要です。もちろん親には、ミスに対して懲罰的な態度を示したり、子どもを「ギャング化」させたりすることなく、十分に中立的で優しく親しみやすい、関心ある態度を保つことが求められます。

　人形による作業の魅力を視覚的に表現したり記憶の助けとしたりするために、パワーポイントのスライドにすべての登場人物の写真を挿入しておくのも一つの方法です。治療セッションの最後に、子どもとセラピストが一緒に人形に名前をつけ、スクリーンに適切な台詞を貼り付けます。子どもは、この写真をプリントして家に持ち帰ることができます。

●親の参加

　家族の機能を継続的に変化させていくためには、家族の主要メンバーが早期から関与することが特に重要です。セラピストが両親に対してセッションをどのように説明するか、子どもの新しいやり方に対してどのように準備してもらうか、ということについて、子どもと相談する必要があります。

　セラピストは親と協力し、健康的な行動に対する否定的な反応を最小限に抑え、不十分な対応を補えるよう、親の反応を形成することができます。この治療的な働きかけにより、多くの親は子どもに対して、これまでと異なる、より思いやりのある理解を獲得していきます。

　治療の進行に合わせて、各セッションに指人形を用意します。これらの指人形はセラピストや子どもの自発的な使用が可能で、指人形を使って子ども（または親）の問題について話し合い、

図12.7 各モードのキーフレーズが書かれた吹き出し付きの指人形

モードワークをより「組み込む」ことができます。

　子どもが日常生活での困難な経験を語るとき、セラピストは人形を手に取り、どのモードが主な役割を果たしたかを尋ねます。両親が困難な状況を報告してきた場合（電話やセッションの前などに）、セラピストは彼（子ども）自身に、起こったことに対して取り組んでもらいます。そして、次のように伝えます。

　「家での話を聞きました。あなたのお母さんはあなたと言い争いをしたと言っていました。あなたの中で何が起きていたのか一緒に見つけていきましょう。この状況で特にどのモードが活性化されていて、誰が背景にいたのでしょうか？　たとえば、私（セラピスト）なら、この状況では悲しくなります［教育的アプローチ］。悲しいフェリックスは何に動揺していましたか？　彼が落ち着くためには何が必要だったのでしょう？　気分を落ち着かせるために、どの人が助けてくれるとよいでしょうか？　ほとんどの子どもたちは、自分に親切な人と一緒にいたいと思っています。それはあなた（悲しいフェリックス）も同じですか？　両親が真剣に受け止めてくれるよう、誰かが話してくれないでしょうか？　あるいは、この厄介な状況をうまく乗り切るために、誰か手助けしてくれる人がいるでしょうか？」

　指人形は、助けにならない行動に面と向き合う上でも適した方法です。子どもは攻撃されたり問い詰められたりすることなく、あらゆる角度から理解され、それにまつわる隠れたモードまでもが発見されることもあります。

　セッションの初めに子どもが特別な話題を挙げなかったら、セラピストは、数日前からのことについて質問し、モードが活性化しそうな瞬間や状況について尋ねます。「昨日テレビを見ているとき、あなたのどのパーツがそこにいましたか？」というように振り返る形で質問することもあれば、「パパが来たとき／あなたが学校にいるとき、あなたのどのモードが現れますか？」「あ

なたはどのように行動しますか？」「友達／ママ／パパと一緒にいるときはどうでしょう？」「そのモードが原因でどんな問題が起こるのでしょうか？」「もしそのモードがいったん休憩して、他の誰かにリードさせるとしたらどうでしょう？」というように、より一般的な形で質問することもあります。

　指人形のワークを家族関係に広げることで、親のモードについて話し合うこともできます。子どもはコレクションの中から親のモードを表す人形を選びます。子どもは（場合によってはセラピストの助けを借りて）どのモードが一緒に生じやすく、あるいは自分のモードが親のどのモードを活性化させるのかを示すことができます。これにより、母親と子の双方がどのように争い合う「戦士」を送り込んでしまうのか、あるいはその他の破壊的なモードをエスカレートさせてしまうのかを明らかにすることができます。

　その後、セラピストと子どもは、可能であれば親と一緒に、よりヘルシーなモードのプロセスを探求します。こうした探究は、悪循環を断ち切るために、親も子どもも、より意図的にヘルシーなモードを活用する必要があることを明らかにしてくれます。

　子どもが選んだ人形を親に紹介する際に、特に醜い人形や無愛想な人形を選んだ場合は慎重に対応しなければなりません（親を怒らせたり、不安にさせたりする可能性があります）。もし、人形の選択が親子関係にとって大きなリスクをはらんでいる場合は、予め親が子どものそれと似た人形を用意しておくこともできます。

●人形を使ったモードワークのバリエーション

　子どもたちと一緒にモードモデルを象徴的に表現する方法には、さまざまあります。たとえば大きな手人形は、指人形をその中に入れて、「入れ物」あるいは「人全体」として表すことができます。内面に多様性を持つ子ども全体を表現するために、子どもはすべての指人形を十本の指に載せて立てることもできます。そして、すべてのモードの「リーダー」として、自分自身の頭を撮影して写真に収めます。

　「遮断・防衛モード」を表現する方法はたくさんあります。人形の顔を隠す布、ブロックで作った壁、蓋のついた小さな箱などが適しています。クライアントはしばしば、セラピストが「脆弱なチャイルドモード」に近づくことを拒否するために、用意された材料を使って自分自身で壁を作ります（「遮断・防衛モード」）（筆者のピーター・グラーフは、子どもとの間で長い話し合いと、効果的に欲求を満たせる見込みがあったにもかかわらず、こうした壁を作る「遮断・防衛モード」がなかなか身を引こうとしないケースを二度経験した）。

　大きな手人形は、指人形を使った遊びを補うことができます。手人形は親や大人を表現するだけでなく、指人形の「身体」を表すことにも適しています。大きな人形は人間の全体を、小さな人形は部分を表しているということです。

　人形同士のやりとりは、（特別に作られたフレームを使って）人形劇のように舞台で演じるこ

ともできます。また、劇の様子を撮影することも非常に効果的で、子どもたちが劇を計画し、より健全な解決に向けて演出することを促します。録画されたビデオは、子どもと一緒に、また子どもが許せば親も一緒に見るようにします。なかなか落ち着くことのできない子どもたちの場合は、台本を使うことでセッションに集中しやすくなります。

　プレイモービルのフィギュアは、指人形の代替品ですが、キャラクターや柔軟性に欠けるところがあります。一方、指人形にはさまざまな付属品を添えることができ、盾やヘルメット、帽子などで守ることもできます。また、小さなお面を使うことで、ある感情やモードが、たとえば本当は怒っているのに悲しい顔を見せるといった、感情をごまかす目的で用いられるケースもあることを示せます（図12.8）。

　モードの重要な側面を表現する上で便利なのは、位置を使用することです（13.1項では、指人形を使ったバリエーションも紹介しています）。モードの力強さは、王座や高い位置にあるものを使って説明することができます。また、モード間の関係性は、集団の様子や人形同士の近さによっても表現されます。
　別の形としては、木製のフィギュアを使った「ファミリーボード」（Ludewig & Wilken, 2000）をもとにしたものも適しています。この方法では最初に「私と私の家族には誰がいますか？」と質問します。実際の葛藤や関係性をボードに表現し、家族や他の養育者（友達を含む）のキャラクターを子どもが選び、名前をつけます。その後、代わりとなるようなキャラクターの並び替えも検討します。このような材料を使用することで、クライアント自身（および親）が、感情的な対立について新たに、そして多くの場合、より深いレベルでの理解を得ることができます。そうすれば、問題とされているものが名づけられ、解決策を見出すことが可能になります。
　治療の最初の段階では、フィギュアを用いて葛藤についての新たな見方を伝えることで、変化を楽観視し、モチベーションも高めることができます。モードを使うことで、子どもは、症状の

図12.8　悲しげな顔を装った「怒れるチャイルドモード」

自我親和的な体験（自分が「失敗した」「悪かった」「弱かった」という体験）を手放すことができるようになります。こうしたイメージは社会環境によって生成され、強化されることが多くあります（「お前は悪だ、何もできない」）。しかし、自己の困難な側面を外在化する体験により、子ども自身がその側面を、自己の一部にすぎないと捉えられるようになります。

　ファミリーボードのフィギュアは特徴がないにもかかわらず、小さな子どもは容易に、個々のフィギュアに非常に特徴的なキャラクターを持たせることができます。多くの子どもたちが、驚くべき創造性と意志の強さを示してくれるのです。また、ファミリーボードのフィギュアには差異がないため、一般的にはより年長の子どもや若者にも受け入れやすく、強い拒否反応を示すケースは稀です（Eckardt, 2012, p.l）。

　木製の人形には、スキーマを説明するための特徴を添えることができます（例：鉛筆で描かれた小さな傷）。異なるモード間の対立や対話を、木製の人形や小物を使って表現することができるのです。素材を変えることで、モードや人格を区別するのにも役立ちます。

　また、モードはたとえば、パテや粘土や糸で作られた人形としてデザインすることもできます。モードが定義されると、子どもは「探偵的思考（detective thinking）」を活用して他のパーツ、たとえば「利口で賢いチャイルドモード」を見つけることができます（「あなたは何が得意ですか？　あなたは何をするのが好きですか？　友達はあなたのどんなところが好きですか？先生はあなたのどんな良いところを伝えてくれますか？」）。

　「利口で賢いチャイルドモード」の「証拠」を集めるホームワークを出すことで、この強みに基づくワークを細かくサポートできます。これらのホームワークで報告されたものは、親との治療セッションにおいて、新しいキャラクターやその他のアクセサリーなどの形でファミリーボードに描かれます。

●複雑で困難な治療状況

　指人形を用いたモードワークでは、ある特定のモードの活性化に伴い、突如としてトラウマ体験が想起される場合があります。このような場合は、スキーマ療法の「イメージの書き換え」の手法を用いることで、トラウマを書き換え、処理する機会をもたらします。

　子どもは、人形を使ってトラウマの場面を再現しますが、ここぞというところでヘルシーアダルトが登場し、子どもが必要としていたもの、たとえば、慰めや保護、承認などを提供します。これにより、過去に体験したつらい感情が軽減され、保護の感情が高まり、修正感情体験がもたらされます。

事例

　10歳のケイティは、セラピーで人形を選んでいるときに、父親が薬物中毒の元パート

ナーに何度も噛まれたことを思い出しました。「怯えたケイティ」との話し合いが、これらの記憶を彼女に思い出させたのです。彼女はこの体験について、自発的に人形を親に見立てて再現し、とても強い恐怖とストレスを表現しました。セラピストはケイティの気持ちを承認し（「何もできず、部屋にひとりぼっちで泣いていて、誰にも慰めてもらえないなんて、それは大変だったでしょう？」）、ケイティの欲求に応じました（「何が必要でしたか？　本当のママが助けに来てくれること？　警察を呼んでくれること？」）。しかし、ケイティは、このシーンを別の形で再構成したいと考えていました。

ケイティは、部屋の隅の床に置かれた彼女の人形たち（彼女のモード）に囲まれながら、また積極的に自分の居場所を確保しながら、暴力的な継母と真剣に話し合いたいと思っていました。その後、さらにセッションを重ねるうちに、ケイティはこのシーンをいくつかのバリエーションで「演じたい」と思うようになりました。このような生き生きとした創造的な再構成を励ますことで、彼女は以前のトラウマ的なシーンを想像力豊かに統制できるようになったのです（再処理と再構成の詳細については、Arntz & Jacob, 2012を参照のこと）。

苦しいモードにどう対処するかを考えるとき、子どもたちはしばしば、自分を殺したり、追放したり、監禁したりするファンタジーの場面を演じたがります。衝動性や怒りを抑えるのが苦

図12.9　正面の10代のクライアントの「脆弱なチャイルドモード」は、隣の台座に置かれた「尊大モード」（台に載っている人形）によって、「懲罰的ペアレントモード」の父親から隠れている。親の「脆弱なチャイルドモード」はそれぞれの親の隣にいる

手な子どもたちは、そのようなモードからすぐに解放されたいと思っています。また、「邪悪な
モード」を縛り、魔法のように永遠に消し去りたいとも思っています。このような場合には、単
純なアプローチではなく、治療的なアプローチが必要です。そして、否定された部分の中のポジ
ティブな面を強調します。

「でも、邪悪なフランクは、そんなふうに簡単に追い払えるものではなく、あなた自身のもの
なのです。彼はまだ、あなたの意見と違う人がいたら、そうした人からあなたを守らなければな
らないと思っています。彼には、自分はボスではなく、賢い［子どもの名前］がそう望むときだ
け出てきていいのだということを納得させる必要があります。賢いフランクが行動してもいいと
言わない限り、彼は周りのみんなを支配してはならないのです」

子どもがどうしてもチャイルドモードやコーピングモードを取り除くことにこだわっている場
合、そのモードを日常生活でどのように無力化するか、あるいは親にどう対処してもらうかにつ
いて、明確な方針が必要です。

「もし邪悪なフランクがまた攻撃を始めたら、お母さんはどうすればいいでしょう？　彼を抱
きしめるか、あるいは彼の部屋に行くように言いますか？」

「怒れるチャイルドモード」や攻撃的なコーピングモードは、排除するのではなく対処する必
要があるものだと、子どもは気づかされます。すべてのパーツには意味と機能があるため、モー
ドの排除や破壊ではなく、統合が最終目標となるのです。

多動な子どもたちは、自分の荒々しい衝動を表現するために人形を使いたがり、また使う中
で、人形を投げたり（たいていは誤って）破壊したりします。彼らは一つの人形から別の人形
へと不規則に注意が変わるため（モードの切り替わり）、内省や感情処理ができません。そのた
め、人形劇は、治療効果がなく攻撃的な行動を表現する舞台になってしまいます。

セラピストは、一見混沌としているなかでも、治療につながる意味深長な示唆があるかどうか
を考える必要があります。そうでない場合、セラピストは指導的な役割を果たし、人形を守るこ
とだけでなく、自分の欲求を伝える手本を示すことで治療的再養育を行います。

「そうした行為は許されませんし、この人形は安全な状態に置かれていなければなりません。
今の状況は、私にとってあまりにも荒々しく混沌としたものになっています。休憩をはさんで、
この部屋で何をしたいかを決めましょう。私は破壊的なゲームの観客になりたいわけではない
し、もし私と戦いたかったり、ただ飛び跳ねたりしたいだけなら、人形ではない他のものを選び
ましょう」

子どもとセラピストで再設定した脚本は、治療過程を導くのに役立ちます。

12.3 椅子を使ったスキーマ療法

椅子は、ゲシュタルト療法（Moreno, 1946; Perls, 1943）において、特定の人物やパーツを
外在化し、投影する方法として用いられてきました。ゲシュタルト療法では、クライアントは自

分の親との会話を成立させ、未解決の、あるいは語られなかった不安や感情を表現するために親と対話することができます。こうしたプロセスは大人にとってさえ、不安を覚え、恐怖を感じる体験になりえます。

　たとえば、非常に支配的な父親が目の前に「置かれた」場合、子どもの頃の記憶が活性化され、クライアントにとって父親がより大きく威圧的に感じられるようになる場合があります。そのため、子どもを十分にサポートし、「保護」するケアが必要になります。

　椅子を使うことで、そこにいない人物について何もない空間で想像するよりも、より効果的にイメージすることができます。スキーマ療法では、椅子を使ってモードや感情の状態を外在化させることで、視点を変え、健全なモードの成長を促します。この技法は、大人や青年（意欲的で十分な想像力や創造力を持っている人）だけでなく、9歳ぐらいからの子どもにも（認知と感情の発達程度に応じて）使用することができます。

　10.2項で挙げたモードワークの基本要素を取り入れた、椅子を使用するスキーマ療法について説明します。ここで紹介するのは、9歳から12歳の子どもを対象とした場合の典型的な手法であり、思春期の子どもを対象とした場合には調整が必要です。図12.10は典型的な椅子の位置を示しており、「要求的ペアレント／批判モード」が右の椅子に座り、「脆弱なチャイルドモード」が左の椅子に、「利口で賢いチャイルドモード」が中央に座ります。

　椅子は、セラピーの初期にモードを探すことを目的として、また、子どもが自分のモードについてよく理解した後にも使用することができます。

1. 現在のモードを同定する

　まず、子どもはそれぞれのモードを別々の椅子に割り当てます。モードを視覚的に表現するために、異なるサイズの椅子を用意するのが理想的です。チェアワークのコンセプトを伝えるために、セラピストはこう言います。

　「私たちは、あなたが自分の中にさまざまな部分（感情状態／気持ち）を持っていることに気づきました。そのすべてが一度に出てくるわけではなく、あなたが幸せな状態にあるなら、そのうちの1つだけを感じるかもしれません。それらは時として交互に現れるし、1つだけ現れる場合もあります。それについての私のイメージは、たとえば、あなたの中の『ボス』が椅子に座って腕を組み、自分は何が欲しくて何が欲しくないのかを口にして、他の人の意見など気にしていない、というようなものです」

　セラピストはこの考えを確認し、その椅子が自分に合っているか、変えたいかどうかを子どもに尋ねます。子どもにはモードの名前を紙に書いてもらい、それを椅子の背もたれに貼ってもらいます。今度はセラピストが、どのモードが他のどの椅子に座るかを尋ねます。その椅子にもそのモードの名前を貼ります。

　ここで私たちは、最も重要なモードを中央に配置することをお勧めします。たとえば、「優勢

図12.10　モードの対話のための典型的な椅子の配置

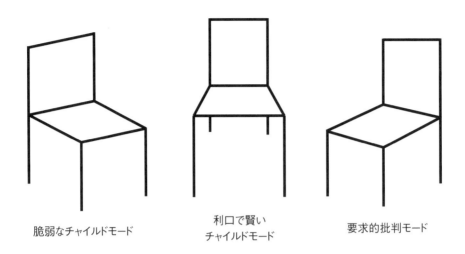

脆弱なチャイルドモード　　　利口で賢いチャイルドモード　　　要求的批判モード

なコーピングモード」(例：怒れる、または遮断・防衛)、「脆弱な／孤独な／虐待を受けているチャイルド」(例：悲しいリサ、孤独なトム)、「利口で賢いチャイルド」(例：利口なサム、賢いリンメイ)などです。また、「懲罰的／要求的批判モード」(例：厳格なリー、独裁者)にも椅子が必要です。ただし、椅子は管理しやすい数にしておく必要があります。

　第二段階では、子どもはそれぞれのモードを識別し、共感するように促され、適切な姿勢でさまざまな椅子に交互に座ります(たとえば、「遮断・防衛モード」では、腕を組んで後ろにもたれかかる、など)。

　「ボスモードでこの椅子に座って、どんな気持ちになるか教えてくれますか？［概念的には、ボスモードは『甘やかされたチャイルドモード』である］　たとえば、お母さんがあなたに部屋をきれいにしてほしいと言ったら、彼は何と言うでしょう？」

　セラピストは、子どもに椅子に座る時間を与え、そのモードを体験させます。小学生の場合、椅子に座ることには制約が多く、モードを活性化させるためには、椅子から離れて「モードを演じる」必要があるかもしれません。たとえば、「怒れるチャイルドモード」は、フォームバット(訳注：柔らかい素材でできたバット)で表現することができます。衝動を抑制するモード(「要求的批判モード」)は、警察官を演じて表現することができます(「注意、注意、こちらは警察です。そんな反応をしてはいけません！」)。

　「支配者モード」は、子どもが以前行ったことのある攻撃的な方法で行動したり話したりすることが推奨され、ここでは実際の体験が再現されます。「遮断・防衛モード」は、ヘルメットやヘッドフォン、クールなサングラス(9.3.4項参照)を身につけ、「自己誇大化モード」は王冠を身につけます。「利口で賢いチャイルドモード」は、賢さと、自分自身の優位性を象徴するものとして、眼鏡をかけたりします。

2. 脆弱な／孤独な／虐待を受けているチャイルドにアクセスする

セラピストは、チャイルドの部分との対話を始めます（モードインタビューはオンライン資料を参照）。そして、ボスが何を考え、何を感じ、何をするのかを問いかけます。

「こんにちは、可愛らしい（モードの名前）さん、あなたのことを知ることができて嬉しいです。あなたのことはよく聞いています、（子どもの名前）がすでに話してくれましたから。どのくらいフランクの中にいるのでしょう？　あなたの役割は何でしょう？　いつ登場するのでしょうか？」

このモードへのインタビューが終了したら、続けて新しいインタビューを行います。

「フランク、もう一つの椅子に座ってみませんか？［脆弱なチャイルドモード］　あなたはいつからフランクと知り合いなのでしょう？　あなたの役割は何ですか？　悲しいフランクは何を考え、何を感じているのでしょう？　あなたは何が欲しいですか？　『ボスフランク』についてどう思いますか？　小さなフランク、あなたは、気分を良くするために何が必要だと思いますか？誰があなたを助けてくれるでしょう？」

「悲しいフランク」は、特別な注意とサポートを得ます。彼は心地よさ、保護、そして支えてくれる人を必要としています。

セラピストは「悲しいフランク」に対して頻繁に、欲求、感情、安全性、希望について尋ね、インタビューにおいては、それに伴う体の感覚や行動も含めて詳しく聞いていきます。しかし、子どもはモードの変化が速い傾向にあるので、セラピストはそれについていく必要があります。もし子どもが別のモードに「切り替わって」いることに気づいたら、子ども自身が現在の状態を表現できるように、該当する椅子に誘導します。

3. 各モードの持つ機能を明らかにする（対話の中で）

「賢いフランクは今ここに座っています。こっちに来たいですか？」

さらに、インタビューは続きます。

「さあ、あなたは賢いフランクです。お母さんがフランクに掃除をするよう要求したとき、あなたの中で何が起こるのでしょう？　あなたはどう思うでしょう？　他の二人のことをどう思う？　ママに対して別の対応の仕方がある？　私は、この冷静なフランク（「遮断・防衛モード」）が、何も反応せず、何事もなかったかのように行動すると思いますよ。私は今度、彼とも話をしたいです」（椅子の交換を開始する）

セラピストは、難しいモードに対して当たり障りのない態度を示し、モードが発言してくれたことに感謝し、子どもには元の中立的な椅子に戻るように伝えます。中立的な椅子とは、モードワーク以外で子どもが普段座っている椅子のことです。この椅子は、観察者の立場を表し、出来事を見守り、熟考を可能にします。

第12章　描画、人形、チェアワークを用いたスキーマ療法　275

子どもはここで、さまざまなモードの長所と短所、強みと弱点を評価し、生活への影響を考えることが求められます。セラピストは、「誰が一番多く話をし、主役を演じ、一方で見過ごされているでしょうか」と尋ねることで、このプロセスを促すことができます。パーツ同士の対話も可能かもしれません。

目標は、「利口で賢いチャイルドモード」の強化です。セラピストは、「脆弱な／孤独な／虐待されているチャイルド」のモードを育て、サポートし、健全な対処法でこのパーツの欲求を満たすための方法を伝える必要があります。「利口で賢いチャイルドモード」には、子どもの中立的な椅子とは別に、観察者の椅子と同じくらいの大きさの椅子を与えることができます。

4. 適応的なモードを強化し、非機能的なモードを弱める

観察者の椅子では、子どもはすべてのモードについてどうしたいか尋ねられます（より高次の、第二の「利口で賢いチャイルドモード」のようなものです）。この二つの視点、つまり「利口で賢いチャイルドモード」と「観察者の役割」を管理する子どもの能力を評価する必要があります。必要とされる認知機能が子どもに備わっていない場合は、「利口で賢いチャイルドモード」のみに集中します。この賢い部分は、つらい出来事（例：両親、教師、仲間のグループなどに関わる出来事）に対応する、年齢や状況に応じた解決策を見つけ出し、どの基本的な欲求が満たされなかったのかを同定するよう促されます。

「さあ、小さいフランクが何を感じ、何を必要としていたかがはっきりしましたが、その欲求を満たすために、誰が一番協力してくれるでしょうか？　ボスは身を引いてくれるでしょうか？　賢いフランクは、小さいフランクに良い言葉をかけてあげられるでしょうか？」

モード間の対話は、肯定的なモードを強化し、非機能的なモードを弱めるのに役立ちます。

アーンツとヴァン・ゲンデレン（2011）では、ボーダーラインのクライアントに対する、さまざまなチェアワークの技法が説明されていますが、これは（いくつかの修正を加えれば）若者にも適用できるものです。

たとえば、ティーンエイジャーに「懲罰的ペアレント（批判）モード」が現れた場合、セラピストはそのモードとの対話を始めるべきでしょう。ティーンエイジャーは懲罰モードのための別の椅子に移ります。思春期のクライアントが座っていた元の椅子（観察者または賢い子ども）は空になり、非機能的なモードの話を聞いた後で、その椅子に戻ることができます。

セラピスト：「懲罰的なフランクともう一度直接お話をしたいです。その椅子に座って、彼の代わりに話をしてください。今、あなたの中の懲罰的なパーツが、小さいフランクはバカで間抜けだと言っているのを聞きました……。それについてもっと詳しく説明してください！」

次にセラピストは、ティーンエイジャーが自分自身に対してよく言う典型的な批判を、懲罰モードで表現するよう促します。モードがそれらを表現したら、子どもは元の椅子に戻ります。

セラピストは、懲罰モードの椅子に向かい、小さいフランクを擁護します。

セラピスト（空の椅子に向かって）：「私は、フランクが愚かだとは全く思いません。懲罰的なフランク、私はあなたに、小さいフランクを貶めたり、侮辱したり、罰したりしてほしくありません。あなたにはその権利はありませんし、それは彼の助けにもなりません。彼に必要なのは愛と励ましの言葉であって、あのような侮辱ではないのです！」

ここでセラピストは、懲罰的なフランクがこの時点で何を言いそうか尋ねます。クライアントは、懲罰モードに戻り（特定の椅子に座り、思考を繰り返す）、その後、観察者用の椅子に戻ります。セラピストは、たとえば、「この侮辱を今すぐやめてほしい。小さいフランクは他の人と何も変わらないし、そのように振る舞うのにはちゃんとした理由があるのだから……」と言います。ここで例を挙げ、子どもは誰でも間違いを犯すものであり、そのような批判や罰に値するものではないことを説明します。セラピストは、観察者役の子どもが「懲罰的なフランクは降参した、あるいは降参するだろう」と思うまで、対話を続けます。

このとき、セラピストは、懲罰的なフランクの椅子を動かして回転させたり、距離を置いたり、完全に部屋の外に出したりすることもできます。もし、子どもの他のパーツが十分に強く自信を持っていると感じた場合は、セラピストからの道徳的なサポートの下、脆弱なチャイルドや賢いフランクに対して、声を上げて懲罰的なフランクと対峙するよう促すこともできます（例：「フランクのことは放っておいて！　こんな侮辱はもうたくさん！」）。

モードの対話後、セラピストは対話から得られた発想をもとにロールプレイを展開することができます。このロールプレイで、クライアントは不適切で、無礼で、破壊的な行動パターンを取らずに、自分の欲求を適切かつ信頼できる方法で表現する練習をします。

治療が進むにつれて、セラピストは、クライアントが家族システムの変化を交渉できるように支援する必要があります。十代の若者に対して、親との話し方を変えた場合に起こりうる困難に備えさせる必要があるのです。

親との関係をマネジメントするための話し合いは、三角関係になる可能性があり、その結果、子どもの中で忠誠心に関する葛藤を招く可能性があることに留意して行う必要があります。子どもが不必要な葛藤を抱かないように、セラピストは、両親が常にセラピールームに座っているかのように振る舞うことと、彼らの視点を意識して、親子関係を損ないクライアントの信頼をなくさないように心がけます。こうしてクライアントは、新しいスキルを獲得し、それを実行するための支援を受けることで、役に立たないモード、特にコーピングモードを最小限に抑えることができます。

セラピストは、クライアントが過剰補償に頼ることなく安全に過ごせるような計画を立てる手助けをします。その一つの方法として、「遮断・防衛モード」を短時間だけ使用して、子どもがスペースを確保したり保護を得たりするのを助けることができます（例：しばらく話を聞くのをやめる）。しかし、あくまでこれは短期的な解決策であり、「利口で賢いチャイルドモード」の活性化と成長が不可欠です。「利口で賢いチャイルドモード」の成長には、クライアントが社会的に受け入れられる方法で欲求を表現するのを助けることや、役に立たない批判や屈辱から身を守

ることが含まれます。

5. 治療の成果を日常生活に般化する

　より遊び心のある体験的なワークは、可能であれば同じセッションの中で、振り返りと計画を立てて終了します。モードの引き金となるものを明確にし（ワークシートはwww.pavpub.com/resource-374CoCr〈Mode sketch as Flash-Card for Children〉を参照）、そのときのための「利口で賢いチャイルドモード」のプランを作成します。これらの行動計画は、それぞれのモードを管理するための健全な方法を提供し、宿題として特定の状況で試してみることができます。

　フラッシュカードはまた、治療セッションで行われる体験的な学習を強化するためにも役立つ方法です（下記の囲み枠および14.2項参照）。どのような状況や時間帯にどのようなモードが発生するか、それを観察する課題を設定することが、子どもが典型的なモードの活性化を意識できるようになる一つの方法です（モード観察用のワークシートはオンライン資料を参照）。

　最後にセラピストは、システムの他のメンバー（親、きょうだい、教師、仲間）がどのように関与できるかを話し合います。セラピストは、「利口で賢いチャイルドモード」がサポートされ、「脆弱なチャイルド」がケアされるために、親ができることは何かを子どもに尋ねます。そして、子どものためになる新しいアプローチを親に伝えたり、親と子どもの利害関係の中で妥協点を見出すことを提案したりします。

モードフラッシュカードの例

　また家で母が怒って、「片付けなさい」と言われたとき、
■私は「利口なフランク」を使って、たとえば次のように言います。「ママ、怒らなくてもいいよ、私が何とかするから……。自分で何とかするから」
■私は「ボスフランク」が怒鳴り始める前に捕まえて、彼を少しの休暇に送り出します。彼はたいてい「放っておいてくれ」とか「そんなことはしない」と言います。
■一時的な解決策：ママが本当に怒っているときは、「遮断・防衛モード」を使ってママのボリュームを下げ、ママの怒りが収まるまで待ってから「わかった」と言うことができます。ヘッドフォンをして、好きな音楽を聴いているイメージが役立ちます。
■もしくは私（あるいは賢いモードの私）が悲しいフランクの声を聴き、彼に語らせます。そして彼は言います……。宿題をしていなかったり急いだりして、先生に叱られたとき……。

　もちろん、これらの提案については、先生や保護者、場合によっては祖父母や部活のコーチなどとも相談する必要があります。

●チェアワークのバリエーション

　子どもは自分のモードの象徴としてぬいぐるみや人形などを選び、それを適切な椅子に置くことができます。椅子の上に指人形や絵、カードといった物を置くなど、これまで述べてきたさまざまな手法を組み合わせることも可能です。椅子を実際の物で「占有」することで、日常生活の中でモードを定着させ、「扱う」ことが容易になります。

　子どもは、セラピーから一つのキャラクターを持ち帰り、それをリマインダーとして持ち歩きたいと思うかもしれません。モードワークの写真やビデオの記録は、セラピストからの「移行対象」として、また、セッションの合間に子どもに現在の治療作業を思い出させるものとしても有効です。

●チェアワークのポイント

　モードを切り替える際には、それぞれのモードに特有のボディランゲージに気づくことが重要です。理想としては、そのモードの典型的な姿勢で椅子に座るように、子どもに勧めます。これにより、そのモードの無意識の身体的強化因子（ジェスチャー、顔の表情、体の姿勢など）が意識され、効果的な修正が可能になります。

　たとえば、「利口で賢いチャイルドモード」が問題のあるモードに対して置き換わるようにするには、これらのモードのジェスチャーのバリエーションや顔の表情を知り、問題のあるモードから健全なモードに移行する練習をする必要があります。意識を高める方法の一つは、モードに典型的なジェスチャー、顔の表情、体の姿勢を撮影することです。これにより、子どもは日常生活の中でモードを観察し、認識する能力を高めることができます。また、子どものモードへの共感も高まります（私たちはよく、クライアントに「何も考えずに、ただそのモードになりきりましょう！」と言います）。

　ビデオ録画により、「利口で賢いチャイルドモード」のさらなる微調整が可能となり、声のトーン、イントネーション、スピーチの際の振る舞い（発音、音量、発話速度）など言語外のモードの特性を、小休止や沈黙を含めて調整することができます。

事例

　14歳のエディは、入院治療の一環として2回目のセッションにやってきました。彼は両足を広げて座り（「甘やかされたチャイルド」モードの表出）、プログラムを始める前に、セラピストにプログラムの問題点を伝えたいと言います。スタッフ用のキッチンに入ってはいけないことが理解できず、また、違う種類のジュースを要求してきます。さらに、首のために整形外科医と理学療法士、そしてマッサージも必要だと言います。エディはセラピストが苦情を真剣に受け止めて記録するため、すぐにコンピュータに入力してほしいと

第12章　描画、人形、チェアワークを用いたスキーマ療法　279

訴えます。

　そこでセラピストは、首のことについてどのように感じているのかを尋ねます（主観的に無視されている、おそらく脆弱なエディの欲求に応えるため）。エディはボディランゲージを変え（緊張を和らげ、腕組みを解く）、声のトーンを柔らかに、首を揉み、硬くてチックに悩まされている首への不快感を説明します。セラピストは、コンピュータの前に座り、エディのために理学療法の相談を依頼します。驚いたエディは、セラピストが本当にメッセージを送っているかどうかを確認したくなりました。彼は、要求の多い挑戦的な行動に戻り、苦情リストを並べ続け、整形外科の診察も要求します。

　セラピスト：「さっきのあなたの話し方で面白いことに気づきました。まるで王様が話しているような、家来に何を持ってくるか指示しているような話し方ですね」（エディは、苛立ちと照れくささで少し微笑む）「あなたは困難な状況に対して、いつもこのように対処するようですね。いつも何かを要求しなければならないのは大変なことでしょう。しかし、実際にどのように感じているのかを教えていただければ、もっとお役に立てるのではないかと思います。王様のようだという私の考えをどう思いますか、あなたの中にもそういう部分があるのではないでしょうか？」

　エディは、どこか照れくさそうにしながらも同意します。これは家でもよくあることです。

　「このバージョンのあなたのために、背もたれのある玉座のような椅子を用意して、あなたがそれに座って高いところにいる気分を味わったり、他の人に指示を出したりできるようにしたいと思います」（セラピストはすぐに椅子を取ってセッティングする）「では、これなら『キング・エディ』でもOKでしょうか？」（エディはニヤニヤしながらうなずく）「でも、あなたの中にはもう一つの部分があります。それは、あなたが望んでいることや必要としていることをとても冷静に表現する部分です。この部分を小さな椅子に置いてみます。それは何と呼べばいいでしょう？」

　エディ：「小さなエディ？」

　セラピスト：「いいですね、小さなエディについて教えてください。あそこに座って、私に教えてくれませんか？」

　エディは、モードを表現することには消極的で、代わりに小さなエディについて話すことを好みます。

　後の段階では、セラピストは、モードが他者との関係に与える影響について尋ねます。

　「この２つのモードが他の人にどのような影響を与えると思いますか？」

　エディは、圧倒される気持ちと他人を支配しようとする気持ちの両方を極めて正確に説明し、「だから僕は王様を片付けなければならないんだ！」と言います（セラピストから見て、少々安易すぎるほどに）。セラピストは、そう簡単にはいかないことを伝え、立ち止まります。

　「まず、彼がどこから来たのか、あなたの人生の物語の中で王様がどんな重要な役割を果たしていたのかについて話す必要があります」

　エディはすぐに、それが自分のいじめの経験とつながっていることを示唆しました。王

になると、他人のことを「気にする」必要がありませんでした。このことから、「王様」は「甘やかされたチャイルド」モードと「過剰補償」モードの混合物（自己愛的な自己誇大化）を表していると考えられます。セラピストは、これがエディに強さと優越感を与えたのではないかと指摘し、不信スキーマを「痛いところ」、そして王様をその対処戦略として象徴化したモードの図を描きます。

　同じセッションで、3つ目のモードである「賢くて合理的なエディ」が椅子の上に置かれます。エディは、今理解したことをまとめるように言われます。
　「そうですね、自分には違った個性があるので、王様には出て行ってもらわないと」
　セラピストは、自分（エディ）が他の人とうまく付き合えるように、そして最終的にはプロゴルファーになるというキャリアの目標を達成するために、どうすれば王様が身を引けるかを考えてくれないかと彼に尋ねます。すぐに王様を片付けてしまうのではなく、王様が現れたときに見張ることから始められると。
　それは難しすぎるとエディが言うので、セラピストは世話をする人のリスト（看護師やその他の入院病棟のスタッフ）を挙げて支援を提供します。彼らは、合言葉（「ハクナ・マタタ」）を使って、王に対する彼の注意を喚起することができました。これにより、エディは恥ずかしい思いをせずに済み、スタッフとの協力的な関係を作り、王様を自我違和的に見るプロセスを始めていきます。そして、その王様モードが役に立つのか、それとも自分の欲求を表現するために別のモードが必要なのかを判断することができました。

◆参考文献◆

Arntz, A. & Jacob, G. (2012). *Schema Therapy in Practice: An Introductory Guide to the Schema Mode Approach.* Chichester: Wiley.

Arntz, A. & van Genderen, H. (2011). *Schema Therapy for Borderline Personality Disorder.* Chichester: Wiley.

Biermann, G., Kos, M. & Haub, G. (1975). The graphic test, the enchanted family, and its application in educational counselling and paediatric clinics (author's transl). *Padiatrie und Padologie*, **10** (1), 19-31.

Berbalk, H. (2009). *Behandlungskonzept mit der MAP.* Unveröffentlichtes Manuskript.

Eckardt, U. (2012). *Schematherapeutische Arbeit mit dem Familienbrett.* Unveröffentlichtes Skript.

Jordan, K. (2004). The color-coded timeline trauma genogram. *Brief Treatment and Crisis Intervention*, **4** (1), 57.

Ludewig, K. & Wilken, U. (2000). *Das Familienbrett.* Göttingen: Hogrefe.

Moreno, J. L. (1946). Psychodrama and group psychotherapy. *Sociometry*, **9** (2/3), 249-253.

Oaklander, V. (1988). *Windows to Our Children.* New York: Center for Gestalt Development.

Perls, F. S. (1943). *Ego, Hunger, and Aggression.* London: Allen & Unwin.

Rosenbusch, K. (2010). *Alternative Verfahren zur Erhebung von Schemamodi.* Vergleich von Fragebogenverfahren und MAP (Modusarbeit mit Puppen), Diplomarbeit am Fachbereich Psychologie der Universität Hamburg.

Wöller, W., Leichsenring, F., Leweke, F. & Kruse, J. (2012). Psychodynamic psychotherapy for posttraumatic stress disorder related to childhood abuse – Principles for a treatment manual. *Bulletin of the Menninger Clinic*, **76** (1), 69-93.

第13章

スキーマ療法——インナーハウスとイメージの活用

クリストフ・ルース、ピーター・グラーフ、
ルース・A・ホルト

13.1 「インナーハウス」に取り組む

「インナーハウス」への取り組みは、年長の子どもや青年を対象に、自分の感情や行動の背景を理解するメカニズムをもたらす目的で開発された、心理教育の手法です。問題行動に対する自我違和的な態度を確立するのに役立ち、問題行動を減らす上で長期的な観点からも必要なものです。それぞれのハウスは、子どものために個別に設計して作られ、建設後は、モードレベルでの治療を開始することができます（13.1.4項参照）。

図13.1　写真は、以下で説明するインナーハウスの３つのレベルを示しています

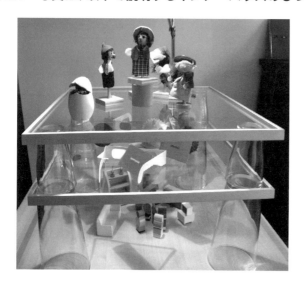

モードレベル

スキーマレベル

体験レベル

13.1.1　モードレベル

モードレベルはインナーハウスの最上階であり、最初に設定され、今この時点での意識的な体験と行動を表しています。

スキーマ療法では、10.2項や、9.2項、12.1項、12.2項、12.3項で詳しく説明したように、子どもの「内的状態」を探り、それらの内的状態やモードを指人形に当てはめていきます。セラピストは、少なくとも主要なモード（「脆弱なチャイルドモード」「怒れるチャイルドモード」「幸せなチャイルドモード」「要求的あるいは懲罰的批判モード」「非機能的コーピングモード」「利口で賢いチャイルドモード」など）は「誰もが自分の中に持っているもの」（心理教育的要素）として表現されていることを確認します。

子どもがモードをどのように見ているか、どのモードを受け入れているか、承認しているかを理解するために、子どもは選んだ指人形を次のような指示に従って並べます。「どのモードが一番好きですか、どのような状態が一番落ち着きますか？　適当な指人形を一番左端に、最初に置いてください。そして、次は誰が来るでしょうか？」などといった指示です。「そして、あなたが一番嫌いなモードはどれでしょうか？」。後で必要になるので、このラインアップは写真に収めておくとよいでしょう（13.1.4項参照）。

補足：実用面では、指人形は棚（たとえばガラスのフォトフレームなど）の上に置くことをお勧めします。これは、階数が増えても指人形の並びを変えずに簡単に持ち上げることができるためです。フレームを購入する際には、鋭利な部分に触れないように、ガラスがフレームに固定されていることを確認してください。

年齢や子どもの抽象的な概念を扱う能力に応じて、合わせて三つの次元（近接、力、ふれあい）を定義することができますが、すべての次元を標準的な手順で扱わなければならないわけではありません（以下参照）。

なお、ここで紹介する手順は12.2項と若干異なり、読者の方々に指人形によるモードのラインアップの追加バリエーションについて知ってもらうことを目的にしています。

●近接（Proximity）

6歳頃から子どもは、同時に生じたモードがその近接性によって描写可能なことを理解できます。標準的な手順として、指人形の近さは、それらのモードが日常生活の中でいかによく生じているかを反映しています。

たとえば、子どもに「ちょっとイライラしたモード」（子ども自身の言い回し）があり、このイライラモードと一緒に「怒りモード」が徐々に現れてくる場合（「最初はイライラするだけだけど、だんだんと怒りを覚えてくる！」）、これらのモードを表す指人形同士を近くに立たせます。これらのモードがチャイルドモードなのかコーピングモードなのかまだはっきりしない場合も（チャイルドモード：表2.8参照、コーピングモード：表2.11〜2.13参照）、セラピストはその子の言葉を用いて作業を続けます。隣り合った指人形は、一種の「仲間（ギャング）」や「一族（クラン）」、またはセラピストの用語で言う「サブグループ」や「モードクラスター」を形成します。

●力（Power）

ある状況でどのモードが発現しているか、どのモードが優位に立っているかを知ることで、それぞれのモードの力が表されます。優勢なモードの指人形は、「王座」（積み木など）の上に置かれます。「王座」の上に載せるという物理的な誇張は、ある状況で子どもがどのように感じ、考え、行動するかを、特定のモードが支配していることを表します（「この状況では誰がボスなの

第13章　スキーマ療法——インナーハウスとイメージの活用　285

か？」）。

　最初のうちは、日常的な場面をたくさん対応づけることをお勧めします（「誰が一番多く王座に座っているか？」「他のモードはそれをどう感じているのか？」など）。ここでは、アンビバレンスや心の中の葛藤を、「議論」として子どもに遊び心溢れる形で視覚的に見せることができます。もし疑問があれば、セラピストはモード間に「ライバル意識（関係）」があるかどうかを確認する必要があります（「ｘもｙも王座に座りたがっているような印象を受けますが、そうなのでしょうか？　そして、もしそうならどうなるのでしょう？　あなた自身はそれについてどう思いますか？」など）。

　一日のうちにさまざまなモードや指人形が「王座」を占める可能性があるため、アセスメントや遊び心の観点から、典型的なポジティブな状況とネガティブな状況について話し合うことが望ましいです。まず、ポジティブな状況から始めましょう。

　ここでは、子どもをハウスのイメージに導くためにポジティブな状況について話し合うことや、後々、子どもが会話を切り上げて逃げ出してしまうかもしれないような問題領域に取り組む際に、ハウスのイメージが役立つという何らかの根拠を示すことが、重要になります。

　問題のあるやりとりが記述できたら、次の段階に進みます。セラピストは、助けにならないモードの配置（例：イライラモードが王座につく）から、より助けになる形にイメージを変えるためには何が必要か尋ねることができます。「イライラモードを王座から突き落とせるのは誰でしょう？　何かコツや、他の人はどうしたらいいかについて、思いつくことはありますか？　いくつかの指人形がお互いにやりとりしたほうがいいのではないでしょうか？」といった質問が挙げられます。

　このレベルでは、子どもの問題を視覚的に、遊び心を持って、解決策を考えながら表現することが可能であり、子どもにとってより親しみやすい状況を作ることができます。

●ふれあい（Contact）

　年長者（10歳以上）やティーンエイジャーには、三つ目の次元である「ふれあい」を加えることができます。ふれあいとは、各モードが他のモードと取る質的なコミュニケーションのことであり、指人形の視線によって示されます。

　もし指人形が他の人形を見たら、その指人形が表すモードが他のモードと接触していて、コミュニケーションを取る準備ができているように捉えられます。コミュニケーションを受けた指人形が振り返ったなら、二つの指人形／モードは相互交流している、つまり、お互いに影響し合っていると言えるのです。ある指人形が他の指人形を見ているのに、見られている指人形がそっぽを向いていたとしたら、コミュニケーションが遮断されていることになります。これにより、診断上価値のある情報が得られ、それを治療に役立てることができます。ただし、ふれあいの次元は、モードが非常に複雑な関係にあるため、指人形で反映させるのが難しい場合があります（Zarbock & Zens, 2011のmode dynamicを参照）。

表13.1　モードの次元と意味

次元	図解	意味するもの
近接 （基礎、6歳から）	指人形間の空間的距離	日常生活の中で共起する （モードの同盟を生み出す）
力 （基礎、8歳から）	指人形の高さ	モードの優位性 （モードの自己主張の反映）
ふれあい （上級、10歳から）	指人形の視線	質的接触 （コミュニケーションへの意欲）

　次のステップでは、子どもが一番興味を持っているモードや、もっと知りたいと思っているモードについて尋ねます。多くの場合、子どもはポジティブな見方をするモードを選ぶので、それらのコンセプトを紹介するのに役立ちます。

　「探偵になって、このモードがいつから登場したのかを調べてみましょう。それはどこから来たのでしょう？　それはあなたに何をしているのでしょうか？」（詳しいガイダンスについては、www.pavpub.com/resource-374CoCr〈Mode interview〉を参照）。これらの質問は、それまでに議論されてこなかったレベルに直接的に焦点を当てますが、モードレベル、すなわち体験レベルを理解する上で中心的な役割を果たします。

13.1.2　体験レベル

　体験レベルの作業では、第1レベルを持ち上げて、約5〜7インチの柱（たとえば、グラス、花瓶、ブロックなど）を各コーナーに1本ずつ置いていきます。そうしてできたモードレベルの下のスペースに、過去の典型的な体験を再構成することができます。

　たとえば、「幸せなフェリックス」のように、ポジティブなモードから始めます。

　「あなたが最初に幸せなフェリックスに気づいたのはいつですか？」

　子どもは、お友達の誕生日、旅行、ママやパパに会ったこと、他の人から「本当に良かったね」と言われた出来事などを話してくれるかもしれません。この記憶をより鮮明にするためには、カードゲーム（24人の人物と30枚の風景カードからなる「Dr. Gardner's Storytelling Card Game」など）に出てくるような、追加のキャラクターを導入するのもよいでしょう。もちろん、子どもとセラピストがキャラクターやオリジナルの風景写真を作ることもできます。子どもたちは、この思い出の場面を、体験レベルの素材を使って、自分の視点で再現します。

　「この素晴らしい体験は、あなたの心に残る大切な思い出となりました。それは、あなたの中のパターンやプログラム、内なる映画のようなものになっていて、再生すると本当に幸せな気分になると思います。思い出したくなるのも不思議ではないし、なんてポジティブな体験なんで

しょう！　こんな素敵な体験を思い出させてくれるものがないか、他にも探してみましょう。そして私たちはまた後で、この場所に戻ってきます」

　このアイテムはいったん脇に置いておき、後でスキーマレベルの作業に取り組む際に、再び活性化させます。

　「別の指人形の、他の物語を探してみましょうか？　このモードを考えると、どんな物語が浮かんできますか？　それを再現してみましょう。また、この物語にはどんなものがふさわしいでしょうか？」

　セラピストは、子どもと一緒に体験を再構成して表現することを続けていき、子どもの頃の素敵な出来事をたくさん話すように促し、それらを象徴する何か目印になるものを見つけてもらいます。子どもが十分に肯定的な体験をし、自分の語りが支えられている感覚を抱いているとセラピストが感じ取ったときに、問題のあるモードへ対処できるようになります。

　「悲しいフェリックスの話を詳しく見てみましょうか？」

　セラピストは同様の方法で、子どもがモードの起源に接した状況や、過去からどんなイメージが心に浮かぶかについて尋ねます。

　「あなたが悲しいフェリックスに初めて気づいたのはいつですか？　そのとき何が起こったのでしょうか？」

　このプロセスは、イメージワーク（13.2項参照）に似ていて、子どもにはできるだけ詳細に場面を描写するように求めます（多くの場合、幼稚園や小学校での話が出てきます）。子どもが頭の中でできるだけ鮮明にその場面を想像することが重要ですが、これは目を閉じていたほうがやりやすいです。セラピーを受けている子どもは目を閉じたがらないことが多いので、セラピストは自分の目を閉じて、子どもにできるだけ正確にすべてを描写してもらい、セラピストが自分の頭の中でイメージや映像を再構成できるようにします。その目的は、子どもが以前の出来事における思考、感情、身体感覚、体験へ、できる限り深く入り込んでいけるように導くことです。

　子どもの中で体験の再構成が生じている間、セラピストは共感的調律を通して、子どもが当時抱いていただろう感覚に接し始めます。子どもがそのとき抱いた感情を承認し、状況を理解し、その体験にまつわる言葉を構築する方法を提供すると共に、治療的再養育法という形で子どもへのサポートを提供することができます。

　肯定的な体験の場合は、セラピストは子どものために／子どもと一緒に（あたかもその状況で子どもと一緒にいたかのように）幸せを感じることができます。否定的な体験の場合は、物語の終わりを書き換えることができます（再処理と書き換えについては、13.2項参照）。このアプローチにより、セラピストは、脆弱なチャイルドの欲求を肯定し、満たすことができます（「え？　誰も助けてくれなかったのですか？　それはいけませんね。私もその場にいて、一緒にそれを乗り越えられたらと思います。他には誰に協力してもらいましょうか？」）。

　要約すると、体験レベルの目的は成育歴的な文脈を提供することです。より具体的で、鮮明で、（治療の範囲内において）感情的な表現であればあるほど良いです（Roediger et al., 2018, p.17の「感情の最適な許容範囲」に関する指摘も参照）。

インナーハウスは、人生や個人的な体験で満たされている必要があります。複数の状況を自由に再現してください。子どもが、それぞれのモードがなぜ発展したのかを理解すること、つまり、体験とモードレベルの間に関連性があることが重要です。モードの形成に関する十分な例が見つかり、すべての主要なモードが理解されたら（通常は3〜5つの物語の後に行われる）、第3層目が開かれます。

第3層目を作るためには、指人形を置いたまま最上段（モード）を持ち上げ、すでにある柱（体験レベルの上）に2枚目のプレート（フレーム）を設置する必要があります。この新しく追加したプレートの上には、4つの新しい柱（たとえばグラスなど）が置かれ、モードレベルを載せることができます。これで、インナーハウスの「建物」としては完成です。ただし、中間レベルであるスキーマレベルを設定する必要があります。

13.1.3 スキーマレベル

ここでは、記憶に由来するスキーマを表す物（ハリネズミ、ボール、動物、ソフトボール、星など）を子どもに選んでもらいます。それらは、ポジティブなスキーマとネガティブなスキーマを表現していて、その当時学習したこと（一番低いレベル）と現在の行動（一番高いレベル）のつながりを象徴するようなものである必要があります。そのためには、有益でポジティブなスキーマを形成するきっかけとなった、いくつかの良い体験があることが不可欠です。

それらの物は、子どもに対して過去を強く突きつけすぎることのないように、中間のレベルに配置されます。より難しいテーマや不適応的なスキーマにアプローチする前に、必ずポジティブなスキーマ（たとえば、パフォーマンスへの自信、情緒的な温かさ、社会的受容、正義、誠実さ、勇気、礼儀正しさなど）から始めることが、ルールとしては有効です。セラピストの役割は、ポジティブなトーンを保つことですが、それはネガティブなスキーマに比べてポジティブなスキーマについて多く話し合われる場合にのみ可能となります。4：1（ポジティブ：ネガティブ）という比率を覚えておくと役に立ちます。

理想的には、子どもが幸せな幼少期を過ごしたと感じながら、一方で、おそらく問題のあるスキーマに取り組む必要もあるだろうと捉えられる状態で、治療セッションを終えられるとよいでしょう。いかなる場合でも、インナーハウスでは、たとえば、4つのネガティブなスキーマとたった一つだけのポジティブなスキーマを並べる、というようなことになってはいけません。

必要であれば、レベルとレベルのつながりを表す糸のようなもの（赤いレース、毛糸など）を使って、初期の体験（体験レベル）がどのようなパターン（スキーマレベル）の形成につながり、そのパターンが日常生活の中でどのようなモードに表れているのかを明確にすることができます。そしてこれは、心理教育的な要素も含んでいます（「よく見てみないと、外からは一番上のレベルしか見えませんね」）。このイメージを写真に撮っておくと、後のセッションでも確認することができ、インナーハウスをまた作る必要がないのでお勧めします。

インナーハウスは、抽象的なアイディアを具体的な形やシンボルに置き換えます。これらの

物は、触れることができ、日常生活におけるポジティブな面とネガティブな面の両方の歴史と原因を可視化することができます。問題行動に対するパターン（スキーマ）の影響を明確にするために、これらの結果や影響（たとえば、学校や家庭での現在の問題行動）について、繰り返し、（物で表現されている）スキーマとの関連性を考え、帰属させる必要があります。

13.1.4 セラピーにおけるインナーハウスの使用

　ここまでで、それぞれのレベルの準備が整いました。たとえばモードのレベルでは、すべての指人形を円形に置き、最も人気のあるモードを最も人気のないモードの隣に置くことで、モードを確実に統合（「一つのチームになるように」）することができます。

　空の王座（積み木）を中央に移動させることもできます。ここで、子どもはセラピストの助けを借りて、モードの話し合いの場を調整します。モードの話し合いの場では、子どもは「リーダー」（Schulz von Thun, 1998参照）となり、それぞれの指人形に論点を割り当て、一緒に解決策を考えます（「たとえば、お母さんに部屋を片付けなさいと言われたとき、どのモードが応じるのが適切でしょうか？」）。また、解決策を見つけるのに役立つのであれば、複数の王座を設置することもできます。

例：よくある学校での状況について、一番下のレベル（体験レベル）で再現します。あるいは、インナーハウスの構造が複雑すぎる場合や、時間がかかりすぎる場合は、イメージしてみるようにします（例：「クラスメートが私をからかい始めた」）。これは大抵、あるスキーマの自動的な活性化（「欠陥／恥」）につながり、そして以前は特定のモードを作動させていました（「いじめ・攻撃モード」が自動的に王座に座り、子どもは攻撃的に振る舞います）。

　「落ち着いて、フェリックス。今はチーム全体でこの状況について考える時間です」

　それぞれの指人形たちは、自分の意見を「述べ」（各モードの4つの特徴：思考、感情、身体感覚、行動を用いて）、それぞれの見解を伝えます。その上で、モードチームはどのモード（おそらく「利口で賢いチャイルドモード」）がフェリックスに最適な解決方法を提供するか、検討できます（つまり、セラピストは、子どもがそれぞれのモードの話を聞くことができるよう手助けします）。

　子どもの考えを理解し、ゲームに取り組んでもらうために、セラピストには高い柔軟性が必要です。厳しすぎるルールはあまり役に立たず、ゲーム中の子どもの有能感を低下させることになります。

　前述の、子どもの考えについて話し合う方法が十分に楽しめなかった場合は、モードの4つの自己表現の側面（上記参照）に対して、グミやその他のご褒美を与えてみることもできます。このエクササイズは、どのモードが自分のチームにいるのか、また、そのモードにはどのような感情的、認知的、身体的、行動的な要素が含まれているのかを子どもに示すのに役立ちます。

　ある症状（たとえば腹痛）がセッション中に生じた場合、「衝動的なフェリックス」が王座に忍び込み、彼こそがこの特定の身体感覚（腹痛）を起こしたモードなのだといったような示唆を与えることができます。このようにして、子どもは自分の精神状態の専門家になることで、自分

の行動のネガティブな結果やポジティブな結果を予測できるようになります。

　インナーハウスをそのまま扱う場合、ポジティブなスキーマやそのシンボルについて何度も繰り返し確認する必要があります。

　「あなたのポジティブなスキーマは、今、どんな貢献ができるでしょうか？　どのモードがポジティブスキーマを王座に置きたいと思っているのでしょうか？　そしてその理由はなんでしょう？」

　たとえば、ABCモデルの中でCの行動だけが問題で、これまで行動Cに代わる魅力的な選択肢がなかった場合、セラピストは、ここで学んだことを日常生活でどのように生かすかを子どもと一緒に考えていくことができます。適応的なモードを支える大切な資源として、ポジティブなスキーマを子どもに思い出してもらうことが重要です（「素晴らしい体験を活用しましょう！」）。

　適応的なモードを強化する別の方法は、子どもにとって有益なスキーマ（たとえば「自信」）が作られるもととなったポジティブな体験について、体験レベルで再現してみることです。そうすることで、この先で取り組む体験的・行動的な介入（たとえばイメージワーク、ロールプレイ、内的曝露など）のための基礎が築かれます。また、これらの治療的に始められた体験から、ポジティブなスキーマを固めるための第一歩が踏み出されるのです。

　インナーハウスを作る初めてのセッションは、二枠連続のセッションを予定することをお勧めします。その後は、50分のセラピーセッション（片付けを含む）で十分取り組むことが可能です。インナーハウスを作りながら遊ぶ体験は、多くの場合、とてもポジティブな体験となります。さらに、セラピストにとってインナーハウスを見ることは、その子どもの対人関係の在り方についての洞察を深めることにつながります。またこの方法は、子どもたちが、自分の問題行動をよりよく理解し、安全に遊びながら自らの行動を探究することを可能にします。

　モードレベルに取り組めるのは6歳以上、次のレベル（体験レベル）は8歳以上、そしてインナーハウスのすべてのレベルに取り組めるのは10歳以上の子ども、というのが目安となります。精神運動能力に課題のある子ども（ADHDの問題を抱える子どもなど）を対象とする場合は、年齢制限の引き上げを推奨しますが、これも内省力や感情の洗練度を考慮する必要があるでしょう。まずはモードレベルを体験してもらうことをお勧めします。その上で子どもが他のレベルを受け入れられるかどうか、どの程度までやる気があるのかを判断するのがよいでしょう。

13.2 スキーマ療法における　　イメージの活用

　次のセクションを始める前に、エクササイズをしてみましょう。

■あなたの前回の誕生日には、何人の人がいましたか？

　ここでいったん、ストップします。

■読み進める前に、そのことについて考えてみてください。

■お気に入りのスーパーには、レジは何列ありますか？

　ここでいったん、ストップします。

■あなたのお子さんは今朝、どんな服を着ていましたか？

　ここでいったん、ストップします。

　自分が回答するときにどのように進めたか、振り返ってみましょう。通常、人は記憶を視覚的に思い出します。まるでフィルムを回しているかのように、あるいは心の目で、その場面の映像を見るのです。また、答えを導き出すために、記憶の中にある出来事の場所を、心の目で何度も歩き回るかもしれません。イメージすることは、過去の出来事を思い出すのにとても役立ちますし、将来の状況を予測するのにも役立ちます。ある行動の練習として、未来の出来事を想像の中で演じることができます。

　子どもたちと取り組む際は、内的イメージと外的イメージを扱うことが非常に重要です。子どもが長時間、読んだり書いたり話を聞いたりすることが難しい場合、視覚的な手がかりやアンカーがあると便利です。視覚的な案内があると、治療の概念や新しい情報を形としてイメージできるので、ティーンエイジャーにも有用です。

　人間の脳は視覚情報の処理と眼球運動の処理の3分の2を担っており、したがって、視覚システムは脳の中で最も代表的な感覚システムと言えます。視覚記憶は、以前に元の視覚刺激が処理され、統合されたのと同じ大脳皮質領域に保存されます。ある物体や場面を想像するときに活性化する脳領域は、そのイメージや物体を実際に体験したときに活性化する脳領域と同じです（Grawe, 2017参照）。そのため、視覚システムは、困難な過去の体験や予測される未来の体験だけではなく、修正体験の処理にも非常に役立つのです。

　ポジティブなイメージや悲惨なイメージが思い浮かぶと、すでに自分の中に築かれている、それと関連した感情がしばしば活性化されます。昔撮った休日の写真を見ているときを考えてください。その写真が休日の素晴らしさを反映していれば、画質がどんなに悪くても、あるいはどんな状況でその写真を見ていても、ポジティブな感情が湧いてきます。反対に、高画質で色鮮やかな美しい場所を映し出した写真であっても、その写真を見て不快感やネガティブな刺激を思い出すと、非常に嫌な気持ちになることがあります。

　このように、視覚的な記憶は、そのときの感情的な印象と密接に結びついています。これは、危険性やリスク（たとえばPTSDにおける侵入やフラッシュバックなど）を含んでいますが、人生の初期段階で生じた傷（たとえば見捨てられや欠陥といった感情を生んだ状況など）に対する修正感情体験を提供する機会にもなります（Holmes et al., 2007）。

　イメージワークは、認知行動療法の伝統の中で構築され、ますますエビデンスが増加しています（Holmes et al., 2007）。この20年間に取り入れられた感情豊かなイメージ体験は、1960

年代と1970年代における認知行動療法からの転換期を導き出しました（Roediger, 2009）。イメージやその再構成を用いることによって、従来の認知行動療法に豊かな感情を組み込むことができるのです。

エリスの論理情動行動療法（REBT）では、子どもにイメージを使用する技法があります（例：Klott, 2013やEllis & Dryden, 1987で取り上げられている、「ピーターパンのネモ船長」の物語）。イメージを使用することによって、激しい感情を修正することが可能となります（たとえば、激しい怒りを、適切な怒りに変換する；Waters, 1982）。

スキーマ療法のアプローチで子どもにイメージを使用することについて、診断に特化したエビデンスはまだありません。また、それぞれの認知的な発達年齢に対して、どのようなタイプのイメージを使用することが適しているのか、正確にはわかっていません。

想像力は年齢と共に高まり、生後二年目から、人間の活動を想像で再現する能力が高まります。学童期に入ると思考は具体性から徐々に離れ、思春期には抽象的な思考が可能になります。また、ティーンエイジャーになると、「考えることについて考える」というメタ認知能力も高まります。子どもたちにイメージワークを行うための前提として、子どもたちが十分な情緒的安定性を持ち、必要に応じて、過度に活性化してしまう感情の調整ができる必要があります。一般的に、子どもの感情の活性化は、まず椅子による対話（上記や12.3項など参照）を用いて行うべきでしょう。そうすることで、セラピストは子どもの感情の処理をマネジメントすることができ、セラピストとクライアントの間の相互作用がより活発になります。

13.2.1 イメージ使用の禁忌とネガティブな体験

キルンら（Kirn et al., 2009, pp.28f.）によると、イメージを使用することの禁忌について系統的に扱った実証研究はありません。しかし、彼らの経験によると、コントロールを失うことへの強い恐怖、健康に対する過度の不安、不安定な自己認識、演技的な表現、心的外傷後ストレス障害、強いうつ病、解離症状が高いレベルで現われている境界性パーソナリティ障害、精神病、解離性障害、物質乱用や依存症、精神遅滞などの事例に取り組む際には注意が必要であることが示唆されています。

また、ザルボック（Zarbock, 2011）もイメージワークで、時間、人、場所の再順応が困難なクライアントや、強い混乱や見当識障害を経験したことのあるクライアント（「私は今、かなり混乱しています」）については注意が必要であると警告しています。そして、イメージワークを行う前に、クライアントのイメージを扱う能力とその効果を把握するため、「ひまわりテスト」(295ページ参照）を使用することを推奨しています。

13.2.2 イメージワークに必要な条件

イメージワークではネガティブな体験と激しく直面する可能性があるため、セラピストはトレーニングを受け（たとえば、認定されたスキーマ療法のトレーナーから）、慎重に進めなけれ

第13章　スキーマ療法──インナーハウスとイメージの活用　293

ばなりません（詳細はISSTのウェブページ、https://schematherapysociety.orgを参照）。

　セラピストは、安定化や距離を取る技法に習熟し、クライアントとそれらについて練習しておく必要があります。一般的には、事前に両親にこれから取り組むアプローチ方法を伝え（「あなたのお子さんが経験した、つらい体験についてワークを行います」）、イメージワークに取り組むことへの同意を得ておくことも望ましいでしょう。これは、親自身が回避しているか、アセスメントのセッションでセラピストに伝え忘れていることが多い（「『私』は重要なことではないと思っていました」というような）、ネガティブな体験やトラウマ的な体験の可能性について、もう一度検討する機会にもなります。以下のケースは、その必要性について示しています。

事例

　スティーブンは反抗的な態度でセラピストの前に現れました。

　5歳のとき、母親がうつ病で精神科病院に入院をしている間、スティーブンの継父は彼を何度も殴りました。母親は3カ月間入院し、母親が退院するとスティーブンは虐待の事実を繰り返し話しました。しかし、母親は彼を信じませんでした。数年後、スティーブンがADHDの外来治療を受けていた際、リラクセーションのためのエクササイズ（296ページの「安全な場所」参照）に取り組んでいると、突然、継父による虐待の状況を「目にしました」。アセスメントの面接で、スティーブンの母親はこのトラウマについて報告していませんでした。

　治療セッションの終わりを迎える頃には、スティーブンは完全に圧倒された状態に陥っていました。彼は「脆弱なチャイルドモード」に切り替わったまま、何日も無力感に苛まれていましたが、これはセラピストにとっても予想外のことでした。このとき、母親は新たに現れた問題に悩まされていて、スティーブンを慰めることができませんでした。とても"それどころではない"状況の母親に協力してもらうのは、難しい状態だったのです。

　後日、電話と次のセッションでようやく、母親とスティーブンとでもう一度その出来事について確認することができました。

　「スティーブン、あなたは前回の治療セッションでとても動揺していましたが、何があなたをそこまで悲しませたのか、今、お母さんに説明できますか？」

　そしてついに、セラピストの助けを借りながら、脆弱なチャイルドである小さなスティーブンは、母親の養育的な側面とつながることで慰めてもらうことができたのでした。

　この例は、詳細な病歴の聴取に加え、体験的なエクササイズや何かの引き金となりそうな治療に取り組む前に、効果的に距離を置く技術（296ページ参照）を練習する必要があることを示しています。

●ひまわりテスト

　ひまわりテストでは、子どもにひまわり（または木やチョコレートケーキや、同じくらい感覚的な具体物）をできるだけリアルに想像してもらい、子どもが望めば、それにイメージの中で触れてもらいます。目を閉じて行うのが理想的ですが、目を開けて部屋の中の一点を集中して見つめるのでも構いません。30秒から60秒くらいしてから、自分のイメージしたものを詳しく説明するように、子どもへ求めます。セラピストが自身に問いかけるべき重要な質問は、以下の通りです。

■子どもはこのエクササイズに参加できたか？
■子どもはこのような取り組みを受け入れているか、それともコントロールを失うことへの恐怖心があるか？
■子どもの見当識、保護、自己決定への欲求は脅かされていないか？
■視覚だけでなく、触覚や嗅覚の能力も必要である。子どもはどの程度詳細に描写できたか（茎に生えた白い毛など）？
■最重要ポイント：子どもはイメージの中でセラピストの指示に従うことができたか？　一例を挙げると、セラピストは子どもにひまわりを拡大したり、小さくしたりするよう指示したかもしれない（スクリーン・オブザーバー・テクニック）。
■イメージの中に、他のイメージや認識が入り込んでいないか？
■もちろん避けるべきことだが、子どもは、感情的に圧倒されることなく（フラッディング）、参加することができたか？
■このようなエクササイズをした後に、子どもに混乱（または見当識障害）がある場合、セラピストは他の技法に変更する必要がある。

　子どもがイメージワークに慣れるためには、ゲームや空想の課題が役に立ちます（Plummer, 2007）。たとえば、「ペットの猫（ハムスター／犬）に話しかけていると想像してください。そして、猫に今日の学校の様子を話してみてください。今度は、自分が猫の立場になって返事をすることを想像してみてください」。

　または、「私たちが猫になったと想像して、人間に、猫になるってどんな感じかを話してください」（補助として、猫の性質について、温かい子、優しい子、幸せな子、疲れている子、眠い子、お腹が空いている子、甘えん坊、かわいい子、元気がいい子など、名前をつけることができます）。

　「目を閉じて、猫になったつもりで、のびのびと動き始めてください。私はあなたの心に浮かんだことを書き留めます。猫になったつもりで話し始めてください。たとえば、今こんな感じがするとか。私の名前は……」

第13章　スキーマ療法──インナーハウスとイメージの活用　295

●安全な場所

前述のスクリーンテクニックに加えて、子どもが困難なイメージから距離を取るのをサポートするもう一つの方法は、子どもが安心してリラックスできる「安全な場所」を導入することです（Irblich, 2010）。スキーマ療法でイメージワーク（下記参照）に取り組む前に、セラピストと子どもは必ず安全な場所のイメージを訪れます。この安全な場所から、過去への「旅」が始まるのです。イメージワークの後にも、安全な場所を再び訪れ、その後、子どもは現実の世界に戻ることができます（「利口で賢いチャイルドモード」への空想の旅を含むイメージワークについては、オンライン資料を参照）。

●安全なエクササイズ（金庫）の構築

セラピストは、子どもにイメージの中で「金庫」を作ってもらい、今扱うにはあまりにも苦しいイメージや出来事を保管する場所として利用できるようにします。これは、動揺した思考や記憶を軽減し、後で処理するまでの間、保管しておく方法です。その金庫の鍵や暗証番号を子どもが自分で持っていたいかどうかは、自分で選ぶことができますし、セラピストに金庫の管理を任せることもできます。

●ザッピング（チャンネル変更）

子どもたちは、家のテレビのように簡単に番組を切り替えられる「チャンネル変更」のようなものをイメージすることも好みます。

より詳しいリラクセーションや距離を取るための技法は、コーエンら（2016）に記載されています。いずれにしても、徹底的なアセスメントを行い、考えられるトラウマをリストアップすることが重要です（例：「子どものためのトラウマ症状チェックリスト」; Briere, 1996）。子どものトラウマの歴史を十分に理解することで、ネガティブな感情が溢れてしまうリスクを減らし、トラウマのイメージに段階的に「曝露」することができます。

13.2.3 イメージの書き換え

大人を対象としたスキーマ療法では、モード間の対話と並んで、イメージの書き換えが、二つの主要な体験的介入の一つとなっています（Arntz & van Genderen, 2011; Arntz & Jacob, 2012; Roediger et al., 2018; cf. Young et al., 2003）。イメージの書き換えの技法は、生育歴におけるトラウマ体験の治療法として、非常に集約的で有効な方法であることが証明されています。

イメージの書き換えは、不適応的スキーマの一因となった困難な出来事を体験し、再構成す

る場を提供することで、治療的な変化をもたらす大きな可能性を秘めています。セラピストがイメージの中で修正感情体験を提供することで、子どもは欲求を満たし、加害者や苦しい出来事に立ち向かうことができると共に、不適応的な感情スキーマや非機能的なモードを軽減する強力な方法ともなります。なお、感情的な問題を処理できるようになるためには、「感情言語」が発達している必要があります（感情と認知の表現コード；Sachse et al., 2008, pp.21f. を参照）。

　イメージの書き換えの技法（イメージの書き換えと再処理、Imagery Rescripting and Reprocessing Therapy, IRRT; Smucker & Dancu, 2005）は、過去のストレスに満ちた記憶をイメージ的に書き換えるという、特殊なイメージエクササイズです。この方法は、他の臨床的問題にも使用されます。イメージリハーサル療法は、繰り返し見る悪夢について、脅威となっている要素を特定し、イメージを使ってポジティブな要素に置き換えます。このプロセスを適切に実践することで、悪夢の頻度や主観的な苦痛が大幅に減少します（例：Krakow et al., 1995）。

　スキーマ療法におけるイメージの書き換えの目的は、単に苦痛を軽減することだけではなく、子どもの欲求が満たされ、「脆弱なチャイルドが見守られている」という体験を味わってもらうことにあります。イメージの書き換えは、治療関係の中で（治療的再養育法を通して）、また治療外での養育経験を増やすことによって、体験的な学習を生み出します。
　まず、罪悪感や恥の原因となっている記憶や場面を、子どもの生育歴の中から選びます。セラピストは、クライアントである若者にその記憶に「入場」してもらい、介入が必要となる時点までの体験を感覚的に、詳細に感じられるよう導きます（重要なのは、クライアントは出来事全体をリハーサルするのではなく、介入が必要となった時点のみをリハーサルすることです。それがどの時点であるかは、クライアントに選んでもらいます）。その場面に「ヘルシーアダルト」が登場し、保護、養育、検証、限界設定などが行われ、若者はそれを非常にポジティブな体験として感じることができます。過去を元に戻すことは叶いませんが、クライアントはイメージの書き換えによって、相当な欲求の充足を得ることができます。ヤングら（Young et al., 2003）は、大人を対象とした場合のプロセスについて、さらに詳しく述べています。

　現在、子どもやティーンエイジャーを対象としたスキーマ療法における、イメージの書き換えに関連した臨床実績や研究はまだ限られています。これは、幼い子どもたちの認知能力の限界によるところでもあるでしょう。「利口で賢いチャイルドモード」の視点から自分自身をじっくりと観察することができるようになるのはおそらく思春期以降であり、このモードによって、これまでケアを受けられていなかった体験と向き合うことが可能になります。
　どの発達段階から「利口で賢いチャイルドモード」の視点を持てるようになるのかは、さらなる研究が必要です。とはいえ、小さな子どもでも自分の意志で物語を再現する傾向があり、それはトラウマの変換に酷似しています。おそらく彼らは、治療的なサポートがなくても、恐ろしい体験の代替となる結末を探しているのでしょう。したがって、幼い子どもであっても、イメージの書き換えは誘導された形のポジティブな補償と捉えることができます。

第13章　スキーマ療法──インナーハウスとイメージの活用　297

しかし、子どもに補償不全（de-compensation）の形跡がある場合は、子どもや若者のための精神力動的なイメージを用いたトラウマ療法（Psychodynamic Imaginative Trauma Therapy for children and adolescents, PITT-KID; Irblich, 2010）のような、トラウマに特化したアプローチが重要な支援となります。この分野のスキーマ療法の発展としては、スマッカーのⅡ型トラウマに対するIRRT（Imagery Rescripting and Reprocessing Therapy；イメージの書き換えと再処理）があり、子どもの年齢に合わせて適応することができます（Smucker et al., 2008 に関してはRoediger, 2011, p.263参照）。

13.2.4 イメージの書き換えのプロセス

　ここでは、イメージを再構成するためのプロセスを説明します。まず、クライアントにイメージワークの説明をすることが重要です。プロセスを詳細に、かつ年齢に応じて説明することで、クライアントのコントロールと安全の欲求を満たすことができます。

　しかし、プロセスのすべての要素を詳細に説明しないことも重要です。ここでは、信頼関係が必要となります。クライアントがイメージワークを試すことに前向きで、十分な信頼関係がある場合は、まず子どもに楽な姿勢で座ってもらい、場合によっては軽く横になってもらうことから始めます。枕に頭を乗せたり、組んだ腕に頭を乗せたりしてテーブルに座ることを好む子どももいます。そのほうが目を閉じやすく、座る位置も自由に決められます。快適な質問と落ち着いた雰囲気も重要です。

a．セラピストは、子どもにつらい出来事を話してもらい、その状況をできるだけ詳しく説明してもらいます。どのような身体感覚が生じてくるでしょうか（頭痛、胃の圧迫感など）？

b．次にセラピストは、子どもをあらかじめ用意しておいた安全な場所のイメージに導きます。そこから、先に説明した葛藤や苦痛を感じる状況に自分を置くよう指示します。

c．セラピストは、活性化された感情、思考、身体感覚に共感し、子どもがそれらを体験できるようサポートします。

d．セラピストは、感情の橋渡しを行います。クライアントは、感情や身体感覚を保ち続けたまま、現在のイメージを「消去」します。そして、同じ感情や身体感覚（例：怒り、悲しみ、恥が入り混じっている、胸が締め付けられるなど）を抱いていた幼い頃に戻って、それらを感じるように、セラピストは指示します。

e．上記の幼い頃の場面を、すべての感覚手段を使って、できる限り詳細に描写します。特に、活性化した感情に注意を向けます。

f．次のステップでは、欲求の充足のプロセスが導入されます。クライアントは、この状況で何

を必要としていたのかを説明します（例：励まし、サポート、加害者を抑えるための手助けなど）。クライアントが迷っている場合は、セラピストが提案します。

g. ここからはイメージの書き換えの始まりです。クライアントは、自分の「利口で賢いチャイルドモード」（大人の場合は「ヘルシーアダルトモード」）をイメージの中に持ち込んで、小さく脆弱なチャイルドの面倒を見ます。クライアントは、自分のささやかな部分が持っていなかった、脆弱なチャイルドに関する洞察を与えられることで、それを助けることもできます（「あなたのせいではありません、あなたはベストを尽くしていただけです」）。

　助けとなる他の人物（親戚や友人、さらにはバットマンのような人物）をそのシーンに登場させて、助けてもらうこともできます。また、子どもが望めば、セラピストを登場させることもできます。最終的には、子どものこれまでの歩みの中で傷を負った、小さく脆弱なチャイルドをサポートし、基本的な感情欲求を満たすことが重要です。中心となる質問は、「イメージの中の子どもが、今この状況で何を必要としているか？」です。

　イメージの中で子どもの欲求が満たされ（たとえば、加害者が拘束される――親が暴力的である場合やその状況から逃れる必要がある場合、虐待のある場合にはおそらく警察が呼ばれる）、そしてイメージの中の脆弱なチャイルドが癒されたら、セラピストは身体感覚について尋ねます（「お腹や胸の具合はどうですか？」）。こうした違和感は、これまでのプロセスで治まっているはずです。

h. 脆弱なチャイルドを安全な環境（自宅、親戚の家、遊べる公園など）に置いてイメージを完成させます。このワークの後、クライアントにはイメージから出て、安全な場所を経由してセラピールームに戻ってくるように指示します。ここでは、安全と養育のために、イメージを幅広く使うことができます。子どもは、イメージの中で最大限のサポートと安心感を得られるでしょう。

13.2.5 強みに基づくイメージワーク

　イメージワークを行う上で、より負担の少ない方法は、（外傷的な場面を再現しなくても）強みに基づいたイメージワークを使って、「ケアする親」や「助ける人のモード（Helper mode）」を活性化することです。

　実際、過去の恐ろしい状況を再体験し始めると、子どもたちは無意識に「別の映画」に切り替えることがよくあります。この子ども特有の行動は「ザッピング」と呼ばれますが、元の場面で必要とされていた強みを発達させるためのイメージの旅によって、治療的にサポートすることができます。

　たとえば、ネグレクトの生育歴によって「情緒的剥奪スキーマ」が形成されている場合、子どもは「ケアされる」という考え方を必要とするでしょう。イメージの旅に出ることで、「利口で賢いチャイルドモード」が養育を受け入れ、脆弱なチャイルドを自分のポケットにしまっておける、そんな能力を育むこともできます。

第13章　スキーマ療法――インナーハウスとイメージの活用　299

文献（たとえば催眠療法の分野）には、強みに基づいたさまざまなエクササイズが掲載されています。それらを用いて、特定の内的なモードを強化することができます。

私たちは現在経験を積み重ねている段階で、それらを評価した後に成果を発表したいと考えています（ただし、読者はオンライン資料の中に、ヘルシーモードを活性化するためのイメージを使った具体的なエクササイズを見つけることができます。たとえば、Portmann, 2008に基づいた「自分の強みへの旅」や、Irblich, 2010に基づいた「私の家」など）。

また、モード間の対話は、たとえば、激怒するチャイルドと父親との間のイメージ上の会話や、モード間の内的対話（チェアワークに類似）として計画することができます。

イメージは、具体的な行動ステップや行動実験の準備にも有効です。たとえば、学校に行くのを拒んでいる不安な子どもは、イメージを使って学校に到着し、不安を軽減するために開発された戦略を実践してみるリハーサルを行うことができます。

13.3 まとめ

子どもと思春期の人のためのスキーマ療法におけるイメージワークは、実績を重ね、訓練を受けたセラピストのみが使用すべき高度な方法です。過去の体験に感情的に関わることになるため、そのプロセスを通じて子どもたちが圧倒されてしまう場合もあります（例：深刻なトラウマがある場合）。そのため子どもたちは、あらかじめ、常に距離を置く方法や、リラックスする方法を練習しておく必要があります。

写真や絵を使ったチェアワーク、スキーマワーク、モードワーク、ステム・ストーリーなどの技法は、子どもの内面のプロセスをコントロールしやすいため、初めに取り組むものとして適切な技法です。子どもへのイメージの書き換えに関する理解とガイドラインの作成には、さらなる実績と研究が必要です。

◆参考文献◆

Arntz, A. & Jacob, G. (2012). *Schema Therapy in Practice: An Introductory Guide to the Schema Mode Approach*. Chichester: Wiley.

Arntz, A. & van Genderen, H. (2011). *Schema Therapy for Borderline Personality Disorder*. Chichester: Wiley.

Briere, J. (1996). Trauma symptom checklist for children. *Odessa, FL: Psychological Assessment Resources*, 00253-8.

Cohen, J. A., Mannarion, A. P. & Deblinger, E. (2016). *Treating Trauma and Traumatic Grief in Children and Adolescents*. New York: Guilford Press.

Ellis, A. & Dryden, W. (1987). *The Practice of Rational-Emotive Therapy (RET)*. New York: Springer Publishing Co.

Grawe, K. (2017). *Neuropsychotherapy: How the Neurosciences Inform Effective Psychotherapy*. London: Routledge.

Holmes, E. A., Arntz, A. & Smucker, M. A. (2007). Imagery rescripting in cognitive behaviour therapy: images, treatment techniques and outcomes. *Journal of Behaviour Therapy and Experimental Psychiatry*, **38**, 297-305.

Irblich, D. (2010). *Psychodynamic Imaginative Trauma Therapy for Children and Adolescents*. PITT-KID-The Manual.

Kirn, T., Echelmeyer, L. & Engberding, M. (2009). *Imagination in der Verhaltenstherapie*. Heidelberg: Springer.

Klott, O. (2013). Autogenic training – a self-help technique for children with emotional and behavioural problems. *Therapeutic Communities: The International Journal of Therapeutic Communities*, **34** (4), 152-158.

Krakow, B., Kellner, R., Pathak, D. & Lambert, L. (1995). Imagery rehearsal treatment for chronic nightmares. *Behaviour Research & Therapy,* **33**, 837-843.

Plummer, D. (2007). *Self-Esteem Games for Children*. London: Jessica Kingsley Publishers.

Portmann, R. (2008). *Spiele für mehr Sozialkompetenz* (6. Aufl.) München: Don Bosco.

Roediger, E. (2009). *Die innere Botschaft. Einführung in die Schematherapie*. Seminar auf den 59. Lindauer Psychotherapiewochen 2009. MP3-Format: Auditorium Netzwerk.

Roediger, E. (2011). *Praxis der Schematherapie: Lehrbuch zu Grundlagen, Modell und Anwendung* (2. Aufl.) Stuttgart: Schattauer.

Roediger, E., Stevens, B. A. & Brockman, R. (2018). Contextual Schema Therapy. An Integrative Approach to Personality Disorder, Emotional Dysregulation & Interpersonal Functioning.

Oakland, CA: Context Press.

Sachse, R., Püschel, O., Fasbender, J. & Breil, J. (2008). *Klärungsorientierte Schemabearbeitung: Dysfunktionale Shemata effektiv verändern.* Göttingen: Hogrefe.

Schulz von Thun, F. (1998). *Miteinander reden 3 – Das innere Team und situationsgerechte Kommunikation.* Hamburg: Rowohlt.

Smucker, M., Reschke, K. & Kögel, B. (2008). *Imagery Rescripting and Reprocessing Therapy: Behandlungsmanual für Typ-I-Trauma.* Aachen: Shaker.

Smucker, M. R. & Dancu, C. (1999/2005). *Cognitive-Behavioral Treatment for Adult Survivors of Childhood Trauma: Imagery Rescripting and Reprocessing.* Lanham, MD: Rowman & Littlefield.

Waters, V. (1982). Therapies for children: Rational-emotive therapy. In: C. R. Reynolds, and T. B. Gutkin (Eds.), *Handbook of School Psychology.* New York: Wiley.

Young, J. E., Klosko, J. S. & Weishaar, M. E. (2003). *Schema Therapy: A Practitioner's Guide.* New York: Guilford Press.

Zarbock, G. (2011). *Praxisbuch Verhaltenstherapie. Grundlagen und Anwendungen biografisch-systemischer Verhaltenstherapie* (3. Aufl.) Lengerich: Pabst.

Zarbock, G. & Zens, C. (2011). Bedürfnis- und Emotionsdynamik – Handlungsleitende Konzepte für dic Schematherapiepraxis. In: E. Roediger, & G. Jacob (Eds.), *Fortschritte der Schematherapie.* Göttingen: Hogrefe.

第14章

ホームワーク、
フラッシュカード、
ダイアリー

**クリストフ・ルース、ピーター・グラーフ、
ルース・A・ホルト**

14.1 ホームワーク

ホームワークは、スキーマ療法において特別な役割を有するため、この項で取り上げます。

一般的に、週1回の外来で心理療法を受けている場合、子どもが1週間に約98時間起きているとして（1日の睡眠時間を約10時間と仮定）、そのうち1時間だけをセラピストと一緒に過ごすことになります。図14.1はこれをグラフで表したものです。セラピーを受けている時間は、残りの人生に比べると非常に少ないものです。そのため、子どもや青年がセラピーの内容を次のセッションまでに忘れてしまっても不思議ではありません。特に、自発的にセラピーを始めたわけではない場合や、他の理由でやる気がない場合はなおさらです。

セラピー外の残りの97時間で、実際に何が起こっているのでしょうか。ジークら（Zeek et al., 2004）は、この時間帯を「無視された研究分野」と表現していますが、子どもの人生の残り時間に対する実際のセラピー時間の割合を考えると、驚きに値するものがあります。

とはいえ、認知行動療法を行う上でホームワークが不可欠であることは一般的に認められており（Blagys & Hilsenroth, 2002）、認知行動療法に関するほとんどすべての教科書で、治療におけるホームワークの必要性や重要性が言及されています。

未就学児や低学年の子どもたちとの間では、親が中心となってホームワークを進めていきます。問題行動の変化を見るためには、親がどのようにホームワークに取り組んでいるか、日常生活でどのように取り入れているかをチェックし続けることが重要です。

頻繁に生じる難しい問題として挙げられるのは、子どもや青年（幼い子どもの場合は親）が家でこれらの作業を部分的に、または中途半端にしか行わないことです。学校や職場に加えて、セラピストからもホームワークを出されるのは負担に感じるのかもしれません。ザントとバレット（Zandt & Barrett, 2017）は、ホームワークを他の用語で、たとえば、「行動エクササイズ」「行動実験」「セラピーの課題」「実習」「合意された訓練課題」「（治療的）合意」「日々のテスト」といった言葉で置き換えることを提案しています。

私たちの経験から、児童や青年期の心理療法においては「治療」「ホームワーク」「セラピーの課題」という言葉を使うことはお勧めしません。その代わりに、「実験をすること」「テストをすること」「課題をすること」「探偵活動をすること」「探索をすること」「訓練をすること」などと言っています。

しかし、子どもや青年は、「家庭での実践」（セラピストがそう呼んでいるもの）を完遂するのが難しいことがよくあります。これはもちろんセラピーを進める際の妨げとなります。結局のところ、どんな形であれ、新しい行動や体験を記録し、実践し、定着させ、日常生活に一般化させ、緊急時にスキルを適用できるようにすることが重要なのです。

図14.1　外来で週1回の心理療法を受けている子どもの、起きている時間と治療時間の割合

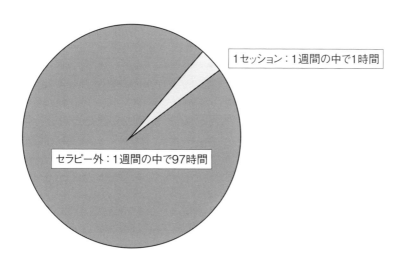

　どんなセラピーにも同じことが言えますが、セラピーをどのようにして伝えるかという問題は非常に重要であり、セラピーの成果をセッションだけでなく、教室で、家庭で、仲間と一緒の場面で発揮できるようにします。もちろん、大きな変化を期待するためには、新しい行動を実践しなければなりません。そのため、ホームワークを完遂させるための支援やサポートが必要となったり（例：親が注意深く見守る）、動機づけを設けたりする必要があります（例：行動計画）。

　養育者にとってクライアントのホームワークに取り組むことが負担になってしまうなど、ホームワークにまつわる問題も発生します。このような場合、子どもは受動的になりすぎてしまい、人生のディレクターというよりも観察者になってしまうことが多いです。セラピストや親、教師は、子どもが嫌がっていることを無理やりやらせたり、モチベーションを上げ続けたりすることが難しいため、あきらめてしまうことが少なくありません。

　スキーマ療法では、ホームワークをしないことや忘れることは「歓迎すべき行動」であり、治療に対する動機づけや、計画された行動的変化を損なう要因について話し合う機会になります。ホームワークを忘れるということは、「何も変えたくない」「自分にとってそれほど重要ではない」「面倒だからできない」という意識が背景にあると考えられます。もちろん、注意力や集中力の問題（ADHDの問題など）や、一般的な無気力（学校での過度の要求など）の表出を示す症状である可能性もあります。

　セラピストは、子どもがホームワークを忘れたことを本当に後悔しているのか、それともホームワークを忘れた自分自身に対して怒っているのかに気づくことで、どのような問題が提示されているのかを判断します。ほとんどの子どもや青年は「気にしていない」という印象を与えますが、これはむしろ、意味を理解できない、あるいは理解したくない、または責任を増やしたくないという気持ちの表れかもしれません（「週に1回セラピーに行くだけで十分だ」）。

スキーマ療法では、いわゆる「コンプライアンス不足」については、現時点でクライアントが有するスキーマと、それへの対処法に関する重要な情報とみなします。子どもたちの抵抗（「ホームワークをしたくない」）は、積極的に取り上げ、対話の課題とします。その目的は、子どもたちがエクササイズの効果を実感し、結果的に目標に近づけたことをセラピストに示したいと思うようになることです。

難しいのは、外的な動機づけがほとんどである若いクライアントに、このような欲求を芽生えさせることです。若いクライアントに対し、セラピストは特別な注意を払い、特別な努力をする必要があります（9.3項「心理教育」参照）。子どもたちは、セラピーの良い点や目的が何であるかさえ忘れてしまうことがあります。つまり、児童青年期を対象とするセラピストは、定期的に子どもに目的を示し、良い点を強調しなければなりません。

14.1.1　ホームワークの行動

スキーマ療法のセラピストは、ホームワークの「し忘れ」が、セラピーの中心的な目標を保てないこと、そして変化への動機づけを維持できないことの表れであると考えます。セラピストは、クライアントからのこの「有益なフィードバック」を振り返りながら、関係構築に立ち戻り、クライアントがどこでセラピーの目的を見失ったかを正確にチェックする必要があります。また、モチベーションが上がらない原因がどのスキーマにあるのかを明らかにすることも有用です。

たとえば、ホームワークをしないということは、「依存／無能スキーマ」（「自分には絶対にできないから、お母さんのところに行くしかない」「私は馬鹿だから無理だ」）や、「社会的孤立／疎外スキーマ」（「私は他の人たちと違う。そのうちみんな気づくだろう」）の表れである可能性があります。セラピストは、子どもの感情や認知を共感的に探り、明確な思いやりを持って接する必要があります。

「ねえ、フェリックス。やりたくないことをやらなければならないときって、ありますよね。やりたくないことをやらなければならないとき、なぜそれをやらなければならないのかが、わからないときもあるでしょう。私自身、子どもだったとき、そして十代の頃、いつもそのことに腹を立てていましたし、時には、単にそれらのことをしない場合もありました。たとえば、『やたらと疲れたな』と思ったときや、『先生に立ち向かいたい』と思ったときなどです。

そういうときは『やめておけ』と自分に言い聞かせました。自分が何を求められているのかわからなかったので、わざとやらなかったときもありました。でも本当はこういうときにどうしたらよいのか、恥ずかしくて人に聞けなかったんです。このように、私はいくつもの理由をつけて、物事を行いませんでした。フェリックス、こういったことは、ごく普通のことなんです。私はあなたに怒っているわけではありません。あなたにも忘れてしまう理由があるでしょうからね。だから私は、あなた自身の理由にとても関心があるのです」

できれば、子どもや青年には、これがホームワークの美徳についての説得でもなければ、権利とか責任とか約束違反にまつわるよくある話でもないことに、気づいてもらいたいものです。こ

うした提案は、ホームワークの実践（もっと一般的には義務や期待）が達成されなかったとき
に、子どもがどんな考えや感情を抱き、どんなイメージや記憶が生じるのかを探るものに他なり
ません。

　何らかの理由で子どもが黙っていたり、自らの考えを理解できていなかったりする場合、セ
ラピストは、18のスキーマについて表2.3から2.6までの認知を子どもに提示することができま
す。一方、子どもはそれぞれのスキーマについて、同意するか否かをうなずいて示すことができ
ます。

　「あのね、フェリックス、大人でも自分の考えや感情に気づいて表現するのが難しいときがあ
ります。これは本当に難しいの。でも、あなたの頭の中がどうなっているのかを知ることは、と
ても大切なんです。子どもたちが日常生活でうまくいかないときに何を考えているのか、いくつ
か読み上げてみてもいいですか？」

　ここでセラピストは、子どもの複雑さや動機づけに応じて、各スキーマに対する二分法や尺度
を用いた回答を求めることができます（「はい」「いいえ」、「当てはまる」から「全く当てはまら
ない」までの0〜10の尺度、またはそれに類するもの）。子どもがその考えに同意した場合、上
記の表はさらなる分析の機会を与えてくれます。示されている親や養育者の行動は、その子ども
の親や養育者にも適用できるでしょうか？　記載されている対処法は、その子どもにも適用でき
るでしょうか？

　「フェリックス、いいですか？　このような考えを持っている子どもは、……という領域で問
題を抱えていることが多いのです。でも、そのような子どもたちが全員同じように行動するわけ
ではなく、ある人は……で状況を切り抜けます（服従）。また、そのような状況に絶対に直面し
ないようにする人（回避）や、実際はそうではないのに正反対のことを友達に信じ込ませようと
する人（過剰補償）もいます。あなたはどこかでこんなふうに自分を認識していますか？　繰り
返し似たような考えが出てくるときには、どのような戦略を取りますか？」

　思春期のクライアントに対応する際には、基礎となるスキーマについてセッション内でより深
く話し合うことができます。
　「あなたの思考と行動は、……によって特徴づけられる『……スキーマ』を示している可能性
があります（スキーマの簡単な説明）。もしそうなら、ホームワーク以外の生活のどの場面で、
スキーマが活性化し、問題を引き起こす可能性があるでしょうか？」
　また、（たとえば、罪悪感や説明の必要性を減らすための）コーピング戦略についてもより詳
細に話し合うことができます。

　セラピストが最善の努力と共感的な説明をしたにもかかわらず、子どもや青年がホームワーク
に取り組むことを拒否した場合、認知再構成法、エクスポージャー、リラクセーション法といっ
た追加の手法は使用しないほうがよいでしょう。スキーマ療法の視点によれば、クライアントが
何かを承諾しないという現象は、不適応的スキーマや非機能的モードの活性化から生じます。

第14章　ホームワーク、フラッシュカード、ダイアリー　307

したがって、ここでセラピストは、（ホームワークの拒否で証明されたように）現在の問題行動の重要な原因の一つを見つけたと仮定する、確かな理由を得ることができます。このヒントを無視して、たとえば「この人はホームワークに取り組む能力がない」などと決めつけると、せっかくの技法や手法を有効活用できなくなる可能性が生じてしまいます。これらの技法の「失敗」は、慢性的な問題行動（「実績のある技法も私の助けにはならなかった」）と、スキーマとモードの自我親和的な理解（「ほら、これが私だ。もうどうにもならないんだ。私はどうしようもないケースだ」）をさらに強化することになります。

クライアントをこのプロセスに参加させることを目的とした、動機づけを高める方法の一つは、二人で参加しないと成立しないゲームや活動をすることです（もし卓球で、一人がずっとサーブを打ち続け、もう一人がボールを返そうとしなければ、ゲームは成立しないでしょう）。

他の「成立しない活動」の例としては、片足だけで自転車を漕ぐ、片手だけで肉を切る、片目だけで3D映画を観る、親指を使わずに物をつかむ、などが挙げられます。また、セラピストとクライアントが手漕ぎボートを借りて、一人だけがパドルを使うとどうなるか、ということを見てみることもできます。新奇なアプローチを用いることで、子どもは、自分から協力することが非常に重要であり、セラピーの進展に不可欠であることを理解します。

セラピストはまた、クライアントの過度に受動的な態度を受け入れないようにする必要があります。もしホームワークが適切に行われていないのであれば、それこそが問題の核心、つまりその子どもがセラピーを始めたそもそもの理由を示しているのかもしれません。ここでセラピストに必要なのは冷静さと忍耐力です。セラピストはクライアントをセラピーに適した状態に移行させ、別の方法や戦略に早々に移行させないようにしなければなりません。

もちろんホームワークの内容は、子どもの動機づけや治療の進展の状況によって異なります。フェムとムルス（Fehm & Mrose, 2008）は、難しすぎる課題や広範囲にわたる課題の場合、クライアントが圧倒されてフラストレーションが溜まり、最終的にはセラピーの中断につながる可能性があると指摘しています。特に、「従順な」クライアント（例：「欠陥／恥スキーマ」「自己犠牲スキーマ」「失敗スキーマ」「服従スキーマ」の持ち主）は、自分自身に非常に大きなプレッシャーをかけてしまうことがあり、セラピストはそれを認識して治療的に対応する必要があります。

対応するためのやり方としては、ホームワークを故意に「忘れる」理由を、あるいはクライアントがセラピストに言われた通りにすべてを行う理由を、共感的に説明することです（「従順・服従モード」「機嫌取りモード」といったコーピングモードへの言及）。しかしながら、こういったことはセラピーの文脈に組み込まれる必要があり、無作為に適用されるものではありません。

紙幅の節約のため、ここではホームワークについて詳細には説明しませんが、オンライン資料の中には、ホームワークとして使える便利なワークシートが用意されています（例：モードの週間プロトコル、フラッシュカード、ダイアリー）（訳注：第10章のオンライン資料〈Flash-Card for Children (Problem and Solution)〉、第12章のオンライン資料〈Worksheets for mode observation〉な

どを参照）。これらのワークシートの使い方は、本書の別の章に記載されています（第10章）。

　要約すると、スキーマ療法では、認知行動療法と同様にホームワークが不可欠であり、さらに、クライアントがホームワークに承諾しない現象を定式化し、それをモードモデルの中で解決できるというメリットがあります。

14.2　フラッシュカードやダイアリー

　この短いセクションでは、子どもや青年がセラピーで得た知識を日常生活に移し、進歩を記録するためのさまざまな方法を紹介します。若いクライアントの場合、セラピーセッションで作成した素材を持ち歩いたり、家で飾ったりすることができます。イメージやキャラクターを使って、セッションでの体験やアイディアを子どもたちに思い出させることができるのです。
　クライアントは、たとえば、どのモードが活性化するのかを覚えておくために、モードイメージのコピーや指人形の写真などを部屋に飾っておくとよいでしょう。セッション中のモードワークの写真や文章を使って、重要なモード（例：「脆弱なチャイルドモード」「利口で賢いチャイルドモード」）の表出や活性化をクライアントに思い起こさせることができます。以下の素材が有用です。

■モードイメージ
■指人形の写真または絵。できれば吹き出し付きのもの（自分へのポジティブなメモも）
■インナーハウスの写真
■モードの対話セッションの写真

　多くのクライアントは、母親や他の養育者に、ラミネート加工したモードの画像をリマインダーとして持ち歩くよう依頼しています（図14.2）。子どもの許可を得た上で、何かきっかけがあったとき、母親はこのカードを子どもに見せて、どのモードが活性化しているのかを思い出させ、セラピーで話し合った解決策を使うために、「利口で賢いチャイルドモード」を取り入れるように促すことができます。

　モード画像は、セルフモニタリングの課題にも使用することができます。子どもは日常生活の中で、スキーマやモードの探偵のような役割を果たし、適切な瞬間に隠れたモードを発見します（モードワークのためのイメージカードについては、オンライン資料を参照）。

　年長の子どもや青年の場合は、典型的なスキーマやモードの活性化をマップ上に描き、「利口で賢いチャイルドモード」が持っている別の考えや感情を書き出すことができます（オンライン資料では、読者が記入するための白紙のカードが用意されています）。

第14章　ホームワーク、フラッシュカード、ダイアリー　309

図14.2　子どものためのシグナルカードとしてのモード画像

**図14.3　ビジュアルモードのフラッシュカードまたはモードマップ
（オンライン資料参照）**

14.3 個々の技法を組み合わせるための まとめとプロセス

　この本で紹介されている技法は、若いクライアントのスキーマとモードの両方に治療的に働きかける方法を示しています。症状や問題行動の背景にあるパターンを、子どもたちが親しみやすい方法で探り、変化の可能性を豊かにします。

　スキーマ療法は、子どもと青年の両方を対象に、クライアントが自分自身をどのように見ているのか、また環境にどのように反応しているのかを鮮明に理解するための枠組みを提供します。そして、セラピストは、クライアントのモードと遊び心のある対話をすることができます。

　セラピーが進むにつれ、それぞれのモードの役割が尊重され理解されると、セラピストは、拒絶された部分や愛されていない部分を統合したり、圧倒してくるモードを抑制したりすることを助けます。これらの治療的洞察は、日常生活における具体的な行動変容とエクササイズに移行されます。

　スキーマ療法では、子どもの創造性を刺激するために、いくつかの技法を組み合わせています。6～7歳の子どもたちには、まずモードを描くことから始めるのがよいでしょう。その後、モードを椅子に割り当てたり、あるいは想像やゲームの中で扱ったりすることで、指人形の形でのモードのイメージがより鮮明になっていきます。

　子どもが自分のモードを理解し、体験し始めると、感情の処理が高まります。ここでは、映像の魅力と鮮やかなゲームの力が相互に作用しています。モードモデルの日常生活への移行は、モードを描くことだけでなく、チェアワークやモードの対話、指人形を使用することで、より容易になります。

　治療的要素（心理教育、認知的技法、体験的技法）を組み合わせる一つの方法として、フォークマニス®の大型パペットを使用することができます（6歳以下の子どもを対象とした場合にも適用されます）。ここでモードには、スピーキングやアクティングパーツとして命を吹き込むことが可能です。モードの対話が進むと、子どもの体験モードが変化し、モードが反転するとパペットも変化するので、「利口で賢いチャイルドモード」を構築するための貴重なステップとなります。また、それを絵にして持ち帰ることもできます。

　この本で紹介されているテクニックは、非常に簡単に組み合わせることができ、セラピストは子どものニーズや能力に合わせて、子ども自身の強みを考慮しながら、よりよい調整を行うことができます。図14.4と図14.5は、さまざまなテクニックと組み合わせの可能性をまとめたものです。

第14章　ホームワーク、フラッシュカード、ダイアリー　311

図14.4　7歳より下の子どもを対象とした場合のモードとスキーマ療法の要素

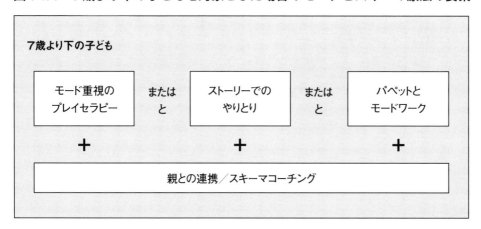

図14.5　6、7歳から思春期の子どもを対象とした場合のモードとスキーマ療法の要素

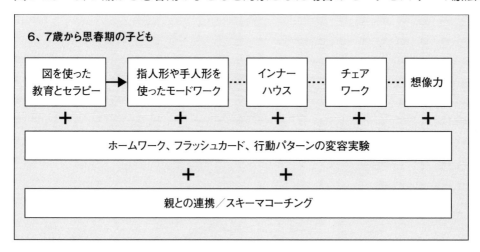

　スキーマ療法のワークの基本は、治療関係にあります。良いセラピーとは、優れた技法ではなく、関係性に基づくものであることを、もう一度強調しておきたいと思います（9.1項参照）。その関係の一部として、フレームワークなしに技法を試すことに振り回されるのではなく、技法の使用を導く、モードにフォーカスしたフォーミュレーション（ビジュアル的なケース概念化、またはケース概念化におけるステップバイステップの手順）を実施することが挙げられます。そのような関係性の中に、スキーマ療法のフレームワークがあれば、創造的なアイディアと実行の可能性は無限に広まります。

　決め手となるのは、必ずしも技法ではなく、技法を適用する際のセラピストの姿勢が成否を左右します。その姿勢の特徴とは、クライアントを真摯に理解し、症状を超えて子どもの欲求を満たすことに注力するというものです。セラピストの治療的再養育法の役割は、常に介入のための文脈を提供しています。

◆参考文献◆

Blagys, M. D. & Hilsenroth, M. J. (2002). Distinctive activities of cognitive-behavioral therapy: A review of the comparative psychotherapy process literature. *Clinical Psychology Review*, **22**, 671-706.

Fehm, L. & Mrose, J. (2008). Patients' perspective on homework assignments in cognitive-behavioural therapy. *Clinical Psychology and Psychotherapy*, **15** (5), 320. Retrieved from https://search.proquest.com/docview/213888986?accountid=178506

Zandt, F. & Barrett, S. (2017). *Creative Ways to Help Children Manage BIG Feelings: A Therapist's Guide to Working with Preschool and Primary Children*. London: Jessica Kingsley Publishers.

Zeek, A., Hartmann, A. & Orlinsky, D. (2004). Intersession processes: A neglected area of psychotherapy research. *Psychotherapie Psychosomatik Medizinische Psychologie*, **54** (6), 236-242.

第15章

スキーマ療法の観点から見た親と家族システム

ピーター・グラーフ、ルース・A・ホルト

子どもや青年のスキーマ療法では、親との協同作業がとても重要です。子どもがクライアントである場合、親は症状の発生に関わるなど、さまざまな面で大きな役割を果たしており、しばしば無意識のうちに問題を永続させるようなモデリングや関わり方を行ってしまっています。

そのため、スキーマ療法では、セッション中やセッション間に、親が治療プロセスをサポートできるよう、いわゆる「コーチング」を提供します。

15.1 スキーマ療法における ペアレントワーク

15.1.1 スキーマ療法と認知行動療法、家族システム、ナラティヴ・セラピー

スキーマ療法のペアレントワークは、現在行われている認知行動療法（CBT）による親への働きかけを補完すること、つまり、「一貫した養育スタイルを提供することで、子どもの自己価値を安定させる関係を親が提供できるように導く」（Borg-Laufs, 2005）ことを目的としています。

CBTそのものには、子育てのスキルを高めるだけでなく、親子関係や家族内のコミュニケーションを改善し、感情や欲求を表出したり、葛藤に対処したりするスキルを身につけることが目的としてあります。そこでは同時に、親の行動の起源を理解するために、親の成育歴も考慮に入れます。一方でスキーマ療法では、親と子の関係やその関係がどのように発展してきたのかを、より深く理解することもできます。

この章では、システム理論の原理と考え方を、子どもと思春期の人のためのスキーマ療法に統合します。スキーマ療法のシステミック・アプローチは本書の範囲外ですが、この章では、子どもとその親に対するスキーマ療法を、システム的な視点から紹介することを目的としています。スキーマ療法にシステム的な視点を取り入れることで、家族やシステムのルール、パターンを理解し、介入することが可能となります（Bitter, 2013）。そのため、一人ひとりの行動、認識、思考、感情の相互作用や構造を調べる必要があります。

クリッツ（Kriz, 1991, 2008, 2013）のパーソンセンタードシステム理論に沿って、スキーマ療法のアプローチでは、家族間の相互作用を当事者の個性の表出と考えます。しかし、私たちは、行動や認識のパターンは、システムのパターンの影響を受けるとも考えています。

クライアントをシステムの一部として捉えるために、スキーマ療法のセラピストは、家族の相互作用の構造の中で、どのような循環的な因果関係の役割があるかをアセスメントします。セラピストは、クライアントの行動が自己組織化されたフィードバックシステムの一部であり、

「症状」がシステム全体の中でどのような意味と一貫性を持っているかを分析します（Bitter, 2013）。個人のスキーマやモードは、究極的には「関係性のダンス」（Minuchin & Fishman, 1981）の一部であり、物事がどうあるべきかというコンセンサスとして、周囲を取り巻くシステムによって形成された、現実の構築物です。

　システミック・アプローチと同様に、スキーマ療法では、家庭内における自分自身の、相互の、そして自分たちの抱える問題それぞれについて、やりとりの仕方を変えることを志向しています。スキーマやモードの相互作用を理解することで、家族は新たな視点を持ちやすくなります。そして、明確な専門用語を伝えることによって、問題をその人から切り離すための言語的な方法を提供することができます。

　ホワイトが示唆しているように、問題を抱えている人が問題なのではありません（White, 1991）。これまでの経験から、子どもも親も、彼ら自身に問題があるとみなされていなければ、協力してくれる可能性が高くなることがわかっています。しかし、他のシステミック・アプローチとは異なり、スキーマ療法では、問題は外在化（White & Epstein, 2004）され否定的な意味合いを持つだけではなく、問題はその人の一部を表すものとして、多くの場合、肯定的に導入されます。

15.1.2　教育者と親のためのスキーマコーチング

　スキーマ療法のペアレントコーチング（スキーマコーチング）では、子どもに焦点を当てたセラピーに加えて、カウンセリングとペアレントワークを行います。スキーマコーチングは、システムを構成するそれぞれのメンバーのスキルを伸ばすと同時に、彼らの基本的欲求、スキーマ、モードに焦点を当てます。

　行動に焦点を当てた「ペアレントトレーニング」とは対照的に、「ペアレントコーチング」という言葉は、スキーマ療法のセラピストが親を補助するために提供する支援の複雑さを明示してくれています。ここでのコーチングは、親が自分の子どもを新たな視点で捉え、家族間の相互作用に対処するための創造的な方法を構築するものであり、指導、教育、セルフヘルプや自己発見を支援するプロセスでもあります。

　スキーマコーチングは、親が主体的に問題や症状を解決し、自分自身の欲求を満たす方法を学ぶことを支援します。また、スキーマコーチングでは、親が自分自身の役に立たないパターンを見つけ、それを変えるように導くことで、スキーマの衝突を避けることができます。

　親や養育者は、自らの家族における、意識されていない多世代にわたるスキーマに気づくことができるようサポートされます。そして、子どもの問題行動は、家族のスキーマとモードの症状として認識されます。セラピストがこれらのつながりを明らかにし、家族の硬直性を和らげると、親や養育者は、「スキーマや行動パターンは家族のスキーマに深く根付いているのに、どうして子どもが自分たちだけでこのスキーマと戦わなければならないのか」という疑問を抱くようになります。また、教師や保育士にもスキーマコーチングを行い、治療的アプローチを理解して

もらい、子どもがさまざまな環境でスキーマ療法の戦略を実行できるようにサポートします。

15.1.3 スキーマ療法のペアレントコーチングの諸要素

ここではペアレントコーチングの概要を伝え、具体的な手順やより実践的な方法については後ほど詳しく説明します。ペアレントコーチングは、セラピストが家族システムを理解すればするほど役立つものであり、家族システムを徹底的に評価するためには次のような手順が有効です。

■親のリソースを評価する（家族のリソースに関する質問票を参照）。

■家族の中で中核的感情欲求がどのように満たされているかを評価する（セラピストのチェックリストとしての、欲求バランスに関する親の質問票）。

■親子の相互作用におけるスキーマとモードについて教育する。

■以下のようなスキーマ療法のフォーミュレーションを展開する。

　□家族構造を診断するためのアンケート（セラピストのチェックリストとして）や、家族造形法、ファミリーボードなどを用いて、家族のルール、境界、役割、連合、委任などを理解する。

　□家族の相互作用のパターンにおける症状の機序について仮説を立てる。

　□親のスキーマとモードを特定する。親の幼少期の情報（YSQを使用）、スキーマ・ジェノグラム（理想的には3世代にわたって）、投影法を用いて探る。どのモードやスキーマが活性化されるか（親の「感情のボタン」）、どのようなきっかけ（子どもの行動など）で活性化されるかを特定する。

　□スキーマとモードの全体像を作成し、悪循環やモードの増強といった家族の複雑な相互作用を説明する。

■親子関係に特に悪影響を及ぼす、親のスキーマやモードに対応する。たとえば親が「欠陥／恥スキーマ」を有する場合、子どもの行動に関連して、強い罪悪感を抱いているかもしれない。セラピストは親のスキーマの起源を理解することで、罪悪感を解きほぐし、親の「ヘルシーアダルトモード」を強化することができる。同様に、親自身が深刻なネグレクトや虐待を体験している場合は、これらの問題を最初に解決することが重要で、そうでなければ親のスキーマが、子どもの治療に関わる能力に影響を与えてしまう。

■体験的技法（椅子、人形、イメージ）を使ってモードワークを行う。まず、親の「非機能的コーピングモード」を特定し、次に、「脆弱なチャイルドモード」へのアクセスとサポートを支援し、「ヘルシーアダルト／ケアし導くモード」を特定し、不足している場合は健全なヘルシーアダルトの機能（例：セルフケア）を構築し、さらに「懲罰的ペアレントモード」と「要求的ペアレントモード」の力を軽減する。

■必要に応じて、親の幼少期に戻り、どの中核的感情欲求が満たされていたのか、あるいはまだ満たされていなかったのかを明確にする（モードの対話やイメージを使用する）。

■親の両親（子どもやクライアントの祖父母）の欲求が満たされていたか、満たされていなかったかについて気づきを向け、世代間のナラティヴを構築する。

■「このスキーマは家族にどのような影響を与えたのか、そして今のあなたの家族にどのような影響を与えているのか」といった質問で、各世代のスキーマから受け継がれてきたものを特定する。「そのスキーマはあなたの子どもたちにどんな影響を与えていますか」などの質問をする。

■子どものモードにどう対処すればよいか、親に実践的な指導を行う。たとえば、セラピストがロールプレイでモデルとなったり、モニタリングのホームワークを出したりする（例：親自身のスキーマのトリガーを避けることによって戦略を使えなくする、「ケアし導くモード」の確立を支援する）。

■ポジティブな活動や儀式を確立し、子どもの中にある適応的なモードを強化する。

■さらなる介入が必要かどうかを判断する。たとえば、子育てスキルの向上、カップルセラピー、地域福祉団体によるケースマネジメントやその他のサービス、片方の親に対する個人セラピー、作業療法、ビデオフィードバック、社会的能力／スキルトレーニング、子どもを支援するためのその他の介入（学習に焦点を当てたセラピー、宿題の手伝いなど）といったものが挙げられる。

両親に対するスキーマ療法の限界と禁忌については、第17章で取り上げます。

15.1.4 スキーマ療法の観点からの ペアレントトレーニング

従来のペアレントトレーニングのアプローチは、主に行動や態度の変化を目的としています。こうしたアプローチは予防のために、そして困難な状況にどう対処してよいかわからずにいる親に対して有効です。

ペアレントトレーニングでは、何かしらの問題を抱えていたとしても、前の世代で受け継がれたモデリングを理解することができます。トリプルP（前向きな育児スキルの予防と開発のためのエビデンスに基づく介入、Nowak & Heinrichs, 2008などを参照）といったペアレントトレーニングは、私たちの臨床経験では、複雑な精神障害やスキーマに基づく家族の相互作用に対しては十分ではありません。親は、複雑で慢性的な問題を抱える子どもの困難な性質に圧倒されてしまうことがあります。そして、失敗や不完全さという強い感情を抱き、時にはそれが子どもやセラピストと結びついてしまいます。この背景には、ペアレントトレーニングにおいて、深く刻み込まれた不適応的スキーマや感情のプロセスに十分な注意が払われていないことが一因としてあります。

たとえ「ペアレントトレーナー」が親の不適応的スキーマに気づいたとしても、グループ内で個人のスキーマに対処する機会は設定されていません。親のスキーマが活性化すると、子どもへ

第15章　スキーマ療法の観点から見た親と家族システム　319

の対応に関する提案を間違って受け止め、本来なら妥当なアイディアの使い方を誤ってしまうことがあります。

　たとえば、「厳密な基準スキーマ」や「罰スキーマ」を持つ親は、「ご褒美シール」のアプローチを厳格に実行しますが、その結果、子どもはさらに苦痛を感じ、行動化が進んでしまいます。ここで親の体験としては、その戦略は「うまくいかなかった」と捉えられます。「自然発生的な結果」も、苦悩を抱いている親が自分の「痛いところ」に基づいて行動したときに、子どもにとっては罰を与えられたと感じるような体験になりかねません。

　多くのペアレントトレーニングのアプローチは、親が戦略を実行している間、「ヘルシーアダルト／ケアし導くモード」でいられることを前提としています。しかし、親が「要求的ペアレントモード」に入っていると、通常の指導（例：「一貫性を持たせましょう。もし子どもが課題を終えるのに時間がかかりすぎると、家族の活動ができなくなってしまいます」）が、子どもを切り捨てることを目的とした、救いにならない許可として受け取られてしまう可能性があります。「怒鳴ったり泣いたりしないで、落ち着いた声で話しましょう」と親に勧めることが、親の「要求的ペアレントモード」を部分的に強化し、親自身のスキーマのトリガーとなってしまい、悪循環を形成してしまうこともあるのです。

　「罰スキーマ」を持ち、「懲罰的／要求的ペアレントモード」が深く根付いている親は、子どもを怯えさせるような役に立たない否定的なニュアンスで、制限や境界線を設定することがよくあります。しかし、そうした親は自分のスキーマやモードを理解していないため、専門家のアドバイス通りに行動していると思ってしまいます。短期的な成功を体験することもあるでしょう（最初は子どもが従順に反応しますが、その後はより回避的になります）。しかし、長期的には、親子関係に苦痛を与えることになります。

　このようなパターンは、子どものネガティブなスキーマやコーピングモード（「遮断・防衛モード」や「反抗・挑戦モード」）を強化し、悪循環を強めてしまいます。こうした場合、親はセラピストに対して、自分が提案したことがうまくいかなかったと訴えることがよくあります。最終的には、親の感情欲求が十分に満たされていなかったり、アドバイスが家族のモードの形成を考慮していなかったりすると、良いアドバイスも役に立たないものとなってしまいます。

　ペアレントトレーニングのアプローチがうまくいかないもう一つの理由として、つらい気持ちを回避するといった、親の無意識の「抵抗」が関係しています。そのため、治療の妨げになるスキーマやモードに対処する必要があります。多くの認知行動療法のセラピストは、このような課題を認識していますし、スキーマ療法では、親が自分自身の反応をより深く理解し、これらの問題に効果的に対処する方法を提供します。これは、個人だけでなく、グループでも行うことができます。

15.2 スキーマ療法のシステム的視点

15.2.1 システミック・アプローチの予備的説明

　30年以上前に、認知行動療法や深層心理学、精神分析などの心理療法に家族システムの視点が取り入れられました。その結果、現在では、家族とそれを取り巻く環境という文脈で子どもを理解し、評価することが一般的となっています。

　今となっては、単純な因果関係に基づいて考えるセラピストは、ほとんどいなくなりました。しかし、個人主義的な文化においては、問題の発生要因や主要因を特定するために、個人のミスや失敗を探ることがよくあります。子どもに関わるとき、症状は親の抱える問題によるもの、不適切な養育態度による「産物」であると考えられがちです。このような視点は、システムに着目する際の複雑性から生じる無力感を軽減する（ように見える）ため、セラピストには一見、魅力的なものにも感じられます。

　しかし一方で、この視点は、責任の所在を親に特定し、恥や罪悪感をもたらすものとなり、親は助けを求めることが難しくなります（17.1.1項参照）。そのため、子どもをセラピーに連れてくる親の多くは、自分が罪を犯してしまったのではないかと不安を抱いていることがよくあります。本当の意味でのシステミック・アプローチとは、システムの構成員とシステム内の個人の相互作用を考慮しなければならないものです。本書では、読者がシステム理論やセラピーの基本的な考え方や概念（全体論、問題の所在をシステムに還元すること、サブシステム、ホメオスタシス、円環的因果律など、Cowan & Cowan, 2006を参照）を理解していることを前提としています。

　以下のセクションでは、家族システムの特徴と、それが子どもや親とのスキーマ療法にどのように関係するかを説明します。そして、相互に依存する特性を説明し、システムの境界、役割分担、システムのルール、機能性、悪循環の観点から、家族システムがどのように機能するかを説明します。

15.2.2 システムとサブシステムの境界

　境界とは、部分と全体の関係性を表すものと定義されています（Minuchin & Fishman, 1981）。たとえば、2人の子どもがいる家庭には、異なるサブシステムがあります。まず、両親は個人として存在しています（生活空間を共有する人としての存在）。2つ目に夫婦・恋人としての存在があり（カップルレベル）、3つ目に父と母としての存在があります（親レベル）。

　もう一つのサブシステムは、父、母、娘、息子という役割を持つ家族全体としての存在です。

第15章　スキーマ療法の観点から見た親と家族システム　321

兄弟姉妹もサブシステムを構成し、さらに2組の祖父母がいて、夫婦でそれぞれのサブシステムを構成しています。このように、家族はさまざまなサブシステムで成り立っていると理解できます。

セラピストは、システムまたはサブシステムの境界を調べる必要があります。

システムの境界は存在するのでしょうか？　あるとすれば、それは柔軟で適切なものか、それとも不適切に緩かったり硬直していたりするでしょうか？　両親は、子どもに苦痛をもたらしたり、転嫁することなく、夫婦間の葛藤に対処することができているでしょうか？　あるいは、親が葛藤回避のために子どもを巻き込んでいないでしょうか（「三角関係」または「迂回連合」）？　世代間連合は起きていないでしょうか（たとえば、母と娘が父に対抗する）？　親は子どもと密着し一体化しているか、それとも十分に独立性が保たれているでしょうか？

離婚した親や別居している親と関わる場合は、親子が他のサブシステムと連合しているかどうかを確認し、適切な制御がなされていない、高いレベルの苦痛をもたらしている相互作用のパターンに着目することが、重要になります。たとえば、結婚生活における傷害事件について、子どもが元パートナーによる危害を証言しなければならないようなケースがあります。

事例

　両親の離別をきっかけに、ある少年が排泄機能の不全を引き起こしました。緊張による便秘に始まり、便失禁へと至る悪循環に陥っています。それぞれの親は、この「問題」をきっかけに、子どもに過剰なストレスを与えていると相手を非難しています。

　少年は、恥や罪悪感を和らげようと、その場にいるどちらかの親と連合し、もう一方の親の自分に対するひどい扱いを訴えます。このような状況でのセラピーの目的は、ダメージを受けたり曖昧になったりしているサブシステムの境界を修復し、機能不全に陥った連合に変化をもたらすことです。

15.2.3 役割の割り当てと導入

●役割の割り当ての病理

　親やその他の養育者は、自分自身の欲求を満たすための役割を（ほとんど無意識のうちに）子どもに積極的に割り当てることがあります（Zarbock, 2011）。ここでは、相手に向けられた意識的・無意識的な期待のことを「役割」と定義しています。リヒター（Richter, 1974）の「病原的役割」という概念は、この問題に取り組む上で参考になります。典型的な役割分担は以下の通りです。

■ひとり親における、パートナーの代わりとしての子ども

■理想の自分としての子ども（親が自分の人生で達成していないこと、やっていないことを、子どもがすべて達成する必要がある）

■スケープゴートとしての子ども（何でもかんでも子どものせいにして、他の家族が共通の敵としてまとまるようにする）

■「鞭を打たれる少年」としての子ども（怒りは加害者に向けられるのではなく、システムの中の弱い存在である子どもに向けられる）

■親代わりの子ども（子どもが親の感情的な責任などを引き受ける、役割の逆転または「親化」）。たとえば、アルコール依存症の親の世話をしなければならない子どもや、非常に強い欲求を持つ母親が子どものようになっている場合など

　これらの役割は選択的に強化され、システム内（および個人）の認識を生み出し、メンバーがそれに基づいて行動することで、「自己成就予言」となる期待をグループにもたらします。

　たとえば、子どもが「スケープゴート」の役割を担わされた場合、親の排斥的な行動が引き金となって、「欠陥／恥スキーマ」や「不信／虐待スキーマ」などが形成されます。子どもがこれらの体験、認知、感情を内在化させると、「役割通り」に行動するようになり、それがシステムから多くの緊張を取り除き、家族の認識を強固なものにしていきます。

　また、子どもがパートナー代わりの役割を担う場合には、「巻き込まれ／未発達の自己スキーマ」や「自己犠牲スキーマ」などが形成されます。子どもが親の理想とする役割を与えられると、「権利要求／尊大スキーマ」や「厳密な基準スキーマ」などが形成されることがあります。

●役割分担のバリエーションとしての対人委任

　システム内における委任とは、グループ内の人々がある部分（気分や感情、または行動）を同じグループの他の人々に委任する（しばしばそれらの部分を外在化する）プロセスを指します。委任は伝統的に、複雑な課題を効率的に処理する方法であり、ワーキンググループ（狩猟採集民や「主婦」「稼ぎ手」などの区分）で広く使われています。

　しかし、深層心理学者は、委任を、家庭内における対人的な防衛プロセスであると表現しています（例：Mentzos, 1990; Cierpka et al., 2005で引用）。一方、システム派の著者は、委任を、家族内転移と表現しています（例：Stierlin, 1975; Cierpka et al., 2005で引用）。

　スキーマ療法では、このようなプロセスを理解するために、モードモデルを用いて、割り当てられた役割がモードになることを示唆しています。たとえば、家族の中で、父親はグループの機能に欠かせない「ケアする親」の役割を担い、健康上の問題を抱えている母親は「脆弱なチャイルドモード」の役割を担っているかもしれません（薬物依存の親が「衝動的／非自律的チャイルドモード」の役割を担うことが多い状況では、親代わりとなった子どもが「ケアする親モード」の役割を担うことになります）。

　若者は、このような家族システムの影響を、自分が所属する他のシステムで表現することがあ

第15章　スキーマ療法の観点から見た親と家族システム　323

ります。たとえば、非常に厳格で感情的に抑圧された家庭にある子どもが、友人との間で「衝動的チャイルドモード」や「怒れるチャイルドモード」を示すように、子どもはピアグループの中で自己の否定された側面を探求し、表現することで、これらの役に立たないモード（役割）の内的なバランスを回復することがあります。

　家族の中では、表出困難部分、不快にさせる部分、嫌われる部分（またはその人の気質に合わない部分）が他のメンバーに「引き継がれ」ますが、引き継がせた人にとってそれが役に立つときがあります。そのため、他のメンバーが表現できないことを表現する、「うるさい」「怒る」子どもが家族内にいることが多いのです。

　家族メンバーはそれぞれの役割や専門性を持っていますが、集合体としての家族は、家族としての機能性をケアし、家族全体の感情欲求を満たそうとします。短期的に捉えれば、これは、グループと各グループメンバーを強化する補完的な役割の「相互作用」であると見ることができます。しかし、長期的にはグループの機能を弱めることにもなります。これらの役割が硬直化し、個人が内的な感情欲求を満たすための「ヘルシーアダルトモード」や「ケアし導くモード」の習得が妨げられてしまうと、家族システムは依存関係（実践やルーティンや実践的知識が不十分である結果としてのスキル不足）や、対立を生み出してしまいます。こうしたプロセスをたどると、関わる人が特定の態度や価値観を誇張して、変化を強いようとするため、人々の間に両極性が生じることにつながります。

事例

　マイケルは現在8歳で、母親は、マイケルの攻撃性と支配性について訴えています。彼は自分の要求が通らないと、頻繁に母親の腕や背中を拳で叩きます（マイケルは潜在的に「脅しモード」を持ち、表向きには「怒れる／甘やかされたチャイルドモード」を示している）。父親はこの行動を深刻に受け止めておらず、息子と一緒に冗談を言ったり、遊んだりしています（父親は「幸せなチャイルドモード」であることが多い）。

　一方、母親は、家族の一人ひとりに対応し、全員に配慮しようとしています（「ケアする親モード」と「従順・服従モード」の混在）。母親は、いつも悲しんだり困ったりしている幼い娘のアンナのことをとても気にかけています（アンナは「脆弱なチャイルドモード」にある）。各メンバーは、家族における厳格な役割（モード）にとらわれているように見えます。

　マイケルの母親は、以前は、このように自己主張の強い息子を持つことを誇りに思っていました。なぜなら、母親自身は子どもの頃、とても怖がりで、息子は過去の自分の姿と正反対だったからです。母親はまた、父親がマイケルと一緒に楽しんでいることを評価しており、自分もマイケルと一緒に「幸せなチャイルドモード」でありたいと思っていたそうです。

　マイケルの母親は、娘のアンナに最も共感していましたが、夫とは対照的に場をしらけさせる「悲しい人」だと見られるのが嫌で、あえて自らの「脆弱なチャイルドモード」を

表出しませんでした。家族のメンバーそれぞれが未発達で、十分にお互いのことを理解し合えていない状態にあるがゆえに、家族としての機能は保たれています。しかし時間が経つにつれ、これらのモードは強固になり、より多くの緊張と慢性的なフラストレーションを引き起こすことになります。

●スキーマ療法のアプローチ

▷感情欲求のバランスを取る

非機能的な家族の役割に対処するためのスキーマ療法のアプローチは、養育者が自身の感情欲求と子どもの感情欲求のバランスを取れるようになることを目的としています。理想としては、親が子どもに接するとき、「ヘルシーアダルト／ケアし導くモード」になり、子どもに対して思いやりを持って行動し、子どもの感情欲求を満たします。その一方で、子どもが欲求不満や不寛容さを表現したときは、境界線を設け、子どもを導く必要があります。

次にスキーマ療法のセラピストは、システム的な視点から、なぜ、そしてどのように、両親が「ヘルシーアダルトモード」から「追いやられる」のか、最悪の場合、なぜ「ヘルシーアダルト／ケアし導くモード」に全くアクセスできないのかを検証します。

まずは、家族それぞれのサブシステムから始めるのがよいでしょう。

手始めに、カップルシステムに目を向けます。パートナーは互いに「ヘルシーアダルトモード」や「幸せなチャイルドモード（大人であっても子どものようにのびのびしていて、体験を受け入れ、今を大切にできる）」で接しているでしょうか？　あるいは、カップルのダイナミズムとして、互いのモードの衝突はないでしょうか（たとえば、パートナーの一方が「脆弱なチャイルドモード」で、他方が「懲罰的ペアレントモード」であることが多い）？　子どもが正常な情緒的発達を遂げるためには、カップルの関係が安定している必要があります。カップルの役に立たないモードの相互作用が明らかになると、セラピストは、子どもがそこからどのような影響を受けているかを理解できるようになります。

子どもに割り当てられる病的な役割分担は、親が「ヘルシーアダルト／ケアし導くモード」を示すかどうか、また示すとしたらどの側面を示すのか、といったことによって決まります。親が「ヘルシーアダルト／ケアし導くモード」を維持できるかどうかは、親自身の中核的感情欲求が満たされているかどうかにかかっています。

▷欲求志向

基本的な欲求は、親が子どもに対応する能力や意欲を侵害してしまう可能性があります。ここでの欲求には、最も基本的な欲求（食料と住居）に加えて、睡眠、休息、レクリエーション、健康、活力、身体的安全性、安心、経済的安定などがあります。一般的に、子どもの誕生は、これ

らすべての領域に大きな負担をかけます。親の感情欲求と、子どものために存在し感情を活用する能力との間にも、同様の関係があります（2.2項参照）。

　中核的感情欲求とは、自律性、関係性／所属、喜び、構造／志向性、自尊心に対する欲求です。これらの欲求は、子どもの誕生によってもその在り方が問われます。たとえば、親が仕事を休業する場合、構造や自尊心の外的要因が少なくなります。

　新米の親は、他の役割において自己表現の機会が少なく、そのことが親の個人としての、そしてカップルとしての自己意識に影響を与えている可能性があります（Shapiro et al., 2000）。自分はまだ妻として、夫として、恋人として見られているだろうか？　有能な働き手、同僚、共同経営者として見られているだろうか？　友人としてはどうだろうか？　「単なる母親、あるいは父親」にすぎないのだろうか？

　キャリアやレジャーを一時的に中断しただけでも、親になったばかりの人は自分のアイデンティティを再確認し、大きな不満を抱くことになります。これらの重要な役割がさらに軽視され、他の方法で感情欲求が満たされないと、慢性的な欲求不満や非機能的モードが活性化する危険性があります。親がこれらのモードに「はまった」ままだと、文字通り「自分を忘れ」、子どもに役割を与えてしまうことがあります（身代わりとなって鞭を打たれる子ども、パートナーの代役など、上記参照）。

　スキーマ療法では、中核的感情欲求を満たすことに焦点を当てますが、これはペアレントワークにおいても優先されます。親の日常的なストレスは、親自身の欲求を満たす能力を制限し、時には感情欲求を侵害することもあるという事実は、しばしば過小評価されがちであり、特にそれが親子関係に与える影響は大きいものとなります。このようなプレッシャーは、子どもとの自由な遊びの時間を奪い、子どもの欲求に応えることができなくなってしまいます。さらに、親は「良い親」になりたいという目標と、自分の感情欲求との間で葛藤することになります。

　家族生活では、すべてのメンバーの欲求を同時に満たすことができないという現実があります。幼い赤ちゃんを持つ親は、一時的に自分の欲求を脇に置いて、子どもに集中する必要があります。親は子どもと一緒にいるときには、子どもの気分や欲求を感じ取り、それに応えるために、注意を払い、心を配り、「プレゼント」を贈る必要があります。しかし、親の欲求と子どもの欲求が競合し始めると、緊張が高まります。

　また、一見すると「競合する」要求の複雑なバランスを取ることが、子どもの欲求を満たすためには必要となります。親は、親密さと距離感、自律性と絆、適切な境界など、変化し揺らぎのある子どもの欲求に気を配りながら、一方ではケア（共感、思いやり、感謝、子ども主導の遊び）、他方では指導・指示（導く、守る、境界を設定するなど）のバランスを取ることが理想的です（第5章のバウムリンド〈Baumrind, 1971〉の養育スタイルも参照）。

　このバランスを取ることは、親自身の欲求が幼少期に無視されていた場合（例：「情緒的剥奪

スキーマ」がある場合）には特に困難です。これらのスキーマが活性化されると、親自身の「脆弱なチャイルドモード」（例：ネグレクトされた子ども）と、実際に目の前にいる子ども（要求されていると感じるかもしれない）との間に葛藤が生じやすくなります。

親の「脆弱なチャイルドモード」が満たされたとき、あるいは少なくともそれが慰められたときにのみ、親は自分の中に子どものためのスペースを確保し、子どもの欲求に応えることができます。そうでない場合、両者は互いに競合してしまいます（図15.1参照）。このような問題は、アタッチメント理論（Cowan & Cowan, 2001など）で詳しく説明されており、親のアタッチメントにおける傷つきが影響し、子どもに対する感受性が欠如してしまうことが述べられています。

最後に役割分担の話をします。以下の治療的介入は、病的な役割分担から子どもを守るためのものです。ただし、そのためには、親が「ヘルシーアダルト／ケアし導くモード」を取り入れる必要があります。

もし親が親としての役割に移行できない場合は、治療的なサポートが必要になります。診断材料として、また親との話し合いの材料として、親の質問票（家族欲求質問票、家族関係質問票、治療者のためのチェックリストとしての家族構造診断質問票）を再度参照します。

●「ヘルシーアダルト／ケアし導くモード」を強化し、家庭内の非機能的な役割を軽減するための治療的介入

■親が自らの身体的欲求を理解し、満たすことができるように、セラピストは親に対して治療的再養育法を実施する（例：赤ちゃんが寝ているときに親の休息を妨げる可能性を持つ「厳密な

図15.1　実際の子どもと、子どもが要求してくると感じる親のインナーチャイルド（傷ついた「脆弱なチャイルド」）との葛藤

基準スキーマ」に挑戦する）。

■自律性、絆／所属、喜び、構造／志向性、自己価値といった心理的欲求を理解し、満たすことができるよう、セラピストは親に対して治療的再養育法を実施する。セラピストは、親が基本的な感情欲求を満たす方法を見出したり維持したりすることをサポートすることで、親が子育てにおいて過度に自分を犠牲にしてしまう必要がないようにする。

■親としての役割の中で生じる典型的な葛藤（例：「ヘルシーアダルト／ケアし導くモード」と親の「脆弱なチャイルドモード」の葛藤）に対処する。これらのモードのバランスを取るためのサポートがあれば、親は自らの苦痛を軽減し、その緊張感が子どもに伝わることはない。子どもには親の怒りを敏感に感じ取れるところがあり、衝動的な子どもは反抗的、あるいは挑戦的な態度を取ることで悪循環に陥ってしまう。

■親族やサービス提供者からの外部支援（学校からの支援など）を活性化し、親を中心とした「チーム」を組んでいるという感覚を構築して、協力し合い、親の力を発揮できるようにする。

■病的な役割分担については、親に対して共感的直面化を行う（8.3.2項や9.2項参照）。

■子どもに集中するがゆえに、自分の欲求充足を適度に遅らせてしまうという親のタスクを、管理できるように導く。また、家族全員の欲求を同時に満たすことができない時期を特定できるように手助けする。

■親が子どもの欲求に気づき、ケア（共感、思いやり、承認、子ども主導の遊び）と指示・指導（導く、守る、境界を設定する）のバランスを取ることができるように導く。

■これまで生きてきた中で、安全な養育者との肯定的な体験の記憶を想起したり、必要に応じてイメージの書き換えを行ったりすることで、「良い親モード」を活性化する。

■親のヘルシーモードを探索し、発展させていくために、モードの実験を行う。たとえば、母親が週末に街に出かけることになり、これまで子育てに無関心だった父親が子どもの世話をするのを手伝う場合、従来の夫婦の役割を考えると、この「実験」は母親が予期していなかった父親の「ケアする親モード」を活性化する機会となる。セラピストは、行動パターンの変容につながるこのような実験について詳しく説明する。

認知的アプローチと心理教育（スキーマとモードの絵やマップ）に加えて、膠着したモードのダイナミクスをさらに変容させるための体験的ワーク（イメージワーク、モードの対話、家族造形法など）を行い、家族のワークがセラピーを通じた一過性のもので終わらないようにすることが重要です。

上述の介入は、両親または一人の親に向けたセッションを対象としています。家族を対象としたスキーマ療法の技法はまだ開発中です。彫像のワーク（16.1項参照）に加えて、指人形、それ以外の人形、動物のフィギュア、椅子、発泡スチロールの枕（例：洞窟や「壁」を作るため）、マスクなどの類似したメディアが、モードの反転（モードフリッピング）を説明したり、役に立たないモードを遊び心のある方法で中断させたりするのに適しているかどうかを、試してみるとよいでしょう。

たとえば、家族が指人形を使って（12.2項の指人形を使ったモードワークを参照）、どのモー

ドをより重視したいか、どの部分をより活用したいか、どのモードに別の方法で対応したいか、などの目標を体験的に立てることができます。

15.2.4 家族システムのルール

「家族システムのルール」とは、家族のメンバー間の関係を決定する、内在化された原則、家族の伝統、規範、価値観、および感情的なスタイルを示すものです。また、家族のタブーとは、何を話してはいけないかといった、家族以外のメンバーには誰にも知られていないルールのことです。

家族だけでなく、より大きなシステム（例：国家共同体）においても、感情をどのように扱うべきかという文化があります。これらのシステムのルールは、それぞれのシステムを方向づける役割を果たしており、システムが内部および外部の両方で自らを維持するのに役立っています。

内的なワーキングモデルは、家族システムのルールの一部である場合もあります（家族の中で母親としてどうありたいかといった、女性の自己イメージなど）。これらのワーキングモデルには、世代から世代へと受け継がれる特定の絆に関わる体験の表現やイメージが含まれています（世代間伝達）。そして、親の感受性にも大きな影響を与えます（Cowan & Cowan, 2001）。また、心的表象は子どもの自己意識の発達や人間関係の構築にも影響を与えます（Grossmann & Grossmann, 2007）。

家族の価値観は、親の将来のビジョンにも反映されます。将来に対する明確なビジョンがある場合、親は子どもの症状をそのビジョンを脅かすものと捉えることがあります。たとえば、注意力散漫は、将来のキャリア形成を脅かすものと考えられます。

子どもの成長に不安があり、子どもが成果を上げられないと、かなりの緊張感を伴うことになります。また、親は子どもの将来のビジョンに基づいてその能力を認識しており、子どもの症状を否定することもあります。

そのため、家族の価値観や規範、将来のビジョンを問うことは、アセスメントの重要な要素となります。セラピーでは、それらの家族のルール（と、それらが表現しているスキーマ）に疑問を投げかける必要があるかもしれません。

スキーマが弱まり、モードの引き金となるケース（例：「懲罰的ペアレントモード」や「要求的ペアレントモード」）が減ると、価値あるものとして「ヘルシーアダルト／ケアし導くモード」が形成されます。さらに、子どもの正常な発達について心理教育を行うことで、根拠のない心配を減らすことができます。

価値観や規範を探るのに適した質問としては、以下のようなものがあります。

「お子さんの将来に何を望みますか？　お子さんの人生について、どんな人間関係やキャリアを築いていくか、具体的に考えていますか？　現在、お子さんにどのような行動や言動を期待

していますか？　家族や他の養育者はどのような不文律を有していますか？　自分の家族にとって、そのうちのどれが大切だと思いますか？　若い母親や若い父親になるためのビジョンは何でしたか？　自分の親に育てられた経験から、どんな価値観を持ち続けたいと思いましたか？　そして、自分の親とは全く異なる、どんな方法を行いたいと思いましたか？　あなたが考える理想的な母親像や父親像はどのようなものですか？　あなたは子どもにどんな行動を期待しますか？　昔も今も、家族にとって大切な儀式や習慣はありますか？　たとえば、毎日の日課、一週間のパターン、家族の重要なイベントなどです。家族のために持ち続けている人生のモットー、生活態度、生き方などはありますか？」

　これらを詳しく説明する質問は、「アダルト・アタッチメント・インタビュー」（Main et al., 1985）にもあります。

　家族のルールを引き出すもう一つの方法は、質問から始めて、その後に意見のリストを提示するものです。

　「これらは他の多くの家族が同意している意見ですが、あなたの家族に当てはまるものはどれですか？　たとえば、『食卓では話をしない』『みんなで協力し合うべきだ』『男の子は泣かない』『女の子にとって教育はそれほど重要ではない』『兄弟はみんな喧嘩をするので、たまに殴るのは普通のことだ』『親は子どもの友達のようになるべきだ』『親は子どもを一人にしてはいけない』『お尻を少し叩いたくらいでは誰も傷つかない』『学校で怠けていたら何もできない』『子どもは見られるべき存在で、耳を傾けてもらうべき存在ではない』」

15.2.5 機能性

　行動療法の観点から、症状や行動の機能は機能的行動分析を用いて特定されます（たとえば、Sturmey, 1996を参照）。クライアントやその養育者にとっての問題行動の機能は、状況変数（内的／外的刺激）、内生変数、結果を維持することによる心理的な影響との関連で理解されます。システムの視点を取り入れる場合は、システムやサブシステムにおける問題行動の役割を詳細に検討する必要があります。

　家族の中の誰か一人に生じた症状は、本人だけでなく、家族全体に作用する「機能的」なものだと考えられています。症状を通じて、クライアントは自分自身とシステムのために何かを達成することも、避けることもできます。あるメンバーの行動が他方のメンバーの役に立つこともあれば、その逆もまた然りです。その結果、各メンバーはシステムの「ホメオスタシス」を保つことができるのです（Jackson, 1981）。

　システミック・アプローチは、症状を示す行動に含まれた、二面性に言及しています。提示された問題が困難であっても、それは同時に解決策であることも意味しているのです。問題行動は悲しい気持ちを引き起こす一方で、さらにひどい状況をもたらしかねない苦痛を防ぐものにもなります。たとえば、学校に行くのを拒否している子どもは、クラスメートからの失敗や拒絶を避けるために腹痛を訴えますが（「不平・防衛モード」）、同時にその行動は自分を部外者という立場に追い込み、結果的に自分を傷つけることになります。

ボークホルスト（Boeckhorst, 1988）は、家族の中で症状がどのように表現されるかを4つの方法で区別しています（症状に器質的な根拠がない場合、たとえば、チック症、尿路感染症やトラウマの結果としての夜尿症）。

1. その症状は、問題に対して効果のない解決策である（たとえば、上述の腹痛）。
2. その症状は保護機能を持ち、家族関係を安定させている。たとえば、衝突を阻止したり、他の家族から注意をそらしたりする効果がある。
3. その症状が力を与えていることで、クライアントは家族内のやりとりをコントロールすることができる。
4. その症状は、家族の他の問題を象徴的、隠喩的に示しているかもしれない。

　ザルボックは、症状の機能的な意味を理解する方法として、クライアントの内なる体験というレンズを通して理解することを提案しています（Zarbock, 2011）。たとえば、ある行動の背景にある目的としては、自尊心の維持、アイデンティティの確認、苦痛の回避などが考えられます。スキーマ療法のセラピストであれば、症状はスキーマの引き金に対処しようとする試み、つまり、役に立たないコーピングモードを活性化させるものであると言うでしょう。

　ハンド（Hand, 2015）は、二重機能の例をいくつか説明しています。たとえば、子どものバター恐怖症は、家にいつもバターがあった祖母の死に直面することを避けるために役立ちます。同時に、この恐怖症は、子どもにあまり愛情を注いでくれなかった両親に対する怒りの表現としても機能しています（Hand, 2008, p.135）。子どもは、家族内の変化に対する恐怖（対立、両親の喧嘩、親離れが迫っている）に対処するために、心配した両親を再び引き合わせたり、両親に治療を開始させたりする目的で、強迫観念（「過剰コントロールモード」などの過剰補償）を抱くことがあります。

　これらの例は、一人の症状が、本人の感情だけでなく、家族全体を支配してしまうことを示しています。家族は、要求の多い行動や家庭内の権力闘争に服従しながら、症状を中心に回っています。

●治療的ワークに対する影響：
　問題を解決するための試みとしての症状

　スキーマ療法のアプローチでは、症状を示す行動やコーピングモードを、限られたスキルの中で、問題を解決したり苦痛に対処したりする試みとして生じたものであると捉えます。
　コーピングモードには、ミクロとマクロのシステムにおいて、相互作用的な機能と対人的な機能の両方があります。したがって、システムの視点は、不適応的モードにどのように介入するかを理解する上で重要です。なぜなら、人の行動の変化は常にその環境に影響を与えるからです。

第15章　スキーマ療法の観点から見た親と家族システム　331

この視点は、セラピストが「早合点」しないよう、注意を促しています。親からの要求に対して性急に対応しないことが必要です。セラピストがあまりにも早く行動に移してしまうと、症状の機能性が見落とされ、クライアントのモチベーションやシステムへの適応意欲が低下してしまいます（Hand, 2008, p.117）。そのため、治療計画を立てる際には、症状のある家族が「問題」の原因であるとする、「患者とみなされる人（IP）」の物語を鵜呑みにしないように注意する必要があります。

また、最初に症状を抱える人が、必ずしもシステムの主な欠損であるとは限りません（Hand, 2008, p.257）。子どもの問題となっている行動は、学校のクラスや友達の輪など、他の「システム」に対して機能していることさえあるのです。

文献からは、症状の機能性を発見しただけで、症状の軽減につながったケースがいくつか報告されています（Lang, 2007）。しかし、多くの場合、特に慢性疾患のクライアントや若いクライアントでは、特定の症状が持つ無意識の機能性にはあまりアクセスできません。なぜなら、その症状は、痛みを伴う感情を正確に覆い隠す機能を持っているからです。そのため、症状の機能を明らかにしようとすると、すぐに効果が期待できるものでない限り、抵抗が生じてしまいます。

●変化に対する動機づけを見直す

現在の症状が「機能」を果たしている可能性があることを考えると、セラピストは変化に対する動機づけを評価する必要があります。もしかしたら、親は自分たちの苦痛を表現する場を求めているだけで、実際には変化を起こそうとは思っていないのかもしれません。彼らが求めているのは、変化がないことを肯定してくれる「専門家」なのでしょうか？

目標を設定する際、セラピストは、言葉にされた動機が本当のものなのか、それとも見せかけの自己による動機づけや外部からの動機づけによるものなのかを評価するとよいでしょう。クライアントの現在の生活や人間関係の状況を考慮した上で、症状を軽減するための動機づけになるものは何でしょうか（Hand, 2008, p.69）？　家族のルールの中で、親が変化を求める許可を得ることはできるのでしょうか？

症状が否定的または肯定的な強化によって維持されている場合や、クライアントや家族の保護メカニズムとして機能している場合には変化に対する動機づけが困難になります（Hand, 2008, p.67）。システム全体の動機づけを明確にしなければ、個々のセラピーは有効になりません。子どもや若者に参加する動機づけが欠けている場合は、システムに介入する必要があります。

たとえば、セラピストは、家族の抵抗力を高め、「やる気のない」クライアントの破壊的な行動から得られる利益を減らすか、防ぐことから始めることができます。これは、親が境界を主張し、その行動に「屈しない」能力を強化することで達成できます（17.1.4項参照）。

●ミッションの明確化と発言

　手の込んだ介入を始める前に、家族がその変化に耐えられるかどうかを評価する必要があります。これは、システミック・アプローチでよく知られている質問を用いて行うことができます (Bitter, 2013)。

▷変化に対する動機づけについての質問

■家族の中で誰が、何かを変えたいと思っていますか？

■誰が誰に何を望んでいるのですか？　それは何のためで、どのような目的がありますか？

■家族がここにいるのは、誰かが変化を求めているからですか？　提案した人の立場や期待はどのようなものですか？　その人は、教師や他の家族のメンバーなど、問題のあるシステムのメンバーですか？

▷問題の文脈に関する質問

■全く問題がないと言っているのは誰ですか？

■問題のある行動／モードに最も反応するのは誰ですか？

■誰がその問題に悩まされていると感じていますか？

■問題が発生してから／子どもがこのような面を見せるようになってから、人間関係に何か変化がありましたか？

■問題が収まった場合／子どもがこのような面を見せなくなった場合、関係性はどのように変化するでしょうか？

▷ミラクル・クエスチョンを含む解決志向型の質問

■もし、こうした問題やモードが一晩で消えてしまったらどう思いますか？　そのとき、あなたは子どものどんな一面を見逃すかもしれませんか？　その問題やモードをしばらく維持したほうがいい理由はありますか？　時々は、その問題やモードが戻ってきてくれると助かりますか？

　ちなみに、「不在」の父親については、最初は嫌がっているように見えても、治療の目標を明確にするために協力し、積極的な役割を果たすように強く促す必要があります。そのためには、治療を開始する前に、当事者である親に電話をして、問題について話し合う機会を設けることも一つの方法です。

第15章　スキーマ療法の観点から見た親と家族システム　333

▷問題点の優先順位づけ

　どこから手掛けていくか優先順位をつけるために（Hand, 2008, p.119）、十分な動機づけがある場合には、基本となるシステムの問題を最初に扱う必要があります。

　このような場合に役立つ質問が、いくつかあります（問題のどの側面がどのように関連しているか？　どの部分から治療を始めるべきか？　何を優先させるべきか？）。たとえば、子どもの攻撃性には、「夫婦間の対立が激しい」「母親の自信喪失」「子どもの攻撃的な行動」「子どものソーシャルスキルの欠如」という4つの側面があると考えられます。

　優先順位に応じて、焦点が異なる介入が提案されることもあります。介入の選択は、家族と協力して行うべきであり、以下のような質問に焦点を当てるべきです（どの介入が最もインパクトがあるか？　介入のコストは利益に見合うものか？）。

　また、内容に関する質問も有効です（この問題で最も苦痛なことは何か？　簡単に変えられるものは何か？　最もインパクトのあるものは何か？　他の領域を変化させる基盤となる側面は何か？〈Sturmey, 1996, p.154 も参照〉）。

▷優先順位をつけた後の治療オプション

■家族崩壊が迫っていて、子どもが親との接触を失ったり、片方の親がもう片方の親を批判する姿を子どもが目にする恐れがあったりする場合は、カップルセラピー（スキーマ療法の4.4.3項参照）が有効である。両親の役割を明確にし、子どもの感情欲求を満たすためのコミュニケーショントレーニング（Hand, 2008, p.230）やコーチングを行うことに焦点を当てる。そうすれば、子どもは親による苦痛から解放され、たとえ別居したとしても、親は「ヘルシーアダルト／ケアし導くモード」を維持することができる。

■別居後も葛藤が続いている場合（例：親からの虐待）、青少年福祉事務所のバックアップを受けた調停者を入れて、審判として機能させることで、家族システムの中により機能的な大人を置くことができるようになるかもしれない。

■適切な制限を設けることができない、子どもに対する権威が不足している、現実的な問題が生じて状況が不確かなときに適切な自己主張ができないなど、親のスキルが欠如している場合、親として妥当な行動の在り方を構築するためのペアレントトレーニングが有効かもしれない（症状のない行動を強化し、症状のある行動には注意を払わないなど）。

■発達段階に応じた心理教育（第4章参照）。

■（ビデオによる）コミュニケーション指導（第4章参照）。

■親に高いレベルのチャイルドモードが見られる場合は、親に焦点を当てたセラピーを行う。

■子どもに焦点を当てた、親の関与を伴うセラピー。

■子どものためのソーシャルスキルトレーニング（グループで行う）と親のサポート。

■きょうだいの葛藤に関するトレーニングとペアレントトレーニング。

■祖父母や義理の家族を巻き込んだ家族療法。

■その他の特定機能療法（学習療法、作業療法、理学療法）で、運動、教育、身体的問題を支援する。
■青少年福祉事務所との連携（例：追加支援の提供）。

▷システムの一部としてのセラピスト

　システム的な視点では、セラピストが果たしている役割にも目を向けます。セラピストは必然的に、直接的にも間接的にもシステムに関わることになります。ある人に対してセラピストがどのように振る舞うかは、関係する他の人々にも影響を及ぼします。また、初対面の時点で、家族（特に子ども）はセラピストが「誰の味方」なのかを見ています。

　セラピストはまず、システムに参加し、個々のシステムメンバーを一時的に強化することで、システミック・アプローチを行います。セラピスト自身は、セルフトレーニング、セルフセラピー、スーパービジョンを行うことによって、自分自身のスキーマやモードの活性化に気づき、マネジメントする必要があります。適切なトレーニングを受けていないと、セラピストは無意識のうちに特定の家族メンバーと連携してしまうことがあるからです（たとえば、「悪い」親に対して子どもの味方をするなど）。

　また、技術的にはうまくいっていて正当化されていても、「間違った」モードで行われる介入をした結果、セラピーのプロセスを妨げてしまうことがあります。ヤングは、スキーマ療法の本（Young et al., 2003）の中で、セラピスト自身のスキーマの影響について長い章を書いています。

15.2.6 システム内でモードが増強していく悪循環と関連づける

　障害によっては、恐怖−回避サイクルのような個人内モデルに注目する個人心理学的な視点もあります（Zarbock, 2011, p.134）。障害は、その障害自体から生じる結果に基づいて、最初に発生した後も維持されることがあります。たとえば、広場恐怖症は、クライアントが特定の場所を避けることで、否定的な期待が一般化し、強化されます。システム的な観点からは、特に対人関係の悪循環に注目しています。

　まず、比較的シンプルなサイクルから見てみましょう。うつ病のクライアントの場合、気分が落ち込み、やる気が出ないことで、家族からの気遣いや養育行動が増える場合があります。これにより、「苦しんでいる個人」の受動性や社会的スキルの欠如が強化されます（「赤ちゃん返りモード」）。しかし、「赤ちゃん返りモード」は、かえってやる気やエネルギーを失わせてしまいます。

　また、内気な子どもの場合、「回避・防衛モード」が引き金となり、友情を失ったり、仲間か

第15章　スキーマ療法の観点から見た親と家族システム　　335

ら拒絶されたりすることがあります。これにより、恥ずかしい、変だ、という感情が強まり、回避行動に拍車がかかります。

　ザルボック（Zarbock, 2011）は、以下の例のように、ADHD／ADDのクライアントにも症状特有の悪循環が存在すると指摘しています（p.138f.）。主に注意欠如があると、忘れっぽくなったり、不安定になったりして、失敗やマイナスの結果を招くことがあります。多くのクライアントは、このような失敗の経験に対して、反抗的な態度や無頓着な態度で対応し（あきらめているように見える——「遮断・防衛モード」、または夢を見ることでさらなる「失敗」を避ける——「遮断・自己鎮静モード」）、その結果、反応性の注意欠如が生じます。

　主に神経生物学的な多動性を持ち、精神運動性の落ち着きがなく、気が散りやすい子どもは、頻繁にトラブルに巻き込まれたり、批判されたり、クラスから排除されたりします。その結果として生じる苦痛は、緊張を和らげたり、ネガティブな感情をそらしたりする方法として、警戒心の強さや反応性の不安を引き起こします（「多動・防衛モード」）。衝動性のある子どもは、焦って不適切な行動を取ることが多く、それによって拒絶されたり、非難されたりします。そして、子どもは「自分の強みを生かして」、ネガティブな感情を避けるために、衝動的または反応的な防衛策を取ることがあります（「劇作家モード」または「支配者モード」）。

　家族が長い間、機能不全のシステムから抜け出せないでいると、非機能的モードが家族のメンバーに「定着」してしまいます。「過剰補償モード」は特に不安定で、より頻繁に、より破壊的に衝突を引き起こします。それはまるで、家族のメンバーの性格的特徴を含んだ、よくリハーサルされた劇のようです。親は「過剰補償モード」の子どもを「攻撃」することがあり、そのやりとりを「喧嘩」と表現することがあります。しかし、このように戦線が引かれると、お互いに鎧をまとったような防御モードになり、「脆弱なチャイルドモード」は「隠された」まま、誰にも見えなくなってしまいます。外的なストレス（経済的制約、貧困、病気、社会的孤立、離婚など）にさらされている家庭は、特にこのような悪循環に陥りやすいと言われています。

　親は疲れ切っていて、安らぎを「買いたい」と思うかもしれません。しかし、子どもの敵対的な行動パターンを容認すると（「従順・服従モード」）、親子間で相互に悪影響を及ぼす回路が活性化してしまいます。パターソン（Patterson, 1982）は、次のような古典的なサイクルを説明しています。

　母親が子どもに何かをしてほしいと頼みます。すると、子どもは攻撃的になったり、泣き叫んだりして反応します。疲れ切った母親は、体力を温存したい、早く終わらせたいという気持ちから、あきらめてしまう可能性が高くなります。このサイクルを繰り返すたびに、お互いの行動が強化されていきます。子どもの行動（「不平・防衛モード」や「いじめ・攻撃モード」）は、母親の撤退（「従順・服従モード」）によって強化され、母親の行動は平和と静けさによって強化されます。そうすると、子どもは攻撃や泣き言で対応するようになり、母親はまた服従してしまう可能性が高くなります。次第に、母親はその「綱引き」に勝てず、この状況には対処できないと、母親と子どもの双方が考えるようになります。

　時には、母親が子どものそうした行動に立ち向かおうとすることもあります。しかし、過去に

成功を収めたことがあるため、子どもの行動はその後もエスカレートしていきます。怒鳴ることが叫ぶことに変わり、脅すことが殴ることに変わります。最後には、母親が降参してしまうこともあります。そしてまた、そのサイクルがエスカレートしていくのです。

次第に、母親はその攻撃や叫び声に慣れていきます。「止めることができないなら、気づかないようにしよう」という一種の生存メカニズムにより、母親は子どもの声に耳を傾けなくなるかもしれません（「遮断・防衛モード」）。そのため、「遮断・防衛モード」では、つらい気持ちから解放されますが、長期的には母親が子どもから離れていくという悪影響を生じさせてしまいます。著者はこれを「ブラインドネス」（危険や怪我に対する盲目さ）と呼んでいますが、ブラインドネスの状態は、子どもが誰と付き合っているのか、家の外で何をしているのかを把握していないなど、他の領域にも広がっていく可能性があります。

この「遮断・防衛モード」は、母親が子どもの生活から離れれば離れるほど、浸透していきます。さらに父親も不在になると、子どもは事実上、親のいない状態になってしまいます（Patterson, 1982）。このような悪循環の中で、親と子はお互いに、より懲罰的な反応をするようになります。親子共に、ポジティブな感情や自尊心がどんどん失われていき、お互いに対するネガティブなイメージばかりが膨らんでいきます。そして双方が、不当な扱いを受けていると感じ、復讐し合うような関係になってしまいます。

このような悪循環は、それ自体が勢いを増し、歪んだ認識を強化することになります。家族の間では、善人と悪人、味方と敵に二極化していきます。双方が、相手（犯人）は悪であり、愚かであり、病気であるというステレオタイプでお互いを認識します。一方、自分は唯一の善人であり、単に相手の犠牲者であるとみなします。そこには勝利か敗北しかありません。一進一退の権力闘争を繰り返すなかで、ある瞬間に、お互いが屈辱感を味わうことになります。

親は自分の権威を信じられなくなると、しばしば攻撃的な態度（苛立ちや皮肉を用いた「いじめ・攻撃モード」）でルールの遵守を要求し、子どもは親が自分の規範や自尊心を脅かす存在であると感じるようになります（「脆弱なチャイルドモード」の活性化）。子どもは追い詰められていると感じているので、「いじめ・攻撃モード」で反撃します。屈辱を受けた親は、残された唯一の権力手段である懲罰を行うようになります。このサイクルをモードの衝突と捉えることで、サイクルに参加しているそれぞれが状況を理解し、自分のコーピングモードから一歩下がって、状況に対処する健全な方法を身につけることができます。

ここでの治療の目標は、確立された治療法における古典的な手段を超えた介入によって、悪循環を断ち切ることです。これらの技法を紹介する際には、非暴力抵抗と「親の存在感」という概念を参考にしています（17.1.4項参照）。

15.2.7 資源と強み

文脈的な要因を考慮することで、クライアントとその環境の強みや資源を評価プロセスに含めることができます（Rudolph & Epstein, 2000; Borg-Laufs, 2011参照）。生態学的（生活環

第15章　スキーマ療法の観点から見た親と家族システム　337

境)、経済的、社会的資源（ネットワーク、家族、養育者の資源）を含む環境は、この評価の一部となります。

ボルグ・ラーフ（Borg-Laufs, 2011）は、ネットワーク分析を完成させるために円グラフを使うことを提案しています。子どもだけでなく親も、家族や友人など、自分とつながりのある大切な人の名前を内円と外円に記入していきます。円グラフには、自分たちが興味を抱いていることも記入できます。「好きなこと」などの回答は、「興味のあること」の円グラフに記入され、「家族と一緒にいるとき」「友達と一緒にいるとき」「一人でいるとき」に分けて表示されます。

また、子どもの資源をマッピングする方法として、ハートマン（Hartman, 1978）が開発した「エコマップ」があり、マコーミックら（McCormick et al., 2008）が詳しく説明しています（このオンライン資料には、親が自分の強みや資源について振り返るための質問リストも含まれています）。

スキーマ療法では、役に立たないモードを減らすのと同時に、強みを増やすことにも焦点を当てています。そのためには、健全なコーピング（不快感に耐えるなど）を身につけ、特に「利口で賢いチャイルドモード」または「ヘルシーアダルト／ケアし導くモード」を構築することで、チャイルドモード（親と子の両方における）を育成し、ケアする必要があります。

スキーマ療法のセラピストは、親と一緒に、子どもがいつ、どのような状況で自信や自己効力感を養う経験が積めるのかを探ります（Tedeshi & Kilmer, 2005）。また、セラピストは、両親のポジティブな体験や状態について正確で詳細な情報を求め、最終的にはそれらのモードを呼び起こすようにします。

「あなたが父親・母親としての役割に自信と能力を感じた瞬間を教えてください。その場面のイメージをもう一度詳しく構築してください。身体の調子はどうですか？　どんな感情や考えを抱いていますか？　それらの感覚を築くのに役立つものは何ですか？　どのような姿勢がその感覚に合っていますか？　もう一度同じ姿勢を取って、その感覚が戻ってくるかどうか確かめてみてください」

セラピストは、親が肯定的な養育態度を示していることを観察したら、適切に境界を設定し、その瞬間に親の注意を引きます（「あなたはここで素晴らしい仕事を成し遂げました。これがあなたの「ヘルシーアダルト／ケアし導くモード」です」）。

15.3 システム内で起こる モードの衝突とモードの活性化

スキーマ療法のモデルは、もつれ合い複雑化した相互作用のサイクルに陥っているケースであっても、理解しやすく中立的な方法で、入り組んだダイナミクスを家族に説明することができます。スキーマや非機能的コーピングモードはネガティブな反応を引き起こし、その結果、クラ

イアントのスキーマは自己成就予言として強化されます。パートナーの「解決策を見つけようとする試み」が相手のスキーマ活性化の引き金となり、結局、パートナーのスキーマを強化してしまうのです。

事例

　あるカップルの場合、男性には「情緒的剥奪スキーマ」があり、彼はそれを強迫的な支配行動（「過剰コントロールモード」）で過剰補償しています。これがパートナーの「服従スキーマ」を活性化させており、パートナーは回避で反応する（「回避・防衛モード」）ため、結果的に自らの「情緒的剥奪スキーマ」が強化されてしまう、というサイクルになっています。

　このカップルに子どもができると、自分たちの感情欲求を、子どもを通じて満たそうとするかもしれず、子どもが親代わりになることも考えられます（Richter, 1974；図15.2参照）。しかし子どもは親の感情的養育の欲求を満たすことはできない（要求されるべきではない）ため、上記のサイクルが続いてしまいます。

　親は子どもを通じて、自分たちの満たされなかった欲求を満たそうとすることがあります。子どもを親代わりとして利用しようとするのです（Richter, 1974）。

　暴力を受けて「不信／虐待スキーマ」を持つようになった母親の場合に、よく起こる悪循環があります。衝動的に怒った息子がこのスキーマの引き金となり、母親の「脆弱なチャイルドモード」が作動します。そして母親のモードは「遮断・防衛モード」に移行し、息子から距離を置くようになります。

　そうすると今度は息子の「情緒的剥奪スキーマ」が誘発され、「過剰コントロールモード」や「いじめ・攻撃モード」が作動し、母親への「脅し」がエスカレートしていきます。これが母親の「遮断・防衛モード」をますます強めます。そうすることで母親は「従順・服従モード」でなだめようともします。暴力を受けた過去を持つ母親のトラウマティックな記憶を、攻撃的な息子がいともたやすく呼び起こしてしまうのです。このようなトラウマを持つ人には、解離反応が見られることが多くあります。

　親にとっての引き金となる行動を遮断することは、子どもの攻撃的な衝動に向き合うことを止めたり放置したりすることになってしまいます。こうした対応が、自分の子どもの暴力を「容認し我慢する」ように見えることもあります。このようなモードの衝突の結果、親は自分の「ヘルシーアダルトモード」にアクセスできなくなってしまいます。子どもの攻撃から自分を守り、犠牲者にならないようにするために健全な自己主張をするのを避けてしまうのです（図15.3参照）。そして、行動に対する適切な制限がないために、子どもの暴力性が高まってしまいます。

第15章　スキーマ療法の観点から見た親と家族システム　339

図15.2 典型的なモードの衝突。母親の「孤独なチャイルドモード」が子どもへの依存を生み出す。「置いていかないで。あなたが必要なの」

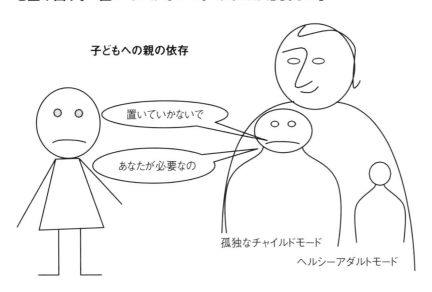

図15.3 「遮断・防衛モード」の衝突

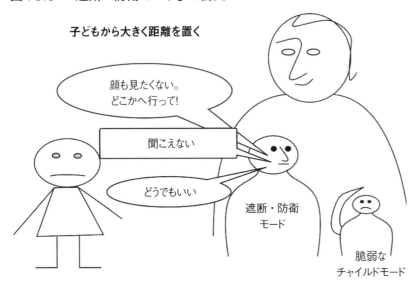

このような悪循環は、子どもの攻撃の背景にあるものが、アタッチメントに関連した関わりの欲求であれ、衝動性に基づいたものであれ、その意図にかかわらず生じることがあります。したがって、関係性のパターンに取り組む際には、親のスキーマに留意した治療的介入が必要となります。

本書の第4章では、典型的な親子間のモードの衝突について解説しました。次のセクションでは、子どもの欲求の表出に対して、引き起こされたスキーマや活性化した不健全なモードとうまく付き合いながら、「ヘルシーアダルト／ケアし導くモード」がどのように対応するかについて、4.1.3項と対比させながら述べます。父と子の関係に共通するパターンについては、4.2項を参照してください。

15.3.1 非機能的ペアレントモードの形成

私たちは皆、自分の子どもや預かった子どもと接する際にさまざまな体験を参考にします。ほとんどの人は、小さな子どもを育てるという生物学的根拠に基づいた遺伝的な素養を持っています（Perry, 2001）。赤ちゃんは、「絆システム」の活性化を通じて、「守りたい、与えたい」という親の衝動を引き起こします。親は子どもが世界を発見し、成長するのを助けることに喜びを感じます。親子間の何百万ものやりとりの中で、親は、子どもが人生の課題に対処できるようになるために必要な基本的な行動パターンを伝えます。

しかし、何世紀にもわたり、親の子どもとの向き合い方は環境や文化的価値観の影響を受けてきました。そのため、子育てには社会的規範の変化や現在の社会的ネットワークの価値観が影響しています。

愛情のある関わりも、厳しい関わりも、子どもは内在化（精神分析用語では「取り入れ」）します。思いやりのある関わり、あるいは懲罰的な関わりが繰り返されると、それが自己の一部となります。これらの反応パターンは無意識のうちに記憶されます。親と子のやりとりの中で厳しい関わりや要求的な関わりが内在化され、大人になったときに「懲罰的または要求的ペアレントモード」、あるいは「批判モード」として参照されるようになります。

親はストレスを感じると、自分の親とは違うことをしようと決めていたとしても、昔のやり方に戻ってしまい、自分の親に言われた言葉をそのまま口にしてしまうことがあります。たとえば、子どもの頃に自分が嫌だと感じた言い方そのままに、話してしまうこともあるのです。

ある種のスキーマやコーピングモードは世代から世代へと受け継がれ、時代の流れやその他さまざまな影響を受けて修正されることがあります。セルフヘルプに関する書籍や新しい知見は古い習慣を取り除き、子どもへの対応についての新たな基準を設けるのに役立ちます。しかしながら、苦境の中で最も偉大な「力」を発揮するという体験は、未検証のまま、無意識のプロセスとして残されているのです。

事例

ミューラー夫人は子どもの頃、成績が悪いと何日も外出禁止にされていました。この罰が今でもつらく悲しい思い出となっているため、彼女は自分の息子にはこのような罰を与えまいと固く誓っていました。その代わりに、彼女はセルフヘルプに関する書籍のアドバイスに従い、息子に当然のように3日間のテレビ禁止令を出し、勉強法を教えようとしました。

彼女は自分の行動を修正したにもかかわらず、父親から受けた罰のパターンを繰り返しています。これは、「懲罰的ペアレントモード」の別バージョンです。言葉や関わり方は弱まっているかもしれませんが、母親の態度としては依然として懲罰的です。息子がいくつかの試験に落ちてからは、彼女はさらに悩み、「懲罰的ペアレントモード」は一層強くなりました。彼女はかつて自分の父親から向けられていたような厳しい視線を、息子に向けています。

スキーマ療法のセラピストは、親と接するとき、特にストレスを覚えて感情的に興奮している際の反応パターンで生じる、極端に偏ったモードの活性化が見られないかを探るようにします。子どもが親のスキーマを呼び起こすとき、親には強い感情的反応が起こり、その反応は柔軟性に欠けたものになります。このような「自動的な」反応は親の記憶や生い立ちといった深い層に根ざしています。そのため、親が関わろうとする際に「懲罰的ペアレントモード」が優位に立つことがあります（図15.4参照）。

図15.4　典型的なモードの衝突：「遮断・防衛モード」、親の隠れた「脆弱なチャイルドモード」「懲罰的ペアレントモード」が子どもの「遮断／解離・防衛モード」を活性化させる

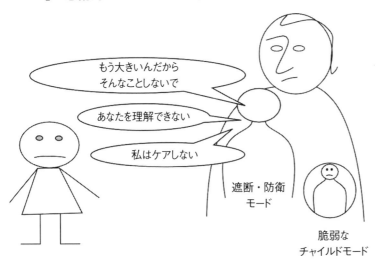

これは、子どもが攻撃的で衝動的な場合によく起こります。このような子どもは親の「懲罰モード」を誘発することがよくあり、家族の争いが急速にエスカレートします。子どもは拒絶されたと感じ（「脆弱なチャイルドモード」）、攻撃的な行動を取ります（「怒れるチャイルドモード」）。最悪な場合、子どもが「欠陥／恥スキーマ」などをすでに身につけており、それが上記のモードの強化につながります。

スキーマ療法では、家族の中で起こっている典型的なモードの衝突に気づき、名前をつけることに焦点を当てます。そして、家族と一緒に、関連するスキーマとモードがエスカレートするサイクルを示すモードモデルを作成します。これが、役に立たないモードとスキーマに取り組むためのロードマップとなります。

15.3.2 親のスキーマ回避：ネガティブなペアレントモードに対する非機能的な防衛

多くの親が、「自分の親が自分にした接し方とは全く違う方法で子どもに接したい」「子どもに自分と同じようなネガティブな体験をさせたくない」と言います。

このような親は、子どもに自分とは正反対の経験をさせようと努力し、「良い母親」や「良い父親」の理想的なモデルを作り上げます。このような親が直面する問題の一つは、自分がどのような親になりたくないのかは明確でも、どのようにして「なりたい親」になるかが明確ではないことです。具体的には、健全な大人の子育てとはどのようなものなのかを探そうとしても、物怖じせず自信を持って子どもを育てる母親や父親になる方法を身につけることが難しいのです。

なぜこれがそれほど難しいのかと言うと、その理由の一つは、この親自身に良い子育てを直接受けた実体験がないことにあります。彼らは子どもの頃の願望や、他の養育者との良い体験に基づいた良い子育てのイメージは持っています。しかし、日常的な体験として健全な子育てに触れていなかったために、「ヘルシーアダルト／ケアし導くモード」が内在化されていません。

それゆえ、強いストレスを感じると、「ヘルシーアダルト／ケアし導くモード」にアクセスすることが難しくなります。大人が「本能的直感」に頼っているときは、抽象的な「理想の子育て」モデルではなく、体験的な学習に回帰することが多いでしょう。スキーマ療法の観点からは、次のようなモードフリッピング（切り替わり）が起こります。

■子どもの年齢相応の行動が、親の内在化されたモードを活性化させる。

■ストレスの多い状況で、役に立たないモードが「ヘルシーアダルト／ケアし導くモード」よりも強く現れることはよくある。これは、モードが深く染み込んだ状態にあって、ストレス下では自動的に作動するためである。

第15章　スキーマ療法の観点から見た親と家族システム　343

■さらに、モードの切り替わりはネガティブな引き金と関連している。たとえば、父親が怒って、息子を叱りつけたい衝動に駆られるかもしれない。しかし、怒りは叱られた記憶を引き起こし、スキーマが活性化する（たとえば「服従スキーマ」）。父親は、我が子と接するときにスキーマが活性化するのを回避したいので、怒らないような関わり方をしようとする。

その結果、スキーマ回避の「立ち入り禁止区域」が形成される。父親は子どもの行動を正す（「利口で賢いチャイルドモード」を形成させる）ことを目的する、ちょっとした腹立たしさがきっかけの「自然な」衝動を表出できない。それどころか、自分の衝動が子どもにとって有害であると信じ、衝動をできる限り抑え込んだり、「遮断・防衛モード」に切り替えたりする。

■葛藤によって活性化された正反対のモードは、「従順・服従モード」を生み出したり、素早いモードの切り替わりを起こしたりさせる。親は、まるで「心の中で二人以上の人が争っている」かのように、異なるモードの間で葛藤し、引き裂かれているように感じる。

■通常、このようなモードの対立は、どちらかのモードがより強い力で現れるまで、２つのモードのうちの一つが長い間抑制されるか（解離のプロセスを用いて；2.5項参照）、親が２つのモードの間で揺れ動くこと（モードフリッピング）で解消する。スキーマの活性化で引き起こされるモードフリッピングにより、親は明確で曖昧さのない姿勢を示せなくなり、子どもが抱く方向性や予測可能性に関する欲求を満たすことができなくなる。

事例

　ある父親は息子の散らかった部屋にイライラしています。彼は息子に、気を散らさずに宿題ができるように、床をきれいに片付け、机の上を空けるようにと何度も言ってきました。

　ある日、父親が帰宅すると、息子の部屋がまた散らかっているのが目に入り、彼は怒り出しました。父親の頭の中には、支配的で要求的だった自分の父の言葉が浮かんできます。さらに、息子の姿を見ると、彼の「服従スキーマ」が活性化します。自分の「脆弱なチャイルドモード」と（実の）息子が重なります。

　「父にやることを言われたときには、いつも、自分は恐ろしく感じていた」

　「脆弱なチャイルドモード」が作動して、自分が無力であると感じたため、彼は自分の「要求的ペアレントモード」（内在化された父親）に屈したくないと思います。そして、彼は息子の行動を正そうとするのを抑え、中途半端で効果のない言い方で息子に片付けを注意する程度にとどめます。しかし後にはまた怒り出し、要求的になります。あるいは、厳しい声色になったり、リラックスした口調になったりと行き来します（モードフリッピング）。

　スキーマ療法のセラピストは、スキーマが活性化するような状況を避けるのではなく探索するように、親に教示します。これは、ロールプレイやホームワークを通じて練習することで徐々にできるようになりますが、難しい場合には、（入院や在宅サポートで）直接コーチングを行うこ

とも有効です。

　コーチングは、親が自分の生い立ちに関連したスキーマを理解した後に行うほうが理想的です。親が自分のスキーマに向き合い、「ヘルシーアダルト／ケアし導くモード」へのとどまり方を学ぶことにより、家族システムに安定した影響をもたらすことができます。

　他に、親とのワークで共通する点としては、特に怒りを表現するときや限界設定をする際に、「ヘルシーアダルトモード」と「懲罰的／要求的ペアレントモード」とを区別できるよう手助けするというものがあります。親が正当な怒りを体験しながら、「ヘルシーアダルト／ケアし導くモード」を維持する方法を理解することは、セラピーの重要な焦点です。

　イメージの書き換えは、親にとって非常に有益です。それは、「非機能的ペアレントモード」を理解するのにも、「ヘルシーアダルト／ケアし導くモード」を内在化するのにも役立ちます。たとえば、「非機能的ペアレントモード」を身につけるまでの体験を振り返ることで、母親もしくは父親のヘルシーアダルトの視点から、自分のモードの起源を「理解する」ことができます。さらに、「非機能的ペアレントモード」に直面したり、追放したりすることで、これらのモードを弱らせることもできます。

　また、そうしたモードにある自分自身の姿に向き合い、修正感情体験がもたらされることで、母親や父親は、「ヘルシーアダルト／ケアし導くモード」がどのようなものかを体験することができます。

15.4 親とのワークにおける　　　セラピストのスタンス

　治療関係はコンサルティング、コーチング、メンタリング、セラピーの要素を含みます。親とのワークでは、セラピストは治療的再養育法を駆使して、親の既存のスキーマやモードを修正する役割を果たします。

　本書の第4章で説明されているように、セラピストの役割は、「治療的祖父母」や「治療的共同親権者」としても定義され（どのような立ち位置が最も適しているのかは親によって異なります）、セラピストは助けとなる祖父母や共同親権者としての役割を担います。この役割により、セラピストは親に対するコーチングだけでなく、手を差し伸べ、アドバイスや指導を通じて、クライアントである子どもをサポートすることもできます。

　また、親とのワークには、個人セッションの枠組みで、親のスキーマの起源を探っていく治療的段階も含まれます。ここでは、深い痛み、怒り、恥が表面化し、治療的に処理されます。親へのスキーマ療法では、欲求、スキーマ、支配的なモードに焦点が当てられるべきです。親や家族が必要とする治療的アプローチは、それぞれに大きく異なります。ある人には非常に詳細な指示と指導が必要であり、ある人にはその人の既存の強みを生かすよう励ます、あまり「手をかけない」アプローチが必要です。

第15章　スキーマ療法の観点から見た親と家族システム　　345

15.4.1 セラピストの役割の特徴

■子どもへの指示の仕方を親に指導する（能力開発）。たとえば、具体的な提案、ロールプレイ、行動のモデリング（セラピストが親の「ヘルシーアダルト／ケアし導くモード」のロールモデルとなる）など。

■親に、しばしば混乱しがちな親自身の状況を理解できるようにするための、洞察を与える。

■実践的な戦略と、親の「ヘルシーアダルト／ケアし導くモード」の存在感を強化することを通して、暴力的または虐待的な行動に対処できるよう親を支援する。

■原因となる要因や維持する要因についての情報を提供する。

■正常な発達と病的な発達に関する心理教育を行う。

■選択的に自己開示を行う。困難を克服したモデルとなる個人的な体験例を提示するだけではなく、セラピストが他の親と一緒に体験した例を示す。

■親を対等に扱い（治療の「対象」と感じさせない）、尊重する。

■治療が透明性を持つものであるように、治療アプローチについての情報を提供する。仮説を家族メンバーに提示することで、家族自身が検討／確認し、必要に応じて修正できるようにする。

■子どもが回復するには親の関わりが不可欠であることを強調する。

■親が暴力を振るうといった不当な行動には立ち向かう。

■親が抱いている、有益ではない高望みの基準を和らげるように挑み、恥や罪悪感といった感情に対処する。

■「変化のための実験／試み」がうまくいかなくても、その価値や善意に焦点を当てる。

■親が子どもの難しい気質やモードに直面したときに感じるだろう苦しさや無力感を認識し、その努力に敬意を表す。

■「ヘルシーアダルト／ケアし導くモード」を以下のように強化する。

□正常な発達段階と基本的な欲求について、親に情報提供し、指導する（その年齢の子どもに必要なものは何か、その年齢の子どもに期待できることは何か、適切な要求は何か、子どもの年齢に応じて親の役割はどのように変わるか）。

□親自身の「チャイルドモード」を認識し、個人として、また夫婦としての親の個人的な欲求（満足のいく性的関係を含む）を承認する。

□育児、時間管理、その他の構造的問題を支援するサポート手段を利用するように促す。

◆参考文献◆

Baumrind, D. (1971). Current patterns of parental authority. *Developmental Psychology Monograph*, Part2, **4**, 1-103.

Bitter, J. R. (2013). *Theory and Practice of Family Therapy and Counselling*. Cengage Learning.

Boeckhorst, F. (1988). *Strategische Familientherapie*. Dortmund: Modernes Lernen.

Borg-Laufs, M. (2005). Bindungsorientierte Verhaltenstherapie – eine Erweiterung der Perspektive. In: J. Junglas (Ed.), *Geschlechtergerechte Psychotherapie und Psychiatie*, pp.127-136. Bonn: DPV.

Borg-Laufs, M. (2011). *Störungsübergreifendes Diagnostik-System für die Kinder- und Jugendlichen psychotherapie (SDS-KJ): Manual für die Therapieplanung* (2. Aufl.). Tübingen: Dgvt-Verlag.

Cierpka, M., Sprenkle, D. & Thomas, V. (2005). *Family Assessment*. Cambridge, MA: Hogrefe.

Cowan, P. A. & Cowan, B. C. (2001). A couple perspective on the transmission of attachment patterns. In: C, Clulow (Ed.), *Adult Attachment and Couple Psychotherapy*, pp.62-82. Hove: Brunner-Routledge.

Cowan, P. A. & Cowan, C. P. (2006). Developmental psychopathology from family systems and family risk factors perspectives: Implications for family research, practice, and policy. In: D. Cicchetti, & D. J. Cohen (Eds.), *Developmental Psychopathorogy*, Vol. 1 (2nd ed.) (pp.530-587). New York: Wiley.

Grossmann, K. & Grossmann, K. E. (2007). The impact of attachment to mother and father at an early age on children's psychosocial development through young adulthood. Rev. ed. In: Tremblay, R. E., Barr, R. G., Peters, R. DeV. (Eds.), *Encyclopedia on Early Childhood Development* (online). Montreal, Quebec: Centre of Excellence for Early Childhood Development; 2007: 1-8.

Hand, I. (2015). Obsessive-compulsive patients and their families. In: Ian R. H. Falloon (Ed.), *Handbook of Behavioural Family Therapy* (2nd ed.) pp.231-256. New York: Routledge.

Hand, I. (2008). *Strategisch, systemische Aspekte der Verhaltenstherapie*. Wien: Springer.

Hartman, A. (1978). Diagrammatic assessment of family relationships. *Social Casework*.

Jackson, D. D. (1981). The question of family homeostasis. *International Journal of Family Therapy*, **3** (1), 5-15.

Kriz, J. (1991). Mental health: its conception in systems theory. An outline of the person-centered system approach. In: M. J. Pelaez (Ed.), *Comparative Sociology of Family, Health and Education* (Vol. XX, pp.6061-6083). Espania: University of Malaga.

Kriz, J. (2008). *Self-Actualization: Person-Centred Approach and Systems Theory*. Ross-on-Wye: PCCS Books.

Kriz, J. (2013). Person-centered approach and systems theory. In: J. Cornelius-White, R. Motschnig-Pitrik, & M. Lux (Eds.), *Interdisciplinary Handbook of the Person-Centered Approach*. New York: Springer.

Lang, M. (2007). *Resilience: Timeless Stories of a Family Therapist*. Kew, Australia: Psychoz.

Main, M. & Goldwyn, R. (1985). *Adult Attachment Scoring and Classification System*. Unpublished manuscript, University of California, Berkeley.

McCormick, K. M., Stricklin, S., Nowak, T. M. & Rous, B. (2008). Using eco-mapping to understand family strengths and resources. *Young Exceptional Children*, **11**, 17. Available online at doi: http://dx.doi.org/10.1177/1096250607311932

Macpherson, H. A., Cheavens, J. S. & Fristad, M. A. (2013). Dialectical behavior therapy for adolescents: theory, treatment adaptations, and empirical outcomes. *Clinical Child and Family Psychology Review*, **16** (1), 59-80. Available online at doi: http://dx.doi.org/10.1007/s10567-012-0126-7

Minuchin, S. & Fishman, H. C. (1981). *Family Therapy Techniques*. Cambridge, MA: Harvard University Press.

Nowak, C. & Heinrichs, N. (2008). A comprehensive meta-analysis of Triple P – Positive Parenting Program using hierarchical linear modeling: effectiveness and moderating variables. *Clinical Child and Family Psychology Review*, **11**, 114-144.

Patterson, G. R. (1982). *Coercive Family Process*. Eugene: Castalia.

Perry, B. D. (2001). Bonding and attachment in maltreated children. *The Child Trauma Center*, **3**, 1-17.

Richter, H. (1974). *The Family as Patient*. New York: Farrar, Straus & Girous.

Rudolph, S. M. & Epstein, M. H. (2000). Empowering children and families through strength-based assessment. *Reclaiming Children and Youth*, **8** (4), 207.

Shapiro, A. F., Gottman, J. M. & Carrère, S. (2000). The baby and the marriage: identifying factors that buffer against decline in marital satisfaction after the first baby arrives. *Journal of Family Psychology*, **14**, 59-70.

Stierlin, H. (1975). *Von der Psychoanalyse zur Familientherapie*. Stuttgart: Klett.

Sturmey, P. (1996). *Functional Analysis in Clinical Psychology*. Chichester: John Wiley and Sons.

Tedeshi, R. G. & Kilmer, R. P. (2005). Assessing strengths, resilience, and growth to guide clinical interventions. *Professional Psychology: Research and Practice*, **36**, 230-237.

White, M. (1991). Deconstruction and therapy. *Dulwich Centre Newsletter*, No.2.

White, M. & Epstein, D. (2004). Externalizing the problems. In: C. Malone, L. Forbat, M. Robb, & J. Seden (Eds.), *Relating Experience: Stories from Health and Social Care*. London: Routledge.

Young, J. E., Klosko, J. S. & Weishaar, M. E. (2003). *Schema Therapy: A Practitioner's Guide*. New York: Guilford Press.

Zarbock, G. (2011). *Praxisbuch Verhaltenstherapie. Grundlagen und Anwendungen biografisch-systemischer Verhaltenstherapie* (3. Aufl.) Lengerich: Pabst.

第**16**章

親のスキーマと
モードの
アセスメント

ピーター・グラーフ、ルース・A・ホルト

16.1 親のスキーマとモードの アセスメント

　親のスキーマをアセスメントするには、他の章で述べている技法や資料が活用できます（図16.1参照）。スキーマ療法のセラピストは、観察に基づいて比較的容易にパターンやモードについての仮説を立てることができます。そしてアセスメントの過程の中でそれらに名前をつけ、親と一緒に検討することも可能です。

16.1.1　直接調査

　スキーマを調べるための最もシンプルでわかりやすい方法は、親自身の「痛いところ」について直接質問をすることです（16.2項の定式化を参照）。セラピストが、問題行動を起こす子どもに対して親が強い感情を抱くのは普通のことであると認めており、親と良好な信頼関係を築けていれば、親は自分のスキーマの探索を受け入れることができます。

　セラピストが、自身の抱えている個人的な事例を共有することで、親は身構えないようになります。そしてまた、自分が示している反応を把握することが、より効果的に子どもを助けることにつながると、親は認識できるようになっていきます。

16.1.2 ファミリーボード

　ファミリーボード（Ludewig & Wilken, 1983）や家族に見立てた木製のフィギュアは、家族間の親密性／距離感や、関わりについて表現するのに適しているだけではありません。たとえば、特に小さいフィギュアや、互いに離れているフィギュアの配列のように、象徴化して表現されているものから、モードやパターンの仮説を立てるのにも適しています（詳細は12.2項参照）。

　ファミリーボードは、ボードと木製のフィギュアから構成されています。フィギュアの大きさはさまざまで、丸いものや四角いものがあり、顔ははっきりと描かれていません。セラピストの指導の下、家族メンバーはこのフィギュアを使って、多様な家族構造や内的構造を表したり、関係性を説明したりすることができます。そうすることで、これまで言葉にされてこなかった、しかし世代を超えて作用している家族構造や衝突のダイナミクスが明らかになっていき、誰を責めることもなく症状の発生を理解することができます。

　ファミリーボードは、家族メンバーの感情欲求を表し、感情の引き出し方の幅を広げてくれます。「感情の問題についてのメタ・コミュニケーション」を実践する機会ともなるのです。そして、「何かに影響を与えることができるという体験を通じて、その人の最も内側にあるものを引き出し、裏と表をひっくりかえすことで、内側にあったものを永続的に変化させる可能性をもたらします」。

図16.1　家族間の関係、親密さ、距離を表現した木製フィギュア。
スキーマやモードの形成についての仮説を立てるために使用される

16.1.3 円で描くファミリーマップ

　ファミリーマップを円で描くことで（McCormick et al., 2008）、家族内のさまざまな関係を表現することができます。また、異なる種類の線を描くことで、限界／境界を示すことも可能です。

　たとえば、親は、家族メンバーの間に、折れ線／点線／破線を描いたり、つなぎ線を描いたりすることができます。この方法でスキーマを直接推測することはできませんが、描かれたファミリーマップから仮説は導き出せるかもしれません。

　たとえば、もし親と子を表す円が非常にしっかりとつなぎ合っている場合には、「巻き込まれスキーマ」や「依存／無能スキーマ」の存在が示唆されるでしょう。非常に離れたところにある円や分離されている円は「社会的孤立スキーマ」を、圧倒的に大きな円に対して描かれた非常に小さな円は「服従スキーマ」を示唆する、といった具合です。

●方法

　次のような教示を親にします。
　「家族メンバーをイメージして、この紙に全員をそれぞれ円で描いてください。大きさや色や形は自由に決めてください。円の境界線は点線や破線、半透明や太い線など、さまざまな線で描いて大丈夫です。そして円と円の距離も自由に表現してください。また、円がくっついていた

り、交差していたりしてもいいですし、逆に完全に離れていても構いません。

　さて、この絵から何かを感じてみましょう。どんなことに気づきますか？　何が頭に浮かんできますか？　こうした配置によって、この円やあの円はどのような関係になっているでしょうか？　何か変えたいと思うことや、違うと感じることはありますか？　将来的にどうなったらよいかを想像して、二つ目のイメージを描いてみましょう。その理想にたどり着くためには、どんなステップが必要でしょうか？」

●家庭訪問

　問題に影響している要因について、治療的面接内で情報が十分に集まらなかった場合には、家庭訪問／家庭での観察が有効です。家庭訪問によって初めて、隠れていたスキーマが明らかになることがあります。たとえば、家の中が著しく混沌としていたり、乱れていたりする場合（親の「非自律的チャイルドモード」が示されます）や、怪物を表す不気味な装飾、暴力的なビデオゲーム、不適切な物体が家の中にある場合（子どもか親の「不信／虐待スキーマ」が反映されています）などが例として挙げられます。

　また、あるシングルマザーの子どもたちのうち、上の男の子は暗い一人部屋で寝ており、下の女の子は母親の部屋で寝ていることが観察されるかもしれません（上の子には「情緒的剥奪スキーマ」が潜在的に形成されているでしょう）。このような観察結果だけでは、スキーマとして解釈するには明らかに不十分ですが、今後に向けた材料として、さらに有用な質問ができるようになるでしょう。

●家族と親密な関係にある人々への質問

　祖父母やその他の家族の知人／親戚への質問は、最初は手間や時間がかかり、面倒なことのように思えますが、しばしば、親や子どもが隠していた要因や側面を端的に明らかにしてくれます。家族システムの重要な要因について、親の友人が鋭い洞察を与えてくれることもあり、時にそれは、セラピストが立てた仮説よりもずっと受け入れやすいものになります。

　子どもや親と親密な関係にある人たちは、その家族システムと家族のパターンについての専門家であるだけでなく、しばしば家族システムの重要なサポーター、あるいは批判者であったりもします。行動上の問題を抱える子どもがいる場合は、特に祖父母が、親の失敗や不全感といった感覚を強力に刺激してしまうことがあります。

●ビデオによる探索

　親子で遊ぶ、宿題をする、週末の活動を計画するなど、身近な家族間で衝突を引き起こす可能性がある特定の作業をビデオ撮影することで、以前は意識されていなかったパターンやモードについて、一緒に評価することができます。

●家族の彫像

彫像（Von Schlippe & Schweitzer, 2015を参照）によって、スキーマを背景とした関係性のダイナミクスが体験的に表現できます。それぞれが「彫像」の制作を担当し、体全体や体の一部を動かして、家族がどのように見えているのか、家族をどう体験しているのかを形にしていきます。家族のメンバーが次々と他のメンバーを配置していくことで、家族間の距離だけでなく、力関係も表現されていきます。家族全員が参加できない場合には、椅子を彫像の代用にします。こうしたプロセスを経た後に、「理想の彫像」を築き上げることができます。

事例

ある夫婦は、セッションに参加していない息子との関係を表すために椅子で彫像を設置しました（図16.2参照）。この彫像では、2人は息子を小さな椅子に見立てていますが、息子の椅子はテーブルの上にあり、「すべて」が息子のためにあることが強調されています。両親の関心の中心には彼がいて、すべてが彼を中心に回っているというわけです。

両親は自分たちの椅子を、そのテーブルの前に置きました。アセスメントの最後には、「権利要求スキーマ」（息子）や「評価と承認の希求スキーマ」（親）といったスキーマが明らかになり、同時に「特別でありたい」という親の欲求についても語られました。これらの問題は息子の「反抗・挑戦モード」と「自己誇大化モード」の引き金となっていました。

図16.2 椅子を使った彫像。親は子どもの前にある小さな椅子に見立てられています。これは、「権利要求スキーマ」と「評価と承認の希求スキーマ」を表現しています

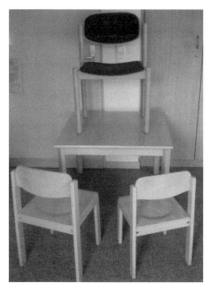

影像の考え方を用いた他の手法としては、モードの彫像という方法があります。ここでは、家族それぞれがあるポーズを取ることで、どのようにモードが衝突するのかを表現します。

たとえば、父親が指を差して睨みつけながら要求するポーズ（「要求的ペアレントモード」）を取るのに対し、十代の娘がそれを無視して父親を凍りつかせる（「遮断・防衛モード」）という設定を取り入れます。「どのようなポーズが変化をもたらしますか？」と問いかけ、別のダイナミクスを演じてみることで「ヘルシーアダルト／ケアし導くモード」は形成していきます。物や小道具を用いれば、スキーマやモードが活性化したときに何が起こるのかがさらにわかりやすくなるでしょう（たとえば、スキーマは眼鏡や荷物で、モードは帽子、マスク、スーツケースで表します）。

ゴムバンドやロープを使えば、人の境界線を示したり、結びつきや障壁を明らかにしたりすることができます。このような物を使えば、「お父さんがこのサングラス（「不信／虐待スキーマ」）を外したら、何が変わるでしょうか？」というように、遊びながら変化を探索することも可能になります。

16.1.4 行動観察

スキーマに関する仮説を立てるとき、セッション中に見られる親の行動は、多くの場合、十分な「素材」となります。しかし、このような「臨床」の場面では、親と子どものそれぞれが、不適切な振る舞いを避けて「最善の行動」を取っていることもあり、家庭内と同じ衝突のドラマを体験しづらくなっている場合があります。

一方で、セラピストが家族と別れるときや、待合室で親が子どもに何かをお願いするときといった、セッション前後の時間に家族のダイナミクスが現れることがあります。

●演劇の中での誘発

典型的な衝突の場面を、演劇の中で誘発することが有効な場合があります。

たとえば、大きな人形を使った短いロールプレイやドラマの実演は、ストレス下で普段起きている反応パターンを引き起こすのに役立ちます。人形の腕を動かしたり、人形に文章をしゃべらせたり、「命を吹き込む」認知的な分析を通じて、セラピストは演劇の体験的要素を高めることができます。

モードを演じ、表現することで、ちょっとした言葉や身振りが引き金となり、「ヘルシーアダルトモード」の「検閲」によって取り除かれる前に、自然発生的に感情や衝動が引き起こされます。

●ミラクル・クエスチョン

ミラクル・クエスチョンは、症状が持つ機能を明らかにしたり、システミックワークでの解決策を探したりするだけでなく、症状によって維持されてきている欲求やスキーマに光を当てるも

のです。

　たとえば、「もし、突然、子どもが自分の部屋から出ずに寝付いてくれるようになったら、私はやっと夫と一緒に居心地のいい夜を過ごすことができるようになるでしょう」という言葉からは、子どもの就寝時の行動によって、つながりを求める母親の欲求が影響を受けていることが示唆されます。ここでは、「情緒的剥奪スキーマ」が維持されている可能性があると考えられます。

　また、もし「情緒的剥奪スキーマ」があるとすれば、子どもによるこの「邪魔」が、実は、夫から感情的に拒絶されるという状況を母親が回避する、そのための役割を果たしているとも考えられます。つまり、夫に拒絶され、スキーマが活性化する可能性に直面するよりも、邪魔されることを彼女が無意識のうちに促しているのかもしれません。

●円環的質問法

　システミックワークの伝統である円環的質問法は、家族システム内でのモードの活性化とその機能を診断するためにも用いることができます。家族メンバーは、客観的な視点で考えることと、人間関係のパターンの一部としてモードを捉えることを促されます。

　「息子さんが『怒れるチャイルドモード』に入ると、あなたの夫はどのモードに切り替わりますか？　そしてその後、息子さんはどのモードに変わるのでしょうか？」

●未来のビジョン

　未来のビジョンについての質問は、スキーマ（たとえば、「厳密な基準スキーマ」「巻き込まれスキーマ」「依存／無能スキーマ」など）が活性化しているときの、親の過剰補償モードを浮き彫りにするのに有効です。

　たとえば、「巻き込まれスキーマ」を持つ親に、「子どもが大人になり、家を出ていくときに、あなたはどのように感じると思いますか？」という質問をすることで、過保護な行動の根本にある要因に光を当てることができるでしょう。

　「息子さんが生まれる前に、子どもに対してどのようなビジョンがありましたか？」というように、過去に遡った未来についての質問であっても、隠されたスキーマを明らかにすることができます。

　「いつの日か、この子は誰も恐れない力強い人間になるでしょう」といった答えからは、その父親が自分の「服従スキーマ」や「欠陥／恥スキーマ」を息子が補ってくれると期待していることが示唆されるかもしれません。言い換えれば、父親は自分のスキーマに対処するために息子を利用しているということです。

●ジェノグラム

　ジェノグラムは、家系図を図式化するためだけに用いるのではなく、家族内の典型的なメッセージや価値観を探索するものとして活用するべきです。「この人が使っていた／やっていた、

どんなメッセージや表現やしぐさを覚えていますか？」「この人にまつわる重要なストーリーを思い浮かべることができますか？」などの追加の質問により、伝記のパターンに思いがけない深みが生まれ、しばしば、スキーマがより明確になります。

●質問票

90項目からなる「ヤング・スキーマ質問票 (Young Schema Questionnaire; YSQ-S3)」は、子どもを中心としたセラピーで使用するものとしては、比較的複雑なものです。

8〜14歳の子どもには、「子どものためのスキーマ質問票 (Schema Questionnaire for Children; DISC, Loose et al., 2018)」を使用します。しかし、親のワークが広範囲にわたって必要な場合には、YSQ-S3は親にとって有用です（モードとコーピングの質問票を含みます）。

スキーマ療法セラピストと認定されたメンタルヘルスセラピストであれば、これらの質問票をwww.schematherapy.orgで手に入れられます（訳注：2024年4月現在DISCは未刊です）。

16.2 定式化や絵を利用した心理教育

ベルバルク (Berbalk, 2012) の提案に基づいて、セラピストは、次のような例を用いて、スキーマとモードの概念を日常的な言葉で親に説明することができます。

16.2.1 日常語を用いた「スキーマ」の説明

「人は誰もが、人生で経験した困難な状況を要因とする、痛みや弱点を持っています。多くの場合、これらは幼い頃に起こり、その人の人生全般に影響を与えています。

表16.1　スキーマ質問票一覧

YSQ-S3 R	ヤング・スキーマ質問票短縮版 第三版	90項目
SMI	スキーマモード質問票	118項目
YPI	ヤング・ペアレント養育目録	72項目
YCI-1	ヤング過剰補償目録	48項目
YRAI-1	ヤング-ライ回避目録	40項目
DISC	子どものためのスキーマ質問票	36項目

痛みは私たちの一部のようなものです。私たちはいつも大切に扱われていたわけではなく、必要とする物を受け取れたわけでもなかったため、そうした『痛いところ』を保護するメカニズムを形成させてきました。だからこそ大人になっても、小さい頃に感じた痛みや失望、傷つきを思い起こさせるような特定の状況やきっかけに、私たちは敏感に反応してしまうのです」

「そのようなきっかけが起こったとき、私たちは昔と同じように反応してしまいます。状況を修正したり、止めたりすることができずに傷ついていた、子どもの頃のように、です。その『痛いところ』は今、あなたが私に助けを求めに来ることになった状況の一部を表しているのかもしれません。

　痛いところを突かれると、私たちはまるで誰かにボタンを押されたかのように、普通の出来事に対しても過剰に反応してしまいます。これを『スキーマの活性化』と呼んでいます。しかし、『痛いところ』は和らげたり、理想を言えば、癒したりすることもできます。自信が持てなかったり、大人になれなかったり、どちらかというと子どもっぽくなったりするような状況で、自分の『痛いところ』について考えてみてください。あなたが特に敏感になってしまうことが、何かありますか？」

16.2.2 日常語を用いた「モード」の説明

「どんな状況でも全く同じように感じ、考え、行動する人はほとんどいません。私たちの気分は、日常生活の中で大きく変化することがあります。このような気分の変化の後に、私たちは自分のことをまるで別人のように感じることすらあります。

　多くの人は、ある状態や気分から別のものに切り替わる時点を、はっきりと感じることができます。ある特定の『モード』がその人の感情や思考や行動のすべてを支配していても、その後は別の『部分』が引き継いで気分を支配することがあります。人は誰もが自分の中にさまざまな『モード』や『部分』を持っており、どの部分が役に立つのか、役に立たないモードにどう対処すればよいのかを知ることは、とても有意義なものだと言えます。また、そうした『部分』の中には、自分の人生を困難にするものもあります。私が言っていることに心当たりはありますか？」

　さて、「モードワーク」は次のような質問から始めることができます。
　「あなたの主な、あるいは最も重要なモード／部分は何ですか？　これらのモードに名前をつけられるとよいでしょう。名前をつけることで、そのモードをよりよく認識できるだけでなく、モードを特定し、それが役に立たないものである場合も最終的には対処できるようになります。他にも弱いモードやほとんど出てこないモードがありませんか？」
　もう一つのアプローチは、話し合いの中ですでに明らかになったモードを特定することです。
　「気づいたのですが、あなたはサムのことを話すとき、姿勢を変えたり、涙ぐんだり、静かな声で話したりしていますね。私たちはこれをあなたの『脆弱なチャイルドモード』と呼びたいと思います。それは『どうしたらよいのかわからない小さな子』のような感じではありませんか？

それから、私には、サムに家庭内のことを支配されることにうんざりした、もっと厳しい、支配的な部分の声も聞こえてきます。これは『懲罰的または要求的ペアレントモード』と呼ばれることもある部分です。このモードはとても激しく怒っていますね。このモードがどのようなものなのかを見てみましょう」

モードを特定する際に有用なスキーマ療法のアプローチには、次のようなものがあります。

■**費用対効果についての質問**：「あなたが小さい頃、そのモードはどのようにあなたの役に立っていましたか？ あなたはそのモードをいつ、何のために使いましたか？ それは現在でも同じですか？ あなたがそのモードにあるときに、何か難しいことが起こったり、良くない結果になったりしたことはありますか？ そのモードとあなたの現在の悩みとの間に関連性はありますか？」
■**変化についての質問**：「もしそのモードが和らぐか、弱まるか、あるいは手放すことができるとしたら、どんな結果になるでしょうか？ あなたの人生にどのような影響を与えるでしょうか？ それは他のモードにも当てはまりますか？」

前章（および第3章）で説明した「スキーマとモードの絵」または「マップ」は、非常に便利な心理教育の方法です。親とワークをする場合、このマップはそれぞれの家族に合わせて、より詳細に作ることができるのです。

アセスメントの段階では、セラピストは親のために家族関係のパターンを視覚的に描くことができます。そして、セラピストは親が報告したり、関係しているというキーワードやフレーズを書き留めておきます。これにより、関連するすべてのスキーマとモードが作用し合ったときに何が起こるのかというイメージを、セラピストが持てるようになります。親へのセラピーを行う際に、このマップが方向づけや指針になり、「痛いところ」を徐々に改善していけるようになります。図で示すと、図16.3のようになります。

また、きょうだいやその他の関係者も、マップ上に描くことができます。現在にも影響を与えている幼少期の体験は、吹き出しの雲の形で表せます。さらに、典型的な信念や家族の「ルール」も、風船の形で表すことが可能です。

そして、どのモードやスキーマが相互に活性化し合っているのかを矢印で示し、このマップを用いてその悪循環を説明することもできるのです。

図16.3　スキーマとモードのマップ

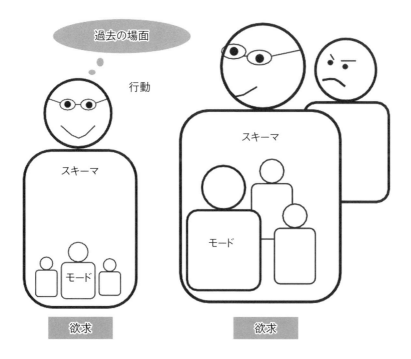

◆参考文献◆

Berbalk, H. (2012). *Arbeit mit Handpuppen in der Schematherapie.* Vortrag in Hamburg am 25.4.2012.

Ludewig, K. & Wilken, U. (1983). *Das Familienbrett. Hinweis zur Benutzung.* Hamburg: Eigenverlag.

Loose, C., Meyer, F. & Pietrowsky, R. (2018). The Dusseldorf Illustrated Schema Questionnaire for Children (DISC). Psicologia: Reflexão e Crítica, 31, 7.

McCormick, K. M., Stricklin, S., Nowak, T. M. & Rous, B. (2008). Using eco-mapping to understand family strengths and resources. *Young Exceptional Children*, **11**, 17. Available online at doi: http://dx.doi.org/10.1177/1096250607311932

Von Schlippe, A. & Schweitzer, J. (2015). *Systemic Interventions.* Vandenhoeck & Ruprecht.

White, M. (1988). The process of questioning: A therapy of literary merit. *Dulwich Centre Newsletter*, Winter.

White, M. (1991). Deconstruction and therapy. *Dulwich Centre Newsletter*, No.2.

Young, J. E., Klosko, J. S. & Weishaar, M. E. (2003). *Schema Therapy: A Practitioner's Guide.* New York: Guilford Press.

第17章

保護者への
介入

ピーター・グラーフ、ルース・A・ホルト

17.1 親に対するスキーマへの介入やモードワーク

　親と一緒にスキーマ療法に取り組む際の目標は、子どもや他の重要な家族によって引き起こされる親自身のスキーマを認識できるようになることです。スキーマの起源が明らかになれば、子育てへの影響を考察することができます。親が、自分の人生経験が子どもに与える影響について知ることができれば、自分が「患者」扱いされていると感じたり、罪人として見られたりすることは少なくなるでしょう。このような理解を得ることで、親は、子どもに対する自分の考え方が真剣に受け止められていると感じられるようになります。

　私たちは、親に対して「自身の反応パターンに気づき、その感情を上手にコントロールできるようになれば、最適な形でお子さんを助けることができます」と説明しています。そして、自分たちが望んでいる穏やかで協力的な親になることができるのです。

　モードワークでは、親が自分のチャイルドモードと、それが引き金となって生じる反応パターンを認識することに焦点を当てます。親が自分の「脆弱なチャイルドモード」や「怒れるチャイルドモード」をケアすることで、反応を生じさせにくくすると、実際の場面でも自分の子どもに対する効果的な対処が可能になります。また、親は、自分の感情状態と子どもの感情状態がどのように影響し合っているかを認識できるようになります。モードワークでは、（多くの人に認められ、尊敬されることを通じて）親の「ヘルシーアダルト／ケアし導くモード」の強化を目指します。

　非機能的なモード（例：「遮断・防衛モード」）に対するスキーマ療法のワークの目的は、それらを弱めること、あるいは虐待的なモード（例：「懲罰的ペアレントモード」）を追放することです。親から見ると、これらの「モード」は自分の重要な一部であり、保護機能を果たしていると感じることがあります（「私が懲罰モードにあるときは、子どもは私にちょっかいを出さない」）。

　このような状況では、親はこれらの「パーツ」を手放すことに抵抗を感じるでしょう。特に、他のより健康的なタイプの強さや力を経験していないのであれば、なおさらです。そのため、強くてパワフルな「ヘルシーアダルト／ケアし導くモード」を身につけることが重要です。これは、体験的な介入で強化され、頻繁に用いられるモードです。

　「あなたがヘルシーアダルトにあると想像してください。その自信に満ちた穏やかなあなたは、もし……だったら／……のようなときには、どのように考えるでしょうか？」

　「ヘルシーアダルト／ケアし導くモード」では、親のセルフケアをマネジメントしながら、（実際の）子どもの欲求に注意を払い、認識することができます。一方、「懲罰的ペアレントモード」は、健全な機能を果たさないため、力を奪われ、追放されます。また、「怒れるチャイルドモード」は、感情や欲求を適切に表現できるように導かれます。最終的には、親の「ヘルシーアダルト／ケアし導くモード」が、さまざまなモードを機能的に統合し、自分自身と子どもの欲求を考慮した上で、それらをマネジメントする役割を担います。

17.1.1 ペアレントワークにおける罪悪感への対処

罪悪感は、セラピーの中で多くの抵抗を引き起こす可能性があるため、ペアレントワークにおいては重要な側面の一つです。多くの親は、自分が何を間違えたのか、その間違いが子どもの症状にどう影響しているのかを考え、苦悩します。親は常に、自分の（しばしば非常に難しい）子どもとの関わり方に、欠点や間違いを見つけるものです。時には、他の人が自分自身のプレッシャーを取り除くために、子どもの問題に関して親を非難することもあります。

親のモードの切り替わり（モードフリッピング）における罪悪感の表れ方には、大きく分けて3つあります。

1つ目は、「脆弱なチャイルドモード」と「過剰補償モード」を引き起こすものです。私は、子どもが授業に集中できない、他の子どもとうまく付き合えないなどの理由で、学校からクレームを受け続け、非常に悩んでいる親を数多く知っています。罪悪感は耐え難いものであり、長い目で見れば防がなければならないものですが、最初のうち、親は「脆弱なチャイルドモード（育て方が悪いために攻撃されている）」から「いじめ・攻撃モード」や「怒り・防衛モード」に切り替わります。このような場合、親は子どもと連合を組みます（「学校は彼をスケープゴートにしているが、悪いのは教師だ」「うちの子があんなに暴力的なのは彼らのせいだ」「セラピストは役に立たないし、彼らは無能だ」）。

罪悪感の表れ方の2つ目は、親が他人からの心配に影響されないよう「遮断・防衛モード」に切り替わってしまうことです。外側から見ると（そして内側から見ても）、彼らは無関心で何も気にしていないかのように見え、そうした態度が通常、非難をエスカレートさせて悪循環に陥ります。最終的に親と教師は「闘い」の対極に位置し、家族は「敵対する」外界に対する防波堤を作ります。

親が、罪悪感を覚える状況に対処するための3つ目の方法は子どもを責めることで、それにより子どもは親から罰を受けたり、非難に圧倒されたりします。長期的には、これが「欠陥／恥スキーマ」や「失敗スキーマ」の引き金となり、その結果、子どもは「反抗的なチャイルドモード」や「いじめ・攻撃モード」で対応しなければならなくなります。

セラピストが親の罪悪感の引き金になることもあります。罪悪感を引き起こす可能性があるのは、彼らが親の行動に原因となる要素を求めたり、親の成育歴に因果関係を見出したりするためです。たとえそれと同時にセラピストが罪悪感の問題を相対化したとしても、当然のことながら、親は罪の意識を被せられるのを恐れています。

ここでのセラピストのジレンマは、親を、子どもの問題に影響を与え、その原因になった存在と捉えつつ、同時に、この状況に挑戦している現状を認め、尊重する必要があるということです。このバランスを取ることは難しく、セラピストは往々にして罪悪感の問題を実際に扱うことなく、両親をただ安心させるだけになってしまうことがあります。

第17章 保護者への介入　365

さらにセラピストの発言が、他の友人や親戚がすでに言っていることの裏づけになってしまう場合も多くあります。また、セラピストが親の罪悪感を煽らないよう、概念化を曖昧にしたり立てている仮説を隠したりして、「藪の周りを叩く」ように要点に触れないことは望ましい対応ではありません。セラピストが、親自身の成育歴やスキーマ（服従、不信／虐待、情緒的剥奪など）から子どもの苦悩を過剰に認識し、その結果、子どもと連合を組んで親に対抗してしまうと、関係者からすれば状況がさらに複雑になります。

　親（そして子ども）は、セラピストの引き金にも非常に（時にはセラピスト自身よりも）敏感なことがあります。たとえば、クライアントや親は、セラピストとの間に独特の距離感を覚えたり、セラピストから何かを仄めかされていると感じたりします。これらの例はすべて、親の罪悪感が、対応するにあたって重要かつ困難を要する領域であることを示しています。

　また、発達障害を説明する心理学的モデルの多くは、症状に関して一方向的な因果関係を豊富に提示しており、それを聞いた一部の親は因果関係を鵜呑みにしてしまうことになります。たとえば、過去の分析を通じた視点から見ると、ADHDの症状は幼少期のトラウマに起因するとみなされ、そのような診断は親の絶望感を強めることになります。

　もし、衝動性をコントロールするための薬物療法が却下された場合、親は何年も治療を続けるしかないと考え（それでも効果がないことも多いのですが）、悪循環が続くことになります。親は絶対的な無力感に陥り、罪悪感と不甲斐なさに苛まれることになってしまいます。

　また、祖父母が責任を追及したりアドバイスしようとしたりすると、罪悪感の問題はさらにややこしくなります。たとえば、「あの子がこんな行動をするのは当たり前よ。もっと一貫性を持たせなくては」とか、「あなたは厳しすぎるわ。この子がそのような反応をするのは当然よ」などといったものです。

　祖母が、自分自身が無力な母親だった頃に、「いつかあなたにも、あなたのような赤ちゃんが生まれるといいわね！」などと言って、娘にある種の呪いをかけてしまう話をよく耳にします。こうした発言は、「悪魔のような子ども」を前に自分は無力である、という物語を作り出してしまいます。このような呪いの不気味な「魔力」は、取り入れや同一視（「懲罰的ペアレントモード」に含まれる）として説明することができます。母親の子どもが同じように難しい気質を示すようになると（よくあるのが、乳児期に「夜泣きのひどい赤ちゃん」になる）、予言が実現したかのようになり、自責の念が生じます。「懲罰的ペアレントモード」は、母親を非難し、責め立て、彼女の有能感を損ないます。

　その後、子どもが「ママってバカだね」などと傷口に塩を塗るような発言をすれば、母親はすべての自信を失ってしまう危険性があります。赤ちゃんが悲鳴を上げたり目をそらしたりするだけでも、それが母親のスキーマを刺激し、非難されたと感じることがあるのです。

　「失敗」「欠陥／恥」「依存／無能」などのスキーマを持つ親は、罪悪感の扱いが特に難しいと言われています。彼らのモードはしきりに活性化されるため、簡単に他のモードに入れ替わります。脆弱な、拒絶されたチャイルドモードが活性化し、その後直ちに非機能的コーピングモード

（例：「怒り・防衛モード」や「遮断・防衛モード」）によってそれが防衛され、そうすることで内的批判モード（例：「懲罰的ペアレントモード」「あなたは本当に悪い母親だ」）が、速やかに活性化します。

このジェットコースターのようなモードの中で、母親の「ヘルシーアダルト／ケアし導くモード」を見つけるのは難しいことです。

しかし、上記のようなスキーマは、必ずしも幼少期から確立されているとは限りません。子どもと同じように、ある出来事をきっかけとして、親にも罪悪感を引き起こす「失敗スキーマ」が発生することがあります。事故、出産時の合併症、障害、子どもの病気などは、トラウマサバイバーに限らず、心理的にさほど困難を抱えているわけではない親にも、スキーマの形成を促すような影響を与えることがあるのです。

この困難な状況に対処する方法として、多くの人は責任を負い、それゆえに罪悪感を抱きます。運命的な出来事は、耐えがたい無力感に対処するために、過去を振り返って間違った形で再構成され（「もっと気をつけていれば、もっと注意を払っていれば……」）、「罪深いほうが無力よりまし」という無意識の標語を形成します。

●親の罪悪感への対応

ここでは、親の罪悪感について扱う際の重要な要素を紹介しますが、そのすべての方法を網羅するには十分な紙面がありません。親は（子どもに焦点を当てた治療においても）、罪悪感を克服するための手助けを必要とすることがしばしばあります。慎重に調査し質問することで、親の罪悪感のさまざまな側面を同定することができます。そうすれば、親は以下のようなことの見分けがつくようになります。

1. 自分の罪悪感のうち、どの部分が客観的な事実に基づいているのか（何か自分が見逃したことや、「ほどよい〈good enough〉」親であれば別の手段を取ったのに、自分の場合は間違ってしまったことは何かあったのか）？
2. その罪悪感のどの部分が外部から課せられたものなのか（その感情のどの部分が、他人からのプレッシャーを和らげたり取り除いたりするために役立っているか）？
3. 無力さを感じなくて済むように構築された罪悪感は、どれか？
4. 罪悪感のどの部分が学習されたもので、自分の典型的なスキーマやモードに適合しているのか（強い「要求的ペアレントモード」「厳密な基準スキーマ」「欠陥／恥スキーマ」が引き起こされていないか）？

罪悪感を構成する個々の要素は、それぞれ異なる治療的対応を必要とします。第四の要素では、スキーマワークが役立ちます（下記参照）。第三の要素では、非機能的な罪悪感がどのように形成されてきたのか、また無力感から身を守るための罪悪感の役割についての洞察が必要で、親が、無力感を昇華させるのではなく、安全に処理できるようにする必要があります。

二番目と四番目の要素では、セラピストが親を外部の判断から「保護」し、親の「ヘルシーア
ダルト／ケアし導くモード」がより強い「声」を持つよう促す必要があります。セラピストは専
門知識を提供し、日常的な理論や一般的な信念に疑問を投げかけると共に、偏った認識を修正す
ることができます。そして、両親が不当な非難に立ち向かうための論拠を見つけられるように導
きます。

　ここで役に立つ方法として、ロールプレイ、台本による対応（例：公共の場で人と接する際の
応じ方）、あるいは、文章化して立場を表明する手法もあります。たとえば、近所の人に対して
は次のように伝えます。

　「ご近所の皆様、私たち（サムの両親）は、サムの行動に対処するために新しいアプローチを
試みていることをお知らせします。その中で、サムはある種の限界を認識し、自分のフラスト
レーションに対処できるようになることを学ばなければなりません。そのため、今後数週間はサ
ムから大きな反発を受けるでしょうが、その後は落ち着いてくるはずです。この問題を解決する
ために、皆様にはご理解とご協力をお願い申し上げます」

　セラピストは親に対して、より広いシステムの中で他の人（たとえば祖父母）と状況や罪悪感
の問題について話し合うよう勧めることもできます（これらの人が安全で、敬意を払う姿勢を
持っている場合）。こうした方法は、親の適応力と意志力の強化を目的としています（「ヘルシー
アダルト／ケアし導くモード」）。

　最初の要素である、実際にミスや失敗があったかどうかという問題は、親が勇気を持ってこの
事実と向き合えるよう、セラピストが直接取り組むべきでしょう。また、他の人からのサポート
を得ることも大切です。親のサポートグループに参加したり、同じように悩んでいる人たちと連
帯感を持ったりすることで、罪悪感によって生じた負担を和らげることができます。

　入院治療では、同じような問題を抱えている人がいて、そのことに気づいたとき、親はとても
安心するものです（「私は一人じゃない」）。家族間の交友関係を築くことで、社会的孤立を克服
することができます。また、ファシリテーターのいる外来のクライアントの親のグループも、同
様の機能を果たすことができます。

　特にひとり親家庭の親は、自分で罪悪感に対処できるようになるために、特別なサポートが必
要です。元パートナーから攻撃されていたり、サポートを受けられないと感じたりしているとき
には、コミュニティが大きな慰めになります。

　個人的な話し合いや、専門的な話し合いにおいて、親は自分の過ちを克服し、罪悪感を手放
すために、慈悲の心を持った相手による傾聴や励ましを必要としています（Cohen-Filipic &
Bentley, 2015）。

　罪悪感に対処するために役立つもう一つの介入は、「内なる法廷」と呼ばれる体験的なエクサ
サイズです。このエクササイズでは、検察官と弁護人を椅子に座らせます（これらは実在の人物
をベースにしてもいいですし、たとえば「懲罰的ペアレントモード」や、「厳密な基準」や「失
敗」のスキーマをベースにしてもいいでしょう）。セラピストの存在により、「被告人」は異なる
視点を持ち、他の声に耳を傾けることができます。

この治療的裁判の過程で、犯人／被告人の行動を説明するのに役立つ、減刑を促すような状況が認識されます。そして、「厳密な基準スキーマ」に対してそれらが提示されることによって、被告人は傾聴と理解の機会を得ることができます。また、他の当事者の共同責任やペナルティの問題についても言及されます。さらに、可能な救済策やミスを補うための方法についても議論することができます。後者については慎重に検討する必要がありますが（「自己犠牲」や「服従」のスキーマを継続的になだめるための言い訳にならないように）、曖昧さのない、治療を行う上で正当な代償を伴うものであるべきと言えます。

　多くの場合、親は自分の罪悪感を表現し、セラピストによる思いやりのある視点から理解してもらうことを求めています。セラピストは、心理教育を行うことで、罪悪感に苛まれている親（または法廷）に、親としてのスキルの欠如がどのようにして生じたのかを説明することができます。
　たとえば、親が心的外傷を受けた結果、子どもへの思いやりや愛情、気配りをできなくなることがあります。「脆弱なチャイルドモード」が発動したときのフラッシュバックなど、トラウマ体験の影響を説明することは、親が自分自身と自分の行動をよりよく理解し、最終的には、自分自身をより思いやり（「ヘルシーアダルト／ケアし導くモード」）を持って見られるようになることに大いに寄与するでしょう。

　また、罪悪感を解消するためには、親が子どもと話し合い、申し訳ないという思いを表現することが不可欠です。悪かった行動（例：スキルや注意力の欠如）を謝罪する際、親は「脆弱なチャイルドモード」ではなく、「ヘルシーアダルト／ケアし導くモード」の立場から謝罪し、子どもを操ったり「親化」させたりしないように注意しなければなりません。
　親は、何年も良心の呵責に苛まれるのではなく、たとえずっと昔に起きた出来事であっても、（たとえば子どもとの治療セッションの中で）子どもに許しを請う機会を持てるように促される必要があります。丁寧に行えば、子どもの苦悩を認識し、理解することができます（親化のように、子どもの中で親の感情が、過度な重荷にならない限り）。
　一方で幼い子どもにとっては、このような対話は行きすぎた対応と言えます。幼い子どもとのケースでは、イメージの中で対話をするのがよいでしょう。母親・父親は、子どもがより大きく、より理解しやすい年齢になった姿をイメージすることができ、セラピストは、親が想像・空想している罪状を言語化することができます。親は答えを探したり、子どもに自分の悲しみを告白したりします。その後、セラピストや親自身が子どもの立場になって、謝罪を受け入れたり、適切かつ肯定的な感情を表現したりして反応します。謝罪の儀式の具体的な内容については、17.1.4項を参照してください。

　また、子どもの成長に対する責任を自覚してもらわなければならない親もいます。この場合、セラピストは、共感的直面化を用いて、子どもの問題への親の関与について、率直に訴えることを恐れてはいけません（15.4項参照）。

第17章　保護者への介入　369

17.1.2 認知的技法

スキーマとモードが同定されたら、認知行動療法の手法を用いて取り組むことができます。また、親が子どもに対して強く反応する背景を理解するために、認知的技法を用いることも可能です。親の反応は「脆弱なチャイルドモード」が引き起こされた結果によるものであり、親は「ヘルシーアダルト／ケアし導くモード」に切り替える方法を教わることができます。

認知的技法には以下のようなものがあります。

●リフレーミング

この技法では、子どもの行動が別の文脈に置かれ、子どもの欲求がより深く理解されることで再解釈がなされます（例：セラピストが子どもの発達心理学について親に心理教育することで、子どもの典型的な行動パターンや基本的欲求を理解することができます。たとえば、スーパーで子どもが空腹で泣いているとき、親はその行動を、子どもが彼らを困らせたいのではなく、適切な欲求を表現しているとリフレーミングすることができます）。

●メリットデメリット・リストの作成

特定の思考や行動に関するメリットとデメリットを同定し、その影響について検討します。

●不合理な信念の認知再構成

不合理な信念（「私がノーと言うと子どもに拒否される」）を再構成します。たとえば、代替案をリストアップしたり、親自身の経験から反証となるものを思い出させたりします。

●心理教育

親として悩んだり、子どもと同じような気持ちになったりするのは当たり前、そうアドバイスされることで親は安心感を抱けます。間違いを犯すのは親になるための学習の一部、そう理解することは慰めになり、適度な状態に戻るプロセスにもつながります。またここでは、子どもの行動が母親や父親としての失敗の証であると捉えてしまう思考にも挑んでいきます。

●よくあるきっかけについての覚書

スキーマやモードのフラッシュカード／メモは、親が、典型的な反応をよりよく理解し、そのような反応が生じたときに、ヘルシーアダルトとのつながりを取り戻すのに役立ちます。親はフラッシュカードを使って、自分の問題をモードの視点から見ることができ、日常の反応をモード

モデルの文脈に置いて、感情をコントロールすること／ヘルシーアダルトの行動についての指針を得ることができます。

●親のためのフラッシュカード

▷現在の感情に気づく

もし自分の子どもが……なら（よくあるきっかけ）。この瞬間、私は……と感じている。

▷自分のスキーマに気づく

私は、これがおそらく自分の……スキーマであると理解しています。それは私が……を通して学んだものです。
このスキーマのせいで、私は……であるかのように極端になっています。

▷現実検討

私が……（ネガティブな考え）だと思っていても、現実は……（「ヘルシーアダルト／ケアし導くモード」の視点）。そのヘルシーな視点を支える証拠として、私自身の生活から、……（具体例）が挙げられます。

▷何をすべきか、どう行動すべきかの指針

だからこそ、自分では……（ネガティブな行動）をしたいと思っていても、その代わりに私は……（「ヘルシーアダルト／ケアし導くモード」）をすることができるかもしれません。

17.1.3　感情面のアプローチと技法

●イメージワーク

イメージを活用した技法を用いることで、親は、子どもに対する自動的で否定的な反応から、自分を切り離すことができます。また、イメージワークは、困難な状況に前向きに対処するためのアプローチとして、新しい「視点」、すなわち「ヘルシーアダルト／ケアし導くモード」を発達させる上でも役立ちます。

イメージの中で、親は反応のきっかけとなった最近の出来事に導かれ、そこで活性化したスキーマやモードを同定します。その後、親はそうした出来事と同じような感情や身体感覚が生じた、幼少期の記憶に戻っていきます。現在の苦痛につながる幼少期の出来事は、セラピストが、親のスキーマの起源や、そのときに満たされなかった欲求を同定するために役立ちます。これら

第17章　保護者への介入　371

の欲求がイメージの中で明らかになればなるほど、親は自分の子どもの欲求とつながる可能性が高くなります。

　イメージの中で親は、子どもの頃の自分をケアされ、育まれ、修正感情体験が得られます。イメージセッションの後、親は、直近の葛藤を解決するための、より柔和で穏やかな解決策を考えられるようになり、それを子どもとの日常生活にも移していくことができます。

●親へのイメージワークの使用方法

■強い否定的な感情や反応を引き起こす、子どもとの現在の状況を想像してください。

■その状況に対する、あなたの身体反応や感情（感情の深まり）を描写してください。あなたの欲求は何ですか／その瞬間、あなたは何を望み、何を求めていますか？　あなたの心の中では何が起こっているでしょうか？

■その感情や身体感覚につながる過去の状況に戻ってみましょう（過去の成育歴上のイメージや記憶とつなげる）。

■どのような身体反応や感情が生じますか？　あなたは何を必要としていますか？（欲求を満たし、スキーマに対応するために「ヘルシーアダルト／良き保護者」を登場させることで、その状況を書き換えることが可能になります）。

（親子で元の状態に戻る）

■ここから何が起こると思いますか？　どんなアイディアが浮かんでくるでしょうか？　あなたはそこで何をしますか？　イメージワークを行うことで、新しい感情パターンを確立することができます（大人のスキーマ療法のように）。

　イメージの中では、恐怖や恥を感じる状況を変えることが可能です。「ネガティブな感情（恐怖、恥、罪悪感、嫌悪感）は、安全、安心、あるいは喜びや快楽といった感情に置き換えることができます」。悲嘆は承認され、慰められます（「イメージの上書き」のプロセスによって）。

　3.2項に詳述されている介入の順序は、親との作業にも関連しています。こうした治療的介入は、子の治療に付随する親との作業の範囲を超えるものでもあるため、必ずしも必須ではありません。子どもとセラピストの信頼関係が十分に築かれていれば、また、親が情緒的に安定していれば、個別にイメージの書き換えを行うことができます。

　セラピストは、つらい記憶が呼び起こされる可能性があること、セッション後もその記憶が残る可能性があることを親に伝え、心の準備をさせておきます。親の家族歴に暴力や虐待（性的虐待を含む）の体験があることをセラピストが知っている場合、より包括的な親の治療を組み込むことなしに、外傷的な場面を引き出してはいけません。そして、そのような治療的サポートを求めるように、親に強く勧める必要があります。

●椅子による対話のワーク（チェアワーク）

　チェアワークの導入として、特にロールプレイに一定の恐怖心を持つ親には、椅子を使った彫像づくりから始めるのがよいでしょう。親のモードを探究した後、セラピストは親にいくつかの椅子を渡し、彫像のように並べてもらいます。その他の小道具（小さなテーブル、毛布、枕、コートやスーツケース、ロープなど）は、モードを描写したり象徴したり、感情を活性化するのに適しています。

　小さな椅子は子どものモードを象徴することができ、大きな椅子の下に置いて「隠す」こともできます。また、親は、たとえばスーツケースを使って自分と子どもの椅子の間に「壁」を作り、「遮断・防衛モード」を表現することもできます。

例

　「あなたの息子さんが引き起こすモードや感情について、私の頭の中にあるイメージを説明したいと思います。

　時にあなたは、自信を持って冷静に対処します。それが、この大きな椅子の意味するところです（セラピストは、その椅子にしばらく座って、親から聞いた表現や、親の『ヘルシーアダルト／ケアし導くモード』を表す文章を、いくつか繰り返してもいいでしょう）。ここでは、あなたは非常に強い意志を持ち、養育的でもあります。

　一方で、時には自分を無力に感じたり、不安定な状態に"滑り込む"こともあります。この感覚は、ここにある小さな椅子で表現されていますが、それはあなたが自分を子どものように小さく感じることがあるからです。しかし、それがあまりにひどくなると、どうしようもない怒りに襲われることもあります。そのようなときは、自信や強さではなく、激しやすさを感じます。その気持ちを、このもう一つの椅子で象徴してみましょう。私たちの目標は、たとえあなたの子どもがあなたを攻撃したり困らせたりしようとしても、あなたがもっともっと冷静で、自信に満ちた母親の位置にいられるようにすることです」

　椅子を並べている際、セラピストは母親や父親がその考えに従っているか、同意しているか、あるいは苛立っているように見えるかなどを確認します。そして、必要であれば椅子の選択や配置を修正するように促すべきです。セラピストではなく、親が自分自身で自由にデザインして椅子を並べることができれば、なおよいでしょう。

　「自分が経験するさまざまな感情の状態を、それぞれの感情に異なる椅子を割り当てることで説明してみませんか？　息子さんとして、椅子を一つ選びましょう。どれが合うでしょう？　次に別の椅子を選び、彼に攻撃されたときの気持ちに合うように配置します。それから、他にも椅子を選択して、お互いに近いか遠いか、向かい合っているかなど、特定の位置に配置してみましょう」

　次の段階では、感情的に深くその状態に入るために、親に対してそれぞれに、異なる椅

子に座ることを勧めます。セラピストは親に何かしらの状態／感情を覚える猶予を与え、どのように感じているかを尋ねます。さまざまな感情／選択された椅子と結びつくそれぞれの姿勢に、注意を向けるとよいでしょう。

第三段階では、現在のモードの構成に「動き」をもたらします。これまで親は椅子を並べることで、自分の感情の内的な力動をより詳細に把握し、また外的な形状を与えることで、無意識になりがちなプロセスに気づけるように導かれてきました。ここで親は次々と別の椅子に座ることで、自分自身の異なる側面を「身体的に」同定し、最終的に対話に入るよう促されます。

「今から、私と一緒にちょっとした実験をしてみませんか？　椅子を選んで座ってみましょう。今、自分自身を開放して、その視点からの光景を眺めてみてください。あなたはここでどのように感じますか？　どんな考えや言葉が頭に浮かぶでしょうか？　椅子に座ったまま、そこから話してください。状況や視点に共感する時間を取ってください。可能であれば、椅子を変えて別の位置に行きましょう。ここには、たとえばあなたの厳格なお父さんにつながるモードが座っています。彼の立場に立って、彼が何を考えているか話していただけますか？　あなたのヘルシーアダルトサイドと要求的ペアレントサイドで対話をしてみましょう」

セラピストは、親のさまざまなモード（「チャイルドモード」「ペアレントモード」「コーピングモード」「ヘルシーアダルト／ケアし導くモード」）の間で対話ができるようにサポートします。それぞれのモードに適した言葉を見つけるよう、親を励まします。たとえば、セラピストも言葉やフレーズを提案し、各モードへのアプローチの感情的体験を高めていくこともあるでしょう。

セラピストは、一時的に椅子の一つに座って、モードの役割の一つを担うこともできます（「椅子に座って、いくつかの提案をしてもいいですか？」）。これは、「ヘルシーアダルト／ケアし導くモード」の存在が非常に不確かであったり、脆弱でモデルを必要としていたりする場合に特に重要で、たとえば、親の内面をめぐる議論の展開に貢献することで、セラピストは親のこうしたモードを強化します。ヘルシーアダルトを不当な攻撃から守りながら、親が十分な自己肯定感と自信を持てるようサポートしていきます。そうすることで「ヘルシー」な視点が強化され、促され、成長する余地が与えられるのです。

それと同時に、セラピストは、親が抱いている感情を受け入れ、敬意を持って反映することで、親の「脆弱なチャイルドモード」を慎重に扱っていきます。また、たとえば思いやりのある言葉を持って、脆弱なチャイルドを直接慰めることもあります（「もう一度、小さなスザンヌに直接話してもいいでしょうか。このことであなたはたびたび傷つけられてきましたが、あなたはとても好感の持てる女の子であり、両親から罰せられるべきではありません。大きなスザンヌ／ヘルシーアダルトが、あなたのために発言し、あなたを気遣うことが重要だと思います」）。そうすることで、甘やかされたチャイルドであっても、発言権を持ち、「ヘルシーアダルト／ケアし導くモード」から有意義な回答を得ることができるでしょう。

また、懲罰的ペアレントについては、原則として「無力化または追放」します。

　「懲罰的ペアレントモード」に取り組む際には、不適切な行動に対するネガティブな結果と、懲罰的なペナルティを区別することが重要です。セラピストは、「懲罰モード」に敬意を持って対応しますが、自信に満ちた姿勢と明確な主張で挑みます。

　セラピストが「懲罰モード」に反論している間、実際の親たちは懲罰的ペアレントの椅子に長く座っていてはいけません。これによって「ヘルシーアダルト／ケアし導くモード」が弱まり、内在化した懲罰的な部分への同一視が強まってしまうからです。

　懲罰的ペアレントとの対話を始めるには、次のように言います。

　「ここにお邪魔して、お父様と話をさせていただいてもよろしいでしょうか？　それとも、お父さんの役割を担って代わりに話しますか？　こちら側から出て、切り替えれば、懲罰的ペアレントの部分から話すことができます。スミスさん、娘さんに何と声をかけますか？」

　（返事を聞いた後、セラピストは次のように返して答えてもよい）

　「あなたは間違っています。小さなスザンヌをこのように批判したり罰したりすることは許されません。彼女はまだほんの小さな女の子で、一生懸命やっています。間違いは、子どもなら誰もがすることです。あなたの罰がどれだけ厳しいか、どれだけ彼女を傷つけているか、一歩下がった場所から確かめてみていただけませんか？」

　親にはさらに、たとえば椅子と椅子の間に距離を置くなどして、椅子を使って実験をしてもらうよう勧めます。親は、「遮断・防衛モード」のイメージである「壁を置く」ことを試すのも可能で、この介入により、親は強さと内なる透明性を身につけることができます。また、親が問題のあるモードから距離を置き、「ヘルシーアダルト／ケアし導くモード」の観察者としての役割を育成することもできます。

　椅子によるワーク（チェアワーク）のバリエーションとして体系的アプローチと相性がよいのは（Von Schlippe & Schweitzer, 2015）、親のスキーマを実体のあるものとして対話に導入することです。スキーマに基づく「忠告者の椅子」を、それぞれの親の椅子のすぐ隣や横に配置します。このスキーマの忠告の本質は、大きな紙に書かれています。

　たとえば、「服従スキーマ」は次のようなものになるでしょう。「みんなが私を通り過ぎていく。私は話を聞いてもらえない」。また、「情緒的剥奪スキーマ」の例としては、「私の必要なものは、手に入らない」。この本質的なメッセージは、忠告者の椅子に座っているセラピストによって、一種のコーラスや二重音声のように繰り返されます。親は、その声が自分にどのような影響を与え、そして自分がどのように感じ、考え、反応するのかに気づきます。親は、このような忠告者の存在や発言を抜きにした方法で、どのように子どもとの関係を発展させていくかを問われているのです。その際、（「ヘルシーアダルト／ケアし導くモード」の表現である）発言に対して抵抗がないか、親がこのスキーマに挑戦するためのサポートが必要かどうかに気づけるとよいでしょう。

絶望的に仲が悪いカップルの場合、セラピストは次のように直面化することもあります。

「スキーマは、あなたたちを完全にコントロールしています。スキーマはお二人の人生にどんなダメージを与えているでしょうか？　このパターンの暴君からあなた方の関係を解放できるとしたら、お二人はどうしますか？」(Von Schlippe & Schweitzer, 2015)

●指人形を使ったワーク

親が対象であっても、指人形はより深く感情を扱うための良い素材となります。少し時間がかかることもありますが、それ以外にもいくつかの利点があります。指人形を使うことで、親のモードと子どものモードの相互作用をより直接的に表現することができるのです。

親は、（指人形をプレゼントしない場合は）思い出しやすいよう写真を撮っておくことで、理解した内容を日常生活に取り入れることができます。このことを念頭に置いた上で、ベルバルク(2012)はまず、よくある状況で子どものさまざまなモードを人形に見立てて親に配置してもらうことから始めています。

ここでは、まず、親の「チャイルドモード」「不適応的コーピングモード」「ヘルシーアダルト／ケアし導くモード」を区別できるようになることが大切です。そして次の段階として、親は実際の子どもの「脆弱なチャイルドモード」につながるためには自分のどのモードが有効なのか、選択するよう指示されます。そして、自分の非機能的なモード（例：自分自身の「怒れるチャイルドモード」）を捨てて、「ヘルシーアダルト／ケアし導くモード」に切り替えるよう促されます。

「ヘルシーアダルト／ケアし導くモード」を構築する方法の一つとして、次のようなイメージワークがあります。

イメージの中で、親は子どもが生まれる前の、「ヘルシーアダルト／ケアし導くモード」を強く感じていた時期に戻るよう指示されます。イメージワークの中でそのモードにより多く接するようになると、現在においてもそのモードへさらに効果的につながることができるようになるでしょう。

ベルバルクは、活発な椅子によるワーク（チェアワーク）にも、人形を活用できると指摘しています。感情や経験、思考を割り当てた人形を椅子の上に置くと、体験的なワークにおいて、変化に必要な感情移入がより多く生じます。そして、母親は椅子に座り、人形を膝に乗せて、それぞれのモードに応じて話しかけます。最初は、人形を用いて「自分」との距離を意識して代弁したほうが楽な場合があります。

モードワークを親の日常生活に定着させるために、「ヘルシーアダルト／ケアし導くモード」の姿勢や態度を示す写真、特定の指人形の写真、特に成功したやりとり／ゲームのシーンの写真（ビデオのフィードバックから）、モードダイアリーといった形で、視覚的なメモを作成することができます。

●身体的プロセス（Physical body processes）

　本書の著者たちは、効果的な介入はクライアントのすべての「レベル」で変化を誘発する、という前提から出発しています。親が子どもへの対処法を変えれば、行動、認知、感情だけでなく、身体的プロセスにも影響が出るはずです。親への働きかけは、態度や行動を変えるだけでなく、維持されている生理的プロセスに直接働きかけることで、より効果を発揮します。

　モードの概念を用いて、セラピストは子どもにとって非常に重要な親の姿勢、しぐさ、表情を扱うことができます。たとえば、親が自分のしぐさや表情、身体感覚が特定のモードの表現であることを同定できれば、それらを永続的に変えることが容易になります。「子どもにもっと笑顔を見せたほうがいい」「気にかけていることをもっと身体で表現したほうがいい」などの提案は、「ヘルシーアダルト／ケアし導くモード」の育成と連動することで、より効果を発揮します。自分の身体のサインをより深く理解できるようになると、親は自分の生理機能に関するフィードバックに対してより開かれ、「ヘルシーアダルト／ケアし導くモード」にアクセスする能力が高まります。

　スキーマ療法では、単に顔の表情を整えるだけではなく、モード全体のパターンを変えていきます。親がモードについてしっかりと理解し、その起源について教えられ、モードを見極めるための基礎を身につけていれば、身体に関連したモードへの介入はシンプルでありながら、とても意義深いものになります。

例

T＝セラピスト
M＝母親

T：今、あなたの声が、ある意味で変化したように思うのです。葛藤について語るとき、あなたの声はまるで……私はまだそれをうまく表現できるような言葉を探しているところなのですが……あなたもそれに気づきましたか？

M：この厳しく、侮蔑したような口調のことですね。私の父は、私たちが何か悪いことをしたとき、いつもそのような口調で話していました。

T：それで、あなたの娘がそのような行動を取ったときに、この声があなたの中で、自分の声として表面化するのではないでしょうか？

M：その通りですが、今まで気づきませんでした。

T：子どもの頃、お父さんがそんなふうに話しかけてきたとき、（ここで、セラピストは「懲罰的ペアレントモード」から「脆弱なチャイルドモード」への切り替えを誘導します）どんな気持ちでしたか？　このような瞬間に遡って、お父さんの声を聞いてみてください（セラピストは、厳しい口調や態度で、再び母親の言葉を少し繰り返しても

第17章　保護者への介入　377

いいでしょう）。

M：私はいつも怖くて逃げ出したいと思っていました。

T：（言葉や感情に余裕を持たせるために十分な時間を取って）あなたが実際に、父親に対して必要としていたこと、望んでいたことは何ですか？

M：父には、私と一緒に座って、何が気に障ったのか、何に腹を立てたのか、次はどうすればいいのか、穏やかな言葉で説明してほしかったです。

T：（承認し、一般化しながら）その通りですね。子どものあなたには、明確な指導と教えが必要です。真剣な声であっても、このような厳しい言葉を使わずに。

M：そう。それが私には必要だったのです。つまり、私が何か間違ったことをしたから、父が何かを言わなければならなかったというのは事実なのです。

T：あなたの娘さんとの状況に戻ってみましょう（セラピストは少し時間を置いてから、娘の最近の行動について母親に尋ねながら、「ヘルシーアダルト／ケアし導くモード」へと切り替え始めます）。お父さんの声の代わりに、どんな声のトーン、どんな言葉が頭に浮かびますか？

M：（ここでは、全く違うバリエーションと声を使いこなすことができる）

T：今のあなたにはどう聞こえますか？　それを言っているあなたはどう感じますか？

M：この声だと、意地悪な感じはなく、はっきりとした決意を感じます。まだまだ慣れない声と話し方ですが、これから試してみようと思います。

この後、ロールプレイを行うことで、介入を促進し、親の行動としてより定着させることができるでしょう。母親は、「懲罰的ペアレントモード」から抜け出し、「ヘルシーアダルト／ケアし導くモード」の役割を取ることを練習します。

もしくは、これに加えて、日常生活の中で自分自身の声をよりよく認識できるようになるために、自分の声に関してさまざまな実験をすることも可能です。ホームワークでは、モードダイアリーの具体的な課題として、声の自己観察に焦点を当てることができます。この（自己）観察にパートナーや子どもを参加させることも可能でしょう（母親が適切な受け入れを示す場合）。

母親自身に「懲罰的ペアレントモード」に入っていることを知らせるために、特定のサインやシンボル（たとえば威嚇を示す指の形）を決めておくと便利でしょう。この合図は、批判ではなく、遊び心や優しさに満ちた視点から手がかりとして与えましょう。

母親は、手がかりに対する反応を選択することをセラピストから許可されており、「懲罰的ペアレントモード」で話し続けることも、別のアプローチを試すこともできます。もし家族が「やめなさい」と言えば、それは彼女から「力」の一部を奪う結果になり、彼女が自信を持って「ヘルシーアダルト／ケアし導くモード」を選択する機会を、減らしてしまうことになります。

上記の例のように、モードに関連したボディランゲージは、家族の作業の一環として取り組むことができます。目をそらしたり腕を組んだりするのは、「遮断・防衛」や「懲罰的」モードの

可能性があります。このような指標を家族が意識するようになると、家庭でもモードの用語で会話ができるようになります。

また、不適切なボディランゲージ、ジェスチャー、顔の表情について、セラピストが親に共感的に直面化することで、隠れたモードへの気づきを高め、別の手段への道を切り開くことができます。

●ストレスをきっかけにしたモードの活性化に取り組む

スキーマ療法では、親が日常的な状況でストレスをマネジメントできるよう援助します。ストレス反応は、危険を回避したり、基本的な欲求を満たしたりするための進化の過程の一部です。このような防御反応としての高い緊張感は、多くの場合、適応的なプロセスと言えます。しかし、ストレスがスキーマの活性化を引き起こすと、非機能的な反応がエスカレートします。

スキーマを活性化された親は、典型的な「闘争—逃走—麻痺（Fight, Flight, Freeze）」の反応（コーピングモード）を1つまたは複数の形で示します。親が子どもに対して威嚇や攻撃（過剰補償）の反応を示したり、逃避（回避）や不動（麻痺）の反応を示したりすると、必然的にそうした状態はエスカレートしていきます。

ここでの目標は、家族関係の緊張がどのように高まるか、日常的なストレスがどのように非機能的なモードの活性化の下地を作るかについての家族の意識を高め、より早い段階で介入できるよう支援することです。親は日常のストレスを認識していないことが多いので、この気づきはとても重要です。親が「衝動的チャイルドモード」を持っている場合、自分の身体の緊張を認識し、管理することを目的とした治療的介入が必要になります。弁証法的行動療法の技法は、「衝動的チャイルドモード」を管理するための具体的なスキルを提供することができます (Macpherson et al., 2013)。

これらのスキルは、モードの概念化に組み込まれ、役に立たないモードを減らし、「ヘルシーアダルト／ケアし導くモード」を増やすために活用される必要があります。ジェイコブソンの漸進的筋弛緩法などの他のリラクセーション技法も、あらゆるストレス要因やモードの活性化を管理する上で親をサポートします。

17.1.4 行動的技法

●親のスキーマの回避を減衰する

非機能的な行動パターンを中断させ、新しい子ども志向の「ヘルシーアダルト／ケアし導くモード」を構築するためには、スキーマ克服に必要な前提条件として、親の中で習慣化されたスキーマの回避を減らすことが、しばしば重要になります。

多くの親は、自分では気づかないうちに、我が子との衝突や苦痛を避けるための日常的な習慣を身につけているものです。この段階では、親がこれまで避けてきた、制限を設けること、健全

な対応を求めることができるようにサポートしていきます。たとえば、親は子どもに拒絶されることを恐れて、子どもの言動を黙認していたのかもしれません（「見捨てられ」「無能」「服従」といったスキーマの発動をうまく回避していた）。

このような相互作用のパターンをスキーマの活性化という文脈で理解することができれば、セラピストは、家族のやりとりの中で親が果たしている重要な役割について、親に注意を喚起することができます。

たとえば、親は、拒絶されることを恐れて接触を避けてきたことがわかるかもしれません（「見捨てられスキーマ」）。親が、「ヘルシーアダルト／ケアし導くモード」をより形成させることで、子どもの負担を軽減する（「失敗スキーマ」を持つ親が耐えられないと考える「失敗」を、子どもが経験するのを防ぐ）のではなく、子どもに年齢相応の責任を求めることができるようになります。

また、スキーマの回避を手放すと、親は自分の「情緒的剥奪スキーマ」の活性化を避けるために子どもから離れるのではなく、子どもの苦痛を受け止め、その場で安らぎを与えることができるようになります。

●親のスキルを高めるためのセラピストのモデリング

親には、子育てのスキルを身につけ、「ヘルシーアダルト／ケアし導くモード」を維持するための練習と支援が必要です。セラピストは、これらのアプローチにおいてモデルとなり、手本となる話をし、親が必要としている言葉を提供します。そして、子どもに対する存在感、力強さ、態度において、セラピストがどのように「ヘルシーアダルト／ケアし導くモード」を表現しているかを親と一緒に振り返ることができます。

ロールプレイは、スキルの練習に役立ち、治療が進むにつれて、より健康的な行動パターンを定着させることを助けます。

●子どもの特定のモードへの対処法

親はまた、子どもの特定のモードに対処するための手引きも必要としています。このような場合、セラピストは、セラピーの外では親に解決を委ねてしまいがちです。しかしこれでは、たとえば、暴力や虐待に対応しなければならないとき、あるいは子どもが自分から離れていってしまい連絡が取れないようなときに、親は無力になってしまいます。

セラピストとしては、特定のモードが、治療セッションで体験されるのとは異なり、家庭でより強く現れる可能性があることを覚えておくことが重要です。セラピストである私たちは、親に、新しい「ダンス」のステップを試すだけでなく（自分自身の引き金をマネジメントすることで）、怯えたり攻撃的になったりしている子どもを育み、マネジメントすることも求めていきます。

そのためには、セラピストの多大なサポートが必要です。モードの概念化は、親が自分の役割の指針を得るために役立ちます。また、指人形や椅子を使ったモードの造形は、子どものさまざまなモードに対して、親がどのように対処することが有益で生産的であるかを理解するのに役立ちます。これらの方法は以下の通りです。

▷「脆弱なチャイルドモード」への対応

「脆弱なチャイルドモード」は、ケア、注目、養育を必要とします。親には、過去にこんなことをしたかもしれない、という瞬間を特定してもらいます（例：古典的な「例外」の質問）。そして、「脆弱なチャイルドモード」の欲求を満たすのに適切なジェスチャー、言葉、状況を提案します。

ロールプレイでは、これらのアイディアを試して、親が納得するまで変更していきます。ハードルの一つは、子どもが過剰に要求的で「赤ちゃんのように振る舞っている」ように見える場合、親が子どもの養育に抵抗を示すことです。このような状況に対処する一つの方法は、苦痛を感じている子どもたちは退行するケースが多いと、親に心理教育することです。そして、親は、この養育に制限を設けることが有効かどうかを判断し、「手に負えなくなる」ことがないようにします（これは、親が養育への忍耐を学ぶ上で役に立ちます）。親は、子どもを「甘やかす」ことができる、また「甘やかす」べき、特定の時間や儀式を設定することが可能になります。

▷「怒れるチャイルドモード」への対応

セラピストは、親が子どものことを真剣に考えながらも、子どもの怒りに対処する適切な方法を見つけられるように導きます。たとえば、子どもには、何が自分を怒らせているのかを言うように促します。

「でもね」と言う前に、親は子どもから聞いたことを振り返って、その裏にどんな欲求があるのか、怒りの理由は何かを考えてみます（「あなたは自分の気持ちが傷つけられたから、そんなに怒っているのね」）。そして、怒りの表現方法に制限（怒りの道筋）を設けて、可能な解決策を提示します（「そんなに大声で叫ばなくてもいいわよ、私たちはあなたのことをわかっているから」）。

▷「利口で賢いチャイルドモード」への対応

親は、「利口で賢いチャイルドモード」が現れたときに、それに気づいて声をかける練習をすることが重要です。たとえば、「脆弱なチャイルドモード」が慰められたときや、「怒れるチャイルドモード」が落ち着いたときに、親は利口なチャイルドに対し、落ち着かせられたと褒めることができます。その上で、親は、子どもと意見交換しながら、子どもとの境界線について話し合い、交渉することができます。

しかしながら、交渉は「非自律的」あるいは「衝動的チャイルドモード」（下記参照）との間

では適切ではなく、攻撃的な行動を強めてしまうような場合には行うべきではありません。また、「反抗・挑戦モード」や「支配者モード」においても話し合うことは避けるべきです。

　親は、役に立たないコーピングモードを回避することを学び、「利口で賢いチャイルドモード」を交渉のテーブル（そのようなテーブルは、実際にモードを切り替えるための儀式として用いられることもあります）に戻して、子どもが必要としていることを年齢に応じた方法で話し合う必要があります（「あなたが落ち着いて適切な方法で話すことができれば、私たちは一緒に解決策を見つけられるかもしれないわ」）。

▷ 「非自律的・衝動的チャイルドモード」、または、「いじめ・攻撃モード」への対応

　セラピストは、子どもの過剰な攻撃的衝動を制限することに関して、親が安心し自信を持って行えるようサポートすることができます（この場合も、彼らが自分自身のスキーマの活性化を回避しないよう配慮します）。

　穏やかな言葉を使うことが最初のステップです（「あなたが怒っているのはわかるけど、これは良くないわ。家具を壊したり私を攻撃したりしないで、何に怒っているのか私に教えて」）。また、攻撃がエスカレートした場合には、親は、自分自身が被害者にならないために、子どもに身体的に立ち向かうことも必要です。

　時には、子どもが安全だと感じられるように（身体的に安定するように）、親が子どもを身体的に抱きかかえ（ホールディング）、子どもに身体的な境界線とサポートを与えることが必要な場合もあります（図17.1参照）。

　体の大きさにもよりますが、この方法は12歳までの子どもに使用することができます。より年長の子どもに対しては、親の存在感を示す方法を参考にします（Omer & Lebowitz, 2016; Omer et al., 2013）。場合によっては「タイムアウト」の部屋を使用することもありますが、そうしたケースでは子どもを部屋に連れていく際に、自信に満ちた態度で導くことが必要です。

　筆者の経験からすると、「タイムアウト」を罰（ケアする人との接触がなくなる）として認識する子どもがいるため、タイムアウトのアプローチは役に立たない場合があります。また、攻撃性の高い子どもの場合、物を壊したり（部屋で暴れたり）、子どもをタイムアウトの部屋に連れて行こうとして怪我をする可能性もあります。とはいえ、この方法は、過剰な行動を取る子どもから落ち着いて距離を置くことができるため、一部の親にとっては有効なものとなります。

　一方で、親が子どもを身体的にコントロールしている間、親は「ヘルシーアダルト／ケアし導くモード」を保てるとセラピストが認める場合は、子どもを身体的にホールドする方法を親に教えることも有効です。怪我をした親は、子どもを抱きかかえている間、懲罰モードに入って罰を与えてしまいがちですが、これは子どもにとっては脅威であり、状況をエスカレートさせてしまいます。

図17.1　子どもの安全のための治療的ホールディング

　親が「ヘルシーアダルト／ケアし導くモード」を保てていられると、最初のうちは子どもに抵抗されても、「怒れるチャイルドモード」をホールドすることで、子どもの安定や安心につながります。親は、冷静に、子どもが母親／父親を攻撃してしまうときだけ、身体的にホールドすることを子どもに言い聞かせます。

　親は、子どもがセルフマネジメントやセルフモニタリングができるような機会を提供します。
　たとえば、定期的に1から10まで数える場面を設け、数えた後に子どもを解放し、セルフマネジメントの機会を与えるようにします。その後で、また殴ったり蹴ったりしてきた場合は、暴力をやめるまで再びホールドします。
　親（と子ども）によっては、安全な距離を置いて落ち着くことができるため、子ども部屋や別の小さな部屋で「タイムアウト」するほうがよい場合もあります。これは、アストリッド・リンドグレーンの小説の人物である、レンネビリヤのエーミル（Lindgren, 1988）の父親の場合とよく似ています。父親は、しばしば息子を小屋に入れてタイムアウトを用いました。それによって息子は、父親の激しい怒りから逃れることができたのです。
　このような結果になる場合、親が明確な行動療法のルールに従うことばかりが重要とは言えません（Erford, 1999）。しかし、こうしたストレスの多い状況において、「ヘルシーアダルト／ケアし導くモード」でいることも等しく重要です。親がコントロールを失い、たとえば、「脆弱なチャイルドモード」や「遮断・防衛モード」に入ってしまった場合、タイムアウトや身体的に子

どもをホールドすることは、大きなダメージを与えます。親は、非常に明確な手引きに従って身体の使い方の練習を繰り返し、落ち着いて適切なホールドができるようになれば、「ヘルシーアダルト／ケアし導くモード」をさらに維持しやすくなります。

　身体的な技法を試す際には、セラピストが方法をしっかりと定義し、親と一緒に練習した後で、子どもも直接参加することになります。

　「フェリックス、あなたをここに招待したのは、あなたがまたとても怒ったときにご両親がどうすればいいか、話し合っているからです。対立を言葉で解決するために、あなたやご両親ができることをいろいろと考えています。でも、それがうまくいかないときは、暴力から自分と子どもを守るのが、親の役目です。必要であれば、子どもの身体を抑えなくてはならない場合もあるかもしれません。

　それとも、何か別の方法はあるでしょうか？　何をしてもらいたいでしょう？　たとえば、あなたを別の部屋に連れて行ってほしいとか？　もしいいアイディアがなければ、あなたとご両親に、どのようにしてご両親があなたをホールドするか、もう一度見せます。やってみましょうか？　もしやめてほしいときは、いつでもやめてと言ってください」

　セラピストが、ホールディングがどのように機能するか示した後、親はそれを練習します。子どもの機嫌が良いとき、セラピストは、子どもが親の限界を試すようなロールプレイを行います。親と子どもはホールドの練習をして、力の入れ方に痛みを感じたら、そう口にします。また、子どもは、親がどうすればいいかを提案することができます。

　このように、子どもがとても穏やかで、「利口で賢いチャイルドモード」にある間に、想定されるシナリオのリハーサルをします。セラピストはこうした瞬間を活用し、子どもの「利口で賢いチャイルドモード」との連携を図ります。「チーム」は、フェリックスの怒りが爆発したときに、利口なフェリックスが「起きたままでいる」プロセスを始める方法として、「激怒するフェリックス」を制限する手段を戦略的に考え、セルフコントロールを支援します。

　私の経験では、ほとんどの子どもたち（5歳から10歳）は、このようなエクササイズを受け入れ、うまく統合することができます。しかし、親にとって、このようなホールディングの技術が不快感を与えたり、潜在的なスキーマを活性化させたりする場合には、より困難になることがあります。特に、カウントする間に子どもが文句を言い始めたり（「痛いよ」）、ただ静かに座っていたりするだけでも、多くの親は、自分が子どもに厳しく接しすぎていると思い、罪悪感を覚えます。言い換えると、親は、子どもと自分を同一視し、自分自身の無力感（「不信／虐待スキーマ」）を子どもに投影し始めてしまうのです。

　親は、自分が子どもから被害を受けて「脆弱なチャイルドモード」になるか、あるいは（自分の想像の中で）加害者（懲罰的なペアレントモード）になってしまうか、いずれかの窮地に立たされます。ここで有益なのは、一連のエクササイズが非常によく訓練された治療的介入であり、より健全な行動が身につくまでの最終的な手段であると話し合うことです。練習を重ねることで、無力感という古い記憶に入り込むのではなく、ホールディングに関する新しい記憶を構築す

ることができます。

　その後、親だけで、その体験がどうだったかを話し合い、振り返ることが重要です。親は、この介入の後で困難な体験が思い起こされるかもしれません。このような感情は、親の歴史の中で承認され、文脈化される必要があります。

　それからセラピストは、親が「ヘルシーアダルト／ケアし導くモード」でいられるかどうかを確認します。介入が手に負えなくなったり、再びトラウマになるような権力闘争に終始したりしないよう、治療セッションの中でこのようなシナリオを練習しておくと役に立つことがあります。

事例

　8歳のジョナスは、救急搬送されるまで、両親からの日常的な要求をきっかけに、怒りや憤りの感情を激しく爆発させる傾向がありました。たとえば、寝る前に両親が自作の「洞窟」をリビングから片付けるよう伝えると、開いている窓のところに行って飛び降りるぞと脅しました。近所の人が警察に通報し、さらに警察が少年救急隊に通報したのです。親子クリニックでの入院生活では、ジョナスはよく馴染んでいるように見え、母親の言うことにも耳を傾けていました。

　セラピストは、ジョナスがしばしばきちんと整理したり並べたりすることから、強迫症の可能性を疑っていました。セッションでセラピストは母親に、次に彼が怒りを爆発させた際に、彼に抑制を試みる提案をしました。母親は、息子の力が強すぎて、身体的にホールドする案には無理があり、うまくいかないと考えていました。

　ジョナスがセッションに参加した際、セラピストは実験を提案し、床に座っているジョナスをホールドして見せました。少年は嬉しそうに、遊び半分で優位な立場に立とうとしていました。ジョナスは抵抗することをあきらめたとき、次の日のために脱出方法を考えておく、と茶目っ気たっぷりに言いました。少年に別れを告げた後、セラピストは母親に、子どもがホールドされる姿を見て、どう感じたかを尋ねました。

　セラピストは、母親が非常に不安を感じていたため、あえて母親自身に試してもらおうとはしませんでした。そして、母親は、自分の息子があまりにも無力で屈辱的に見えたので、その場面を見るのがどれほどつらかったかを告白しました。

　その後、セラピストと母親は、「なぜこの感情に馴染みがあるのか？」というところから、その感情や思考の原因や成り立ちについて探っていきました。結果として、その状況が、彼女の無力感や屈辱感を覚えた体験を活性化させていたことがわかりました（「不信／虐待スキーマ」「脆弱なチャイルドモード」の活性化）。このことは、彼女が「ヘルシーアダルト／ケアし導くモー

ド」でいることを妨げ、自分の子どもに対する認識を歪めてしまったようです。

　別のケースでは、ある母親が、非常に攻撃的な7歳の男の子にホールディングのテクニックを実践しました。当初、ホールドするには力が足りないと主張していた母親も、事前の練習では、十分に力があることをはっきりと体験していました。
　セラピストは、息子を練習に誘いました。母親が息子をホールディングした途端、彼は「痛いよ」と訴えました。母親は即座に彼を放し、彼は茶目っ気たっぷりに母親の腕から逃げることに成功しました。セラピストは、自然と彼の行動について言及していました。
　「今ここで何が起きたのでしょう……あれはいたずらだったのでしょうか？」
　息子は黙ってニヤリと笑いました。
　「あなたはいたずらっ子のようだね！」
　彼は、母親のホールディングが実際には痛くなかったものの、痛いと言えば解放されると知っていたことを打ち明けました。彼のいるところで、セラピストは母親にこう言いました。
　「目の前に傷ついた子どもがいるのかと思っていたら、相手はいたずらっ子だったのですね」
　この練習は、母親が適切なボディコントロール（ホールディングの手法）を学ぶ機会にもなりました。しかし、同時にセラピストは、母親がスキーマを回避していたことを同定し、状況の認識を修正することを助けました。その後、彼女はますます自信を持ち、安心感を得て、息子が噛みついて攻撃するのを防ぐためにホールディングを使えるようになりました。

　子どもを身体的にホールディングすることを推奨するのは、非常に特殊な状況下で、かつ「ヘルシーアダルトモード」にあるときに限ります。また、親は、他のすべてのアプローチがうまくいかなかった場合にのみ子どもを身体的にホールドするべきであり、十分にコントロールされた方法で、必要最低限の時間だけ行うようにします。
　年長の子どもの場合、子どもがより強い力でホールドを破ると、状況はエスカレートします。スキーマ療法の観点から、セラピストが、そして後には親が、制御不能になった「怒れるチャイルドモード」や「いじめ・攻撃モード」に対処するために、他の方法では対応できない場合に、ホールディングを使用します。

　また、乱暴な子どもに対応している親にとって有益なのは、大きな人形を使って「挑発」に対処する練習を行うことです。セラピストは人形の腕を使って、子どもと同じような行動を取ります（例：舌を出す、母親の顔の前で拳を握る、母親の腕を叩く、など）。
　このような体験型のエクササイズでは、親の隠れたモードが明らかになり、他では得られない親に関する貴重な情報を導き出せる場合があります。

　特に、子どもが一線を越えたときに、親が甘やかしすぎたり防御的な反応をしたりしがちな場合は、親の適切な自己主張の力を養うための、ボディコンタクトを伴う体験型エクササイズが有効です。
　たとえば、セラピストは、「いじめ・攻撃モード」を演じて、拳を握って親に近づき、対決し

ます。親はその行動を制限するために、さまざまなジェスチャーや声のトーンを試すことができます。自分とセラピストが「ヘルシーアダルト／ケアし導くモード」（例：毅然としているが、落ち着いた口調と明確なボディランゲージがある）になったと感じるまで、停止信号などの技法を使って練習することも可能です。身体や言葉で制限を設けた後は、子どもに対して、攻撃せずに適切な言葉で自分自身を表現するよう求めることもできるのです。

●ホームワーク

ホームワークとしてスキルを試し練習することは、これらのスキルをうまく実践するためだけでなく、仮説や治療アプローチを見直し、確認するためにも不可欠です。親のスキルは、「エクスポージャー」のように段階に分けることができます（ただし、この場合は体験的技法ですが）。これにより、十分な指導や指示を受けずに技法が「失敗」してしまうことを防ぐことができます。

親に十分な準備がなかったり、親のスキーマが感情レベルでしっかりと対処されていなかったりすると、「脆弱なチャイルドモード」が引き起こされ、親がコーピングモードに戻ってしまう「再燃」が起こる可能性があります。まず、親に、特定の恐怖を感じる子どもの行動と、それに対する自分の苦痛に対して、「ただ」耐えてみるよう提案することから始めるとよいでしょう。この場合の「ヘルシーアダルト／ケアし導くモード」は、苦痛の許容範囲を意味します。親は、昔の闘争−逃走モードに戻ることなく、衝突に対する忍耐を繰り返し学ぶことで、子どもとの関係に新たな側面を生み出すことができます。

●親の存在感に関する助言

子どもに対して非暴力的に抵抗するための技法では、親の「存在感」を高めることに焦点を当てていきます（Omer & Lebowitz, 2016; Omer et al., 2013）。これはスキーマ療法において、子どもが攻撃的であったり無礼な態度を取ったりしたとしても、親は「ヘルシーアダルト／ケアし導くモード」にとどまって、穏やかさと心遣いを表現するように、と教えられることを意味します。

親は、子どもの反応に細心の注意を払い、お互いにエスカレートするパターンを続けるのではなく、「抗議のための座り込み」をしたり、対応について「予告」したりすることができます。懲罰モードになったり争い合ったりするのではなく、忍耐を覚えることで、自信を持って子育てができるようになり、普段のような悪循環から抜け出すことが可能になるのです。

これまでの経験から、子どもや青年は、最初はエスカレートしたコーピングモードで反応することがありますが、それはごく短期間のものです。親が「ヘルシーアダルト／ケアし導くモード」であり続ければ、子どもは否定的な反応をしなくなります。

親の存在感において重要な原則は「忍耐」です。親は、子どもが自分を無視したり拒絶したりするのではないかと恐れていたとしても、粘り強く働きかける必要があります。

事例

　親の忍耐の重要性は、ある父親が語ってくれた、彼自身の子ども時代の話にも表れています。

　6歳のある晩、彼は自分の行動に対する良心の呵責から、母親の慰めと助けを切実に求めていました。また、彼は次の日の学校の不安についても、母親からもたらされる安心感を必要としていました。

　しかし、彼は「遮断・防衛モード」から抜け出せず、3回も母親を拒絶し、冷たい態度を取っていました。次第に彼の「利口で賢いチャイルドモード」が登場し始め、母親が4回目に戻ってきたときは、自分の意見を言ってみよう、自分の心を開いてみようと言いました。しかし母親はあきらめてしまい、知らず知らずのうちに彼の「情緒的剥奪スキーマ」を強化してしまったのでした。

●ビデオフィードバック

　ビデオフィードバックは、（カメラの影響はあるものの）セラピストが短時間、実生活における両親の様子を観察することができるため、非常に強い効果を持つ技法です。適切な形で使用すれば、ポジティブで自信に満ちた親の行動を強化する、優れた方法となります。

　ビデオフィードバックでは、質問を上手に使うことで、親の内省（「ヘルシーアダルト／ケアし導くモード」）を促し、発展させることができます。親が子どもの新しい側面に気づくことで、スキーマの活性化を遮ることも可能です（「ここで、お子さんが本当はあなたを傷つけたいと思っているわけではないことがわかりますね」）。

　一方で親は、ビデオモニターで観察されていることで、自分が批判されていると感じやすくなります。自分自身の中に「要求的ペアレントモード」を持っているセラピストは、不満を感じる部分をあっさりと見つけ出して、親を「現行犯」で捕まえてしまうのです。

　そのため、ここでは（Süß, 2011に基づいて）、セラピストは通常の「ほどよい」子育てに基づいて期待値を調整しなければならないことを、私たちは強調しておきます。セラピストは、臨床以外の場で「標準的な」親子のやりとりを見ておく必要があるかもしれません。そこでは、最適とは言えないやりとりが生じるちょっとしたエピソードが数多く観察されることでしょう。そうでなければ、セラピストは親にとって高すぎる基準を設定し、適用してしまうことになります。

　また、ズースは、クライアントが「ヘルシーアダルト／ケアし導くモード」を身につける上で手助けになる能力に大きな影響を与えるため、セラピストは自身の子育てや育てられたときの体験に自覚的になり、自らの人間関係のパターンを振り返ることが重要だと強調しています。

ポジティブな親子の活動を確立することも親とのスキーマ療法の重要な要素であり、幸せなチャイルドを促すことにつながります。それを「楽しい遊びの時間」と呼んでもいいですし、「充実した時間」と呼んでもいいでしょう。

ズース（2011）は、子どもの喜びからもたらされる強化や自立の促進（エンパワメント）は、親の感受性を育むことと同じくらい重要なものだと考えています。喜びがなければ、他のスキルや学んだ能力が維持されず、継続されません。

このような活動は、必ずしも時間やコストがかかるものではありません。セラピストは、父と息子が「ゴロゴロ」したり「何かを作ったり」、母と娘が雑誌をめくってくつろいだりするような、日常のちょっとした楽しみを探すべきでしょう。このような小さな目標は、日常生活や毎週のスケジュールに組み込みやすいため、限られた時間の中で失望や対立を招く危険性が少なくなります。繰り返されるポジティブな相互作用は、規模が大きくても稀にしか起こらない出来事よりも、ポジティブな影響が長く持続します（例：Gottman's bids for connection, 2011）。

●日常的な儀式

日常的な儀式は、親との取り組みの中で用いられる行動的技法の一部です。「幸せなチャイルドモード」を活性化したり、スキーマを修正したりするのに適しています。

家族には、子どもたちが大切にし続けている習慣があることが多いでしょう。たとえば、寝る前のお話、抱っこの時間、ママと並んで寝ること、特定のテレビシリーズを一緒に見ること、あるいは「世話をする行為」（例：次の日のために子どもの服を準備すること、小さな子どものための夕方の母親との入浴タイム）、グループで歌を歌ったり音楽を聴いたりすること、などが挙げられます。家族によっては、食事を共にしたり、定期的なご褒美や楽しい慣習があったりすることで、喜びや楽しみの雰囲気を作り出し、気遣いを示すことができます。

セラピストは、アセスメントの一環として、このような儀式について知り、それを貴重な資源や家族の文化として大切にし、称えることができます。また、親にこれらの儀式を罰の手段として使わないようにアドバイスすることもできるでしょう（宿題をしなければ寝るときのお話をしない）。代わりに、衝突した後にはそれらは重要なひとときとなり、ポジティブなモード（「幸せなチャイルドモード」と「ヘルシーアダルト／ケアし導くモード」）のための時間とゆとりを与えてくれます。

親はまた、「脆弱なチャイルドモード」のためのスペースを確保し、これまで見逃されていた養育を提供する方法を模索するよう促されます。

たとえば、親は、子どもの自律を早くから期待しすぎないように注意する必要があります。もちろん、これが「甘やかされたチャイルドモード」の場合は違います。ここでは、「何でもしてもらえる」という子どもの権利に疑問を投げかけ、過剰に生じている行動を例外的なもの（特別な「甘やかされる一日」）にする必要があります。

私たちはよく、家族の儀式として一日の終わりにその日の出来事を振り返る機会を設けて、感情の確認を行うことを親に勧めています。親は、子どもが学校のことを話さないなどなかなか心

第17章　保護者への介入　389

を開いてくれない場合でも、その日の出来事をもとに、自分の気持ちを（年齢に応じた開示の仕方で）話すお手本になることができます。親が子どもをコントロールする手段としてこの機会を利用するのではない限り、子どもが心を開いていけるようにするために、粘り強く働きかけることが、ここでは効果的です。

同じような儀式として、毎日感謝の気持ちを伝えることを練習することで、子どもも親も、自分のポジティブなモードに気づける方法もあります。親子で夕食時に交代で褒めたり褒められたりする役割を担ったり、少なくとも家族でポジティブな体験について話したりすることができるでしょう。

●謝罪の儀式

謝罪の儀式には特別な説明が必要です。

多くの家庭では（さらには会社など、より大きなシステムにおいても）、罪悪感や非難に対処する文化が欠けています。そのため、親は、自分の至らなさや過ちについて語るべきか、またどのように語るべきかが、よくわからないことが多いようです。こうした手本がない場合、子どもは関係を修復する方法を知らず、親は子どもが悪いことをした際にどう責任を取らせればいいのかわからなくなってしまいます。

セラピストのベン・ファーマンは、「責任のステップ」（Furman, 発行日付なし）において謝罪の仕方の良いモデルを提示しています。ウェブサイトのkidsskills.orgでは、子どもにも親にもお勧めできる情報や絵や一連の手順のマニュアルを提供しています（オンラインの資料には、ファーマンの手順を簡略化し、修正案を加えたものがあります。www.pavpub.com/resource-374CoCrを参照してください）（訳注：オンライン資料として当該のファイルを見つけることができませんでした）。この儀式を用いることで、親の「ヘルシーアダルト／ケアし導くモード」を発展させることができ、破壊的な「懲罰的・要求的ペアレントモード」と対比させることができます。

子どもがこの儀式に参加することを嫌がった場合、親は、後の場面で謝ることができるように、優しく粘り強く働きかける必要があります。ステップがある程度進むまでは、好きな活動に参加できないようにする（または、他の制限を設ける）ことも、子どもにとって有益な場合があります。また、子どもが同じ過ちを繰り返した場合には、儀式に他の立会人や養育者を追加で参加させるとよいでしょう。

●セルフケア

子育ての課題の一つは、親としての役割とは別に、親が適切なセルフケアを行いながら、自分自身の欲求を満たすスキルを身につけることです。日頃から、親自身が親密さや愛情、養育、すなわち十分な休息を取っているかなどを尋ねておくとよいでしょう。

これまでの経験から、親がうまくいっていなければ子どももうまくいかないし、子どもともうまくいかないことがわかっています。セラピストは、具体的な計画を立て、多くのサポートシス

テムを巻き込んでセルフケアを促します。

　時には、子どものために親は自分の欲求を脇に置くようにと、セラピストが求めなくてはならない場合もあります。ひとり親や幼い子どもを持つ多くの親にとって、特に、子育てに加えて仕事もこなさなければならない場合（ダブルワーク）、邪魔されることのない自分のための時間を確保するのは難しいものです。しかし、家事の中には、親が子どもへの愛情と自己への思いやりを同時に示すことができる選択肢もあります（たとえば、ママが休むときだけ出す特別なおもちゃの箱があったり、買い物の後にカフェで一休みしたり）。

　また、セラピストが親の完璧主義（「厳密な基準スキーマ」）に対処することも重要です。なぜなら、親は治療の中で、もっと良い親になるために、子どものためにもっと何かをしなければならないと思っていることが多いからです。「厳密な基準」「罰」「欠陥／恥」などのスキーマや、すでに生じている罪悪感などに取り組む必要があります。

　ここでも、また、セラピストが適切な自己開示をすることが助けになるかもしれません。それによって、子どもの健全な成長には、完璧な親は必要ないのだということを親に理解してもらいます。ネガティブな出来事には、「少しの量」でそれを経験する場合には、子どもたちの回復力を高め、力を与える効果があります。さらに、ネガティブな出来事は、親が謝罪や責任の取り方のモデルとなる機会を与えてくれます（上記参照）。親が間違いを犯しても、子どもがそれについて自分の気持ちをはっきりと述べる機会があれば問題ありません。間違いはそれ自体が子どもにとって有害なわけではなく、それについて誰も話してくれない場合に、子どもが自分の気持ちを一人で抱え込んだまま放っておかれることに問題があるのです。

17.2 さまざまな介入方法について　　　説明するための事例「ロン」

　ロンの母、ティナは「涙にどう対処すればいいですか？」という質問から始めました。彼女の9歳になる息子は、抑うつ症状と社交不安があり、身体症状を伴うこともありました。質問したとき、彼女は、息子の涙のことだと言いましたが、彼女自身も、夫の発言を受けてすでに涙を流していました。

　アセスメントのプロセスに続いて、セラピストは子どもと親のスキーマの概念化を「モードマップ」に描きました（「自己犠牲」「依存／無能」「不信／虐待」「損害への脆弱性」といったスキーマ）。セッション中、母親は、難産や産後のことを思い出す際の強い身体反応（集中治療室の話や子どもの命に対する彼女の恐怖を語るとき、汗をかき、震える）について語り、実際にそうした反応を示しました。彼女は「何カ月も……ただ、心配で、心配で、心配で」悩んでいたと述べました。両親は、ロンに対する過保護な行動をやめようとしてきましたが、しばしば失敗することがあると話しています。

2回目のセッションで、母親は、学校で同級生の立てる音に耐えられずに泣いている息子を見た、という最近の状況について話しました。彼女は、そのときの典型的な反応について次のように説明しました。まず、彼に駆け寄り、彼を慰めようとします。もし彼がなおも泣き続けると、彼女は苛立って彼を叱り始めます。父親は、この「ジェットコースターのような感情」について認め、ロンが本当にひどくつらかったのか、それともつらいフリをしていただけなのかということについて未だに議論している、と付け加えました。

　セラピストは、ロンのさまざまなモードについてイメージを使って説明し、また、親のモードも適合させました（たとえば、母親の「脆弱なチャイルドモード」における「涙の苦悩」と、その一方で存在する「ヘルシーアダルト／ケアし導くモード」）。
　セラピストは、両親の間の意見の対立を、ロンの異なるモードが表現されたものであると解釈しました。どちらのモードも彼の一部ではあるものの、それぞれの親が異なる側面に焦点を当てているのです。

　セラピストは、母親に息子の役を引き受けてもらい、ロールプレイを開始しました。この状況で、セラピストは「ロン」に共感し導く反応のモデルを示しました。両親は、すでに同じような方法でロンに対処しようとしていたと言います。そこでセラピストは役を交代し、母親は子どもと同じレベルで「利口で賢いチャイルドモード」になります。
　次のステップでは、セラピストと母親が再び役割を交代し、セラピストは母親が使ったジェスチャーや反応をミラーリングします。母親は、それをロンに対する自分自身の反応として即座に認識することができます。そうすると、通常であれば彼女は「怒れるチャイルドモード」に切り替わります。

　その後、セラピストはモードの対話に進みます。椅子を2つ取り、母親の隣に置きます。
　「さて、あなたのさまざまなモードを、これらの異なる椅子に『配置』したいと思います。この小さな椅子は、あなたの思いやりや同情、どちらかというと子どものような悲しみの気持ちを表しています。そのすぐ隣には、ロンの芝居がかった雰囲気に飽き飽きしている、イライラした側の椅子が置かれています。さて、今、あなたは自信に満ちた母親の椅子に座っています（『ヘルシーアダルト／ケアし導くモード』）。あなたの椅子の向かい側に、小さなロンを置きます」
　母親は自発的に椅子のセッティングを行い、いつも2つの椅子の間を行ったり来たりしている、と口にします。それから彼女は、考え込むように小さな椅子を見て言います。
　「母のようになりたくないから、私はそうするのです。子どもの頃に、母がいつも私にしていたことを、私はやりたくありません。私が泣くと、母は私を平手打ちにして、『ほら、これで泣く理由ができたでしょ』と言いました」
　母親がこのモードに切り替わっている間、セラピストは同情の眼差しで母親を見つめ、その情景が彼の心を打つことを彼女に伝えます。
　「今、小さなティナはこの椅子に座っていて、母親が自分に対してとても不公平で不当なことをしていた頃のような気持ちになっています」

少し待って、母親とのアイコンタクトをしっかりと取った後、セラピストはこのモードに深く入ることを選択し、大人の母親に向かって話しかけ、別のロールプレイを始めます。

　「そしてあなたは、あなたのお母さんのように同情と怒りの喚き声の間を行ったり来たりするのではなく、まだ第三の方法があることを知っています。『この椅子（ヘルシーアダルト／ケアし導くモード）に座っている』とき、あなたは、息子さんへの共感と理解を示すことができますが、同時に彼に指導や指示を与えることもできます。彼は同情だけではなく、これから何が起こるのかを教えてほしいのです。弱々しく泣いているロンに対して、自信に満ちた母親として──同情を交えながらも、気を遣いすぎずに（先ほどのロールプレイのように）対処してみましょう。また、自分の姿勢にも注意を払い、どのような姿勢や身ぶりがこの椅子に最もフィットするかを確かめてください」

　母親は自発的に背筋を伸ばし、自信に満ちた澄んだ表情をして、きっぱりとした「ヘルシーアダルト／ケアし導くモード」で振る舞います。その後、セラピストは彼女にフィードバックを与え、その状況を終えてどう感じているかを尋ねます。母親は、このような状況の終わり方をしたことについて、自分がロンを見捨ててしまったような気がして、いい気分ではなかったと答えます。

　セラピストは、これを「脆弱なチャイルドモード」の再活性化と解釈することができます。その代わりに、この衝動を思いやりに基づく感情であると解釈して強化し、母親にリフレーミングの機会としてどのように使うかを教示します。

　「彼を失望させたり見捨てたりする必要はありません。何か飲み物を持って、5分後に戻ってくると伝えればいいのです。あなたは、新しい対処法を実践するチャンスを与えられています。それに、長い間一緒に座って悲しんでいないだけで、あなたはすでに彼を慰めています。彼に必要なのは、愛に満ちた思いやりを持ち、自分自身が不幸や悲しみにとらわれず、息子のために境界線を設定することができる母親です。そうしないと、彼があなたのことを心配し、あなたが彼のことを心配して、お互いにまた嫌な思いをすることになります」

　母親は、自分のジレンマの解決策が見つかったことに安堵しました。

　3回目のセッションで、セラピストは、母親がいないセッションで作成されたロンの「モードモデル」を見せますが、これがティナに大きな影響を与えます。彼女の涙には、喜びと同時に、ロンの悩みの根底にあるものへの共感が表れています。両親が息子のために純粋な喜びを感じられないのはなぜなのか、という問題について話し合う準備が整いました。

　セラピストは、息子に対する怒りの感情や否定的な考えを──テーブルの上に置いて──率直に打ち明けるよう勧めます。ティナは、息子の泣き顔が、あまりにも「女の子らしく弱々しく」思われ、耐えられないと言います。父親は、ロンの不安に対する焦りを語ります。息子を慰めることも、共感することも難しいと述べます。

　親のモードモデルを参考に、セラピストは親の中でどのモードが活性化しているかを説明します。ロンの行動は、泣いていることを批判し、自制を求める「要求的ペアレントモード」の声を

第17章　保護者への介入　　393

活性化させます。また、ロンは、父親の「不安で脆弱なチャイルドモード」も活性化させます。このモードは、明らかに父親が長い間否定していたものです。

次のステップとして、セラピストは大きな手人形（モードワーク用）を使ってロンを表現し、小さな椅子に座らせます。そして父親に、ロンが体育の先生の発言に対して腹を立てているとき、どう感じるかを尋ねます。この状況を想像すると、父親は怒り出し、先生に対して強い不満を感じると述べます。セラピストは父親の気持ちを認めて、先生への怒りは理解できることを伝えますが、一方で今、ロンが必要としているものについて言及します。

父親は座ってじっと硬直したまま、おそらく自分は幼い頃、慰めや愛のある励ましを体験したことがなかったのだろうと述べました。今まで誰も自分に同情してくれなかったのに、自分の息子を抱きしめるなどの行為を、簡単にできるものではありませんでした。セラピストは彼に手人形を渡し、ロンが必要としているだろうことを一度試してみてください、と伝えました。

17.3 まとめ

家族の相互作用とコミュニケーションのパターンは、子どもと思春期の人のためのスキーマ療法におけるペアレントワークにおいて、中心的かつ不可欠な役割を果たしています。子どもの症状の発症を親の責任にせず、家族の構造を理解することが重要です。

治療を成功させるためにはサブシステムの境界を強化する必要がありますが、同時に透過性も維持しなければなりません。スキーマを活性化させている役割の割り当てを探り出し、両親にとって満足のいく責任の分担を促していく必要があるのです。

ペアレントワークでは、子どもの欲求だけでなく、個人および夫婦としての、親の基本的欲求も考慮します。たとえば、セラピストと各モードとの間で行う対話を通じて、ポジティブな養育体験（「ケアする親モード」）を活性化し、「懲罰的・要求的ペアレントモード」を無力化することが必要です。

システム志向のスキーマ療法のセラピストは、小児期の症状の持つ機能性について、クライアントの感情的苦痛の観点と、家族システムの観点の双方から検討します。

症状の持つ機能は何か？　それは誰のため、何のためのものなのか？　その症状と関連するモードは、システム全体の中でどのような役割を果たしているのだろうか？　子どもの症状の変化が、他の家族の内面的なバランスを崩す原因になってはいないだろうか？

スキーマ療法のセラピストは、悪循環、ネガティブな相互作用のサイクル、モードエスカレーション──親と子の非機能的なモードの相互エスカレーション──に特に注意を払います。

診断と治療のために、スキーマ療法のセラピストはさまざまな手段を選ぶことができます。特に情報提供を目的としたスキーマやモードマップの視覚的表現、モードダイアリーやスキーマメ

モ・フラッシュカードの作成、人形や椅子を用いたモードワーク、そしてイメージワークなどです。また、スキーマ療法の目標を達成するために、古典的なシステム療法や行動療法の技法を統合して活用することもあります。質問技法、ファミリーボード、ファミリーサークル、ビデオフィードバック、彫像、リフレーミング、認知再構成法、スキーマを探るためのジェノグラムの作成などです。

17.3.1 親とのスキーマ療法における
作業の限界と禁忌

スキーマ療法のモードワークは、クライアントの親に対して特別な知的課題を与えるものではありません。能力に乏しい親でも、モードワークから恩恵を受けることができます。

これまでの経験から、モードワークはその図式的で視覚的な性質から、ほとんどのクライアントにとってそれほど複雑なものではないことがわかっています。親には、さまざまなアプローチの中から選択してもらうことで（たとえば、椅子よりも人形のほうがいい、など）、この手法が受け入れやすくなります。

この章で説明した親との作業は、通常の家族相談の範囲を超えるかもしれませんが、ケースの複雑さによっては、通常の時間的制約の中でも効果を発揮する可能性があります。しかし、子どもに関する治療の開始当初は、親との間でより深いプロセスの促進を図り、治療のための適度な基盤を設けるのを目的として、セッションを近い間隔で設定することが望ましいでしょう。

ここに提示されたアプローチはすべて、悩んでいる親やメンタルヘルスの診断を受けた親を対象に試行され、検証されたものです。今のところ、特に禁忌は知られていません。一方、トラウマを抱えた親に対しては、個人治療の枠組みの中で治療を行うことが望ましいでしょう。

◆参考文献◆

Berbalk, H. (2012). *Arbeit mit Handpuppen in der Schematherapie*. Vortrag in Hamburg am 25.4.2012.

Cohen-Filipic, K. & Bentley, K. J. (2015). From every direction: guilt, shame, and blame among parents of adolescents with co-occurring challenges. *Child & Adolescent Social Work Journal*, **32** (5), 443-454. Available at doi: http://dx.doi.org/10.1007/s10560-015-0381-9

Erford, B. T. (1999). A modified time-out procedure for children with noncompliant or defiant behaviors. *Professional School Counseling*, **2** (3), 205. Retrieved from https://search.proquest.com/docview/213264865?accountid=178506

Furman, B. (nd) *The Steps of Responsibility: How to deal with the wrongdoings of children and adolescents in a way that builds their sense of responsibility*. Kidsskills.org Retrieved 22 September 2017, from http://www.kidsskills.org/english/responsibility/

Gottman, J. M. (2011). *The Science of Trust: Emotional Attunement for Couples*. New York: WW Norton & Company.

Lindgren, A. (1988). *Immer dieser Michel*. Hamburg: Oetinger.

Macpherson, H. A., Cheavens, J. S. & Fristad, M. A. (2013). Dialectical behavior therapy for adolescents: theory, treatment adaptations, and empirical outcomes. *Clinical Child and Family Psychology Review*, **16** (1), 59-80. Available online at doi: http://dx.doi.org/10.1007/s10567-012-0126-7

Omer, H. & Lebowitz, E. R. (2016). Nonviolent resistance: helping caregivers reduce problematic behaviors in children and adolescents. *Journal of Marital and Family Therapy*, **42** (4), 688-700. Available at doi: http://dx.doi.org/10.1111/jmft.12168

Omer, H., Steinmetz, S. G., Carthy, T. & von Schilippe, A. (2013). The anchoring function: parental authority and the parent-child bond. *Family Process*, **52** (2), 193. Retrieved from https://search.proquest.com/docview/1424667979?accountid=178506

Süß, G. J. (2011). *Bindungsqualität bei Helfern*. Vortrag SPZ Psychologen- und Forschungstag am SPZ Lübeck am 17.6.2011.

Von Schlippe, A. & Schweitzer, J. (2015). *Systemic Interventions*. Vandenhoeck & Ruprecht.

White, M. (1988). The process of questioning: A therapy of literary merit. *Dulwich Centre Newsletter*, Winter.

第18章

子どもと思春期の
グループスキーマ療法
（GST-CA）

マリア・ガリムジャノワ、エレナ・ロマノワ

子どもや思春期を対象としたグループワークは、個人を対象とした作業に加えて、非常に有益なものです。ガードナー（1999a）によると、グループ療法は個人の心理療法と同程度に重要であり、状況によってはそれ以上であると考えられています。

18.1 子どものグループ療法の利点

　グループワークでは、子どもたちがつながりを持つことを助け、学校やその他の社会環境で役立つ、なくてはならない社会的スキルを身につけることができます。

　グループワークは、疎外感を打ち消し、孤立感を軽減します。子どもたちそれぞれが抱える類似した問題について話し合い、お互いの話に耳を傾けることは有意義な結果をもたらします。問題を共有するように促すことが、孤立感や疎外感の減少につながるのです。

　スキーマ療法のグループは、家族と社会の双方をミニチュアで表現しています。グループの中では、友好的で受容的な環境が作られ、子どもたちは仲間やセラピストに自分の気持ちを表現することができます。「子どもと思春期のグループスキーマ療法（GST-CA）」では、子どもたちが安全な雰囲気の中で自分のモードを探究し、フィードバックを受けて自分の行動を修正していくことが可能です。グループは参加するメンバーに、複数の人からの理解と直面化、そして複数の人との同一性をもたらしてくれるのです。

　ここでは二人のセラピストがいることで、家族の問題に取り組む機会が増えます。また、GST-CAは子どもたちに安全で快適な空間（ルールに守られ、ひどいことは起こらないと確信できる場所）で、自分の行動や他人の行動を目にして、分析する機会を与えます。

　グループは、ほとんどの心因性の精神病理の根底にある生活上の問題について、子どもたちがよりよい対処法を見つける手助けをします（Gardner, 1999a）。また、セラピストや他のグループのメンバーという、同一視のための新しいモデルを提供します。

　スキーマ療法のグループでは、子どもがかつて困難な状況に対処する必要があったときに利用していたものよりも、さらに健全な同一視が生じます。子どもたちは、心理的な問題と対人関係の問題の両方に対処するために役立つ、メタ認知のスキルを身につけることができます。

　一方、グループでは、苦痛を健全に処理し、感情をマネジメントするためのより適応的なスキルを身につけるために、思考や感情をオープンに表現するよう促します。グループは、子どもが問題解決能力を高め、ポジティブな経験を定着させ、さまざまなリソースや機能的な対人関係の習慣を身につけるのを助けます。

18.2 思春期のグループ療法の利点

　グループを作る行動は、思春期の子どもたちにとって自然なことです。彼らは、所属、つながり、交友、社会化の欲求を満たすために、また、まだまだ未熟だという感情を補うために、グループに引き寄せられます。社会化は思春期の重要な課題の一つであり、青年にとってはグループの重要な一員となることが不可欠です。

　思春期の青年は、集団が個人の総和よりもはるかに大きな力を持っていると感じることができ、そのため、集団の中で認められたメンバーになることが大きな自信をもたらします。仲間の中で、彼らは治療的な社会体験を得ることができます。また、仲間に対する大きな依存性は、グループ療法で活用することが可能です。彼らにとって仲間は、大人の意見よりも尊敬に値する意見を持った人たちだとみなされています。

　グループワークはセラピストにとって、思春期の青年が人間関係の中でどのような反応を示すかについて、本人の報告以上に、社会的相互作用を観察する上で自然な機会を提供してくれます。グループ療法の最大の利点の一つは、恐らく、セラピストがクライアントの対人関係について正確なデータを得られることにあるでしょう。

　また、グループの中で青年は、修正的で治療的な社会体験ができます。グループでの体験は、青年にとって新しい人間関係を築く機会としても有用であり、それは非常に治療的な体験とも言えます。

18.3 GST-CAの適応症／禁忌症

　グループスキーマ療法は、子どもや青年が抱えるさまざまな問題に対して適用することが可能ですが、特定の領域ではとりわけ、グループの力動が効果的に表れます。特定の領域については、以下の通りです。

■不安と恐怖
■うつ病
■低学力
■衝動制御の低さ
■トラウマ処理
■心身の問題
■低い自己評価
■摂食障害（亜急性／医学的に安定した体重の範囲内）

■強迫症
■対人関係における困難
■自傷行為
■頑なな行動と態度
■対人関係の問題、家族や仲間や先生などとの軋轢
■反社会的行動（ガードナー〈Gardner, 1999b〉によると、反社会的行動を取る子ども／青年は、グループ内の少数派の者たちであれば、集団心理療法から恩恵を受けられる可能性がある）。また、反社会的青年が個別のスキーマ療法をグループ療法の前にすでに受けているか、理想として、グループと同時に受けている場合には、スキーマ療法のグループに含めるのがベストであることも付言しておく。これにより、セラピストはグループメンバーの安全を確保し、思春期の青年をサポートすることができる。
■ADHD（症状がグループ内で管理可能であり、ADHDの子どもがグループ内で少数派である場合）
■目標と方向性の欠如
■リソースの不足、または自分のリソースに対する認識不足
■「治療抵抗性」の問題

　グループの年齢差は2歳以下が理想的です。子どもたちの年齢が低ければ低いほど、一つのグループ内の子どもたちの年齢差は小さくなります。

除外基準：
■物質乱用や依存症（このテーマに特化したグループで、収容可能な施設で開催され、他のメンバーも同じ問題を抱えている場合を除く）
■精神病
■急性ストレス障害
■器質的脳障害
■反社会性パーソナリティ障害
■広汎性発達障害
■急性または重度の自殺念慮があり、個別の対応が必要な場合
■低い知能
■一つのグループ内にきょうだいや近親者がいる

　グループを編成する際には、子どもたちの組み合わせ、特に年代的には同じでも、認知的・社会的な発達レベルが大きく異なる思春期の青年に、配慮する必要があります。このような違いを考慮せずにグループを形成すると、仲間外れにされたり、不全感やフラストレーションを感じたりして、グループの成長やグループメンバーの個人的な発達の妨げになる可能性があります。

18.4 家族との共同作業

　家族との共同作業は、GST-CAの重要な部分です。詳細（親に対してどのようなセッションを行うのか、親や家族のセラピーを何時間行うのか、どの程度心理教育を行うのか、など）は、クリニックやそれぞれの組織ごとに異なります。

18.4.1 グループ形成前の親との
最初のミーティング

　私たちは、グループを形成する前に、それぞれの親に会い、家族歴、出生前の期間、誕生と発達の初期段階である乳児期、幼児期、就学前、小学校などについて詳細な情報を得ます。重要なのは、親から見た子どもの問題の起源に対する捉え方を理解し、子どもの養育に関して大多数の親が抱いている罪悪感を軽減することです。

　通常、グループに子どもを連れてくるのは親であり、グループ療法が民間の心理センターやクリニックで行われている場合には、その費用を支払うのも親なので、親との良好な関係を築くことはとても重要です。

18.4.2 事前のソーシャライゼーション

　理想的には、グループの開始に先行してソーシャライゼーションのための時間を設けます。子どもとの個人セッションを少なくとも1〜2回、親とのセッションを少なくとも1回行うことが必要です。子ども自身について、問題について、スキーマやスキーマモードについてなど、必要な情報を提供するためには、グループ開始前の子どもとのセッションはさらに多く行ったほうがよいでしょう。

　子どもとの事前の個人セッションでは、次のようなことを行うことができます。

■子どもとのラポールを築く
■なぜグループが役に立つのかという、子どもの理解を助ける
■グループワークとは何か、その利点と可能性、グループに何を期待できるか、グループでは何が起こらないかを説明する
■子どものやる気を高める
■子どもが怒りや悲しみ、寂しさを感じているとしても、その気持ちを受け入れ、グループの一員であることを認める
■グループがどれだけのサポートをしてくれるか、そして他のメンバーがどのくらい強く受け入

第18章　子どもと思春期のグループスキーマ療法（GST-CA）　401

れてくれるかを、強調する

■子どもにグループの場所を見せることで、恐怖心や不安感を和らげる（すべての部屋を見て回り、それぞれの部屋で何が行われるかを説明することで、緊張感を大幅に和らげられる）

■基本的なルールについて説明し、検討する（ルールは安全性を高めるためのものであることを強調することが重要）

GST-CAの目標

1. 子どもたちの中核的欲求を満たし、脆弱なチャイルドがケアされ、話を聞いてもらい、癒される雰囲気を作る。

2. 基本となる感情への気づきを得て、感情調整能力を向上させる。

3. モードを同定し、その起源、日常生活や現在の問題への影響、モードの引き金となるものを探る。

4. 感情を表現したり、他の人とつながったり、欲求を表現したりすることができる安全な雰囲気を作り、脆弱なチャイルドへのつながりやアクセスを妨げる可能性のある「遮断・防衛モード」やその他の不適応的コーピングモード（それらがグループ内に存在する場合）を弱める。健康的なコーピングスキルを持つコーピングモードに置き換える。

5. 「怒れるチャイルドモード」に耳を傾け、怒りを表現する適切な方法（自己主張しつつも礼儀正しい方法で行う）や、欲求を表現する方法を教える。

6. 脆弱なチャイルドの感情を理解し、欲求を探り、慰めと保護を提供する。

7. 他の非機能的なモードを弱め、無力化する：「要求的・懲罰的批判モード」「衝動的・非自律的チャイルドモード」、その他の非機能的コーピングモード（服従、回避、過剰補償）。

8. 「幸せなチャイルドモード」を解放する。子どもたちが創造性を発揮し、学習と発達のプロセスを楽しむことができるようにする。

9. 「利口で賢いチャイルドモード」を強化する。スキーマモードの変化は、非機能的な生活パターンの変化を可能にし、子どもの中核的欲求を満たすことを可能にする。

10. 子どもたちが治療の成果を日常生活に般化できるようにする。

18.5 GST-CAの場のセッティング

18.5.1 グループのサイズ

GST-CAでは、8～10人のグループで活動するのがベストです。それより大きなグループで

は、引きこもりがちで内向的な子どもたちが見落とされ、十分な注意を払われない可能性があります。また、これより小さなグループでは、子どもたち一人ひとりの心理的な負担が大きくなります。

子どもによっては、感情を共有することが難しいだけでなく、人前で話すことさえも困難で、特に注目を浴びる状況を苦手とします。少人数のグループにするのは、社会的な力動を管理するためでもあり、反応のばらつきや行動がエスカレートするのを抑えることができます。そして、グループの規模に影響を与えるもう一つの要因は、子どもたちの症状の範囲と重症度です。

18.5.2 年齢層とグループセッションの期間

ロシアのサンクトペテルブルクにある私たちのサイコロジカルセンター「アニマ」では、6、7歳から17歳まで、小学校の第1学年から始まり全就学期間をカバーする、あらゆる年齢の子どもたちを対象にGST-CAの活動を行っています。また、就学前の子どもを対象としたグループもあり、学校教育への準備や学校への適応を促進しています。

私たちは、週に1回のグループミーティングを3カ月間続ける形式を採用しています。1回のミーティングは、子どもの年齢に応じて120〜240分程度です。セッションにおいては、セルフコントロールが低下する最初の1時間後に、ほとんどの問題行動やコーピングモードが明らかになるようになっています。

セッション中、子どもたちは、ゲーム、運動、創作など、さまざまな活動を体験します。そのため、グループミーティングは集中的で非常にダイナミックなものとなり、子どもたちにセッションの中で変化をもたらす機会となっています。

18.5.3 グループの組み合わせに関する私たちの経験

■第1学年（6〜7歳）：20分の休憩をはさんで120分。第1学年の子どもたちは（特に学年の初めの時期は）適応ストレスを感じており、学校での成績に非常に敏感であるため、彼らを一つのグループにして、年が上の子どもたちと一緒にしないほうがよいでしょう。スキルの高い年長児がいると、緊張感や競争心、無能感が増悪する可能性があるからです。

この年齢の子どもたちは、休憩なしで1時間以上グループワークに集中することはできません。そのため、グループセッションの最適な時間は、途中で20分の休憩をはさんで120分となっています。

また、1年生の子どもたちと、次年度に小学校に進学する子どもたちを混ぜることも可能です。1年生の子どもたちにとっては、成功したことを実感したり（達成感の欲求を満たす）、自分より小さい子どもたちの先輩役を担えたりする機会になり、同時に遊ぶ時間を延ばすことができます（多くの子どもたちは、学校の厳しい規則にはまだ対応できません）。また、就学

第18章　子どもと思春期のグループスキーマ療法（GST-CA）　403

前の子どもたちにとっては、学校に行くためのよい心の準備になります。

■第2学年と第3学年（7～9歳）：「小学校」グループ。20分の休憩をはさんで120～150分。

■第4～6学年（9～12歳）：「思春期初期」グループ。30分の休憩をはさんで150分。9歳ですでにいくつかの変化が始まっており、多くの親や教師が、思春期を表す最初の行動の特徴に気がつきます。この年齢の子どもたちに起こる変化は甚だしく、グループワークの効果は非常に大きなものとなります。

■12～15歳：30分の休憩をはさんで180分。この時期は仲間とのつながりが重要になるため、グループワークの実施は不可欠です。また、内省や自己省察が活発になる時期でもあるため、グループワークの時間が長くなるケースも見られます。

■16～17歳：40分の休憩をはさんで240分。

■すべてのコースは3～4カ月で、9月～12月、2月～5月に実施され、冬には1カ月、夏には3カ月の休みがあります。このような形式を取ることで、3カ月ごとに1つのテーマに集中することができます。

　スキーマ療法のコースでは、たとえば、感情、葛藤の解決、コミュニケーション、自己認識、自信などに焦点を当てています。これにより、セラピストは心理教育の部分で事前に準備ができ、子どもたちはグループの新しい側面に入るたびに目新しさを感じることができます。グループは学校の期間中、すべての年齢層をカバーしており、子どもたちの発達のあらゆる段階に対応しています。どの子どもも、最初の学年から最後の学年まですべてのグループを訪れる機会があり、より興味のあるグループを選択することができます。

18.6 治療的再養育法

　治療的再養育法は、GST-CAの治療を成功させるための重要な鍵となります。セラピストは、大人の世界と子ども・思春期の世界をつなぐ仲介者です。

　私たちはしばしば、子どもや青年たちの親が、「私は何千回もそう言ってきたのに、あなたからそれを聞いたとき、子どもたちはまるで新しい発見をしたかのような反応を示していました。私が何年も言い続けてきたことを聞いてくれなかったのに、なぜあなたの言うことは、そんなにも簡単に聞いてくれたのでしょうか？」と言うのを耳にします。セラピストは、子ども・青年が「信頼する人」になります。子どもの「脆弱なチャイルドモード」にとってのよき親として、さまざまなモードの感情や欲求を認め、受け入れる方法を探します。

　セラピストの介入は、子どもたちの発達レベルやモードに合わせて行われます。セラピストの仕事は、子どもたちが親、教師、仲間、その他の人たちと健全な関係を築き、グループの外で自分の欲求を満たす方法を見つけられるように支援することです。セラピストは、子どもや思春期の青年のよき親が担っているように、（職業上の境界の範囲内で）その子どもの欲求を満たします。中核的感情欲求を満たす際の主な目的は、子どもたちが「利口で賢いチャイルドモード」を育てるのを助けることです。セラピストは、「脆弱なチャイルドモード」には温かく共感し、「内

的批判・要求モード」には毅然とした態度で接し、コーピングモードには挑戦し、「利口で賢いチャイルドモード」には敬意を払うなど、モードに応じて異なるスタンスを取ります。

グループワークでは、セラピストとグループのメンバーの両方が欲求に応じられるため、子どもの欲求が満たされる可能性が高くなります。グループは、セラピストという二人の「親」と、グループのメンバーという「きょうだい」がいる家族を表しています。子どもたちは、両親、先生、その他の大人の世界の「メンバー」、および仲間との効果的なコミュニケーション方法を学ぶことができます（思春期の主要な発達課題の一つを達成することができます）。

18.7 セラピスト自身の個人的な体験を
グループに関連づける

多くの子どもたちは、親の子ども時代の話を聞くのを楽しみにしています。親が自分の人生の詳細を子どもたちと共有することで、子どもたちとの関係が改善されます。子どもたちはこのような親密さ、つまりお互いを信頼し合う心のつながりへ非常に惹かれます。セラピストは、適切な自己開示を行い、オープンで思いやりのある対応をすることで、相互的な信頼関係を築き、子どもや青年の自己開示を促進することができます。

セラピストの自己開示がもたらす治療効果は、評価してもしすぎることはありません。子どもたちの治療に役立つ目的で語られ、グループメンバーの問題に直接関連するこれらの物語は、有用な治療的コミュニケーションをもたらし、子どもたちとセラピストの距離を相互に縮めます。セラピスト自身の体験が、子どもたちの体験に対する象徴として示されるのです。もちろん、すべてを開示しなくても構わず、セラピストはそのグループに役立つ特定の状況を選ぶ必要があります。

セラピストが同じような体験をしていることを知るだけでも、子どもたちの苦しみを軽減することができます。完璧だと思っていたセラピストにもそうした体験があるとわかることで、子どもたちにとってのセラピストの存在が、よりリアルなものになるのです。

18.8 セッション中の活動の順序づけ

すべてのセッションは、「簡単なものから複雑なものへ」という原則に基づいて計画されています。最初は簡単な課題を与え、新しい知識やスキルが身につくにつれて、教材や練習、課題が難しくなっていきます。

第18章　子どもと思春期のグループスキーマ療法（GST-CA）　405

〈セッションの開始〉

毎回のセッションは、子どもたちの感情状態について話し合うことから始めます。

それぞれのセッションの初めには、色、天気、音楽、動き、スポーツ、動物などで気分を表現するのが効果的です。子どもたちは最初のうち、自分の感情に気づけずにいるため、この形式は子どもたちが自身の感情を理解し、分析するのに役立ちます。

たとえば、自分の感情の状態を色で表現してもらうと、セッションが進むにつれて、実際に自分がどう感じているのかを語れるようになっていきます。これは、「今、何を感じていますか?」といったような難しい質問で引き起こされる「批判モード」を、さりげなく回避するのに役立ちます。直接質問するよりも、メタファーを使ったほうがストレスは少なくなります。

天気予報からセッションを始めると、とても効果的です。セラピストは次のように天気予報を読み上げます。「今日は晴れていて、そよ風が吹いています。そよ風を顔に感じるのは、いつ以来でしょう。でも私は今、全く晴れやかな気分ではありません。皆さんはどうでしょうか?」

子どもたちは、たとえば「大きな雷雨が来るような気がする」と言うかもしれません。これは、子どもたちが安全な方法で感情を表現し、それを承認してもらうための良い練習になります。

●安全なイメージ

毎回、安全なイメージ(安全なシャボン玉、安全な場所のイメージなど)からセッションを始めるのがよいでしょう。安全のイメージは、時間と共に変化することがあります。初期のセッションでは、セラピストが提供したイメージを用いるのが望ましいです。これは特に、人生であまり安全な経験をしたことのない、トラウマの強い子どもたちのグループに当てはまります。

ベストなのは、安全なシャボン玉(子ども一人ひとりの周りと、グループの周りにある)のイメージから始めることです。これは通常、未就学児や低学年の子どもたちのお気に入りの活動になります。その後、子どもたちが自分たちで安全な場所のイメージを作っていけるようサポートします。

●良い親のメッセージ

グループワークを始める際には、「良い親」のフレーズを使って、子どもたちがセラピストやグループに温かく迎え入れられ、安全で守られていることを伝え、安心させます。そして、良いことや役立つことをしていくように促すことが重要です。

〈前半のワーク〉

●「ウェルカム」ゲーム

　最初に簡単な「ウェルカム」ゲームを行うと、子どもたちがグループのメンバーやセラピストとコミュニケーションを取るのに役立ちます。このゲームには通常3〜7分かかりますが、子どもたちがグループ全体や個々の参加者との個人的なつながりを感じる上で効果的です。

　そして、セラピストが紹介するゲームのバリエーションはたくさんあります。たとえば、子どもたちは部屋の中を歩き回り、握手をしたり、自分の耳で相手の耳を触ったりして挨拶すること、セラピストが指定したさまざまな職業の人のやり方で挨拶すること、体の3つの部分で触れ合うこと、挨拶の儀式を考えること、他のメンバーの耳元で誉め言葉や励ましのメッセージをささやくこと、などがあります。

●ウォーミングアップ・クイック・アクティブ・ゲーム

　最初にちょっとした活動的なゲームを行うことは、子どもたちにとってウォームアップになり、協力し合うことを学べ、さらにグループワークに集中することができます。

〈中盤のワーク〉

●ワーク中盤の初期

　ワーク中盤の初期は、最大の集中力を必要とする、セッションの主要なエクササイズを最初に行うとよいでしょう。まずは理論的な内容をグループ内で話し合うことから始め、その後、ワークシートやエクササイズ、ゲームの助けを借りてそれらを吸収していくという流れが効果的です。

●理論

　理論的な内容を、シンプルかつ年齢に合った対話の形で子どもたちに示すことは、とても重要です。説明のために、さまざまな比喩、パターン、略図などが用いられます。グループセッションで学んだ理論は、すぐにエクササイズの形で実践されます。個人用ワークブックのためのプリントやワークシートには、主だった理論的なアイディアが事前に盛り込まれており、グループセッション中に子どもたちに渡されます。

●休憩

　セッションの中盤には休憩時間を取りますが、それ自体が治療プロセスの重要な部分を占めています。これは、ダイニングルームの大きなテーブルを囲んで、さまざまな話題について話し合ったりゲームをしたりしてグループで過ごす時間です。無意識のうちに「深刻ではない」と思える時間であり、子どもたちはリラックスして自然体でいられるのです（グループの中にいることがとても居心地のいいものだと感じていたとしても、コーヒーブ

レイクは楽しいものです)。

　セラピストは休憩時間においても、重要な役割を担っています。子どもたちはセラピストの生活について質問することが多く、さまざまな物語、ジョーク、秘密などを共有する特別な時間となります。小さな子どもたちの中には、仲間内で信頼を得たり、上手な話し手になったり、ジョークを言ったり、コーヒーブレイク中のゲームのリーダーになったりすることで、初めての社会的な成功体験を得られる子どももいます。

●ワーク中盤の後半

　休憩後は、セッションの終わりに近づくにつれ、子どもたちの集中を維持するのが難しくなります。そのため、集中力や認知的な作業をあまり必要としない体験型のエクササイズ、創造的なワーク、アートセラピーのエクササイズ、ゲームなどを行うのがよいでしょう。休憩の直後には、子どもたちが集中してグループワークに戻れるように、簡単なウォーミングアップを行うことが重要です。

〈まとめ、グラウンディング、フィードバック〉

　最後に子どもたちへ、今回のセッションからどんな体験や考えを持って帰るか、一番印象に残ったことは何か、一番記憶に残っていることは何か、セッションで一番重要だったことは何か、などを尋ねます。ボールを使うと、よりダイナミックな話し合いになります。時間がないときや子どもたちが疲れているときは、セッションの感想について自分の気持ちや経験、印象を最もよく表す一言で表現してもらうこともあります。

　また、セッションの最初と同じメタファーを使って、子どもたちの感情状態をモニタリングすることも重要です。そこで、「今のあなたの気分は何色ですか?」「グループのメンバーをそれぞれ天気で表すと、どんな状態にいるでしょう?」「今はどんな動きをしていますか?」などと尋ねてみましょう。

　「誰にとって気分は変わらず、誰にとっては変わったでしょうか?　今はどんな感じですか?」

　忘れてはいけないのは、セッションの最後にもう一度、どんな気分でいるかを子どもたちに尋ねることです。子どもたち、特に青年の感情状態は、数秒のうちに劇的に変化する可能性があるからです。セラピストが子どもの感情状態を把握して、必要なときに、すぐに子どもを手助けできるようにしておくことには、非常に意義があります。セラピストは、セッション後に子どもの様子がおかしい、何か困っていると感じた場合は、いつでも話しかけられるようにします。

●フィードバック

　また、セッションの最後には、特別なフィードバック・ワークシートを参加者に記入して

もらうことができます。これは、子どもたちがプロセスを振り返り、ワークの成果をまとめる機会となります。また、参加者がグループの中でどれだけ快適に感じているか、どれだけ興味関心を持っているか、何が重要で有益だったのか、逆に何が気に入らなかったのかを知ることができます。

また、このフォームに記入してもらうことで、セラピストは参加者の感情状態の予測不可能な変化に、迅速に対応することができます（その変化は、時にはプロセスそのものとは関係なく、他の参加者の行動や言葉に対する反応として生じる場合もあります）。

メンバー名：＿＿＿＿＿＿＿＿＿＿＿＿＿＿＿＿＿＿＿

日　　付：＿＿＿＿＿＿＿＿＿＿＿＿＿＿＿＿＿＿＿

1. 1から10までの評価で、今日のグループミーティングは、あなたにとってどの程度面白かったですか？

（ 1　　2　　3　　4　　5　　6　　7　　8　　9　　10 ）

2. 今日、何か新しいことを学びましたか？　もしそうなら、それは何ですか？

＿＿＿＿＿＿＿＿＿＿＿＿＿＿＿＿＿＿＿＿＿＿＿＿＿＿＿＿＿

3. 1から10までの評価で、今日のグループでの居心地のよさはどうでしたか？

（ 1　　2　　3　　4　　5　　6　　7　　8　　9　　10 ）

4. 今日はあなたにとって、どのテーマ、エクササイズ、ゲームが最も重要でしたか？

＿＿＿＿＿＿＿＿＿＿＿＿＿＿＿＿＿＿＿＿＿＿＿＿＿＿＿＿＿

5. グループミーティングで一番気に入ったことは何ですか？

＿＿＿＿＿＿＿＿＿＿＿＿＿＿＿＿＿＿＿＿＿＿＿＿＿＿＿＿＿

6. 今日のグループミーティングで気に入らなかったことは何ですか？

＿＿＿＿＿＿＿＿＿＿＿＿＿＿＿＿＿＿＿＿＿＿＿＿＿＿＿＿＿

7. 次回のグループミーティングでは、どのようなテーマについて話し合いたいですか？

＿＿＿＿＿＿＿＿＿＿＿＿＿＿＿＿＿＿＿＿＿＿＿＿＿＿＿＿＿

8. 今日取り組んだ目標は何ですか？

＿＿＿＿＿＿＿＿＿＿＿＿＿＿＿＿＿＿＿＿＿＿＿＿＿＿＿＿＿

9. セラピストに何か聞きたいことがあれば記入してください。

＿＿＿＿＿＿＿＿＿＿＿＿＿＿＿＿＿＿＿＿＿＿＿＿＿＿＿＿＿

＿＿＿＿＿＿＿＿＿＿＿＿＿＿＿＿＿＿＿＿＿＿＿＿＿＿＿＿＿

セッションを終了するための、グループの儀式を作るのもいいでしょう。私たちは通常、「共通のリズムを見つける」エクササイズと「オーケストラの指揮者」ゲーム（みんなとアイコンタクトを取り、良い雰囲気作りやメンバーとの交流を楽しむゲーム）を行います。

18.9 認知的介入

認知的介入は、子どもたちが自分のスキーマモードを理解し、認識し、区別することを学び、早期不適応的スキーマの形成を防止して抵抗するために、自らの理性的な部分に働きかけるのを助けます。

グループでの認知的ワークは、子どもたちが後の体験的ワークのための言語的な枠組みを構築し、自分のスキーマやモードが日常生活にもたらす認知の偏りの一部を理解するのに役立ちます。

主な認知的介入

■スキーマモード、欲求、感情についての教材。各コースで配布されたプリントは、グループワークで得られたワークシート、絵、その他の創作資料と共に個人用のワークブックにまとめられる
■思考、感情、行動を区別することを学ぶ
■ネガティブな信念とポジティブな信念への取り組み
■メリット・デメリットのエクササイズ
■音声化されたフラッシュカード

18.10 体験的介入

体験的介入では、子どもの気持ちに寄り添い、修正感情体験を提供します。

主な体験的介入

■イメージ（安全なシャボン玉、安全な場所など）
■モードのロールプレイ
■移行対象（アイデンティティのブレスレット、脆弱なチャイルドの宝箱）
■さまざまなゲームやエクササイズ

18.11 行動的介入

行動的介入は一般的に、スキーマ療法の後半に行われます。モードの認識が高まり、「利口で賢いチャイルドモード」が形成され、グループ学習を日常の場面に般化できるためです。

行動パターンの変容のための介入

■ロールプレイの練習
■モードマネジメントプラン

以下では、GST-CAで使用されている介入方法、技法、エクササイズについて説明します。また、子どもと青年のグループでのワークのために私たちが開発した、いくつかのエクササイズを（例として）紹介します。

18.12 GST-CAの各ステージ

GST-CAの各ステージは、大人のグループスキーマ療法と同様であり、ファレルとショーの著書（2012, 2014）にも記載されていますが、子どもや青年の年齢に合わせてステージの内容にいくつか変更があります。

18.12.1 ステージ1：絆と感情調整

大人のグループスキーマ療法と同様に（Farrell & Shaw, 2012）、ST-CAのグループワークの第一段階は、つながりを促進し、グループという「家族」を確立することを目的としています。
セラピストは、「家族成員」間の絆と結束を促進し、子どもたちが安全を感じ、帰属意識を持ち、受け入れられるよう手助けします。子どもの中核的欲求を満たし、脆弱なチャイルドをケアする雰囲気はセラピストによって注意深く作り上げられ、グループの成功に欠かせないものとなります。

鍵となる目標は、基本的な感情認識と感情調整の発達で、これらのスキルは通常、就学前や小学生ではほとんど発達しておらず、思春期になっても未発達であることが多いものです。
感情認識と感情調整には、子どもたちが自分の感情とその引き金に気づき、自己鎮静のテク

第18章　子どもと思春期のグループスキーマ療法（GST-CA）　411

ニックを実践し、支援に手を伸ばせるようになることが含まれます。これらのプロセスを学ぶことで、グループメンバー間のつながりが強化され、グループ内の安全性が構築されます。

このステージの構成要素：

■グループの基本原則を学び、個人の目標を設定し、グループに何を期待するかを知ること。この段階では、モードチェンジのワークのための準備が行われます。

■「蜘蛛の巣でつながろう」（Farrell & Shaw, 2012）、「あなたを知ってもらう」ゲーム、その他、他者との接触（言語と非言語の両方で）を確立するゲームなど、体験的エクササイズを用いてつながりを促進します。

■GST-CAで広く使われているイメージワークのスキルを開発します。特に安全なイメージ：安全な場所のイメージ、安全なシャボン玉（Farrell & Shaw, 2012, 2014）、など。

■リソースやアイデンティティを象徴するブレスレット、小さなおもちゃ、グループのおもちゃ（子どもたちが交代でおもちゃを持ち帰り、1週間世話をする）、シール、フリースの切れ端、その他グループ内で考え出されたものなど、さまざまな移行対象を提供します。

■感情に名前をつける、感情を色や天気などと関連づける、表情やイントネーション、動作、パントマイムなどで感情を表現する、感情についてグループで物語を書く、感情の氷山を作る、といったことを学び、感情への気づきを高めます。

■また、過去にトラウマとなるような出来事があった場合には、イメージの書き換えを行うこともあります。ただ、一般的には、問題や困難のほとんどが今現在起きていることを踏まえ、ロールプレイや行動パターンの変容を優先します。そのため、参加者は、グループの内外を問わず現在抱えている問題や困難を解決できるよう、新しい行動を理解し実践する必要があります。

このステージ1における主な心理教育の要素は、欲求と感情に関する教育です。モードモデルに焦点を当てた理論的な教材は、次のステージ2のグループワークで提供されます。

18.12.2　ステージ2：スキーマモードの切り替え

ステージ2は、モードへの気づきとモードの切り替えの2部で構成されます。

1. モードへの気づき

まず、スキーマ療法のモードモデルをグループに提示し、子どもたちが日常生活の中で自分のモードにどう気づくかを学ぶことから始めます。

モードへの気づきの目標は、子どもたちが自分のモードを同定し、その起源や、日常生活や現在の問題に対する影響の探究手段を学ぶことにあります。

▷グループの設定でモードモデルを提示する

　子どもや思春期のグループの中でモードモデルを提示することは、時に難しい場合があります。子どもや思春期の青年は通常、座って講義を聞くことはないため、すべての理論は双方向的なやり方で提示されます。そのため、子どもたちはゲームやデモンストレーション、漫画を使った話し合いなどに参加します。

　グループワークでは、個人のST-CAと同様のデモンストレーションやメタファー（例：羊のドリー、眼鏡、9.3.4項参照）が用いられ、また、モードを説明するために他の方法も使用します。たとえば、特定のモードを実演しているアニメや映画の一部を見せます（その部分を見せてグループで話し合いをします）。

▷マトリョーシカのメタファーの使用

　ロシアの子どものセラピストである私たちは、モデルにマトリョーシカのメタファーを使わずにはいられませんでした！　私たちは、絵を描いたマトリョーシカ（10体の「人形」がある）を使っています。それぞれの人形は1つのモードを表しています。

図18.1　10体のマトリョーシカ

マトリョーシカのモードの絵

　A3サイズの紙に、大きいものから小さいものまで10個のマトリョーシカを描きます。子どもたちは、それぞれのモードをイメージして、10個のマトリョーシカの輪郭の中に描いていきます。最もよく現れるモードは、一番大きなマトリョーシカに描きます。最も頻度の低いモードは、一番小さいマトリョーシカに描きます。

　グループでは「モードの展覧会」を開催し、子どもたちが案内役となって、自分のマトリョーシカを1つずつグループに見せ、それぞれのモードについてできる限り話し合います。セラピストは自分のマトリョーシカを作ります。

▷眼鏡のメタファー

　また、GST-CAでは、眼鏡のメタファーをよく使います。眼鏡を提示する手順は、個別のST-CAと同じでよいでしょう（9.3.4項参照）。

モード眼鏡の作成

　点線で描かれた眼鏡の輪郭を使って、子どもたちに自分の眼鏡をデザインしてもらいます。まず、最もよく現れるモードを選びます。子どもたちは眼鏡の輪郭を塗り、名前をつけます。

　たとえば、「怒れるチャイルドモード」には燃えるような赤い眼鏡、「遮断・防衛モード」には暗くて濃い色の眼鏡など、モードに合わせた装飾を施した、自由な形や色の眼鏡を描くことができます。

▷アニメの使用

　モードは、子どもたちが話し合うだけでなく、実際の動きを見てみることで、より明確に描写され、理解を得ることができます。そのための適度な方法の一つが、アニメのキャラクターの行動について話し合うことです。

　子どもも青年もアニメを好みますが、より年長の世代に対しては映画の一部を使用することが多いです。『インサイド・ヘッド』のようなアニメは、モードが活性化したとき、それがどのように物の見方や聞き方、そして反応の仕方に影響を与えるのかを子どもたちが理解するのに役立ちます。どの国にも、さまざまなモードがとても上手に表現されているアニメがあります。グループでそうしたアニメを見ることで、モードとそれに関する行動について話し合う、絶好の機

会となります。

▷童話療法と物語の技法

ST-CAでは、童話や物語の技法をよく用います。モードに関する理論や、モードの機能に関連するさまざまなニュアンスは、童話や物語として紹介すると、子どもたちにとってより理解しやすくなります。

物語は、未就学児や小学生を対象とする場合に特に効果的です。童話や物語は事前にセラピストが用意しておき、グループの中で表情豊かに語ります。そして、その話を小グループや円になって話し合います。子どもたちは物語（童話）に基づいて絵を描いたり、キャラクターやモードを使ったロールプレイを行ったりします。セラピストは、グループと一緒に物語を作ることもできます。この場合、セラピストが物語の始まりを語り、子どもたちはその続きを想像し、結末を考えます。

一つの物語は、グループの各回のミーティングをつなぐ要素として活用することもできます。毎回、童話の一部分が語られます（グループのテーマや話し合われたモードと結びつけて）。

たとえば、私たちは、12回のセッションで、グレートバリアリーフに住むさまざまな魚やその他の海洋生物（それぞれが一つのモードを表している）について、わくわくする物語を作り、それについて話し合い、そして演じました。

▷モード・コラージュの作成

モードに関する心理教育は、子どもたちが自分の内的世界を表現する創造的な活動に参加することでより理解しやすくなり、役立つものになります。

たとえば、モードのコラージュを作ることで、モードを理解し、そのモードを体験することができます。また、創造的な活動は、子どもの喜びや楽しみに対する欲求を満たす機会にもなります。

1ページに、すべてのモードのコラージュを作成することも可能です。

あるいは、各モードのコラージュを作って、その機能をよりよく理解したり（通常はチャイルドモード）、それら（「幸せなチャイルドモード」や「利口で賢いチャイルドモード」）を活性化させたりすることで、グループはより細やかな焦点づけを行うことができます。

2. モードの切り替えのワーク

▷この段階におけるモードワークの最初の焦点

通常、成人を対象としたグループスキーマ療法では、ステージ1の目標（つながり、凝集性、

第18章　子どもと思春期のグループスキーマ療法（GST-CA）　415

感情調整など）が達成された後、「不適応的コーピングモード」に着手します。というのも、これらはグループスキーマ療法において、たいていの成人クライアントに生じるモードのためです（Farrell & Shaw, 2012）。

　子どもたち（特に未就学児や小学生）は、情緒的発達のごく初期の段階にあるため、スキーマやモードはまだ形成途上であり、したがって、スキーマではなくスキーマの素因について話すことが多くあります。これは、大人のグループでは言明されるコーピングモードが、子どもたちの場合それほど顕著ではないことを意味しています。

　こうした傾向は、より健康度の高い青年のグループの場合にも当てはまります。さらに、子どもは大人よりもオープンで、より自然な反応をする傾向があります。したがって、グループワークのステージ1において、スキーマ療法のセラピストが十分な働きをし、子どもたちの間に強いつながりと安全性を構築することができていれば、コーピングモードは必ずしもチャイルドモードに関する作業の妨げになるわけではありません。

　コーピングモードが「脆弱なチャイルドモード」へのアクセスを妨げていない場合は、「怒れるチャイルドモード」でモードの切り替えのワークを始めることをお勧めします。この「怒れるチャイルドモード」のワークの目的は、怒りを承認し、その発散を許し、子どもがより健全な怒りの表現方法を獲得できるよう支援することです。これが達成されると、「脆弱なチャイルドモード」に直接つながり、その感情や欲求にアクセスできるようになります。

コーピングモードがチャイルドモードとのつながりを妨げていない場合の、未就学児や小学生とのグループスキーマ療法の順序案

1. 怒れるチャイルドモード
2. 脆弱なチャイルドモード
3. 批判モード（要求的、懲罰的）
4. 衝動的・非自律的チャイルドモード
5. 不適応的コーピングモード（必要であれば）
6. 利口で賢いチャイルドモード

幸せなチャイルドモード

　「幸せなチャイルドモード」は、GST-CAのプロセス全体を通して扱われます。ゲーム、エクササイズ、アクティビティは幸せなチャイルドを表現する機会を提供するために選ばれ、子どもの創造性、楽しさ、自己表現の欲求を満たし、グループの過程を楽しく思い出深いものにします。

　思春期のグループ（特に12〜13歳以上）では、グループの発展を著しく阻害するようなコーピングモードがしばしば見られるため、成人のグループスキーマ療法と同じ順序で行う必要があります。

コーピングモードがチャイルドモードとの作業を妨げる場合の、
青年や子どもとのグループスキーマ療法の順序案
1. 不適応的コーピングモード（必要であれば）
2. 脆弱なチャイルドモード
3. 批判モード（要求的、懲罰的）
4. 怒れるチャイルドモード
5. 衝動的・非自律的チャイルドモード
6. 利口で賢いチャイルドモード

幸せなチャイルドモード

　以下は、サンクトペテルブルクのスキーマ療法のセラピストチームが、スキーマ療法の目標に沿って開発または適用した介入の例です。

アングリエラ

対象年齢：6歳以上
モード：怒れるチャイルド
目標：何が怒りの感情を呼び起こすのかを理解する、ゲームという形で怒りを発散する、怒りを楽しむ

子どもたちへの教示：
1.「あなたが怒ったり頭に来たりしたとき、あなたの思考、感情、行動はどのような感じになっているか考えてみましょう。あなたの怒りの感情を生き物にたとえると、何に似ていて、どのように動くでしょうか？　必要となるクリエイティブな素材をすべて使ってその生き物を作り、それを『アングリエラ』と呼びましょう。その後に、自分のアングリエラの名前を考え、私たちにそのアングリエラについての物語を教えてください」
2.「今度はワークシートを渡すので、あなたのアングリエラについての質問の答えを書いてください。何に見えますか？　どんな性格で、どのような感じに見えますか？　何を欲しがっていますか？　いつ怒るのでしょう？　何に対して怒るでしょうか？　どん

なことが、誰が、アングリエラをさらに怒らせますか？　どんな場面で力を発揮しますか？　いつも何と言っていますか？　いつも何を考えているのでしょう？」
3.「では、3人の小グループに分かれて、あなたのアングリエラについて話し合ってみましょう」
4.「今度は、みんなで話し合いましょう。あなたのアングリエラについて、グループの中で発表してください」
5.「さあ、一緒にアングリエラのコンサートをしてみましょう。あなたのアングリエラがどんなふうに声を上げているか、想像してみてください。たぶん、うなったり、ほえたり、泣いたりしていて……。どのように動いているでしょうか？」

使用するもの：このエクササイズにはたくさんの「クリエイティブな素材」が必要となります。色紙、はさみ、粘着テープ、アルミホイル、リサイクル用にきれいにしたゴミなども最適です（ヨーグルトの空ケース、卵のケース、ペットボトル、包装紙など）。

セラピストへの勧め：セラピストがグループと一緒に、自分のアングリエラを作ることが大切です。一緒に作ることで、誰もが時には怒りを覚えることがあり、怒りの感情自体は悪いものではないことを子どもたちに示せます。子どもたちは自分の感情を表現することで安心感を得られ、セラピストは健全な方法で感情を表現するモデルとなります。

　その後、セラピストは子どもたちと、最も重要なのは怒りの感情をどう扱うかだということを、話し合います。怒りを吐き出すのか、それともいつも心の中に抱えているのか？　怒りを表現する適切な方法を見つけるのか、それとも抑えきれない怒りで人間関係を壊してしまうのか？　セラピストは青年たちに「アングリエラ」のコンサートに参加するよう勧め、みんなで交流することを促します（グループメンバーの希望により、アングリエラは壊してしまっても持ち帰っても構いません）。

鉛筆戦争と雪合戦

●鉛筆戦争

対象年齢：6歳以上
モード：怒れるチャイルド
目標：グループで怒りを発散し、怒りを楽しむこと、新しいアンガーマネジメントスキルを習得

すること

使用するもの：たくさんの再生紙（A4）、大量の尖らせた色鉛筆、椅子、毛布

教示：「これから戦争ゲームをします。このゲームのパートナーを選んで、紙を2つに分けてください。そして、それぞれ明るい色の鉛筆（たとえば、赤と緑）を持ちましょう。まず、各自が自分の紙の上に武器庫を描きます。武器庫には、軍艦、戦車、大砲、地雷、兵士などがあります。それでは、戦争の準備をしてください！

これで皆さんの準備は万端です。それでは、箱の中から自分が使った色と同じ色の鉛筆を少なくとも10本から15本見つけて、とりあえずそばに置いておいてください。

さて、どのペアにも十分な量の紙が用意されています。紙はリサイクルされたもので、この後またリサイクルされるので心配せずにたくさん使ってください。鉛筆を持って、私が3つ数えたら、戦争の始まりです。

あなたの仕事は、紙を自分の色で塗りつぶすこと（できるだけ広い範囲を塗りつぶすこと）、そして、パートナーも自分が選んだ色で紙を塗りつぶします。一枚の紙を完全に塗り終わったり破れたりしたら、すぐに別の紙を取って、さらに別の紙を取って、というように、渡した紙をすべて使い終わるまで繰り返していきます。もし鉛筆が書けなくなったら、すぐに別の鉛筆を持って戦いを続けましょう」（このゲームをしている間は、怒れるチャイルドの怒りをすべて自由に発散することができる）

ゲームの間、セラピストは参加者をサポートして回り、「素晴らしい！　とてもうまくいっていますね！」「あなたが感じている怒りをすべて手放しましょう、先週感じた怒りや、ずっと昔に感じた怒りも含めて！」と大きな声で伝えます。

その後、参加者には、目に前にある塗りつぶした紙で雪玉を作ってもらい、雪合戦としてゲームを続けることもできます。

●雪合戦

セラピストは子どもたちに、まだ残っている怒りをすべて吐き出すように、紙を強く押しつぶすよう伝えます。その後、各ペアの準備が整ったところで、グループを2つのチームに分けます。ペアは同じチームに入り、セラピストはそれぞれチームに加わります。

部屋の中央に、椅子と毛布でバリアを作ります（子どもたちが雪玉を仲間に直接投げつけるのではなく、バリアを超える形で投げられるように）。目標は、各チームが、時間切れになるまで、部屋の反対側にいる相手チームの側（バリアを超えた先）に素早く雪玉を投げて、自分たちの側からできるだけ多くの雪玉を取り除くことです。

終了時間が来たら、部屋の両側で雪玉を数えます。自分たちの陣地に残っている雪玉の数が少ないほうのチームが、勝ちとなります。通常、雪合戦には3〜5分の時間が与えられます。

　子どもたちには、雪玉を相手チームのメンバーの顔に直接投げつけないよう伝えることが大切です。

果物と野菜ののののしり合い（エレナ・ロマノワによる）

対象年齢：6歳以上
モード：怒れるチャイルド
目標：グループで怒りを発散し、怒りを楽しむこと、新しいアンガーマネジメントスキルを習得すること
使用するもの：果物と野菜のリスト
教示：「人はお互いに怒っているとき、よく怒鳴ったり悪口を言ったりします。それは怒りに満たされている状態で、自分の気持ちを表現する方法が他にないからです。私たちは、悪口を言わず、他人を傷つけない形で怒りを表現する手助けをしたいと思っています。

　次のゲームでは、果物や野菜の名前だけを使って怒りを表現します。二人一組になって、一人が話し、もう一人がそれに答える形です。一方が野菜の中から好きなものを選び、たとえば『お前はにんじんだ！』と言いながら、まるで本当の喧嘩をしているように、声や表情、姿勢などで怒りを表現します。それに対してパートナーは別の野菜で、『じゃあお前はキャベツだ！』などと答えます。野菜によるやりとりが終わったら、果物のリストを使うことができます」

野菜	果物
キャベツ	いちご
にんじん	さくらんぼ
じゃがいも	すもも
ほうれんそう	ブラックチェリー
だいこん	りんご
かぶ	ブルーベリー
なす	すいか
きゅうり	メロン
トマト	あんず
ラディッシュ	もも
ブロッコリー	ネクタリン
ピーマン	バナナ
ズッキーニ	フェイジョア
スクワッシュ	アボカド
かぼちゃ	グアバ
マッシュルーム	スターフルーツ
カリフラワー	いちじく
とうもろこし	グースベリー
もやし	クランベリー

「はい」と「いいえ」の口喧嘩（エレナ・ロマノワによる）

対象年齢：6歳以上

モード：怒れるチャイルド

目標：グループで怒りを発散し、怒りを楽しむこと、新しいアンガーマネジメントスキルを習得すること

使用するもの：なし

教示：「今度は口喧嘩をしてみましょう。ペアに分かれてください。ペアでは口喧嘩をしますが、長いフレーズの代わりに『はい』と『いいえ』の2つの言葉だけを使います。つまり、『自分が正しい』と相手に『納得』させるための道具は、自分の口調、声の大きさ、表情、しぐさしかありません。最初はとても静かに、次に大きな声で、そしてさらに大きな声で伝えてみましょう」

各ペアは、グループ全体の前で口論を演じます。

風船バトル（エレナ・ロマノワによる）

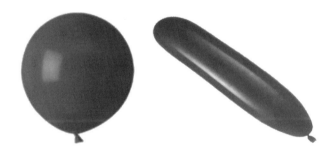

対象年齢：6歳以上

モード：怒れるチャイルド

目標：グループで怒りを発散し、怒りを楽しむこと、新しいアンガーマネジメントスキルを習得すること

使用するもの：長い風船と丸い風船

教示：「今からバトルを行いますが、かなり変わったものになります。二人一組になって、一人が剣（長い風船）を持って攻撃して、もう一人が盾（丸い風船）を持って守りにつきます」

セラピストは戦い方を実演し、子どもたちの喜びに満ちた怒りの発散を促します。その後、子どもたちは役割を交代します。

悪口モンスターといじめへの対処

対象年齢：6歳以上
モード：怒れるチャイルド
目標：自己開示を促し、「悪口」の再帰属というカタルシス体験を提供し、悪口への対処法を学ぶ
使用するもの：靴箱と紙でできた「悪口モンスター」（口に穴が開いていて悪口を入れる）、小さな紙、ペン／鉛筆
教示：「私の親友を紹介しましょう。彼はモンスターです。テレビやアニメや映画で見たことがあるような、あるいは子どもたちが時々夢で見るような普通のモンスターではありません。彼は特別なモンスターで、『悪口モンスター』なのです。彼は悪口を食べるためそう呼ばれていて、悪口は彼の大好物です。そして今、彼はとてもお腹が空いていて、私に助けを求めてきました。さあ、一緒に彼に食事をあげましょう。

　あなたが人から聞いた悪口、侮辱的な言葉、意地悪な言葉やフレーズを小さな紙に書き出していきます。これらの言葉は、おそらくあなたを傷つけたり、悲しませたり、怒らせたりしたことがあるでしょう。また、そうした言葉をかけられたとき、もしかしたらあなたはうまく言葉を返せず、人にからかわれるのを止められなかったかもしれません。それぞれの紙に、覚えている言葉やフレーズを書き、括弧の中には誰にどんな状況で言われたのかを書きましょう。書き終わったら、その紙を全部モンスターの口に入れて食べさせてあげましょう」

　その後、みんなで紙をモンスターの箱から取り出し、グループのメンバーとセラピストで、それぞれの言葉に対して、攻撃的もしくは侮辱的な言葉ではなく、こっけいかつ前向きな反応の仕方を探してみます。

　子どもたちに対して、グループの中では、自分の言われたことがどんなにひどい言葉や意地悪な言葉であったとしても、すべて書いていいし、口に出してもいいと伝えることがとても重要です。まずはセラピストが自分の話をして、子どもの頃に耳にした悪口の例を挙げてみましょう。

ハリネズミ

対象年齢：6歳以上
モード：怒れるチャイルドと脆弱なチャイルド
目標：「怒り」と「脆弱な」感情との関連性を理解し、モードの引き金を振り返り、健全な形で感情や欲求を話す方法（Iメッセージ）を学び、グループ内で実践する機会を得る
使用するもの：大きなリンゴ、つまようじ
教示：「前に、私たちのモードについてお話しましたが、怒れるチャイルドモードが常に脆弱なチャイルドモードを守っていることは知っていますね。

　だから通常、私たちが何かの状況や人に対して本気で怒ったとき、その『怒り』の感情の根底には、傷つき、悲しみ、罪悪感、孤独感、失望感などの『弱々しい』感情が存在します。そのような感情を抱いてしまうのは、私たちの欲求の一部が満たされなかったからです。

　まず初めに、あなたが本当に頭に来て怒りを感じ、ハリネズミのように『とげとげしく』なった状況を考えてみてください。

　では、私たちの気持ちをハリネズミにしてみましょう。リンゴとつまようじを持ってきました。さて、皆さんには、皆さんをそのような気持ちにさせた相手に対し、攻撃しようと思うほど腹が立ったときの状況を思い浮かべてもらいたいと思います。思い浮かんだら、つまようじを1本、リンゴに刺してみてください。

　それぞれのつまようじは、あなたが誰かに本当に腹を立てたときの状況を表しています。その状況やあなたの『怒り』の感情について教えてください。そして、その怒りの感情の根底にあるものについても、言葉に表して言えるかどうかを見てみましょう。脆弱なチャイルドは何を感じていたのでしょうか？

　そこで、まず怒りの感情に名前をつけ、次に怒りの感情と結びついている『弱々しい』感情（悲しみ、傷つきなど）に名前をつけましょう。たとえば、『母が煙草を探して私のポケットを調べると、私は怒りを感じます。なぜなら私は傷つき、信頼されていない、理解してもらえないと感じるからです』」（怒れるチャイルドと脆弱なチャイルドの感情のリストを参照するか、ボードに貼っておいてもよい）

　ここで、すべての状況を黒板かホワイトボードに書き出します。

「私から話を始めましょう。私が13歳のとき、おばあさんがドアをノックせずに私の部

屋に入ってきて、私の電話の邪魔をして友達の悪口を言ってきたので、私は本当に腹が立ちました。私の脆弱なチャイルドが傷ついたので、とても腹が立ったんです。私は気まずくて恥ずかしくて、おばあさんのせいで友達を失うかもしれないと恐ろしくなりました。私は怒っておばあさんを怒鳴りつけましたが、おばあさんは何度も同じことを繰り返し、何も変わりませんでした。私は怒りを表現しただけで、恐怖や恥ずかしさといった自分の弱い感情を伝えず、自分の欲求を満たしてくれるよう頼みはしませんでした。

　今、私たちには、とげのついたリンゴがあります。このリンゴは私たちと同じです。私たちはハリネズミのようにとげとげしくなります。そこにあるのは怒り、激怒、イライラで、そんな状態にある私たちは他の人を遠ざけてしまいます。しかし、私たちはつまようじのもう一方の端が、リンゴの中にあることを知っています。それは、侮辱、痛み、不公平、悲しみなどの私たちの感情を表しています。

　こうして、私たちの怒れるチャイルドが、私たちの脆弱なチャイルドを覆い隠すのです」

　第2部では、ワークシートに記入する作業をします（各自で行う）。

　第3部では、つまようじを取り除きます。解決策を考え、Iメッセージを立てることを学び、欲求を満たすよう求めていきます。

「今度は、すべてのつまようじを取り除く必要があります。挙げられたすべての状況について、自分の気持ちを伝え、関係を壊さないやり方で欲求を満たせるよう相手に頼む方法を探してみます。

　たとえば、あなたはお母さんに、『私は煙草を吸わない。信じていいよ』と伝えることができるでしょう。あるいは、家族に『私は煙草を吸っています。あなたを悲しませることは本当に残念だけど、これは自分で選んだことだし、止めるつもりはありません』と説明することもできるでしょう。

　また、Iメッセージを使うこともできます。

　『私は、ポケットの中を調べられると、侮辱されたように感じます。あなたが私のことを信頼していないと感じるからです。私にとって、あなたに信頼されるのはとても重要なことだから、もうポケットを調べないでもらいたいんです。なぜなら、私は煙草を吸わないから』

　『ポケットを調べられると、私は気分が悪くなり、傷つきます。そこは私にとってとても大切な、プライベートな部分だからです。だからもうポケットを調べないでください。何か気になることがあれば、私に直接聞いてください』

　このようにして、人間関係を損なわず、自分の欲求を満たせる方法で気持ちを表現することが目標になります。それでは、やってみましょう」

小グループで脆弱なチャイルドの「肖像画」を描き、グループの欲求のリストを作る

対象年齢：6歳以上

モード：脆弱なチャイルド

目標：脆弱なチャイルドモードを理解する。感情的な欲求について探り、その欲求を他者と共有する。小グループで仲間と協力し、一緒に創造的な作品を作る

使用するもの：フリップチャート、マーカー、欲求が印刷された用紙、糊

教示：「年齢を問わず、すべての人の中に生きている、内なるチャイルドについて話しましたね。このチャイルドは、時には悲しみ、孤独、恐怖を感じ、傷つきやすくなります。今から3人の小グループに分かれて、そのグループの中で、この子がどんな姿をしているのか、何歳なのか、男の子なのか、女の子なのか、脆弱なチャイルドは今どんな気持ちなのか、さらにその理由を想像してみてください。そして、基本的欲求が書かれた紙を見ながら、自分にとって重要なものを選び、小グループの全員の欲求をリストアップし、あなたの肖像画に欲求の書かれた紙を糊付けします」

愛情の小道（エレナ・ロマノワによる）

対象年齢：6歳以上

モード：脆弱なチャイルド、利口で賢い／ケアするモード

目標：受容と愛情の欲求を満たすことで、脆弱なチャイルドを癒し、ケアする

使用するもの：なし

教示：まず参加者に、批判モードからのメッセージの代わりにどんな言葉を聞きたいかを尋ね、それを黒板に書きます。

「グループを2つに分けて2列に並び、1人（1列目の人）が2列目の人と向き合って立ちます。ここで、全員で通路を作り、1人ずつ歩いてもらいます。腕を前に出して、腕が注目、愛情、ケア、信頼などを発信する魔法のアンテナだと想像しましょう。温かく、思いやりのある、愛に溢れたメッセージを最初に聞いて感じてみたい人から、目を閉じて通路に入ります。

すると、私たちのアンテナが注目、愛情、思いやりを発信し始めます。通路を作っている側の人は、歩いてくる人に触れても構いませんが、そうするときはとても優しく、そっと触れるようにしてください。そして、その人が通路を歩いている間、その人についてあなたが考えたり感じたりしている素晴らしい言葉を、すべて口に出して伝えてください。批判のメッセージではなく、私たちが聞きたいと思うポジティブなメッセージを伝えてもいいでしょう。

　通路を歩く人は、とてもゆっくり歩くようにします。みんなが自分の前を通り過ぎ、素晴らしい言葉をあなたが言い終えたら、通路の反対側に移動して少し道を延ばし、それらの素晴らしい言葉をもう一度言ってみてもいいし、今度は別の新しい言葉をかけてみてもいいでしょう」

懲罰的批判モードとのロールプレイ

対象年齢：9歳以上
モード：懲罰的批判モード、脆弱なチャイルドモード、利口で賢いチャイルドモード
目標：正しい自己主張を身につける。批判的、攻撃的なメッセージに対して、アサーティブに、しかし礼儀正しく返答する方法を学ぶ。脆弱なチャイルドをケアし、サポートする。また、利口で賢いチャイルドモードによる脆弱なチャイルドのケアとサポートを補助する

使用するもの：
■批判モードの肖像（以前のグループセッションで作られたもので、参加者が両親、親戚、先生、重要他者から聞いた批判的・攻撃的なメッセージを肖像に書き込んだもの）
■批判モードの役を演じるための仮面
■プリントアウトされたフレーズ
　1. 人形からの批判的・攻撃的なメッセージ
　2. 利口で賢いチャイルドモードと幸せなチャイルドからの批判への反応（アサーティブでユーモアのある回答）。どちらのメッセージも、以前のセッションで作成されたもの

ロールプレイのプロセス：
　参加者は小グループに分かれます（通常、2人の参加者が批判モード役、2人の参加者

が脆弱なチャイルド役、そしてセラピストを含む残りの全員が利口で賢いチャイルドモードを演じます）。利口で賢いチャイルドモードのグループは、批判モードの2倍の参加者が必要です。

批判モード役の子どもたちには、仮面と、以前のエクササイズで作った肖像（もし壊されていない場合）を渡します。批判モード役の子どもたちは仮面をつけ、後になってグループの中でも批判モードの人物として同一視されないように守ることが、大切です（ネガティブな感情の転移）。これはまた、この役を演じる人物がこのモードと「融合」するのを防ぎ、後でモードを断ち切るためにも役立ちます。

脆弱なチャイルドは、利口で賢いチャイルドモードを演じる参加者の後ろにある、座り心地の良い肘掛椅子に、お互いに寄り添った形で配置します。彼らには毛布やぬいぐるみなどが与えられます。利口で賢いチャイルドモードを演じる参加者には、「悪口モンスター」のエクササイズで予め用意した批判的・攻撃的メッセージへの返答が書かれたリストを渡します。

1．批判モード役はそれぞれ、リストの中から批判的・攻撃的なフレーズを1つ選び、それを発言します。

2．1人目の批判モード役が口にした最初のフレーズの後、利口で賢いチャイルドモードを演じている子どもたちが、脆弱なチャイルドの2人に向かって、（セラピストの指導を受けながら）彼らの気持ちを尋ね、チャイルドはいい子だ、素晴らしい、勇気があるなどと言い、何があってもありのままのチャイルドを愛していることを伝えます。

　　また、肯定的な解釈を加えることもあります（「お父さんはきっと、とても怒っていて、傷ついていて、怒りを表現する他の方法を知らないからそんなふうに言うのだ、それは、あなたのことを指しているのではない」）。そして、利口で賢いチャイルドモードを演じている参加者は、「私たちがあなたたちを守ります！」と付け加え、批判モードのほうに向き直ります。

3．続いて、利口で賢いチャイルドモードを演じる子どもたちが批判モードに応じます。事前に用意した返答リストを参考にしたり、ロールプレイ中に即興で返答したりして、アサーティブでユーモアのある返答やIメッセージなどを伝えます。それに対して批判モードは、何かしら応じたいと思ったなら、応えて構いません。批判モードがそれ以上何も言えなくなるまで、やりとりを続けます。

　　セラピストは子どもたちを指導し、手助けします。子どもたちが批判モードに答える前に考える時間が必要なときは、動きを止めます。

4．そして、脆弱なチャイルドから簡単なフィードバックを集めます。彼らに気持ちを尋ね、もしまだ満たされていない欲求があれば、それを満たすために、利口で賢いチャイルドモードを演じる子どもたちがもう少し時間と努力を費やすことができます。

5．この手順を2人目の批判モードと、彼らが選んだ批判的なフレーズに基づいて、繰り返します。

6．批判モードと、利口で賢いチャイルドモードからフィードバックを集めます。

第18章　子どもと思春期のグループスキーマ療法（GST-CA）　427

7. 役割を交代し、それぞれの懲罰的なフレーズについてこの手順を繰り返します。
8. ロールプレイの最後には、「私は批判モードではありません。私は（名前）です」と宣言し、役割を解除することが重要です。
9. 全エクササイズについてのフィードバックを行います。ゲーム中やゲーム後に感じたことや気持ちを、参加者同士で話し合います。
10. その後、参加者は、批判的な言葉の代わりにどのような言葉を聞きたかったかを、グループに伝えます。
11. グループの準備が整えば、セラピストはこれらの肯定的なメッセージをグループ全体に同時に伝えます。さらに個別のバリエーションとして、参加者には目を閉じてもらい、セラピストは1人ずつ近づいて肩を抱き、耳元で言葉をささやくという方法もあります。
12. 参加者は、肯定的なメッセージを聞いてどう感じたかをグループに伝えます。

図18.2 懲罰的批判モードのモード・ロールプレイの図式

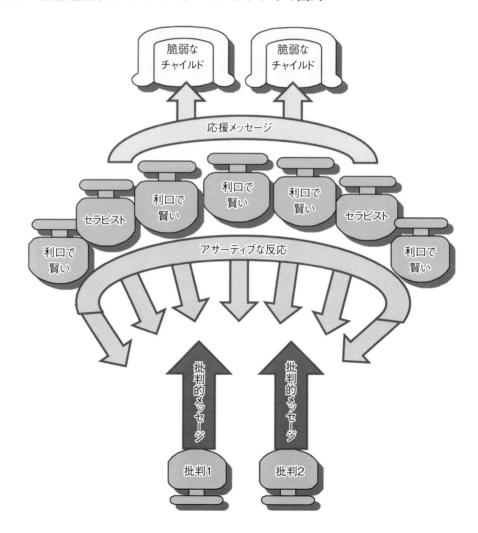

モードの仮面

対象年齢：12歳以上
モード：仮面は、すべてのモードに対して作成することも、不適応的コーピングモードに対してのみ作成することもできる（目標やグループによって異なる）
目標：モードとその起源を探索し、モードを視覚的に表現し、そのモードの視点からコミュニケーションを図って、利口で賢いチャイルドモードからそのモードに話しかける機会を与える
使用するもの：紙、粘着テープ、はさみ、箸、色鉛筆、フェルトペン、絵具、筆、水、コップ
教示：「今日は皆さんに、今の自分にとって重要なモードを取り上げてもらいたいと思います。それはあなたにとって取り扱うのが最も難しいモードでもいいですし、成長させたいと思っているモードでも構いません。

　まず、そのモードについて想像してみます。そして、下書きを描きます。その後で仮面を作ります。素材、紙、箸など、必要なものはすべて用意してあります。どんな生き物なのか、その表情や色、行動など、モードを想像することから始めましょう。下書きのための時間は5分あり、それから仮面を作ることになります。

　さあ、下書きができました。仮面の制作にあたっては、ガッシュ絵具、フィンガーペイント、フェルトペン、鉛筆、粘土など、さまざまな素材を使うことができます。目の穴を作るときには、ナイフやはさみを使うことも可能です。できる限り創造的な気持ちで取り組んでみましょう。

　もしうまくいかなかったら、別の紙をもらうこともできます。欲しいものは何でも自由に取ってください。あなたには20分の時間があり、時間が残っていれば、2つ目の仮面を作ることもできます。

さて、私たちの作品が無事に出来上がりました。机の上に置いて乾かしてください。5分経てば、これまでになかった生き物、モードに出会うことができます。それまでの5分間で、あなたのモードに関する質問に答えてください。ここに質問リストがあります」

質問：

■どのモードですか？

■この生き物の名前は何ですか？

■どんな生き物でしょうか？

■何が好きなのでしょうか？

■何が嫌いでしょうか？

■何を怖がるでしょう？

■彼らが最も望んでいるものは何でしょうか？

■飼い主に対して、どのような態度を取っていますか？　その生き物は飼い主のことをどう思っていますか？

■彼らの機能は何でしょうか？

■彼らはどのような行動を取るでしょうか？

■彼らはどのように感じているでしょうか？

■彼らはどうやって動くのでしょうか？

■彼らはどのように飼い主を助けているでしょう？　どのように飼い主を怒らせているでしょう？

「これから、私たちのモードをグループに紹介します（参加者が10人以上の場合は2グループに分けます）。仮面をつけて、それらについて教えてください。

今から音楽をかけて、モードのパレードを行います。その中であなたは、あなたの内側にあるモードと、その言動を感じ取ることができるでしょう。どうぞ、他の人への気配りも忘れないでください。自分だけでなく他の人の安全を確保することも大切です。私たちには10分の時間があります。

さあ、仮面を外し、それぞれこう言いましょう。『私はこのモードではありません、私は（マックス）です』

これから、3人のグループに分かれて20〜30分ほど作業をします。3人のうち1人は、今から説明する仮面（モード）をつけた人です。2人目と3人目は、仮面をつけずにそのままで（利口で賢いチャイルドモード）、1人目の人を助けます。参加者のあなたたちで、どの人が仮面をかぶるか決めましょう。そして自分の希望や提案を、その仮面のモードに伝えることができます。

その際、そのモードが受け入れてくれる言葉を選ぶようにしましょう。一番良いのは、最初に『お疲れさまでした』と言うことです。次に、もしそのモードが自分にとってネガ

ティブなものなのであれば、なぜそれが自分を制限するのか（もし制限しているのであれば）、その理由を説明します。ポジティブなモードであれば、自分の気持ちや希望を伝えることができます。そうすれば、利口で賢いチャイルドモードは、ネガティブな結果を招くことなく、それらの欲求を満たし、感情を表現する方法を提案することができます。ここではセラピストに助けを求めることができます。何をどう言ったらよいか、提案してくれるでしょう。

　仮面をつけている人は、モードを感じ、モードの反応を理解しようとしてみます。それは、モードが協力する準備を整えているかどうかを確かめる、ということを意味します。もしモードの準備が整っていなければ、仮面をつけている人が、準備のために必要な発言をすることができます。

　一連の体験について各グループで話し合い、その後、グループ全体で意見を交わしましょう」

18.12.3　ステージ3：自律性

　成人のグループスキーマ療法（Farrell & Shaw, 2012）と同様に、ST-CAのグループワークの第3ステージは、「利口で賢いチャイルドモード」の強化を目的としています。スキーマモードの変化は、非機能的な生活パターンの変容を可能にし、子どもの中核的欲求が満たされることを助けます。

　この段階での主な目標の一つは、ほとんどの時間を「利口で賢いチャイルドモード」として過ごしながら、子どもたちが治療で得た洞察やスキルを日常生活の中で実践できるように支援することです（詳細は、第10章の「治療の成果を日常生活に般化する」の項を参照のこと）。

第18章　子どもと思春期のグループスキーマ療法（GST-CA）　431

◆参考文献◆

Farrell, J. & Shaw, I. (2012). *Group Schema Therapy for Borderline Personality Disorder: A Step-by-Step Treatment Manual with Patient Workbook*. Oxford: Wiley-Blackwell.

Farrell, J., Reiss, N. & Shaw, I. (2014). *The Schema Therapy Clinician's Guide: A Complete Resource for Building and Delivering Individual, Group and Integrated Schema Mode Treatment Programs*. Oxford: Wiley-Blackwell.

Gardner, R. (1999a). *Individual and Group Therapy and Work with Parents in Adolescent Psychotherapy*. Northvale/New Jersey/London: Jason Aronson Inc.

Gardner, R. (1999b). *Psychotherapy of Antisocial Behavior and Depression in Adolescence*. Northvale/New Jersey/London: Jason Aronson Inc.

Holmes, D. J. (1964). *The Adolescent in Psychotherapy*. Boston: Little, Brown.

監訳者あとがき

　本書は2013年にドイツにてドイツ語で出版された『Schematherapie mit Kindern und Jugendlichen』が、2020年に英訳されて出版された『Schema Therapy for Children and Adolescents: A Practitioner's Guide』を日本語に翻訳したものです。なお、「はじめに」の「本書の構成」や「謝辞」に記載されていますが、ドイツ語版から英語版に翻訳されるにあたり、内容に若干の変更がありました。

　本書の訳出に至るまでの経過を紹介します。本書のもう一人の監訳者である吉村由未さん、翻訳協力者である森本雅理さん、津高京子さんと私は、国際スキーマ療法協会（ISST）のスキーマセラピストのライセンスを取得するべく、2015年に2度にわたって渡米し、集中的なスキーマ療法の研修を受けました。研修では、スキーマ療法を構築したジェフリー・E・ヤング先生の講義を直接受けたり、多くの体験的なエクササイズを実践することができたりして、本当に実りの多い素晴らしい体験となりました。

　研修の場では、主に米国から集まった受講者たちと意見や情報を交換することができました。そのときに偶然耳にしたのが、「ドイツでは、子どもと思春期の人のためのスキーマ療法に関して、とてもしっかりした大型のテキストが出版されたらしい」という噂めいた話でした。当時、スキーマ療法とは、大人を対象としたセラピーであると思い込んでいた私は、その話を聞いてびっくりすると共に、多大な興味を抱きました。

　スキーマ療法で対象とする「早期不適応的スキーマ」とは、「人生の早期に適応のために形成されたものの、その後の人生でかえって不適応を惹起することになってしまったスキーマ」のことです。つまり、子ども時代や思春期において形成されたスキーマが、大人になって後に不適応を起こしてしまう場合、それらのスキーマを理解し、手放し、より適応的なスキーマの形成を促しましょう、というのがスキーマ療法の考え方です。

　1990年代にジェフリー・E・ヤングは、主に境界性パーソナリティ障害（BPD）を対象にスキーマ療法を構築し、2003年にヤングらが出版した『スキーマ療法：パーソナリティの問題に対する統合的認知行動療法アプローチ』（日本語訳は2008年、金剛出版）が起爆剤となって、世界中でスキーマ療法が知られることになりました。また、今世紀に入ってしっかりとしたデザインの臨床研究が世界中で行われ、その効果がエビデンスとして示されるようにもなっています。

　私たちは2003年のヤングのテキストを翻訳したのをきっかけにスキーマ療法を学び始め、主に大人のクライアントに対してスキーマ療法を適用し、スキーマ療法のパワフルな効果を実感するようになりました。クライアントと共にスキーマ療法にじっくりと取り組むなかで、早期不適応的スキーマの成り立ちを理解し、スキーマを手放し、より自分を幸せにしてくれるスキーマを形成し、それに沿って自分らしく生きていけるようにクライアントは変化していきます。「これ

監訳者あとがき　433

ほどまでに人は変われるし、回復できるのだ」ということを、私たちはスキーマ療法を通じて深く学ぶことができました。

　そういうわけで、大人に対するスキーマ療法の威力については十分に理解していたのですが、そこで新たに「子どもと思春期の人のためのスキーマ療法」と聞いて、ピンときてしまったのです。「もうすでに出来上がってしまった早期不適応的スキーマを対象とするのが大人のスキーマ療法であるのなら、そもそも、子どもや思春期のうちに、早期不適応的スキーマが形成されるのを阻止してしまえばいいじゃないか。なるほど、その考え方は理にかなっている！」と強く思ったのを覚えています。

　子ども時代や思春期において、早期不適応的スキーマの形成が阻止されれば、大人になって早期不適応的スキーマに苦しむことはなくなります。理論上、大人のスキーマ療法は不要になるのです。なんて素晴らしいことでしょう！

　私は帰国してから、ドイツにて子どもと思春期の人のためのスキーマ療法の大型のテキストが確かに出版されていることを確認しました。しかし残念ながら、私にはドイツ語の素養が全くありません。そこで首を長くして、英訳版が出版されるのを待ちました。英訳にあたってはかなり難航し、結局英訳版が出たのはコロナ禍の2020年となりました。私たちは早速それを入手し、合同出版に日本語訳の出版を引き受けてもらえることになり、2020年から2021年にかけて集中的に手分けして翻訳作業を行いました。その後、吉村さんと私とで監訳作業を行い、こうしてようやく日本語訳の出版にこぎつけることができました。

　本書では、子どもや思春期の人たちに対して、セラピストのみならず、親や周りの大人たちがチームを組んでスキーマ療法を実践し、特に「モードアプローチ」という技法を通じて、早期不適応的スキーマが形成されるのを阻止したり、形成されはじめのスキーマが強化されないように働きかけるための手法が具体的に示されています。

　スキーマ療法の研修やワークショップを開催すると、必ず訊かれるのが「子どもや思春期の人に対してどのようにスキーマ療法が適用できますか？」という質問で、それまで私はあまりうまく答えられなかったのですが、本書の出版によってこれからは自信をもって回答することができるでしょう。本書が、日本において子どもや思春期の人を対象に心理支援を行う方々の手助けになることを、そしてそれによって多くの子どもや思春期の人たちが早期に心の健康を回復することを、心から祈っております。

　最後に、翻訳出版を引き受けてくださった合同出版の坂上美樹さんに、心から感謝申し上げます。ありがとうございました。

2024年10月吉日

伊藤絵美

監訳者あとがき

　冒頭から個人的なことで恐縮なのですが、私の心理職としての最初の職場は児童相談所でした。今からもう20年近く前のことで、現在はさらにその役割が色濃くなっていますが、当時から児童相談所は虐待対応が主な相談件数を占めていました。大学院を卒業したばかりの私にとって、次々と目の当たりにする子どもたちの現実の厳しさは強烈な衝撃を与え、一人ひとりとの関わりは、今なお鮮明に覚えているほどに、他のどんなことよりも学びを与えてくれました。そして、一人の人間のできることの小ささを思い知ると同時に、その中でなお心理職として何ができるのかを模索し続けたいという、キャリアテーマの大きな起点となりました。

　その後、伊藤絵美先生の元で学び始め、スキーマ療法に出会った私は、ここでもまた別の衝撃を受けました。その理論の明快さはもちろんですが、中でもモードの概念は感覚的にとても理解しやすく、日常体験にフィットするものと感じられました。

　たとえば、怒りの問題を抱える子どもに対して、その怒りに名前をつけて外在化することで向き合いやすくなることがありますが、それと似た原理で、自分のさまざまな側面を理解し、名づけ、ヘルシーアダルトとしてそれらに気づきを向け、向き合っていく。しかも、子どもではそのヘルシーサイドはアダルトとはならず「利口で賢い（clever and wise）モード（○○ちゃん）」と呼ばれているのです。なんて素敵な呼び名なのでしょう！　大人がその子を信頼し、大切にその名を呼び続ければ、少しずつ浸透し、子どもは自らの利口で賢いパーツを意識し始めるに違いありません。「スキーマ療法は子どもの臨床でも絶対有効に違いない！」と強く確信したのでした。今でも正直、児童相談所にいた頃の私がもう少しでもスキーマ療法のエッセンスを知っていたら……と思わざるを得ません。

　子どもや青年は、大人よりもさらに環境の影響を色濃く受けると言え、「子どもと思春期の人たちの治療を行う際には、彼らに対する環境からの影響を継続的に評価していくことが重要に」（本書2.6項、p.40）なります。

　最初の職場がチームで動いていたことも大きいでしょうが、私は今でも健康なチーム支援の持つ、安心や信頼やパワーが大好きです。一人の人間ができることは限られているかもしれませんが、支援者がチームとなって、子どもにとって安全安心な「環境」となり、なり続けることが目標です。そして、中核的感情欲求の傷つき（早期不適応的スキーマ）を理解し、満たしていくというスキーマ療法の主張は、そのための関係者同士の重要なつなぎ目や共通理解、共通目標としての役割を果たすと信じています。

　ここで、私の感じた本書の魅力を少しだけ紹介したいと思います。読者の皆さんが読み進めるきっかけの一つにしていただければ幸いです。

第1章から第3章は、いわば理論編で、子どもと思春期の発達やその段階に関する総論と、スキーマ療法の解説です。発達段階に応じたスキーマ療法の適用の総論として、第4章以降のウォーミングアップとなるほか、ST-CA独自のヘルシーモード、有能（competent）モードが整理されており、注目すべきポイントかと思われます。

　第4章から第8章は、各発達段階に応じたスキーマ療法の展開の仕方が事例に基づいて丁寧に紹介されており、本書の醍醐味と言えるでしょう。そして、私の個人的に好きな章が第11章から第14章です。プレイセラピーや描画、パペットやチェアワークなど、従来からある臨床素材とスキーマ療法の文脈をどのように融合させて活用するかのヒントがたくさん書かれていて、皆さんの現場でもさまざまな形で取り入れていただけそうな気がします。また、私は本書で初めて知ったのですが、インナーハウスもとても興味深いツールです。

　そして、原著にはなかったけれど、英訳時に新たに追加された第18章の「子どもと思春期のグループスキーマ療法（GST-CA）」は、かなり具体的にプロトコルや素材が紹介されていて、今すぐにでもさまざまな児童臨床の場でトライしてみることができそうです。楽しみながらわかりやすくモードを理解したり、安全に感情を味わったり共有したりすることのできるワークがたくさん載っています。英訳にあたりこの章を入れることを提案されたのがIda Shaw先生とJoan Farrell先生ですが、私のスーパーバイザーでもあるJoan先生は、より実践的に活用してもらいたいという思いから、交渉にかなり尽力されたことを教えてくれました。そんなみんなの思いが詰まった一冊を日本語に訳せたことを、改めて嬉しく思っています。

　たくさんの支援者、親御さん、その他の方たちが、スキーマ療法の理論を知って、心理療法ではなくとも、日々のさまざまな場面で自分自身のヘルシーアダルトを意識して子どもに関わったり、子どもの示す不適応的なコーピングモードや激怒するチャイルドモードの奥にいる脆弱なチャイルドを見据え、満たされない中核的感情欲求は何かを常に自問しながら接したりすることができるようになれば、確実に早期不適応的スキーマの形成は軽減することができるでしょう。そして何よりも、大人たち自身が、自らの脆弱なチャイルドを癒し、欲求を満たすことができるようになるでしょう。この本を、一人でも多くの方に読んでいただけることを願っています。

　最後に、快く翻訳出版を引き受け、丁寧かつ忍耐強くご助言をくださった、合同出版の坂上美樹さんに心から感謝申し上げます。本当にありがとうございました。

2024年10月吉日

吉村由未

■ 監訳者紹介

伊藤　絵美 （いとう えみ）

洗足ストレスコーピング・サポートオフィス所長。臨床心理士。公認心理師。博士（社会学）。国際スキーマ療法協会（ISST）上級スキーマセラピスト、およびトレーナー＆スーパーバイザー。慶應義塾大学文学部人間関係学科心理学専攻卒業、同大学大学院社会学研究科博士課程修了。専門は認知行動療法、ストレスマネジメント、スキーマ療法。精神科クリニックにて心理カウンセリング、デイケア運営に携わった後、民間企業にてメンタルヘルス支援に従事、2004年に認知行動療法を専門とする民間カウンセリング機関を開業し、今に至る。主な著書に『ケアする人も楽になるマインドフルネス＆スキーマ療法』（医学書院）、『イラスト版子どものストレスマネジメント』（合同出版）、『スキーマ療法入門』（星和書店）、『セルフケアの道具箱』（晶文社）など多数。

吉村　由未 （よしむら ゆみ）

洗足ストレスコーピング・サポートオフィスシニアCBTセラピスト。臨床心理士。公認心理師。修士（心理学）。立教大学大学院文学研究科心理学専攻博士前期課程修了。関心分野は認知行動療法、スキーマ療法、生涯発達、およびさまざまな対人支援の有り様。児童相談所の児童心理司からキャリアスタートし、現在はフリーランスとして子ども家庭センター、スクールカウンセラー、学生相談、医療機関、内部EAPなど、さまざまな支援機関、支援形態にて多世代を対象とした心理臨床に従事。その傍ら、認知行動療法やスキーマ療法関連の翻訳作業に継続的に取り組んでいる。主な訳書に『スキーマ療法実践ガイド』（金剛出版）、『スキーマ療法最前線』（誠信書房）、『あなたを困らせるナルシシストとのつき合い方』（誠信書房）、『体験的スキーマ療法』（岩崎学術出版社）。

■ 翻訳協力者 （50音順）

阿部礼衣菜	久保田康文	初野　直子
石井　美穂	倉田由美子	肥田　床
江畠佐知子	越水三佐子	三浦　文華
大泉　久子	小林　仁美	村田　美樹
大澤ちひろ	鈴木　亮太	元久　祉依
風岡公美子	高橋　美久	森本　雅理
加藤　海咲	津高　京子	
河田　真理	冨田恵里香	

■組版　合同出版制作室
■装幀　吉崎広明（ベルソグラフィック）

子どもと思春期の人のための
スキーマ療法
クライアントに変化をもたらす
早期介入と回復へのアプローチ

2024 年 10 月 25 日　第 1 刷発行

編著者	クリストフ・ルース　ピーター・グラーフ ゲルハルト・ザルボック　ルース・A・ホルト
監訳者	伊藤絵美　吉村由未
発行者	坂上美樹
発行所	合同出版株式会社 東京都小金井市関野町 1-6-10 郵便番号　184-0001 電話　042-401-2930 振替　00180-9-65422 ホームページ　https://www.godo-shuppan.co.jp
印刷・製本	株式会社シナノ

■刊行図書リストを無料進呈いたします。
■落丁・乱丁の際はお取り換えいたします。

本書を無断で複写・転訳載することは、法律で認められている場合を除き、著作権および出版社の権利の侵害になりますので、その場合にはあらかじめ小社宛てに許諾を求めてください。

ISBN 978-4-7726-1559-4　NDC 370　257 × 182
©Ito Emi & Yoshimura Yumi, 2024